理性讀周易
——古經篇

曹 行 著

五南圖書出版公司 印行

序

　　面對層出不窮的天災人禍，要如何趨吉避凶？萬物在不斷變化當中有它不變的規律，人類為求生存，必須掌握這些律則，依理而行才能求福避禍。《周易》正是人類追求事物道理長期累積的成果。《周易》歷代思想內涵的發展，以及無數對《周易》的多方研究，可以顯示人們對天、地、人、事、物間交互錯綜關係之「理」的掌握，也是人自身不斷理性化的發展過程；一些在小範圍事情上適用的道理，未必能適用於大範圍的事情；在古代適用的原則也未必完全適用於現代。因此，《周易》中的一些「易理」在不同時空的事件上會出現例外的情況，它是持續動態的陰陽交感，「既濟」之後又進入「未濟」。在時空不斷推擴延伸的新事物、新經驗變化中發展，易學家們透過陰、陽爻，八經卦、六十四別卦，藉由卦、爻辭來賦予變化事物的意義；其中，符號是不變的，意義是可變的；文本是不變的，詮釋卻是可變的；在變與不變之間，人類的理性不斷提升它的高度，事物與事物之間的道理也逐漸呈現融合統貫，理一分殊，使不同層次的道理井然有序，使各層次之「易理」統合於「太極」。

　　曹行的博士論文是傅佩榮教授與我所共同指導的，他的論文題目是：「《周易》〈彖〉〈象〉體例及思想研究」。延續他博士論文的研究方向，這本書是他畢業三、四年間繼續研究的成果。這本書雖然強調「理性」，但是仔細讀完，可以發現他所謂的「理性」，包含多元的意義。一方面他否定以信仰的方式來解讀《易經》，另一方面他也肯定自己的解讀有預設與前見，但是他願意先

交代清楚他的合理性標準是什麼。他指出所謂的「理性」是：重視事實、證據及邏輯推論，是一種尋求眞相的思維方式或態度。他強調所謂的「眞」，必須要能經得起理性的檢驗。而理性的檢證標準又涉及：理解的融貫性、文本的獨立性以及揭示前見的必要性。

從方法論上看，所謂「合理性」包括：認知、理解、解釋及證成四種不同的合理性標準。「認知」合理性的特徵在於從有限經驗中所歸納出來的道理，作《易》者其經驗是來自其生活的時空，其道理是出自有限因果關係網絡上的歸結，但其意向卻要穿透侷限性找出普遍之理。「理解」涉及所理解的對象，這時理解者不能僅以自身的認知經驗爲準，還必須掌握《周易》文本的意義。其「理解」文本意義的合理性要素有：理解本身是否符合邏輯，對歷代《周易》註解語言的理解是否符合該時代語言的用法，以及對歷代《周易》註解作品思想的理解是否符合當時文化背景等方面。至於「解釋」的合理性標準基於詮釋者的理解，不僅要根據「理解」的合理性要素，同時還涉及對解釋對象或讀者的說明；解釋過程中包含著解釋者自我融貫的內在檢證，與尋求外在認同的意向。其一是他對原典的理解，其二是他對解釋對象或讀者之理解的理解。

如何能有好的「證成」以使讀者容易理解作者的理解？「證成」的方式有：體證、引證與論證三種型態。「體證」是作者自己的經驗與感悟，含有一定主觀性的體會或體悟，體證必須能引發讀者的共鳴才有證成之效。「引證」則是引經據典，從已被公認的經典或有公信力的專家、學者之論述作爲作者論點的支持根據；至於「論證」，通常是以某一預設爲起點，從已知的前提，進行推理，推導出結論。論證的合理性是奠基在：預設的被接受、理解的正確、引證的合宜，以及推論的合乎邏輯。從主、客觀的程度來看，「解釋」與「證成」的客觀性高於「認知」、「理解」的合理性標

準；從詮釋過程的作用來看，各層次合理性標準密切相關；從限制性看，各層次合理性有時又會有失衡與偏向的情況發生；這種合理性的失衡有賴於集體理性透過長時間的調整與修正。

　　曹行這本《理性讀易經》，就是對於自古及今易學發展史中，通過一些具有代表性的《周易》解釋，經由他的理性思辨後，提出自己對於《周易》的理解，並後設的反省：要在怎樣的合理性標準下進行解讀才是合宜的。此正是參與調整合理性失衡的集體理性運作之一，其具有自覺的方法意識，解讀得清爽不拖泥帶水是其優點，但也有不少可再商榷的地方。曹行在他事業有成，行將退休之年投入中國哲學的研究，考入臺灣大學哲學研究所，前後近十年的時間攻讀碩、博士學位，且鑽研群經之首的《周易》，實在不容易；在他拿到博士學位之後這幾年仍然孜孜不倦持續研究，精神可佩，值得肯定，是以爲序。

國立臺灣大學哲學系教授李賢中
二〇二三年二月

前言

　　周易，或稱易經，是一本影響深遠又帶有神祕色彩的古老經典。古人認為，遠在文字出現之前的上古時代，有聖人伏羲氏，他俯仰觀察天地自然、鳥獸生長以及人類發展的法則，創發出陰陽八卦演算，可用以比擬萬物的運作，並能會通鬼神的心意。伏羲畫卦的時代還沒有文字，只是用陰陽卦畫來顯示凶吉，但後來從卦畫演算中顯示凶吉的方法日漸失傳了，懂的人越來越少。所以周文王又在卦畫後面，加上文字，也就是卦爻辭，來說明吉凶演變的道理。卦畫加上卦爻辭，就是周易的原始版本。後來，卦爻辭所說的道理也很少人能讀得懂了，所以孔子又作易傳，來解釋卦爻辭的深意。卦畫，加上卦爻辭，再加上孔子對卦畫及卦爻辭的解釋，就形成了我們所看到的周易文本。

　　古人對周易的研究，已有近三千年的歷史，相關著作卷帙繁浩。至今仍流傳於世，並收錄在四庫全書中的易學古籍，就有兩百多種。所以說周易不只是一本書，也是一門浩瀚的學問。我們不但把周易當作文獻來研究，也把周易當作修身處世的寶典，更把周易當作預言吉凶的工具，甚至當作包含宇宙萬象，能通天地鬼神的奇書。那麼，周易到底是本什麼樣的書呢？為什麼那麼引人入勝呢？

　　要回答這個問題，首先要認識到周易是本極特別的書。說它特別，至少存在有三個特點：第一，古老。周易的核心部分，即六十四卦的卦畫及卦爻辭，大約在三千年前就成形了。可以說是中國最古老的經典文獻。第二，神祕。周易的卦畫及卦爻辭之間，似

乎具有某種神祕的連繫。卦畫、卦爻辭及此中的連繫，三者之間，又似乎暗藏有神祕的效用，可用以推算未來，預言吉凶。第三，逐步形成。周易文本的形成是個漫長發展、拼合及改造的過程。如果把上述古人對周易形成的過程，忽略掉其中傳說及不可考的部分，現代研究認為，卦畫應是在殷商時期便以數字或圖案的方式出現了。殷末周初時發展出卦辭及爻辭，並為六十四卦安排固定的順序，形成周易古經。春秋戰國時出現解釋周易古經的易傳諸篇。東漢時又將易傳諸篇附於古經之後。曹魏時再將易傳中的彖傳、象傳、文言傳割裂，混入經文之中，遂成我們今日所讀的周易版本。

也因為周易這本書的特殊性，造成了這門學問在研究上的困難。由於它的古老，使得我們在研讀它的時候，在文字上、語法上、思想上及歷史文化上，有很大的隔閡。由於它的神祕，使得我們在研讀它的時候，容易跳脫經驗事實，憑空臆斷，而不以理性來進行思辯或論證。由於它在漫長的形成過程中歷經多次改造，周易雖被視為是一本書，但其實卻是不同時代產物的混合體，是不同作者，不同文獻，剪輯重組合併後的結果。若勉強要把這些材料視作同一本書來研讀，會產生不易融貫解釋，或為求融貫而任意曲解的現象。以上問題綜合起來，使得周易很不容易說清楚。雖然千百年來，歷經許多學者的努力，但對周易的解釋，始終缺乏普遍的說服力。對一般讀者而言，除非不求甚解，否則總是會帶著某種程度的困惑：「是這樣嗎？為什麼此人這樣說，而那人又那樣說呢？這本書到底在說什麼呢？」

如何把周易說得更清楚些，更容易讓理性接受呢？本書正是為了這個目的而寫的。為了克服周易在理解上的困難，筆者採取下列策略：

　　首先，爲了避免今日周易文本在融貫解釋上的困難。本書只針對周易古經部分，也就是只針對卦畫及卦爻辭來解讀，而不涉及易傳諸篇。因爲周易古經本身就是獨立的文本，有單一的時代背景，也有自身融貫的宗旨與思想，相對地比較可以用單一的態度來解讀。至於爲了解釋古經而作的易傳諸篇，因爲是不同時代的著作，應可用另一種視角來各自解讀，也沒有必要一定要遵從易傳的觀點，來解釋周易古經。

　　其次，有關周易神祕的，無法以理性充分論證的部分，本書採擱置的態度，既不認同，也不否認，但避免涉入。也就是說，針對周易古經研究，可以區分爲帶有神祕色彩的，非理性所能論證的，只能無條件接受的部分；以及能在現實世界及生活經驗中驗證，可以理性論證的部分。本書將心力放在可理性論證的部分，放棄理性無能爲力的部分。筆者在此也必須強調，以理性讀周易，只是想把能夠說清楚的部分獨立出來，努力說清楚而已。但並不表示神祕的部分就不重要，或不值得研究。事實上，「神祕」正是周易重要且迷人的特色，也是最能有所發揮的所在，只是難以說清楚而已。

　　最後，爲了克服周易古經年代久遠所造成的障礙，本書特別強調要回到古經形成的年代，也就是儘可能回到西周時代，用當時的文字及人文背景來解讀卦爻辭。若資料不足，或可退守至東周，乃至秦漢。但儘量避免用隋唐之後的文字慣例或文明現象去解讀卦爻辭。

　　以上也說明了本書以理性讀周易—古經篇爲書名原因。理性是本書的態度，周易古經是本書的對象，本書主要以西周文明爲歷史背景，以理性所能理解的範圍，去解讀周易古經的內容。至於周易

古經中暗藏的神祕規則，以及解釋周易古經的易傳諸篇，未來若有
機會將另撰專書探討。

　　本書結構可概分為兩部。第一部分周易古經通說，可以算是本
書的緒論。針對周易古經、易傳及易學傳承，做一綜合性的介紹。
也藉此說明本書解讀周易的觀點。其下分五章：第一章周易概說，
對周易的形成、結構及內容，做一個極簡要的說明。第二章針對周
易中的古經部分做必要的討論，包括古經的成書年代與作者；卦
畫、卦名及卦爻辭結構；以及彼此間的關係等。第三章易學簡史，
從周初古經的出現，及古代文獻中的占筮記錄開始。歷經戰國時期
易傳的出現，兩漢象數之學，到魏晉隋唐今本周易的逐漸形成，及
唐宋明清以科舉取士的易學，直到考據、考古學興起之後的現代易
學。第四章當代易學省思，就是從現代易學的基礎上，對傳統易學
進行一些省思，並在省思之後提出一些本書自己的觀點。主張直接
回歸文本，並以實事求是，立求融貫的態度，重新解讀周易古經。
此章也是本書最關鍵的一章。第五章卦爻辭總論則是比較瑣碎的，
就周易古經中常見的斷占字辭，如吉、凶、悔、吝、厲、无咎，以
及在卦爻辭中最常出現的元、亨、利、貞、孚等字，進行相關的討
論及解釋。

　　第二部分可算是本書的正文，就是依照第四、第五章的觀
點，對周易古經六十四卦，依序逐一進行解讀。每一卦先解釋卦
畫、卦名及義旨，然後對卦辭及爻辭逐條語譯並解讀。再針對卦
旨、卦辭及六爻爻辭，做綜合解釋，以發揮其義理。如果有必要的
話，再附上考證與討論，說明該卦所涉諸事的相關歷史背景，或文
獻考證。

此外，由於周易卦爻辭形成的年代古遠，許多文字在歷經漫長的演變之後，不論在形、音、義及語法上，與現代漢語比較，都可能有相當程度的改變。若貿然以現代中文的習慣去解釋卦爻辭，並不是很恰當的方法，也容易造成一些誤讀誤解。關於這個問題，本書採下列兩個方式處理：第一，在文字的版本上，以唐開成石經爲準，這是今本周易目前尚存最早的完整版本，且爲官方御製，應具相當的代表性。第二，儘可能地對卦爻辭上的每一個字，從文獻上考證此字在周代的可能用法。這當然有相當的困難度，但也是必須做的事。本書主要以說文解字及爾雅的字義爲準，並參考其在詩經、尙書、論語、孟子、左傳等先秦古籍的使用例證。其次才是隋唐之後的字書，以及歷代的周易注疏。由於字義方面的考證較爲繁瑣，故多以注腳的方式來說明，正文中只留重要結論。對文字學不是很有興趣的讀者，可直接閱讀正文，不會影響其理解。

周易的研究有悠久的歷史及廣大的發揮空間。從經典詮釋的觀點論之，在程序上，應是先研究經典說了些什麼？想說些什麼？也就是先弄清楚它的意思。然後才好在原有的意思上有所繼承與發揮，去探索經典究竟能說些什麼？應該說些什麼？本書的宗旨，主要在前半段，也就期望能把周易古經當中，理性所能及的部分，儘量說清楚。此處所謂的「說清楚」，就是在文本內容，以及文本內容與外在世界的聯繫上，能做出清楚的，融貫的，爲理性所接受的解釋。爲了做好這件工作，所以在方法上，首先就在區分其中的理性與神祕，把理性所能及的部分說清楚，理性所不能及的神祕部分則歸之於主觀的信念。其次，在消極方面必需要擺脫傳統易學注疏之間的相互攻駁糾纏，在積極方面必須從文字演變及歷史事件中尋找新線索。

　　筆者堅信，只有在把能說清楚的地方說清楚之後，所作的發揮才有意義。當然，說得清楚未必見得就是說得正確。無可諱言的，本書的論點仍或有許多謬誤或有待討論及改進之處，不過這至少是一個嘗試，也期待方家多予指正。

　　有關編排格式方面，由於本書內文中引用甚多書籍文獻，為了使閱讀更順暢，決定以底線標示書名。以大象傳為例，即以<u>大象傳</u>而不以《大象傳》標示書名。但在注釋及參考文獻部分，為了標注出文獻的作者及出版資料，仍以《》標示書名，以符學術慣例。不一致處尚請見諒。最後，要特別感謝鄒評先生，他在閱讀本書初稿時，給本書許多寶貴的意見。

目　錄

周易
古經通說

第一章　周易概說

第一節　周易文本之形成

　　周易，又稱易或易經，在中國經典文獻上有其特殊地位，是為群經之首[1]。嚴格來說，「周易」、「易」與「易經」三詞，在概念上其實有差別，並非同一事。商、周之時，並存有兩種占問吉凶禍福的學問及方法，一為卜占，一為筮占，合稱為卜筮。官府設有卜人及筮人，能進行卜或筮，以檢核心中疑惑，尚書・洪範稱之為「稽疑」。[2]君主有些疑惑時先問自己，若無法決定該怎麼做的時候，可與大臣及國人商議，也不妨問問天意，卜與筮就是提供天意的方式。卜就是龜卜，灼燒龜殼或牛肩胛骨，觀看其裂痕，以預言一事之吉凶。卜占的學問及技術已經失傳了。筮就是蓍筮，以五十只蓍草根，經一定的操作程序，轉換為陰陽排列而成卦，再依此卦之卦象及所附之卦爻辭，預言吉凶。筮占的學問及技術至今仍有傳承，就是「易」。

　　古代的筮占的方式不止一種。據文獻記載，「易」有三種，分別是「連山」、「歸藏」及「周易」。[3]如今「連山」及「歸藏」也失傳了，只剩「周易」流傳下來。「周易」的文本，起初只有經，即易經（周易古經），其後約在春秋戰國時，陸續有人在此經上解釋發揮，而有此經的傳，即所謂的易傳，包括彖傳、大、小象傳、文言傳、說卦傳、繫辭傳、序卦傳、雜卦傳等。到了魏、晉

1　《漢書・藝文志》輯劉歆《七略》書目，首列易經十二篇。《四庫全書》之編纂亦以易類為經部第一。

2　《尚書・洪範》「稽疑。擇建立卜筮人，乃命卜筮。……立時人作卜筮，三人占，則從二人之言。汝則有大疑，謀及乃心，謀及卿士，謀及庶人，謀及卜筮。」

3　《周禮・春官宗伯》「大卜……掌三易之法，一曰連山，二曰歸藏，三曰周易。其經卦皆八，其別皆六十有四。」

的時候，又把周易古經和易傳彙編在一起，遂成了我們現在所看到的周易，也稱作易經。雖稱作易經，其實包括了周易的經及傳。專門研究周易經、傳及其應用的學問又稱「易學」。所以，廣泛的說，「周易」系統包括了易經、易傳及易學。

　　本書為了還原周易本來的面目，嚴格區分經及傳，並將焦點放在經，也就是周易古經，以下逕稱易經或古經，並將易經及易傳合稱為周易，或稱周易經傳。

　　今本周易的形成，傳統上有「人更三聖，世歷三古」[4]之說，即：伏羲畫卦，文王繫辭，孔子作傳（十翼[5]）。「畫卦」指周易的圖象部分為伏羲所畫；「繫辭」指周易的卦爻辭為文王所繫，易經即包括圖象及卦爻辭；「作傳」指解釋易經圖象及卦爻辭的易傳為孔子所作。

　　三聖之中，伏羲氏為神話及傳說中人物，其事跡在正史上雖未有記載，但已是賦予周易以神祕色彩。周文王及孔子則是儒學道統中的聖人，這也形成了古經本身，以及以易傳解釋古經的權威性。在漢朝時已有將易傳附於古經之後，予以合編的作法，例如漢靈帝時的熹平石經[6]。曹魏時王弼注周易，將易傳中的彖傳、大象傳、小象傳及文言傳割裂，分置於經文六十四卦卦辭及爻辭之後。經過此重大改造之後，易經與易傳的界線逐漸模糊了。易經卦爻辭，與解釋卦爻辭的彖傳、大象傳、小象傳及文言傳等，遂融合成一個不容分割的整體，也就是我們今日所見的易經（其實是周易經傳）編

4　《漢書・藝文志》「故曰易道深矣，人更三聖，世歷三古」。三聖指伏羲、文王及孔子。三古指三聖所經歷的三個時代，從史前，到殷周之際，到春秋末年。

5　《易傳》傳統分《彖傳》上下二篇、《象傳》上下二篇、《繫辭傳》上下二篇、《文言》、《說卦》、《序卦》、《雜卦》各一篇。共十篇。漢人稱之為「十翼」，並認為此十翼為孔子所著。

6　1922年在洛陽太學遺址出土的熹平石經殘石，保留了漢代《周易》的面目。參考屈萬里《漢石經周易殘字集證》，臺北：中央研究院歷史語言研究所，1961年。

排。到了唐代，孔穎達奉旨修編五經正義[7]，其中周易正義即採王弼的版本。此版本配合科舉選士，遂成爲今日易經的標準本，自此之後，其他原採易經與易傳分列的古代版本也就逐漸亡佚了。今本易經其實是古本易經與易傳的綜合體。本書重點在回溯易經的原義，故嚴格區分易經與易傳，所以本書所論之易經，即古本易經，也就是周易古經。

第二節　周易的構成元素

周易的靜態內容，可分爲陰陽八卦、易經及易傳三部分。陰陽八卦是最基本的元素，兩個八卦重疊，並繫上卦、爻辭，就成爲易經。再以易傳作爲易經的權威解釋，就構成了目前的周易文本。

一、陰陽與八卦

陰陽[8]，或稱剛柔，是構成周易整個系統的最基本元素，在易學的世界裡，也是構成宇宙的兩個最基本要素。陽與陰作爲基本元素，有相當豐富的象徵意義。「陽」，或稱「剛」，「陽」原指日光照射之處，「剛」爲剛直，剛強。「陽（剛）」有主動、積極、意志堅強的意思，也象徵主人，雄性等。「陰」，或稱「柔」，「陰」是「陽」的反面，原指無日照之陰暗，「柔」爲柔順，柔弱。「陰（柔）」有被動、消極、柔弱、順從的意思，也象徵臣僕，雌性等。

周易中以陽爻符號「━」，及陰爻符號「▬▬」，來代表陽與陰（或說，剛與柔）。再將三個陰陽符號組成一個三畫卦，稱經卦

7　《五經正義》指《周易》、《尚書》、《毛詩》、《禮記》、《春秋》五部儒家經書的註解之疏義。由唐太宗詔令孔穎達主持，由諸儒共參議，貞觀十六年（公元642年）完成。

8　戰國時有陰陽家，以陰陽五行生剋理論來解釋宇宙及人間事理。此與《易經》之陰陽應無直接關係。

或單卦，計有☰乾、☷坤、☵坎、☲離、☶艮、☱兌、☴巽、☳震
八經卦，所以又稱八卦。八卦分別象徵天、地、水、火、山、澤、
風、雷八種自然物，即：☰乾爲天，☷坤爲地，☵坎爲水，☲離爲
火，☶艮爲山，☱兌爲澤，☴巽爲風，☳震爲雷。再以此爲基點，
比附引申出更豐富的意義。例如坎爲水，水在天爲雲，落地爲雨，
所以坎也可以是雲或雨；巽爲風，風吹樹動，所以也可爲木。據傳
統說法，八卦圖象是伏羲氏所創，是其觀察天地萬物及人文的結
果，有可通神明的功效。[9]

二、易經六十四卦

　　將兩個單卦重疊，就成爲一個六畫卦，又稱重卦或別卦。簡單
的算術可知，二單卦重疊可以有六十四種組合，也就是有六十四重
卦。易經就是由六十四重卦所組成。每一卦有卦畫、卦名及卦辭，
卦畫的六個陰陽符號稱六爻，六爻又對應有六則爻辭。

　　下以屯卦[10]爲例：

　　　　☵☳屯 元亨利貞勿用有攸往利建侯。[11]
　　　　初九 磐桓利居貞利建侯。
　　　　六二 屯如邅如乘馬班如匪寇婚媾女子貞不字十年乃字。
　　　　六三 即鹿無虞惟入于林中君子幾不如舍往吝。
　　　　六四 乘馬班如求婚媾往吉無不利。
　　　　九五 屯其膏小貞吉大貞凶。
　　　　上六 乘馬班如泣血漣如。

9　《繫辭傳》「古者包犧氏之王天下也，仰則觀象於天，俯則觀法於地，觀鳥獸之文，
　　與地之宜。近取諸身，遠取諸物。於是始作八卦，以通神明之德，以類萬物之情」。
　　包犧即伏羲。
10　屯卦依序爲六十四卦之第三卦，其前有乾卦及坤卦，此處未以乾、坤爲例，因爲乾、
　　坤二卦地位較特殊。
11　此處盡量不加標點，以顯示卦爻辭原貌。

其中☷為卦畫，此卦畫又分上下，上卦為☵坎，下卦為☳震。「屯」為卦名，「元亨利貞勿用有攸往利建侯」為卦辭。其後之「初九……上六乘馬班如泣血漣如」為六爻之爻辭。整部易經內容，就是依此結構重複六十四次。

六十四卦又可區分為圖畫及文字兩部分。卦畫為六個陰陽爻組成的圖畫，文字包括卦名、卦辭及爻辭，可統稱為卦爻辭。卦畫六爻可任意操作變化，有很大的解釋空間。文字部分則約定俗成，需受中文字義及文字使用慣例的約束。

三、易傳

中國古代文獻傳統，論述人間恆常至理的為「經」，經是一門學說的骨幹。解釋經的稱作「傳」，諸經各有其傳。傳原是附屬於經的，地位在經之下。但易經比較特別，因為傳統認為易「經」所附的「傳」是孔子作的，所以把易傳提到很高的地位，甚至與易經等量齊觀，而合稱為易經。但這樣對待「經」與「傳」其實是有爭議的，此容後再述。

並不是所有解釋易經的傳，都稱為易傳。易傳的內容在漢代就已定型，專指彖、象、文言、說卦、繫辭、序卦、雜卦七篇。其中彖、象及繫辭又因竹簡編冊的體積限制，各分為上、下二篇，所以總共有十篇。漢人視此十篇為易經之羽翼，故稱之為「十翼」。這其中象又分大象與小象，但大象、小象有完全不同的旨趣與風格，應該是兩份各自獨立的文本。[12]以今日的觀點，漢人的十翼，其實是彖傳、大象傳、小象傳、文言傳、繫辭傳、說卦傳、序卦傳、雜卦傳等共八篇獨立文本。其中前六篇之認定，又與史記・孔子世家：「孔子晚而喜易，序象繫象說卦文言」之解讀有關。[13]序卦

---

12 參看曹行《周易〈彖〉〈象〉體例及思想研究》，新北：花木蘭文化事業，2020年，頁111。

13 此涉及「序象繫象說卦文言」的標點斷句問題，學者有解讀為「序、象、繫、象、說卦、文言」者，亦有解讀為「序象，繫象，說卦，文言」者。

傳、雜卦傳所出較晚[14]，可能爲漢宣帝時所得之逸書。[15]今分別簡介易傳八篇如下：

　　彖傳解釋卦畫、卦名及卦辭，並作義理發揮。大象傳釋六十四卦之卦畫及卦名，並引申爲對君子的啓示。小象傳以極精簡短句，擇要解釋286爻的爻象及爻辭。繫辭傳有如一篇易學論文，對周易之演變，占筮之方法，易道之精要，及哲學之義蘊等諸多議題，皆有所議論。文言傳專釋乾、坤二卦之卦爻辭，大體依彖傳作發揮。說卦傳有如易學中的小字典，是解釋八經卦象徵意義的參考書。序卦傳解釋今本易經[16]六十四卦之順序。雜卦傳以覆變[17]成對的方式，極簡要的解釋卦名。八篇之中，繫辭傳特別提及筮法，並以占筮爲聖人用易方法之一，[18]其餘七篇皆未直接涉及占筮。

　　易傳八篇傳統上認定是孔子所撰，這項認定有三個極大的影響。第一：孔子是聖人，具有權威性，易傳是孔子解釋易經的著作，所以在解讀易經時必須依照易傳所定的框架來解釋，不可以跳脫，否則就是違背聖人教誨。第二：易傳八篇爲孔子一人所作，所以此八篇來自同一人的觀點，必須是彼此融貫互通，在解釋上不能有扞格矛盾。第三：孔子是儒家的創始者，所以易傳必須符合儒家思想。以上三點綜合起來，形成了一個對易經解讀的巨大限制及困難，即：我們必須依照易傳的指引，並以儒家思想爲基礎來理解易經，而且，易傳八篇必須能彼此融通相互解釋。有關這個問題，後續將另有討論。

---

14 此處謂「所出較晚」指得書之晚，未必指成書之晚。

15 王充《論衡‧正說》有「至孝宣皇帝之時，河內女子發老屋，得逸易、禮、尚書各一篇。」學者如李鏡池等主張此逸易即含《說卦傳》、《序卦傳》及《雜卦傳》。

16 此處說今本易經，因古代也可有不同的編排順序的易經文本，例如1973年於馬王堆漢墓出土的帛書《易經》，就有截然不同的六十四卦編排順序。

17 覆，指將卦畫之上下顛倒；變，指六爻陰變陽，陽變陰。一卦在覆或變之後，成爲另一卦，兩卦成對，互爲覆卦或變卦。

18 《繫辭傳》「易有聖人之道四焉：以言者尚其辭，以動者尚其變，以制器者尚其象，以卜筮者尚其占。」

第三節 義理與象數

　　周易的研究，大略可分爲兩派，一爲象數，一爲義理。[19]象數派重視卦畫的象徵意義，將卦畫六爻給予大量的操作變化及類比解釋，多樣化八經卦的象徵意義，又加入許多逸象[20]，並擴大六爻取象的方式。例如互卦，以☷☳屯卦爲例，屯卦下爲☳震，上爲☵坎；若取其二、三、四爻，可得☷坤；再取其三、四、五爻，又可得☶艮，如此一別卦可得四經卦，此類操作稱爲互卦。另又有卦氣[21]、納甲[22]、爻辰[23]、升降[24]、卦變[25]、爻位貴賤[26]等各種操作及解釋，極爲複雜且變化多端。

　　象數的操作擴大了卦畫及卦爻辭解釋的空間，使天文地理乃至人間萬象，無不可包羅於其中。當以周易占筮吉凶時，若熟悉象數的各項理論及操作，占筮的結果可以有很大的解釋彈性及變化應用，故占筮者多喜言象數。

　　相較之下，義理派的旨趣就單純一些。義理派主要專注於卦爻

---

19 《四庫全書·總目·經部易類》序：「漢儒言象數，去古未遠也。……王弼盡黜象數，說以老莊。一變而胡瑗、程子，始闡明儒理……此兩派六宗，已互相攻駁。」

20 指《易傳》，尤其是《說卦傳》所沒有提及的八卦象徵意義。例如朱熹《周易本義·說卦傳》中，就收錄了許多東漢荀爽所集《荀九家易》的許多逸象，如乾爲龍，爲直，爲衣，爲言等。

21 卦氣：配合十二消息卦，以十二個卦表示十二個月。例如復卦☷☳爲一月，臨卦☷☱爲二月，泰卦爲三月☷☰，以此類推。再與天干地支配合，以表示節氣乃至曆法等。爲西漢孟喜所創，大成於西漢京房。

22 納甲：將八卦與天干、五行配合，以推演天文、地理、時間、方位等。創始於西漢京房。

23 爻辰：將六陽爻（乾卦）與六陰爻（坤卦）與十二地支配合，以比附十二時辰，十二律，十二月，黃道十二次，二十八宿等天文現象。再以此引申出時令、方位等。東漢鄭玄所創，用以解釋經文。

24 升降：以變換爻位來解釋卦爻，例如將二爻升至五爻，五爻降至二爻。使一卦變成另一卦。首創於東漢荀爽。

25 卦變：將十二消息卦之某爻陰陽互換，而變成另一卦。與荀爽之升降類似但變化多樣，且無定說，大備於三國東吳虞翻。南宋朱熹作卦變歌等，另自創有卦變理論。

26 爻位貴賤：以爻位配官爵，初爻爲元士、二爻爲大夫、三爻爲三公、四爻爲諸侯、五爻爲天子、上爻爲宗廟。爲西漢京房所倡世應說的一部分。

辭的解釋及所承載的思想。企圖藉卦爻辭的解讀，展現出其中所蘊之事理，以及所體悟的人事教訓。尤其是經由易傳以及儒家觀點來解釋易經，是爲義理派之主流。

義理與象數並非截然二分。傳統易學認爲易經是通天道的，[27]藉推天道以明人事。[28]「推天道」基本上屬象數之學，藉由卦畫的種種操作及類比以推演天道變化。「明人事」基本上屬義理之學，藉由卦爻辭的義理解釋以說明人間事理。但天道與人事之間的關係又是如何連繫起來的呢？這就涉及到卦畫與卦爻辭的關係。如果卦畫蘊含天道，而卦爻辭又可解人事，那「推天道以明人事」就意味著卦畫與卦爻辭之間必有某種連繫，或者說，卦爻辭是卦畫經某種演算後所呈現的結果。就此概念，如何用卦畫來解釋卦爻辭以強調卦爻辭與天道的關係，就會是義理派與象數派共同的旨趣。差別只在象數派將此視爲關鍵任務，義理派則視此爲解釋卦爻辭的輔助與效果上的增強，並非絕對必要。所以象數派也會接受卦爻辭之義理解釋，義理派也未嘗不可接受卦畫之象數推演比附。

同樣的，義理與占筮也非截然二分。經占筮而得某卦，固然可用象數就卦畫推演天道以明人事吉凶。但若能正確地把握卦爻辭的義旨，自然也可以從占筮所得之卦爻辭，依其義理推斷人事吉凶。所以卦爻辭之義理與占筮的操作是不衝突的。若能對六十四卦之卦爻辭有全面通透的理解，甚或可不經占筮，直接從卦爻辭義理中掌握人事吉凶的規律，並做自我指引或約束。故自古有所謂「吉凶由人」[29]，「善爲易者不占」[30]的說法。

---

27 《繫辭傳》「易與天地準，故能彌綸天地之道。」
28 《四庫全書・總目・經部易類》序：「易之爲書，推天道以明人事者也。」
29 《左傳・僖公十六年》記載：有五隕石掉落宋國，宋國君問周內史叔興此事之吉凶，內史表示：「君失問，是陰陽之事，非吉凶所生也，吉凶由人，吾不敢逆君故也。」按，陰陽之事指自然界之事。
30 《荀子・大略》「善爲詩者不說，善爲易者不占，善爲禮者不相，其心同也。」

第二章　周易古經

　　周易古經（以下或逕稱易經），是周易的骨幹，也是本書關注的焦點，所有易學著作及其應用，基本上都是自此古經所推衍發揮出來的結果。以下就易經本身的成書及體例，做進一步說明。

第一節　古經之年代及作者

　　易經由六十四組卦畫及卦爻辭所組成，卦畫又由兩個經卦上下相重而成。八經卦傳說爲伏羲所繪，此且不論。傳統舊說又以易經爲周文王所作，[1]也就是說，周文王完成了三件工作：(一) 將二經卦相重爲六十四別卦，完成卦畫部分。(二) 在卦畫後面，續繫上卦爻辭，完成了文字的部分。(三) 訂定次序，將六十四卦之卦畫及所繫之卦爻辭，依即定之順序（今本易經的順序）排列。以上三點，又都有一些可爭議之處。

　　首先，何人重卦？司馬遷明確主張周文王被囚羑里時，重八卦爲六十四卦。[2]孔穎達周易正義針對此問題進行一番文獻[3]考證，認爲伏羲爲重卦之人。[4]近代考古學家從地下文物中發現有以數目字組成的數字卦，[5]對卦畫的起源，以及六畫卦是否是兩個三畫卦重疊而成[6]等，都有新的觀點。

1　班固《漢書‧藝文志》「文王以諸侯順命而行道，天人之占可得而效，於是重易六　　爻，作上下篇。」
2　《史記‧周本紀》「西伯之囚羑里，蓋益易之八卦爲六十四卦。」
3　主要依《繫辭傳》及《說卦傳》。
4　孔穎達《周易正義‧卷首》「然重卦之人，諸儒不同，凡有四說。王輔嗣等以爲伏羲　　畫卦，鄭玄之徒以爲神農重卦，孫盛以爲夏禹重卦，史遷等以爲文王重卦……故今依　　王輔嗣以伏羲既畫八卦即自重爲六十四卦爲得其實。」
5　張政烺〈試釋周初青銅器銘文中的易卦〉，《考古學報》，1980(4)，頁403-415。
6　有關此重卦方面的討論，可參考黃沛榮《易學乾坤》〈周易重卦說辯證〉，臺北：大　　安出版社，1998年，頁59-87。黃先生經反覆考證，仍採重卦說。

其次，若卦爻辭爲文王所繫，則卦爻辭中，不能有文王身後之事。例如明夷卦爻辭有「箕子之明夷」，但箕子落難之事在文王死後，[7]若爻辭全爲文王所作，實難爲理性所接受。孔穎達對此也做一番考證，並倡言卦爻辭爲文王及周公父子所著，文王作卦辭，周公作爻辭，因爲父統子業，故以文王爲代表。[8]此仍爲卦爻辭的解釋設一下限，即卦爻辭中不能有周公身後之事。但如此還是會對卦爻辭的解讀有所扞格，例如晉卦「康侯用錫馬蕃庶」對「康侯」二字的理解。[9]至於六十四卦順序問題，帛書易經的出土顯示，在漢初，六十四卦仍存在有不同排序方式。[10]

以上情形說明，周易古經爲文王所作的說法，仍有可疑之處，可能只是一種概括性的認定。繫辭傳說：「易之興也，其於中古乎？作易者，其有憂患乎？」；「易之興也，其當殷之末世，周之盛德邪？當文王與紂之事邪？」。可見在先秦[11]時，只認定易經所述之事與文王、紂王有關，尚未有文王繫辭的說法。西漢初，史記·太史公自序：「昔西伯拘羑里，演周易」，進一步將文王與周易的關係用「演」[12]來描述，文王推演周易，仍未提及文王作卦爻辭。到了東漢班固撰漢書，就直接說文王「重易六爻，作上下篇」[13]，至此「文王繫辭」遂成定論。直到近代方有學者重新思考此事，並有所質疑。顧頡剛撰周易卦爻辭中的故事，或爲此質疑之

7　《史記·殷本紀》「周武王之東伐，至盟津，諸侯叛殷會周者八百。……紂愈淫亂不止……箕子懼，乃詳狂爲奴，紂又囚之」；《竹書紀年》「冬十一月戊子周師渡盟津而還。王因箕子殺王子比干微子出奔」。皆以箕子落難在武王盟津觀兵之後。

8　孔穎達《周易正義·卷首》「驗此諸說，以爲卦辭文王，爻辭周公。馬融、陸績等並同此說，今依而用之，所以只言三聖，不數周公者，以父統子業故也。」

9　依近代考古資料，康侯應是康叔，爲周武王幼弟。可參看本書晉卦之解讀。

10　1973年於馬王堆漢墓出土的帛書，有完整的《易經》版本，但六十四卦順序與今本大異。例如前八卦爲乾、否、遯、履、訟、同人、无妄、姤。

11　《繫辭傳》傳統認爲是孔子所作，近代學者多主張成書於戰國時期。

12　「演」指推演，演繹。《史記·日者列傳》「自伏羲八卦，周文王演三百八十四爻而天下治。」

13　《漢書·藝文志》「文王以諸侯順命而行道，天人之占可得而效，於是重易六爻，作上下篇。」

濫觴。[14]李鏡池、高亨、朱伯崑等學者更主張卦爻辭只是筮人占筮記錄整理的結果，並無具體作者。[15]

其實在此之前，古代早有「巫咸作筮」[16]的說法，巫咸是商王太戊時代的大臣，[17]可見筮占之法在商朝時便已存在。尚書·洪範篇謂：「稽疑。擇建立卜筮人。」已是卜筮並列，洪範篇爲箕子對武王的建言，此筮占之術自是商朝所固有無疑。就卦爻辭內容來看，易經所述之事，如「帝乙」，「伐鬼方」，「用享于西山」等，也多與殷商及周初有關。正如今日寺廟之詩籤以歷史故事隱喻問事者的處境，卦爻辭以當時的歷史故事說吉凶，此亦可旁證易經卦爻辭應是撰於西周之初。然左傳所引述的卦爻辭中，仍有不見於傳世易經文本者，[18]可見遲至春秋，卦爻辭的內容仍小有變動。

綜合以上推論，占筮及卦爻辭的形成應是個漫長的過程。卦爻辭的撰述、蒐集、取捨及編排，可能是殷末周初熟悉占筮之術的巫祝、史官、筮人、乃至公卿等集體創作並修訂的結果。周文王或有參與其中，並起關鍵性的作用，但不宜說卦爻辭爲周文王一人一時之作。若說易經大體備於殷周之際，以文王爲其代表人物，應可視爲公允之論。

第二節　卦畫及卦爻辭結構

易經六十四卦可以視爲六十四個獨立的單元，每個單元又可分

---

14 顧頡剛〈周易卦爻辭中的故事〉，收錄於《古史辨》第三冊，上海：上海古籍，1982年（重印）。

15 參考李鏡池《周易探源》，北京：中華書局，1987年，頁3。高亨《高亨《周易》九講》，北京：中華書局，2011年，頁9。朱伯崑《易學哲學史》第一卷，北京：華夏出版社，1995年，頁9-10。

16 《呂氏春秋·勿躬》「……史皇作圖，巫彭作醫，巫咸作筮……」

17 《尚書·君奭》「在太戊，時則有若伊陟、臣扈，格于上帝；巫咸乂王家。」

18 例如〈成公十六年〉「其卦遇復，曰：南國蹙，射其元，王中厥目」；〈僖公十五年〉「其卦遇蠱。曰：千乘三去，三去之餘，獲其雄狐」，此皆不見於世本《易經》。

解爲卦畫、卦名、卦辭及爻辭四部分，茲分別說明如後：

一、卦畫

一卦之卦畫由六個陰陽符號，即六爻，所組成。此陰陽符號可稱爲爻符，爻符只有陽與陰兩種，陽稱陽爻，陰則稱陰爻。簡單算數可知，六個陰陽符號可以有64種組合方式，所以六十四卦已窮盡此六爻所有的組合方式。六十四種組合對應六十四卦，所以一個卦的卦畫，其實就是這一個卦所獨有的代表符號。

依易學慣例，卦畫六爻的順序，必須是由下往上。卦畫六爻中，最下面的爻稱爲初爻，自下往上，爲二、三、四、五爻，最上則爲上爻。陽爻「━」又稱剛爻，陰爻「━━」又稱柔爻，六十四卦之卦畫基本上就是由此陰陽二元素所組成。如果說六十四卦代表宇宙的所有現象，那麼在易學的世界中，現實世界就是由陰陽二元素組合而成的。陽與陰，或說剛與柔，可以有豐富的象徵意義，以與現實世界對應，並藉此以啓發並推演出易學世界的各式哲學思想，這些可統稱爲易道。所謂「易道廣大，無所不包，旁及天文、地理、樂律、兵法、韻學、算術，以逮方外之爐火，皆可援易以爲說」[19]。這裡所說的易道，絕大部分都與卦畫及六爻的陰陽變化推演有關。卦畫可以說是周易的靈魂，也是易學最大的特色。

然而，今日易經卦畫所用的陰陽符號也並非是亙古至今一成不變的。考古資料顯示，帛書易經以「━」爲陽爻，「┘┕」爲陰爻，戰國竹簡如阜陽漢簡，上博楚簡等，皆以「━」或「十」爲陽爻，「／＼」爲陰爻。西周銅器銘文及商周甲骨卜辭也有許多重複出現的符號，並以三至六個符號並排，考古文字研究指出，這些符號是數目字，以數目字代表陰陽符號而成卦，可謂之數字卦。[20]

---

19 見《四庫全書‧總目‧經部易類》序。
20 張政烺〈試釋周初青銅器銘文中的易卦〉中列舉32個數字卦實例，包括商及西周的龜甲、牛骨刻辭，及銅器銘文。

數字卦的發現，說明了今本易經卦畫的外觀，其實是經過長期演變的結果，其中也有可能涉及筮法的改變[21]。直至今日，易學慣例仍以數字七、九代表陽爻，六、八代表陰爻，數字與占筮，其實密不可分。

二、卦名與卦辭

　　六十四卦作爲一種圖形符號，必須要有名稱，以便稱呼或引用，卦名就是卦畫的名稱，也是卦畫的代表文字。64組卦畫對應64個卦名，就構成易經最核心的部分。

　　卦名除了作爲卦畫的識別名稱外，本身也是文字，是文字就會有約定俗成的意義，但卦名也有在易學脈絡下所專屬的意義。卦名在易學下的文字意義，可以稱之爲卦義或卦旨。卦名一方面是卦畫之名，另一方面也是解讀卦旨的意向指引。例如「屯」爲卦畫☳之名，屯爲象形文字，象草突破地面（中間的一橫），露出新芽。[22]草木禽獸等在初生時最爲艱難，易遭險難，故「屯」引申有艱難的意思，此外，屯又有囤聚的意思[23]。在易學上，即以屯聚之初的艱難作爲屯卦之義旨，[24]此屯卦之所以命名爲「屯」。卦名與卦旨的關係也顯示出易經編撰者的用心安排。[25]

　　卦辭，即卦下所繫之辭，傳統認爲是文王所繫，是爲總理全卦之說明。那麼，卦名與卦辭的關係爲何？若從常理觀之，當是先有卦畫及卦名，然後才有卦辭，以對卦畫及卦名作簡短說明。但亦

---

21 參考李學勤《周易溯源》第三章〈考古發現中的筮法〉，成都：巴蜀書社，2006年，頁177-249。
22 《說文》「屯，難也。象艸木之初生。屯然而難。」
23 例如《楚辭‧離騷》「屯余車其千乘兮，齊玉軑而並馳。」
24 卦旨視詮釋者而可能有異，此處採《彖傳》之解釋。
25 當然並不是所有的卦名之字義皆明確顯示卦旨，有些可能需要更多的解釋。例如：乾卦、坤卦、履卦等。

有學者主張先有卦爻辭，後提卦名，例如高亨[26]，高亨之說應是立基於其主張周易卦爻辭爲古代占筮記錄編纂[27]有關，故先有占筮記錄，再編纂成卦爻辭，再取卦名。唯此說較難解釋爲何蒙卦多言「蒙」，需卦多言「需」，比卦多言「比」等，故仍以先有卦名後有卦爻辭較爲合理。

　　卦名與卦辭都是文字，古代文字不用標點符號，所以卦名也可視爲是卦辭的第一、二字，爲卦爻辭的一部分。此亦爲古代書冊慣例，例如論語之篇名即爲該篇前二字。

三、爻、爻辭與爻題

　　依卦畫，一卦統攝六爻。易經以由下而上的順序，將一卦之六爻各繫以爻辭，又在爻辭之上加設爻題。爻，說文：「交也。象易六爻頭交也」，是以爻爲易經之專用字。繫辭傳亦多次解釋如：「爻者，言乎變者也」；「爻也者，效此者也」；「爻也者，效天下之動者也」。概而言之，以爲「爻」有交錯，變化，仿效的意思。此可能皆是古人在爻被稱作「爻」之後，藉「爻」的字形、字音及作用，來解釋爻字。事實上，「爻」古寫作「繇」，繇通謠，先秦文獻如左傳、國語等，其卜兆及筮兆之占辭皆稱爲繇，蓋或將卜筮之結果，用歌謠形式來解釋，以利記誦，故謂占辭爲繇。古代卜占[28]及筮占[29]均有繇辭，不但爻辭稱繇，卦辭亦稱爲繇[30]。以爻

---

26 高亨《周易古經通說》，北京：中華書局，1958年，頁18：「古人著書，率不名篇，篇名大都爲後人所追題，如書與詩也。周易之卦名，猶書詩之篇名，疑筮辭在先，卦名在後，其初僅有六十四卦形以爲別，而無六十四卦名以爲稱，依筮辭而題卦名，亦後人之所爲也。」

27 參考高亨《高亨《周易》九講》，北京：中華書局，2011年，頁3。

28 例如《左傳‧襄公十年》載：鄭國伐衛，衛卿孫文子卜占，「得繇曰：兆如山陵，有夫出征，而喪其雄」。此稱卜辭爲繇。

29 例如《左傳‧襄公二十五年》載：崔武子筮占，遇困之大過，「示陳文子，文子曰：夫從風，風隕妻，不可聚也，且其繇曰：困于石，據于蒺梨，入于其宮，不見其妻，凶」。此稱困卦爻辭爲繇。

30 《國語‧晉語四》載：公子重耳占筮，得貞屯悔豫，司空季子分析，「其繇曰：元亨利貞，勿用有攸往，利建侯」。此稱屯卦卦辭爲繇。

代繇，當是在春秋之後。

　　完整的爻，除爻辭之外，也應包括卦畫中該爻的位置及屬性，以傳世易經言之，即包括爻辭與爻題。爻題有兩個作用，一作為該爻的稱謂，以便引用；二可作為該爻在卦畫上的說明，包括位置及陰陽符號。其中以初、二、三、四、五、上，代表六爻的六個位置。再以六、九代表陰陽，六為陰，九為陽。[31]例如屯卦「初九」即表屯卦之初爻，其爻符為陽。爻題的使用較爻辭為晚，以爻題指稱卦畫的慣例始於何時已不可考。春秋文獻如左傳、國語，多以某卦之某卦[32]以指稱某爻，不使用爻題。上博竹簡及帛書本之易經經文已見爻題[33]，易傳中小象傳、文言傳及繫辭傳業已使用爻題以引爻辭。此可為爻題出現的年代提供一個大略的參考，應是在春秋之後，上博竹簡之前的戰國時代。

　　易經六十四卦，每卦六爻，故共得384爻，也就是有384則爻辭，這些爻辭構成了易經文字內容的絕大部分。進一步分析爻辭的結構，實可分敘事及斷占兩部分。敘事之詞描述一幅情境，可能用一個故事，一個人物，一個事件或一幅圖象，來顯示某一類人事情境。斷占之詞則是對事件後續結果之如意與否，予以斷定，包括吉、凶、悔、吝、厲、無咎等。若將易經視為占筮之書，爻辭就好像求神問卜所得的詩籤，敘事之詞就如同詩籤上的那首詩，斷占之詞就是所問之事的吉、凶、宜、不宜等。

　　例如屯卦六三爻辭「即鹿無虞，惟入于林中。君子幾不如舍。往吝。」其中「即鹿無虞，惟入于林中」就是在敘事，「往吝」就是在斷占，至於「君子幾不如舍」則藉於兩者之間，既可視

---

31 此中可見數字卦的痕跡。依占筮傳統，奇數為陽，偶數為陰。並以六為老陰，七為少陽，八為少陰，九為老陽。

32 例如屯卦初九則稱屯之比。䷂屯變䷇比，屯卦初爻有變動，陽變陰。

33 參考劉大鈞《今、帛、竹書《周易》綜考》，上海：上海古籍，2004年，頁192-271，附錄2，〈今、帛、竹書《周易》六十四卦經文〉。

為敘事的一部分，也可視之為斷占的一部分。可以說是在敘事詞所述之情境下，帶有建議性質的指示，或可稱指引之詞。常見的指引詞有「利見大人」、「利涉大川」等。

第三節　卦畫與卦爻辭的關係

易經的構成，其實可以分為圖畫及文字二部分，卦畫是圖畫，卦爻辭是文字。圖與文各有其特色，圖畫比文字有更廣泛的想像空間及解釋彈性，文字則可以對含義或概念做更明確的表達，這是無庸置疑的。易經圖文並存，那麼圖與文之間，也就是卦畫與卦爻辭之間，是否存在有某種聯繫？若從易經卦爻辭編撰的角度視之，圖與文之關係有下列二可能：

(一) 卦爻辭為作者的創作：易經作者或依其人生體驗，或依歷次的占筮記錄，以撰寫並編輯卦爻辭，繫於卦畫之後。也就是說「文繫於圖」，卦爻辭僅只是卦畫下所繫之辭，二者無必然因果關係。

(二) 卦爻辭是為卦畫依規則演算的結果：易經作者從卦畫中領悟天道[34]，創發易道[35]，並依天道及易道規則，自卦畫推演出卦爻辭。也就是說「文出於圖」，卦爻辭是卦畫推演的必然結果。圖文之間有必然關係，且有演算規則存在。[36]

傳統易學，尤其是象數之學，多傾向於後者，即主張易道可通天道。繫辭傳說：「易與天地準，故能彌綸天地之道」。既然天道

---

34 天道在此指天之運作規則。天道之天可以指經驗所能及的天，即自然界之天，也可以指超越經驗所能及的天，即形而上之天。綜合二者，此處之天道，可指無法直接觸碰，也無法做完整描述，但卻真實存在且影響宇宙萬物運作的法則。

35 易道在此指《易經》所蘊之道。從易經卦畫及卦爻辭的探索研究中，所領悟出的運作方法及變化規則。諸如卦畫與卦畫之間的生成變化，卦畫與卦爻辭之間的對應轉換等，皆可稱之為易道。易學的最終目的亦應關係到易道之探究。

36 若以現代數學語句表示，卦畫與卦爻辭構成函數關係：$f(x) \rightarrow y$；易道函數f將卦畫x映至卦爻辭y。

是人所無法直接認識的，而易道又可與天道相類比，經由易道以窺天道是一個合理的途徑。易學中又有「言生於象」[37]的說法，認為卦爻辭是卦畫遵循某種規則轉換而產生的當然結果。人無法直接認識天道，但可以認識文字，卦爻辭即是文字，古代聖人從卦畫的推演中掌握到天道變化規律，並用人所能理的語言文字寫成卦爻辭，使人能藉此窺測天意。[38]如果我們可以合理的說明卦畫推演轉換出卦爻辭的客觀法則，也就說明了兩件事：第一，我們找到了正確的推演法則（易道），這個法則能彌合天道，當然也就能藉此法則推演天道。第二，卦爻辭之所以能預言未來，占斷吉凶，乃因其為依天道推演的必然結果，其力量雖神祕但不容懷疑。基於此二理由，傳統易學有相當大的部分是在研究如何從卦畫中解釋卦爻辭之所以如此，也就是藉由象數，如前所說的卦象、爻象、逸象、互卦、卦氣、升降、卦變等，來解釋卦爻辭。

　　本書比較持第一種觀點，即卦爻辭僅只是卦畫下所繫之辭，二者不必有必然之推演關係。雖然如此，但並不否定卦畫與卦爻辭之間有某種連繫，可供聯想或啓發。卦畫與卦爻辭二者都蘊含同一卦旨，是相同卦旨下的不同表示方式。本書也不否定藉由象數來解釋卦爻辭的努力，因為天道本來就是神祕的，也很難斷言某種對天道的猜想是錯誤的，或沒有意義的。

---

37 王弼《周易略例‧明象》「言生於象，故可尋言以觀象。象生於意，故可尋象以觀意。」
38 《繫辭傳》藉孔子之口說：「聖人立象以盡意，設卦以盡情偽，繫辭以盡其言，變而通之以盡利，鼓之舞之以盡神。」

第三章　易學簡史

　　筮占之術起源於何時？古人將之托於伏羲，伏羲氏爲神話人物，其年代事跡久遠，實不可考。唯考古發現[1]以及尚書‧洪範篇的記載，都顯示出古老筮占之術在西周之前就已存在。但周易發展成爲一門學問，應是從西周初期，易經文本的出現開始。所謂「易學」，即指以易經卦畫及卦爻辭爲基礎，所推衍而出的學問。以下依年代先後，略述易學之發展及重大演變轉折點。

第一節　春秋易學

　　以易經占問吉凶的具體案例，最早出現於左傳及國語的記載，其中左傳有十九例，國語有三例，共二十二例。由於這二十二則實錄大體發生在春秋時期，我們或可以此代表春秋時期的易學風貌，並稱此爲春秋易學。二十二例中，實際發生占筮行爲並引卦爻辭以論吉凶者佔十六例，不經占筮直接引卦爻辭以說吉凶之義理者五例，另一例僅引爻辭以說它事[2]。其中十六則占筮記錄尤其重要，因其對當時的占筮行爲，以及對易經卦畫與卦爻辭的解釋方式，留下了寶貴的資料。以下引用其中一個案例爲代表，略窺春秋時代的周易占筮。

　　左傳‧莊公二十二年記載，公元前672年，陳國公子完（陳敬仲）逃到齊國爲卿，並倒敘陳公子年少時的一次占筮。[3]陳敬仲小

1　例如殷墟四盤磨卜骨上的數字卦，參考張政烺〈試釋周初青銅器銘文中的易卦〉；張亞初，劉雨〈從商周八卦數字符號談筮法的幾個問題〉，《考古》，1981(2)，頁155-163。

2　《左傳‧昭公二十九年》龍出現於晉都絳，魏獻子對此迷惑，請教蔡墨，蔡墨以乾卦爻辭解說龍之性質。

3　《左傳‧莊公二十二年》「周史有以周易見陳侯者，陳侯使筮之，遇觀之否。」

時候，有周國太史帶著周易古經來到陳國，當時陳國國君，也就是敬仲的父親，請周史占卦以問敬仲的未來。占得☲☲觀卦，第四爻有變，陰變陽，爻變後成為☲☲否卦，也就是所謂的「觀之否」。周史占斷：「此所謂『觀國之光，利用賓于王』[4]。公子將為陳國的國君嗎？會為國君，但不在陳國，而在異國。不在公子自身，而在他的子孫。光可以照遠，以顯耀他處。觀卦下坤上巽；否卦下坤上乾，坤為土，巽為風，乾為天。風吹在高似天的土上，這就是在說山。山中有木、石、鳥、獸等各種資材，上有天光照臨，下有國土可居，所以說『觀國之光，利用賓于王』。山中物產富饒，可陳列百物於庭前，奉上玉帛以為贄禮，齊備天地間的美好物品，所以說『利用賓于王』。觀卦，有待觀望，所以我說在其身後子孫。風吹動果實而著落異地，所以我說在異國。若是異國，必定是姜姓之國，因為齊國姜姓有大山嶽，是泰山的後代。泰山高大足以配天，凡事不能兩大並立，所以陳國會衰敗，齊國會昌盛。」[5]

後來陳國果然衰亡，陳完投奔齊國後，改名田完，其子孫在公元前386年，取代姜姓的齊國，成為田齊。[6]周史占筮解卦的預言皆一一命中，其神乎其技之處，令人讚嘆，也啓人疑竇。若純就史料的內容分析，此次占筮有三點值得注意：(一) 此占發生的時間可逆推至陳完奔齊前30年左右，也就是公元前700年前後，是古代文獻中最早的占筮記錄。(二) 原文「周史有以周易見陳侯者」，可見當

---

4 此為觀卦第四爻的爻辭。
5 《左傳·莊公二十二年》「（周史）曰：是謂『觀國之光，利用賓于王。』此其代陳有國乎？不在此，其在異國，非此其身，在其子孫。光遠而自他有耀者也。坤，土也；巽，風也；乾，天也。風為天於土上，山也。有山之材，而照之以天光，於是乎居土上，故曰『觀國之光，利用賓于王』。庭實旅百，奉之以玉帛，天地之美具焉，故曰『利用賓于王』。猶有觀焉，故曰其在後乎。風行而著於土，故曰其在異國乎。若在異國，必姜姓也，姜，大嶽之後也。山嶽則配天，物莫能兩大，陳衰，此其昌乎？」
6 公元前481年，田恆發動政變，殺齊簡公，擁立平公。自此之後，田恆獨攬齊國大權。公元前386年，周安王冊命田和為諸侯，姜姓齊國為田氏取代，田和仍沿用齊國名號、世稱田齊。

時易經文本及周易占筮之術僅傳在周國王庭，各諸侯國未必有此知識。(三) 還原當時的占筮程序，應是先得本卦，此例中為☷☴觀卦，再觀其爻變。此例觀卦第四爻有變，變爻（第四爻）之爻辭為「觀國之光，利用賓于王」。第四爻原為陰爻，變為陽爻，所以☷☴觀卦變成了☷☰否卦，相對於本卦，此否卦稱為之卦。整個占筮過程所得的素材就是本卦、變爻及之卦。其中本卦及之卦又各可得上下二經卦，此例中本卦得巽、坤；之卦得乾、坤。周史即依據此巽、乾、坤三經卦的卦象及上下位置，並參考變爻的爻辭，進行一系列的解卦。春秋筮法大抵如此。

　　概略言之，春秋易學以象數為主，將占筮所得之本卦及之卦，分解為上下經卦，再對應至所象徵自然物之關係，以比附人事。

第二節　易傳的出現

　　易傳的出現是易學史上的第一等大事，傳統易學認定易傳為孔子所作，所謂「人更三聖」的易學體系大體就此定型。有關易傳之作者及成書年代問題，尤其是孔子與易傳的關係，近代學者屢有討論，並對傳統說法推出新說。多認為十翼非孔子所著，亦非一人所著，而係出自多人之手，成書年代亦有先後，大約在戰國至漢初之間[7]。

　　易傳八篇的出現，將古老的易經予以義理化，哲學化，儒學化，大幅改變了易學的風貌。使周易不再僅只用於占筮起卦，預言吉凶，而成為承載義理的經典。自此以後，周易經傳的地位逐漸提高，終為五經之首。易傳八篇之中，又以彖傳、大象傳及繫辭傳在

7　參考戴璉璋《易傳之形成及其思想》，臺北：文津出版社，1989年，頁10-14。楊慶中《周易經傳研究》，北京：商務印書館，2005年，頁150-187。

義理發揮上最具代表性，以下分別略述其文體及關鍵影響。

一、大象傳

　　首先介紹大象傳是因爲它的內容最爲單純，且與春秋易學的接近程度也最高。大象傳以短句的形式，針對六十四卦之卦畫所呈現之卦象，構作自然景像及人事情境，並與卦名結合以顯卦旨，再轉換爲對君子的具體啓示。今以䷂屯卦爲例，大象傳曰：

　　　　雲雷，屯：君子以經綸。

　　䷂屯卦下震上坎，震爲雷，坎爲水，水在上則爲雲。雲雷屯聚爲大雨將至之象。人觀雲雷相聚知大雨將興，萬物萌動。由大事將興而思經營整理自身，以俟時而動，所以說「君子以經綸」，君子受此啓發而預作經營整理。

　　大象傳六十四則短文大致如此，非常有規則性。其八經卦之卦象轉換，基本上也嚴格依乾爲天，坤爲地，震爲雷，巽爲風（或爲木），坎爲水（或爲雲、雨、泉），離爲火（或爲明、電），艮爲山，兌爲澤的規則進行，並無例外。

　　大象傳只依卦畫及卦名推衍出易經六十四卦對君子的六十四則啓示。[8]完全不涉及卦爻辭，更不用說完全與占筮預言吉凶等事無關，其義理趣向最爲純正。

二、彖傳

　　彖傳針對六十四卦，解釋其卦畫、卦名及卦辭，但不涉及爻辭。對卦畫的解釋不僅沿用春秋易學常見的卦象解釋，如天、地、水、火、風、雷、山、澤等，並進一步賦予八經卦以內在性質的

8　其中雖有論及先王、后、大人等，也是對君子的啓發而說。

解釋，即以乾爲健，坤爲順，震爲動，巽爲遜[9]，坎爲險，離爲明（或爲麗），艮爲止，兌爲悅等，傳統稱之爲卦德。不只如此，彖傳又另創以六爻之位置及符號，賦予各爻以剛、柔、中[10]、正[11]、當[12]、應[13]、敵[14]、乘[15]、順[16]等性質，並以此比附人事或德行意涵，可稱爲爻象之學。卦德及爻象都是春秋易學中所未見的，有相當程度的易學創新意義。以下仍以屯卦爲例說明之。

䷂屯：元亨，利貞。勿用有攸往，利建侯。

彖傳曰：

屯，剛柔始交而難生，動乎險中，大亨貞。雷雨之動滿盈，天造草昧，宜建侯而不寧。

「剛」指陽卦[17]或陽爻，「柔」指柔卦或柔爻。今稱爲陽與陰的二概念，在彖傳稱之爲剛與柔。春秋易學中直接以八卦解釋占筮，並無陰陽對立相輔相成的觀念，至彖傳才區分剛、柔，並突顯

---

9 《彖傳》釋巽爲巽，此巽可理解爲「遜」。參看曹行《周易〈彖〉〈象〉體例及思想研究》，頁51。

10 《彖傳》以二、五爻爲中。例如蒙卦二爻爲剛，所以說「以剛中也」。

11 若二爻爲柔，或五爻爲剛，則稱正，或中正。例如訟卦五爻爲剛，則說「尙中正也」。

12 《彖傳》以奇數爲剛，偶數爲柔。初、三、五爲剛位；二、四、上爲柔位。剛爻處剛位或柔爻處柔位則爲當位，否則爲不當位。例如既濟卦六爻皆當位，所以說「剛柔正而位當也」。

13 初爻與三爻；二爻與四爻；三爻與上爻；若一剛一柔則爲有應。例如蒙卦二爻爲剛，五爻爲柔，所以《彖傳》說「志應也」。

14 不應則稱敵應，例如艮卦，六爻皆不相應，則說「上下敵應」。

15 柔爻在剛爻之上則稱乘（乘剛），例如夬卦，上爻爲柔，下五爻爲剛，則說「柔乘五剛也」。

16 柔爻在剛爻之下則稱順（順剛），例如旅卦，二爻及五爻爲柔爻且在剛爻之下，所以說「順乎剛」。今日易學多稱此爲柔承剛，但《彖傳》不用承字。

17 ☰乾、☳震、☵坎、☶艮爲剛卦；☷坤、☴巽、☲離、☱兌爲柔卦。

此對立。「剛」象徵有剛強、剛健、剛直等人事意義，相對地，「柔」則代表柔順、柔軟、柔弱等性質。乾卦六爻純剛，坤卦六爻純柔，繼乾、坤二卦之後的屯卦，則剛與柔方開始交錯，所以說「剛柔始交」。以屯爲「難」，所以說「難生」。下卦震爲動，上卦坎爲險，下爲內，上爲外，內在外之中，所以說「動乎險中」。「動乎險中」四字又可用以解釋爲何卦辭說「勿用有攸往」，往則有動，動則有險，故不宜有所往。又釋「元」爲「大」，所以說「大亨貞」。又以震爲雷，坎爲雨，卦象顯示雷雨滿佈，此象徵天地造化仍在草創無序，冥昧不明的階段，此時，宜在草昧不寧之處，建立侯國。所以說「雷雨之動滿盈，天造草昧，宜建侯而不寧」。這段文字也正是在解釋卦辭「利建侯」。

　　由此例可看出象傳如何以建立卦畫與卦辭之間的關係，在卦畫中找出各種卦象、卦德、爻象[18]等，巧妙的解釋卦名、卦辭，並作適當的義理發揮。

　　象傳的出現，對卦畫的結構提供新的解釋空間，除原有的卦象之外，又以剛柔、卦德、爻象等來說明卦畫。所使用的字詞如剛、柔、中、正、當位、敵、應等，又多與人事乃至德行相關，以此將卦名、卦辭朝義理方向解釋，而無涉於占筮。

三、繫辭傳

　　繫辭傳的重點並不在直接解釋卦畫及卦爻辭，而是以論文的形式，說明卦畫及卦爻辭背後的原理，並廣泛論述天道、易道、聖人、卦象、爻象、筮法，易經的成因及過程，卦爻辭的義理解釋等。繫辭傳的出現，打破了六十四卦各自分述的限制，爲易經的研究建立了一個相對完整的總體理論架構，並將易學提升到更高的層

18 此例中並未顯示爻象。

次，將神祕的占筮行為給予一個形而上學的解釋。[19]繫辭傳給易學至少帶來下列重大改變：

(一) 剛柔與陰陽並用

將象傳所提及的剛、柔二元概念，無痕轉換為陽與陰。相較之下，陰、陽較剛、柔更為抽象，帶有更豐富的形而上學意義，也擴大了易經所涵攝的概念範圍。繫辭傳說：「一陰一陽謂之道」，自此陽與陰遂取代剛與柔，為描述周易二元模態及變化的基本語詞。

(二) 對易經研究的面向作全方位的展開。

繫辭傳說：「易有聖人之道四焉，以言者尚其辭，以動者尚其變，以制器者尚其象，以卜筮者尚其占」。所以卦爻辭所蘊之義理是「易」，卦畫的排列組合陰陽變化是「易」，以卦爻象徵人事器物是「易」，用來占筮預言吉凶當然也是「易」。

(三) 對以蓍草占筮的操作方式提出扼要說明。

繫辭傳是先秦文獻中唯一有此方面之記載者，其中說明雖簡短，但足以讓後人據此推演出具體的占筮操作方法，[20]後世所有以籌策占筮的操作，其源頭皆出自此。

(四) 以孔子且僅以孔子之名議論。

繫辭傳文句用「子曰」開頭以發表議論者計24次，孔子也是繫辭傳唯一引述其言論的古人，孔子在繫辭傳作者心目中的地位之崇高可知。此亦可見繫辭傳與儒學有關，所引孔子之言論，雖未必定是孔子所言，但應是為孔門脈絡傳承下的言論無疑。其中以孔子為名對20則爻辭所做解釋，足以代表先秦儒家對卦爻辭解讀的立場。以此擴而充之，繫辭傳之思想，正足以代表先秦儒家傳承下的易學思想。

---

19 「形而上」一詞即出自《繫辭傳》「形而上者謂之道，形而下者謂之器。」
20 朱熹《周易本義》有〈筮儀〉篇，即據此展開以蓍草為籌策占筮之完整步驟及程序。

綜合以上，大象傳僅依八經卦原有之簡單卦象，將六十四卦做了極大的義理發揮。彖傳將剛、柔、中、正、當、應等字詞及概念帶入卦畫解析，以將卦爻辭做義理解釋及哲學發揮。繫辭傳以「子曰」的方式發表議論，明顯的企圖將卦爻辭往儒學方向作義理發揮。所以說易傳將易經由以占筮為主的春秋易學，轉向為以義理為主的經學，並帶入更多的哲學及儒學元素。

純粹從義理的角度解釋易經以斷言吉凶，而不須涉占筮行為的想法，其實在春秋易學中便已見端倪。例如左傳·宣公十二年記載，晉國救援鄭國，鄭國卻已與楚議和。主帥荀林父要退兵，副帥彘子不同意，強率所屬中軍渡河。下軍大夫知莊子直接引用師卦初爻爻辭「師出以律，否臧凶」，並以此預言彘子不聽帥令，晉師必敗。[21]此未涉占筮，直接引用爻辭，並視之為具普遍性的人事義理。也就是說，在春秋時期，易學已不是單純的筮占之學，藉由卦爻辭以說人間事理的思想已經開始萌芽。

第三節　漢魏易學

秦始皇為了箝制思想，採李斯的建議，頒挾書令。舉凡詩經、尚書及諸子百家等學說，一律不許民間傳播學習。易經因被視為是卜筮之書，[22]故在民間仍傳承不斷。據史馬遷的太史公自序，其父司馬談學易於楊何，[23]楊何之易學又自孔子一脈相傳。[24]史

---

21 《左傳·宣公十二年》「知莊子曰：此師殆哉。周易有之，在師之臨曰：師出以律，否臧凶。執事順成為臧，逆為否……」。按，「師之臨」指☷☵師卦初爻有變成為☷☱臨卦，即指師卦初爻，此引師卦初爻爻辭：「師出以律，否臧凶。」

22 《史記·秦始皇本紀》「非博士官所職，天下敢有藏詩、書、百家語者，悉詣守、尉雜燒之。有敢偶語詩書者棄市。以古非今者族。吏見知不舉者與同罪。令下三十日不燒，黥為城旦。所不去者，醫藥卜筮種樹之書。」

23 《史記·太史公自序》「太史公學天官於唐都。受易於楊何。習道論於黃子。」

24 《史記·仲尼弟子列傳》「自魯商瞿受易孔子，孔子卒，商瞿傳易，六世至齊人田何，字子莊，而漢興。田何傳東武人王同子仲，子仲傳菑川人楊何。何以易，元光元年徵，官至中大夫。」

記・仲尼弟子列傳記載：楊何在漢武帝元朔年間，因通易學而官居中大夫。[25]此應是與漢武帝設易經博士有關，[26]楊何極可能是首任之易經博士。[27]易經博士的設立，也象徵易學從此成爲官學。楊何之後，又立田王孫爲易經博士，其後又有施讎、孟喜、梁丘賀、京房等諸家易學，各立有博士，以官家力量傳承易學。

西漢董仲舒倡天人感應之說，從此儒生有好言災異[28]的風氣，[29]易學遂往機祥、讖緯的方向演變。此將易經與陰陽五行結合，以預言災異吉凶，甚或以此議論朝政，干預人事，此中又可以京房爲代表人物。[30]西漢易學除了官學之外，另有民間易學，如費直以易傳解釋卦爻辭，人稱費氏易，又稱古文易，以別於官學之今文易。大體言之，西漢有藉易經以推測天意，預言吉凶的風氣，故其象數之學大盛，其代表人物有孟喜、京房等。此風一直延續東漢乃至魏晉，其代表人物有馬融、鄭玄、荀爽、虞翻等。茲略述於後：

一、孟喜

孟喜（約公元前100年前後）師承田王孫，但多創新說。也因未尊師法，其本人不得任博士，[31]但終能自成一家，列入官學。孟喜倡卦氣說，以六十四卦之卦爻象類比匹配四季、十二月、二十四節氣、七十二候等，以解釋一年節氣的變化。其中又以十二辟卦，

---

25 《史記・仲尼弟子列傳》「何元朔中以治易爲漢中大夫。」
26 《漢書・武帝紀》「（建元）五年春，罷三銖錢，行半兩錢。置五經博士。」
27 建元五年（公元前135年）武帝設五經博士，楊何於元光元年（公元前134年）受徵召。
28 董仲舒《春秋繁露・必仁且知》「天地之物有不常之變者，謂之異，小者謂之災。災常先至而異乃隨之。災者，天之譴也；異者，天之威也。譴之而不知，乃畏之以威。」
29 《漢書・五行志》「董仲舒治公羊春秋，始推陰陽，爲儒者宗。」
30 《漢書・眭兩夏侯京翼李傳》「漢興推陰陽言災異者，孝武時有董仲舒、夏侯始昌……元、成則京房、翼奉、劉向、谷永。」
31 《漢書・儒林傳》「博士缺，眾人薦喜。上聞喜改師法，遂不用喜。」

又稱十二消息[32]卦最具代表性。十二消息卦以復卦☷☳、臨卦☷☱、泰卦☷☰、大壯卦☳☰、夬卦☱☰、乾卦☰☰、姤卦☰☴、遯卦☰☶、否卦☰☷、觀卦☴☷、剝卦☶☷、坤卦☷☷等十二卦，代表一年的十一月至次年十月。從卦象中很容易就可以看出這樣安排的理由：以陽爻代表陽氣，陰爻代表陰氣。漢行太初曆，約同於夏曆，或說今日之陰曆，以冬至日之後兩個月爲正月。[33]十一月冬至，冬至之後陽氣始出，故初爻爲陽，爲復卦☷☳，一元復始。然後陽氣逐漸上升增強，至泰卦正月陰陽各半，爲春分之月；乾卦四月純陽，是入盛夏；姤卦五月陰氣始生；至否卦七月已入秋；坤卦十月純陰，象徵冬日。十二消息卦對後世象數之學有很大的影響，例如虞翻、朱熹[34]等即以十二消息卦爲基礎，展開其卦變理論。

二、京房

　　京房（約公元前77-37）長於災異之論，以易卦占算吉凶，並發展出一套繁複的卦象理論，包括八宮卦、世應說、飛伏說、納甲說、五行說等，其中又以八宮卦爲理論基礎。

　　八宮卦以乾、兌、離、震、巽、坎、艮、坤爲八純卦，每一純卦下有五世、遊魂、歸魂等七卦，合之爲一宮，共八宮六十四卦。純卦之初爻變則爲一世卦，次爻再變爲二世，三爻再變爲三世，四爻再變爲四世，一至五爻全變爲五世，五世卦再將已變之第四爻回復則爲遊魂卦，遊魂卦之下三爻再回復則爲歸魂卦。例如乾卦☰☰，一世爲姤卦☰☴，二世爲遯卦☰☶，三世爲否卦☰☷，四世爲觀卦☴☷，五世爲剝卦☶☷，遊魂爲晉卦☲☷，歸魂爲大有卦☰☲。

---

32 「消息」指消長生息。古代文獻消息二字連用首見於《彖傳》，其剝卦曰：「君子尙消息盈虛」；豐卦曰：「天地盈虛，與時消息，而況於人乎，況於鬼神乎？」
33 按，此即所謂「建寅」，傳統方位以子爲正北，午爲正南，北斗柄指向正北之月爲子月，即冬至之月。子月後兩個月爲寅月，以寅月爲正月，故稱建寅。《淮南子・天文訓》「斗指子，則冬至。」
34 參考朱熹《周易本義》之卦變圖。

八宮卦又可配世應說，將卦與爻配以元士、大夫、三公、諸侯、天子等人間貴賤，以應於世間之事。飛伏指卦爻象之飛顯及潛伏，可見者為飛，不可見者為伏。納甲則以八宮卦配天干，各爻又配地支。五行則以八宮卦與木、火、土、金、水五行對應。京房諸說原皆宜用於術士占筮之法，與易經卦爻辭無甚關聯，但可藉此比附引申，擴大了卦爻辭的解釋空間，使之更能附會人事，以論斷吉凶。

三、鄭玄

鄭玄（公元127-200）為東漢經學大師，遍注群經，是漢代集今文經學及古文經學之大成者。其易學初學京氏易（今文經），後從馬融學費氏易（古文經）。[35]鄭玄曾注周易，四庫全書收錄有周易鄭康成注，但多有殘缺亡佚，所存不全。

鄭玄創爻辰說，即以乾坤二卦為主，以爻配辰。故乾卦初九為子時（或十一月），坤卦六四為丑時（或十二月），乾卦九二為寅時（或一月），坤卦六五為卯時（或二月）等等，以此類推。其他六十二卦的爻辰則為乾卦、坤卦之十二爻辰所派生。若為陽爻即從乾爻所值，逢陰爻則從坤爻所值。以泰卦六五為例，六五陰爻從坤卦六五為卯；另如需卦初九為陽爻，則從乾卦初九為子。十二爻除了配十二時辰之外，另可配十二月，十二音律等，以便擴大取象範圍。鄭玄易學最顯著的特點，即以爻辰解釋易經文字，但並不涉災異之說。以泰卦六五為例，爻辭曰「帝乙歸妹，以祉元吉」，鄭玄周易鄭康成注解為：「五爻辰在卯，春為陽中，萬物以生。生育者，嫁娶之貴。仲春之月，嫁娶男女之禮，福祿大吉」。此以泰卦六五之爻辰在卯月，即陽春二月，為萬物生長之時，要娶嫁才能生

---

35 見《後漢書·張曹鄭列傳》「師事京兆第五元先，始通京氏易」；「以山東無足問者，乃西入關，因涿郡盧植，事扶風馬融」；《後漢書·儒林列傳》「而陳元、鄭眾皆傳費氏易，其後馬融亦為其傳。融授鄭玄，玄作易注。」

育後代，故泰卦六五爻辭論及娶嫁。

　　鄭玄融合官家的今文易及民間之古文易，不以象數言災異機祥，但將象數之學解釋易經卦爻辭，此風帶給後世易學極大的影響。除此之外，鄭玄承費直一脈，重視以易傳解經，故將彖傳及大、小象傳割裂，分置於六十四卦經文之後，[36]以便學者參照。此過程將於介紹王弼時再述。唯漢靈帝時，刻有熹平石經，其排列格式爲易經在前，易傳在後，仍採經傳分離的安排。[37]鄭玄約當在同一時代，[38]可見鄭玄改造周易經、傳的作法在當時仍屬創新。

四、荀爽與虞翻

　　荀爽（公元128-190）與鄭玄同時代，也工京氏易及費氏易，並將以象數解釋易經的精神擴大到解釋易傳。荀爽創升降說，又稱乾升坤降說，主張第二爻若爲乾陽（九二），當升至第五爻；第五爻若爲坤陰（六五），當降至第二爻。例如乾卦九二「見龍在田」，荀爽的解釋是「田謂坤也。二當升坤五。故曰『見龍在田』」[39]。田爲地，地爲坤，所以說「田謂坤也」。二爻爲陽，當上升至五，此田（坤）因上升而顯現，所以說「二當升坤五」，如此以解釋爻辭「見龍在田」。

　　荀爽又將此觀念擴大至其他爻，凡陽爻皆可視需要上升，陰爻皆可視需要下降。不僅如此，爻位的異動升降又導至此卦變彼卦，也就是後世所謂的「卦變」，使以象數解釋周易經傳的法門更形複雜多變。

---

36 《四庫全書・總目提要》「自鄭元傳費直之學，始析易傳以附經……則鄭本尚以文言自爲一傳，所割以附經者，不過彖傳、象傳。」
37 參考屈萬里《漢石經周易殘字集證》，台北：中央研究院歷史語言研究所，1961年。所附之殘石照片。
38 熹平石經始刻於漢靈帝熹平四年（公元175年），成於光和六年（公元183年）。
39 見李鼎祚《周易集解》釋《文言傳》「見龍在田，德施普也。」所引荀爽語。

　　三國東吳虞翻（公元164-233）爲集漢魏象數易之大成者，舉凡孟喜、京房、鄭玄、荀爽等諸說，皆爲虞翻所用，以解釋周易經傳。爲了解釋上的需要，虞翻又擴大荀爽升降說，自創更複雜的卦變理論，主張六十四卦皆爲十二消息卦所變。並創旁通說，凡六爻陰陽相反者皆可旁通，故乾卦通坤卦，坎卦通離卦，以此類推。例如離卦卦辭有「利貞亨」，虞翻的解釋是「坤二五之乾，與坎旁通。於爻，遯初之五，柔麗中正，故利貞亨」。[40]意思是說，坤卦二、五爻來到乾卦，乾卦二、五爻陽變陰，所以成爲離卦。離卦（䷝）又旁通坎卦（䷜）。「遯初之五」指遯卦（䷠）初爻與五爻互換，即成離卦，此說離卦爲遯卦（消息卦）所變。遯卦初六陰爻，上升至五，五爲中位，陰爲柔，陰爻附在中正之位，所以是「柔麗中正」[41]，並以此解釋卦辭「利貞亨」。此解釋所以必須牽涉到乾卦、坤卦及遯卦，又與其卦變之學有關。虞翻主張，乾、坤爲八經卦的父母，所謂「乾坤生六子」[42]。又主張六十四卦皆爲十二消息卦所變，遯爲六月卦，離卦爲遯卦所變。

　　鄭玄、荀爽、與虞翻等人的易學，有很大的一部分就是用象數來解釋卦爻辭。也就是企圖將卦畫與卦爻辭建立連繫，以證明卦爻辭的生成來歷與天道相符合。這個企圖甚至往易傳推展，以證明彖傳及大、小象傳等文字，也是卦畫演繹生成的必然結果。漢魏易學的這個趨勢一方面造成了象數之學日益繁瑣，另一方面也有可能對卦爻辭的義理解釋不甚了了，甚或造成扭曲。漢魏以象數解讀易經的風氣要等到王弼的出現才有所轉變。

---

40 見《周易集解・離》所引虞翻語。
41 「柔麗中正」原出於《彖傳・離》「柔麗乎中正」。唯《彖傳》所謂「柔麗乎中正」應是以離卦六二爲中正，六二在中且當位，故爲「中正」。虞翻以「遯初之五」爲「柔麗中正」，並將之依字面解釋爲柔順且合乎中正，所以「利貞亨」。
42 依《說卦傳》：震爲長男，巽爲長女，坎爲中男，離爲中女，艮爲少男，兌爲少女，是爲六子。

五、王弼

王弼生平在魏末（公元226-249），雖是英年早逝，但其著作老子注，周易注及周易略例等，對後世皆產生巨大影響。今整理王弼在易學史的上的重要成就，約可歸納爲下列四點：

(一) 盡黜象數

王弼雖生於漢魏象數之學最昌盛的時代，但王弼注周易絕少引用說卦之諸卦象[43]，遑論使用爻辰、納甲、互體、逸象、五行等說。[44]其周易略例更直接對象數進行批判，主要論點有二：(1)「僞說滋漫，難可紀矣」[45]。此批評漢易因卦取象，漫無限制之不當。八經卦除說卦所敘之象徵之外，又有各家諸說任意引申比附，如互體、逸象、升降、旁通等，王弼概指此皆爲「僞說」。(2)「一失其原，巧愈彌甚」[46]。此議論以象數解說易經之不當。漢代易學爲了解釋周易經文，創造了爻辰、納甲、互體、卦變、五行等象數學說，極盡奇巧變化之能，但卻失去了對易經原義的探究。對此爲了以卦象解釋經文的方便，任意創造新說的作法，王弼大不以爲然，稱之爲「案文責卦」[47]，「文」指卦爻辭，「卦」指卦畫解釋。並強調要追尋周易六十四卦的眞義，不可「存象忘意」，必須「忘象以求其意」。[48]

---

43 如「乾爲天，爲圓，爲君，爲父，爲玉，爲金，爲寒，爲冰，爲大赤……」之類，但王弼仍取《說卦》中之卦德部分，如乾爲健、坤爲順等，以符《象傳》。
44 參考王弼《周易注》。按，王弼雖黜象數，但並非完全不用。例如《象傳‧賁》「柔來而文剛」，王弼注：「故坤之上六來居二位，柔來文剛之義也」。明言賁卦（☲☷）爲泰卦（☷☰）所變，泰卦之上爻與二爻互換而成賁卦。另如損卦九二「利貞，征凶」，王弼注：「九二履中，而復損己以益柔，則剝道成焉，故不可遄往而利貞也」。明言損卦（☶☱）二爻由陽變陰，則成剝卦（☶☷），再以「剝」字釋爻辭。
45 《周易略例‧明象》「義苟在健，何必馬乎？類苟在順，何必牛乎？爻苟合順，何必坤乃爲牛？義苟應健，何必乾乃爲馬？而或者定馬於乾，案文責卦，有馬無乾，則僞說滋漫，難可紀矣。互體不足，遂及卦變，變又不足，推致五行。一失其原，巧愈彌甚。從復或値，而義無所取。蓋存象忘意之由也。忘象以求其意，義斯見矣。」
46 同上。
47 同上。
48 同上。

(二) 引老入易

　　王弼精於玄學，注老子亦大有成就，故其周易注並非獨尊儒術，而係儒、道並用。例如坤卦六二「不習无不利」，王弼注云：「任其自然而物自生，不假脩營而功自成，故不習焉而无不利」。此與其注老子‧第五章「天地不仁」時所說：「天地任自然，無爲無造，萬物自相治理，故不仁也」，二者思想如出一轍。這在以「人更三聖」爲前提的漢代易學而言是有些離經叛道的。四庫全書對此提出批評說：「平心而論，闡明義理，使易不雜於術數者，弼與康伯[49]深爲有功。祖尚虛無，使易竟入於老莊者，弼與康伯亦不能無過。瑕瑜不掩，是其定評」。爲何以老莊解釋周易便是有過？此儒學本位色彩甚重，未必公允。但以引道家思想解釋周易的確是王弼特色之一。若拋開儒道門戶之見，其實王弼未必刻意引老子以注周易，應是儒道並用，不拘一格，完全依義理解釋的適合性而選採儒家或道家立場。

(三) 合傳於經

　　今天周易傳世文本的產生過程，與王弼大有關係。四庫全書‧總目提要的考證，概略說明今日所流傳之周易內容及編排的形成過程，可分下列四個階段：(1)費直之前，易經與易傳爲不同的書冊。[50](2)費直時，將易傳附於易經之後，視爲一書。(3)鄭玄在編排上做了一些更動，將彖傳、象傳割裂，分別附於六十四卦之卦辭及爻辭之後。(4)王弼再將文言割裂，附於乾、坤二卦之後。

　　經此改造之後，古經文字已與易傳中之彖傳、大象傳、小象傳、文言傳之文字混合編排。爲了分辨，又在原易傳文字之前，加上「彖曰」，「象曰」，「文言曰」等字。以下仍以屯卦爲例，顯

---

49 康伯指東晉韓康伯。王弼《周易注》未及《繫辭傳》、《說卦傳》、《序卦傳》、《雜卦傳》等，韓康伯予以補齊。故王弼與韓康伯並稱，簡稱王韓。

50 其實此時已有經傳不分的現象，例如《淮南子‧繆稱訓》「故易曰：剝之不可遂盡也。故受之以復」。此引文出自《序卦傳》，但此逕稱「易曰」。

示改造後的文本面貌：斜體字部分為易傳割裂後參入經文者。

䷂屯：元亨，利貞。勿用有攸往。利建侯。

彖曰：屯，剛柔始交而難生，動乎險中，大亨貞。雷雨之動滿盈，天造草昧，宜建侯而不寧。

象曰：雲雷屯，君子以經綸。

初九・磐桓。利居貞。利建侯。

象曰：雖磐桓，志行正也。以貴下賤，大得民也。

六二・屯如，邅如，乘馬班如，匪寇婚媾。女子貞不字，十年乃字。

象曰：六二之難，乘剛也。十年乃字，反常也。

六三・即鹿無虞，惟入于林中。君子幾不如舍。往吝。

象曰：即鹿无虞，以從禽也。君子舍之，往吝窮也。

六四・乘馬班如，求婚媾。往吉，無不利。

象曰：求而往，明也。

九五・屯其膏。小貞吉，大貞凶。

象曰：屯其膏，施未光也。

上六・乘馬班如，泣血漣如。

象曰：泣血漣如，何可長也。

到唐朝科舉取士，即以王弼本[51]為標準本，其他編排的版本則逐漸亡佚。今日所見的周易文本的面貌，其經與傳的編排，皆是以王弼本為依歸。

---

51 嚴格說應是王韓本，因為其中〈繫辭〉、〈說卦〉、〈序卦〉、〈雜卦〉諸篇之注為韓康伯所增附。

(四) 卦主說及爻位說

王弼雖稱盡黜象數，其實自己又有一套解析卦畫的方法，大略可歸納為卦主說及爻位說。卦主說強調一卦六爻，其中有一爻特別重要，為一卦之主，指引卦義的關鍵。所謂「故六爻相錯，可舉一以明也」[52]。也就是說，只要能找到一卦之主爻，就可以掌握到該卦的意旨。王弼本人在其周易注中，便明指出三十二卦的主爻，並藉此發揮卦旨。

爻位說注重六爻的性質及位置，王弼雖黜象數，但仍接受乘、承、比、應等說，[53]並予以發揚，將爻位擬人化。例如以陽爻為尊，為君子；陰爻為卑，為小人；以爻位遠近比擬人物之遠近等。[54]

不過，不論是卦主說或爻位說，與其說完全是王弼的創見，不如說是王弼解讀彖傳的心得。因為這些卦畫解析方式，在彖傳文句中都可以找到類似觀念的應用，王弼只是將之綜合整理並據以發揮而已。[55]

第四節　唐宋明清傳統易學

隋唐之後以科考取士，天下舉子皆為朝廷所攏絡，讀書人為求功名利祿，必需苦讀官家統一規範下的教材。唐太宗時，詔令孔穎達（公元574-648）等諸儒參議編撰五經正義[56]，以作為官方科考的標準本。其中周易正義即以王弼本（王韓本）為準，並於王弼注

---

52 《周易略例·明象》「物無妄然，必由其理。統之有宗，會之有元，故繁而不亂，眾而不惑。故六爻相錯，可舉一以明也；剛柔相乘，可立主以定也。」

53 《周易略例·明卦適變通爻》「夫應者，同志之象也；位者，爻所處之象也。承乘者，逆順之象也；遠近者，險易之象也。內外者，出處之象也；初上者，終始之象也。」

54 《周易略例·辯位》「位有尊卑，爻有陰陽。尊者，陽之所處；卑者，陰之所履也。故以尊為陽位，卑為陰位。」

55 參考曹行《周易〈彖〉〈象〉體例及思想研究》，頁67-76。

56 此指《周易》、《尚書》、《毛詩》、《禮記》、《春秋》等五部經書的整理及注疏。

之後補以必要的說明以為疏證，但不廢象數。周易讀本從此定於一尊，在此之前的易學著作，除王弼周易注外，也多逐漸亡佚了。

幸而其後有李鼎祚[57]撰周易集解，大量蒐集摘錄鄭玄、荀爽、虞翻等漢魏以象數注周易的片段，今人方得以從殘篇斷簡中略窺漢魏象數易學的風采。傳統易學的格局至此大略定型。宋、元、明、清的易學，在科舉制度的思想鉗制下，雖偶有質疑或創新，大體上多因循舊說，或是在舊說基礎上，藉由注釋作某些程度的發揮。以下略述對後世易學影響較大者。

一、周敦頤與邵雍

北宋周敦頤（1017-1073）著太極圖說，結合陰陽五行，並配合以圖形，以說明太極動靜之理。[58]同時代另有邵雍（1011-1077）、劉牧（1011-1064）等，提倡有河圖、洛書、先天太極圖等圖式，世稱圖書易學，是為象數易的一支。[59]圖書易與漢魏象數不同，其目的不在解釋周易卦爻辭，而在以此比附周易，對宇宙之生成及運作等天道，提出模型式的說明，並藉此指點人事。圖書易之圖式本身，如太極圖、河圖、洛書等，其來源及解釋多有爭議，[60]但在民俗中仍廣為流傳。

唯周敦頤之太極圖說將圖式與繫辭傳、文言傳及說卦傳連繫，並另著太極通書[61]，又將太極、陰陽、動靜等，與象傳、中庸

---

57 生卒年不詳，約公元700-780前後，歷唐玄宗、肅宗、代宗三朝。

58 《宋史・道學傳》「周敦頤出於舂陵，乃得聖賢不傳之學，作太極圖說、通書，推明陰陽五行之理。」

59 《四庫全書・總目提要》「漢儒言象數，去古未遠也。一變而為京、焦，入於禨祥，再變而為陳、邵，務窮造化，易遂不切於民用」。陳指陳摶，宋初道教人士，相傳邵雍、劉牧之學源自陳摶。朱震《漢上易傳》附表上書宋高宗：「璞上陳摶以先天圖傳种放，放傳穆修，修傳李之才，之才傳邵雍。放以河圖洛書傳李溉，溉傳許堅，堅傳范諤昌，諤昌傳劉牧。修以太極圖傳周敦頤。」

60 例如李覯之《刪定易圖序論》，黃宗羲之《易學象數論》，王宗炎之《圖學辨惑》等，皆對此提出批判。

61 又稱《周子通書》、《易通》或《通書》。

做更深入的結合，有系統的用易學概念建構一個宇宙模型，並在此模型上，對儒學的一些概念及思考方式進行整頓，如仁、義、誠、善等。此開理學風氣之先，對後來程顥、朱熹等思想皆有極大的影響。

邵雍以先天易學著稱，並以原有的易學爲後天之學。此處所謂「先天」、「後天」的說法，有些形而上學意味。即以超乎經驗的，在人類之前就存在的，爲「先天」。人可以在經驗中學習或認識的，或爲人所創造的，爲「後天」。邵雍稱自己所創發的爲「先天」，也意味著此學不需在經驗世界中類比，乃爲先人類而有。

依此劃分，卦爻辭等爲文王所繫，易傳爲孔子所撰，皆屬後天之學，先天易學則回溯至伏羲畫卦，直接從卦畫及數字中推演天道。邵雍並以此先天易學爲心法，爲內在原理，總說天地萬物及歷史規則。邵雍之易學多言術數，故爲卜筮者所樂道。[62]

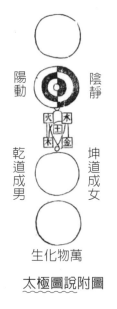

太極圖說附圖

先天八卦圖

---

62 如民間流傳《梅花易數》即託稱邵雍（邵康節）著。

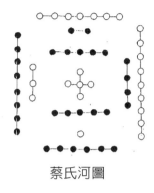　　　　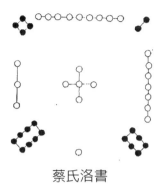

蔡氏河圖　　　　　　　　　　　蔡氏洛書

二、程頤與朱熹

　　程頤（1033-1107）作易程傳[63]，純粹以儒理解讀周易，排斥漢魏象數之說，不涉占筮，也不接受圖書易，尤其反對將老莊思想帶入周易義理之中。程頤經由對卦爻辭及其後所附彖、象、文言的解釋，將周易與四書在義理上做緊密結合。可謂繼王弼之後，把周易義理之學推上一個新的高峰。也強化了宋明理學的理論基礎，[64]爲儒學帶來新的生命力。程頤認爲周易的內容在顯示天地萬物變易之理，[65]涵括人事變化的法則，有其規範性。人應順此理，以爲行事進退的依據。

　　朱熹（1130-1200）作周易本義，基本上承襲程頤之義理，但不廢象數及占筮。朱熹在「易歷三聖」的基礎上，對周易經傳內容的形成，主張有必要作進一步的區分。伏羲畫卦未立文字，只是用陰陽符號來說凶吉，其法漸不可曉，故文王、周公繫卦爻辭，以文字說明之。待孔子時，卦爻辭之深意世人亦不可曉，故孔子作傳以解釋之。今人讀孔子所傳之周易，若以爲只是講義理，其實是有問

---

63 又稱《伊川易傳》、《程氏易傳》或《周易程氏傳》。
64 參考朱伯崑《易學哲學史》第二卷，北京：華夏出版社，1995年，頁181-254。
65 《易程傳・易傳序》「易，變易也，隨時變易以從道也。其爲書也，廣大悉備，將以順性命之理，通幽明之故，盡事物之情，而示開物成務之道也。」

題的。應追本溯源，並進一步區隔易經與易傳，則可得易經爲卜筮之書，而易傳爲哲理之書。蓋孔子贊周易，是將原本占筮之辭，講出一番吉凶消長進退的道理。[66]也就是說，周易之經與傳，其內容應隨作者之不同，而有不同的理解及詮釋。[67]易經說占筮，易傳講義理，占筮歸占筮，義理歸義理。

也因爲如此，朱熹周易本義原始的版本是採經、傳分離，也就是回復到鄭玄之前的編排方式。易傳附在易經之後，不參入易經之中。但如此苦心安排，到明成祖永樂年間編修五經大全，其中周易大全又將周易本義割裂，採經、傳合一的方式，並置於易程傳之後，以便天下學子參讀。[68]如此終又回到王弼本的編排方式。易程傳與周易本義，也因爲被朝廷選爲科考之標準本，遂成爲明清兩朝易學的主流。

三、清代考據

繼明成祖下詔纂修周易大全並獨採程、朱易學之後，清康熙帝命李光地編御纂周易折中，雖名「折中」，但乃是以易程傳與周易本義爲骨幹，其他諸說只是附參，絕無相違之處。程、朱易學爲官方考試之標準教科書長達六百年，其影響不可不謂深遠。然而民間易學之研究卻在清初有新的契機及轉變。

以儒學解讀周易並作義理發揮的風潮，在明末清初王夫之（1619-1692）的手中，去蕪存菁，建構完整體系，可說是達到最

---

66 《朱子語類‧易二‧卜筮》「易本卜筮之書，後人以爲止於卜筮。至王弼用老莊解，後人便只以爲理，而不以爲卜筮，亦非。想當初伏羲畫卦之時，只是陽爲吉，陰爲凶，無文字。某不敢說，竊意如此。後文王見其不可曉，故爲之作彖辭；或占得爻處不可曉，故周公爲之作爻辭；又不可曉，故孔子爲之作十翼，皆解當初之意。」

67 《朱子語類‧易二‧卜筮》「今人讀易，當分爲三等：伏羲自是伏羲之易，文王自是文王之易，孔子自是孔子之易。」

68 《四庫全書》收錄《原本周易本義》十二卷，及《周易本義》四卷。並於〈提要〉中說明：「宋朱子撰是書，以上下經爲二卷，十翼自爲十卷」，是爲原本；「永樂中，修大全，乃取朱子卷次割裂，附之程傳之後。而朱子所定之古文仍復淆亂」，是爲重刻本。

高峰。但同時也有學者對宋明儒學不重實證，夸夸空談，脫離文本，任意發揮的學風不以爲然，因而有考據之學的興起。此注重文獻，回歸文本的新風潮，對易學發展的影響又可分兩方面來說，一是漢魏象數的復興，一是在文字音韻訓詁的研究。

在象數的復興方面，清學者並非是一體全收的，其中災異讖緯之說仍然不採納，但對於以象數解釋經傳的部分，則以文獻考據，實事求是的治學態度，予以蒐集、整理、歸納、綜合。例如毛奇齡（1623-1716）作仲氏易、推易始末，繼承漢易以象數解釋周易的傳統，強調卦爻辭是卦畫推演出來的。惠棟（1697-1758）著易漢學、周易述等，追考漢魏如孟喜、京房、鄭玄、荀爽、干寶、虞翻等之易學，並圖融鑄舊說，以闡發漢魏易例。

在文字訓詁方面，清代對上古音韻的研究有相當的成就。研究的目的原在因聲求義，企圖通過古音以尋經書與文字之古義。所謂「讀九經自考文始，考文自知音始」[69]；「詁訓之旨，本於聲音」[70]。從易學研究的角度來看，要尋易經、易傳文字的原義，有必要了解這些文字在古代當時的讀音，因聲求義。[71]就此，顧炎武著有音學五書，其中易音三卷，專論卦爻辭及彖、象、繫辭、文言等之上古音韻。另如朱駿聲（1788-1858）撰六十四卦經解，雖多採漢魏象數觀點解釋周易文字，但因有深厚之文字學造詣[72]，故能運用文字、聲韻、訓詁等方面的研究，對卦爻辭的字義，提出新的論點。

清代學者已經意識到易學研究應講證據、論方法，不宜過度憑

---

69 見顧炎武《顧亭林詩文集・答李子德書》，北京：中華書局，1983年。
70 見王念孫《廣雅疏證・自序》，北京：中華書局，2008年。
71 按，此涉通假字之可能性。另，今日之形聲字，上古時期多只以聲符表示，一字多義，其後才加意符偏旁，分化而出多字。例如惟與維，原只寫作隹；阻與祖，原只寫作且。
72 朱駿聲著《說文通訓定聲》，依上古韻部改編《說文解字》。每字又分說文、通訓、定聲三大部分，強調文字之轉注、假借和聲訓。

空發揮。不過仍受限於傳統思想的禁錮，以及新材料的缺乏，雖然在精神上已有省悟，但眞正能對傳統易學有所突破，仍需待二十世紀以後。

第五節　近代易學研究

二十世紀之後的近代易學，受到出土文獻及新思想的衝擊，相較於明、清，有更大的突破與成就。除了繼承傳統在象數及義理方面的研究之外，近代易學最重要的是發展出以考證方式研究易學的進路，或可稱之爲「考據派」的興起。考據派強調以科學精神治易，講求方法、強調本證、重視小學、重視文物及文獻。考據派之遠源，可追溯至乾嘉學者之訓詁、音韻、考訂等樸學，近則可與現代考古學結合。清末民初學者王國維提倡「二重證據法」，主張結合紙上遺文與地下遺物以研究古代文化。顧頡剛、錢玄同、李鏡池等以疑古、辨僞爲宗旨的古史辨學派，都可謂此以考據治易之進路。尤其是甲骨文字的發現，以及漢石經周易殘石、馬王堆帛書、楚墓竹簡等新材料陸續出土，更爲考據研究帶來新的契機。

考察清代考證之學雖盛，易學研究仍承受下列困難：(1) 在思想的束縛上，以周易爲承載儒家義理之經典的信念難以掙脫。(2) 在方法及視野上，恪守傳統易學舊說，缺乏新的工具及思維。(3) 在文本參考上，受困於魏晉以來一線單傳的周易版本。(4) 考古學尚未興盛，缺乏新材料以刺激研究。[73]所幸這些問題，近代易學研究均能有所突破。在思想上，不再受官方之學及所謂聖人之言的箝制。在方法及視野上，可借重西方之科學精神及研究方法。在文本上，漢經殘石及帛書周易打破了周易版本一線單傳的困境。在考古

---

73 參考鄭吉雄〈從經典詮釋傳統論二十世紀《易》詮釋的分期與類型〉，收錄於《易圖象與易詮釋》，臺北：臺灣大學出版中心，2004年，頁83-126。

的發現上，出土文物如甲骨文、金石文、帛書、竹簡等，提供了大量先秦、漢初之文獻及器物，對先秦的文字演變、歷史發展、社會結構、思想體系等之重建，及線索的串接上，都能廣泛的提供各類新的材料。藉由現代的考證之學，對傳統易學上的重大議題能提出一些新事證及新觀點，並展現出新的易學風貌。

以下針對易經成書、易傳成書及周易性質，三個易學重點問題，比較傳統易學與近代易學之差異。

(一) 有關易經成書問題。

傳統易學大抵死守「人更三聖，世歷三古」之說，以伏羲畫八卦，文王演周易；或伏羲制六十四卦，文王作卦辭，周公作爻辭等為定論，不容懷疑。現代考證，大體接受周易古經大約成書於西周初期，或出於史官（卜筮之官）之手。

(二) 有關易傳成書問題。

傳統易學接受「人更三聖」之說，以易傳諸篇為孔子所作，在解釋易經上，有絕對的權威性。孔穎達周易正義便直言：「其象、象等十翼之辭，以為孔子所作，先儒更無異論」。北宋時，歐陽修於易童子問中，雖對十翼作者提出疑問，但主要針對繫辭傳，仍不懷疑象傳，大、小象傳，文言傳等為孔子所著。

近代學者，挾更豐富的歷史材料，更犀利的研究工具，以及更理性的治學態度，對傳統說法推出新說。多認為易傳未必是孔子所作，[74]極可能出自多人之手，成書年代亦有先後，大約在戰國至漢初之間。[75]

---

74 如錢穆《論十翼非孔子作》，馮友蘭《孔子在中國歷史中之地位》，李鏡池《周易探源》、戴璉璋《易傳之形成及其思想》等；但金景芳、呂紹綱、李學勤等學者，仍力主十翼為孔子及其門人所著。

75 參考何澤恆〈孔子與易傳相關問題覆議〉，《台大中文學報》，2001年第十二期，1-56頁；楊慶中《周易經傳研究》，北京：商務印書館，2005年，頁150-187；鄭吉雄、傳凱瑄〈《易傳》作者問題檢討〉，上下篇分刊於《船山學刊》，2015年第三期，頁62-76，及2015年第五期，頁76-87。

(三) 有關周易性質問題

傳統易學於此頗多爭議。大體上，象數派不排斥周易爲占筮之書，義理派則持反對意見，認爲周易爲書在說天地萬物之理，人事倫常之義，而不涉占筮。宋儒程頤等，尤其將周易視爲儒家經典，不允許參雜任何他說。近代學者於此則持較寬容的態度，大體以易經爲占筮之書，而易傳多談哲理，故不宜一概而論。至於易傳是否全爲儒家之著作，則尚有討論的空間。

由於對以上問題的一些突破，近代易學也讓周易經傳在義理發揮上，有更開闊的空間並更具活力。在象數方面，也因爲與西方文化的大量接觸、衝擊、吸收與融合，有各類新的題材以供發揮，因而有各類旁通之學。將西方文明所發展之物理、化學、社會、法律、政治、宗教等現象或成果，以「易理」解釋之。民初杭辛齋之學易筆談或可謂此論之開端，所謂「新名詞足與經義相發明」[76]。其後更有所謂「科學易」或「易科學」之產生，前者重點在企圖「以自然科學治易」，後者則在「以易治自然科學」。唯對此類將現代自然科學與易學建立關係的取向，與以周易文本爲對象的研究，似應有更謹愼的分辨。如四庫全書所述「易道淵深，包羅眾義。隨得一隙而入，皆能宛轉關通，有所闡發」。[77]然而過多的雜說混入，也有可能混淆或扭曲了易學研究的內容。

由於近代對地下文物的重視，以下就近代考古發現中，與周易有較大關係者，略作說明如下：

(一) 甲骨文及金文

刻鑄有甲骨文及金文之出土文物，大有助益於對古代文字演變過程之了解。尤其是甲骨文字的出現，多記載殷商占卜之實錄。對於古代占問之場合、內容及進行程序等，提供寶貴之原始資料。

---

76 杭辛齋《學易筆談‧卷一》，台北：廣文書局，1971年。
77 見《四庫全書‧總目‧經部易類‧（來知德）周易集注十六卷提要》。

對周初占卜文化的了解，及卦爻辭的斷句與解釋，很有參考價值。民初容肇祖即著有占卜的源流，從殷墟甲骨文，考證古代占卜的實況。[78]

　　除了殷墟甲骨之外，1950年代以來，陸續有西周時期間之周原甲骨出土，當更有助於了解占卜與占筮之關係。例如，李學勤考據包山楚簡之卜辭，而分析同一占問中，筮與卜的先後關係。[79]是爲綜合商、周甲骨及竹簡之卜辭，所作之分析研究。

(二) 熹平石經殘石

　　1922年在洛陽太學遺址出土的熹平石經殘石，保留了漢代易經的面目，對王韓本之前周易文本之研究，提供新材料。熹平石經，原含完整之易經上下二篇，及易傳十篇。屈萬里漢石經周易殘字集證收錄殘石共四千四百餘字，約佔周易經傳內容字數的五分之一（扣除「象曰」、「象曰」等贅字後）。雖然殘缺不全，但仍是目前周易經傳中，除傳世之王韓本外，唯一經傳皆具之另一參考版本。[80]

　　在形式上，石經採經傳分離的編排。易經在前，隨後依序爲象傳，象傳，文言，繫辭，說卦，序卦，雜卦。象傳不分大象、小象，合爲一篇。此亦可感受漢代學者所認識之周易原貌。據屈氏之考證，石經所傳爲梁丘氏易，而今本則爲費氏易。

(三) 馬王堆帛書

　　1973年於馬王堆漢墓出土的帛書，計有28種，約十二萬餘字。文字有篆有隸。據考證，篆書約抄寫於漢高祖十一年（公元前196）左右，隸書部分約抄寫於漢文帝初年。帛書內容可分兩方面：其一爲有關戰國至西漢初期思想及文化的一些佚散文獻，如五

---

78 參看容肇祖〈占卜的源流〉，收錄於《古史辨》第三冊，上海：上海古籍出版社，1982年（重印本）。
79 參看李學勤《周易溯源・第四章第二節　竹簡卜辭與商周甲骨》，頁263。
80 參看屈萬里《漢石經周易殘字集證》，台北：中央研究院歷史語言研究所，1961年。

行、黃帝四經、戰國縱橫家書、養生方等，其內容本身便具重要學術價值。其二爲傳世文本如易經、老子等，提供另類版本，可作爲校勘傳世古籍的依據。

於易經部分，帛書有完整的易經版本，是爲目前唯一可與王韓本在易經部分上，作完整比對參考的版本。對於卦序、卦名及卦爻辭之異文，提供了豐富的研究資料。

於易傳部分，馬王堆帛書提供了另一版本的繫辭傳，供與今本比對參考。同時，另有二三子、易之義、要、繆和、昭力等佚易傳篇章，對儒家與周易經傳的關係及思想傳承，提供十分寶貴的原始材料。並有助於對周易經傳傳世文本之參照理解。

(四) 阜陽漢簡

安徽省阜陽於1977年出土的阜陽漢簡，爲漢初之文物。原簡甚爲支離破碎，經整理編纂分爲十多種古籍。其中與占卜內容有關之殘片近600片，含易經卦辭爻辭的約有200片，1110字，涉及六十四卦中之五十二卦。卦爻辭與今本易經有若干異文，由於原簡破碎，不堪成篇，已無法排列卦序。阜陽漢簡易經與今本最大的差別爲，在卦爻辭後，保存許多占問具體事項的占卜辭。另外，據韓自強之研究，阜陽漢簡爲數字卦，以數字七爲陽爻，八爲陰爻。今本陽爻符號可能爲七之變形，陰爻可能爲八之變形。[81]

(五) 上博楚簡

上博楚簡，上海博物館藏戰國楚竹書，或稱上博簡，爲1994年出現於香港古物市場的竹簡，其後由上海博物館斥資購入，共兩批一千兩百枚，三萬五千字左右。其出土地點已無法確知，大約戰國晚期之楚地。上博楚簡內含八十多部戰國時期之文獻典籍，有助於先秦思想及思想史之研究。上海博物館於2001年，陸續整理公

---

81 參看韓自強《阜陽漢簡《周易》研究》，上海：上海古籍出版社，2004年。

布出版上海博物館藏戰國楚竹書，2012年12月出版至第九冊。其中，第三冊內含周易古經共五十八簡，涉及三十四個卦的內容，共1806字。其卦畫，亦以「八」表示陰爻。此與阜陽漢簡相同。

　　由於上博楚簡的出現，使周易古經又多一個可供比對的文本。如劉大鈞先生即編有今、帛、竹書《周易》六十四卦異文對照表[82]，以供學者研究比較。

第六節　易學演變小結

　　綜觀自春秋至當代易學發展之脈絡及重要轉折，易學研究雖歷經漫長演變並屢有創新，但其終極對象卻始終如一，就是探究易經卦畫及卦爻辭所蘊藏的奧義。如前所述，易經大體形成於周初，或說殷周之際，這應是古今學者們的共識。從周初到當代，歷經三千年的漫長過程，此中我們必須體認，今日所見的易經，以及對其內容理解的視域，已與周初有很大的差別，這些差異至少包括了文本上的，以及意向上的。茲分述如下：

一、文本的演變

　　易經初期文字真跡雖未能留傳，但必應是以當時的文字書寫。周初文字的風貌從西周銅器上的銘文可大略捕捉，也可從殷商甲骨文字中尋找易經原始文字形與義演變的痕跡。西周金文逐漸演變為大篆、小篆等先秦文字，再經漢人的隸定[83]，才轉換為今日所見的文字。可以確定的是，古文字對今隸楷的轉換，並非一對一的。[84]今日所見的易經文字，已非是周初文字的真實呈現，而是層

---

82 參看劉大鈞《今、帛、竹書《周易》綜考·附錄1》，上海；上海古籍出版社，2004年。

83 隸定，又稱隸古定，即將先秦以古文字所寫之經典，以隸書重新校定轉寫，以利傳播，並統一版本。

84 例如「亨」及「享」，古文字為同一字，皆作「㝬」；「已」及「巳」，古文字為同一字，皆作「巳」。

層抄寫及轉換的結果。

　　有關周易古今文本的差異，最關鍵處在鄭玄及王弼對周易的改造，將彖傳、大象傳、小象傳及文言傳割裂，參入易經文句中，因而混淆了易經與易傳的界限。

二、意向的演變

　　易經原本為占筮之書，這在先秦文獻如尚書、左傳、國語乃至論語中皆可找到證據。隨著理性的要求及人本思想的成熟，逐漸有將易經卦爻辭往義理方向解釋的傾向，在易傳，尤其是彖傳、大象傳、小象傳及文言傳出現之後，已是有系統的從義理的角度來解釋易經。王弼之後，這種奉易傳為圭臬，以義理為意向的詮釋觀點，日益受到肯定，並受皇家的支持。程頤、王夫之等儒者更以儒學義理為唯一的意向，不但排斥以易經占筮吉凶，也不接受任何其他如道家、佛教乃至墨家等思想混入義理之中，務使易經成為純粹的儒學經典，其微言大義皆是儒家修身養德的教化，道德教訓的載具。其中即使有不排斥占筮的學者如朱熹，崇尚象數的學者如朱震，但其在卦爻辭的解釋上仍是採儒學義理一路，也就是在意向上，視易經為闡揚儒理之書。

　　以上所述易經原始風貌與易學旨趣的演變及過程，都是現代易經研究所必須正視的問題。

第四章　當代易學省思

　　易學的基本旨趣在解讀易經，先求有所理解，之後才能有所發揮。傳統易學歷經三千年漫長發展，對易經的解讀固然有極其豐富的成果，但也因此有過多的引申及發揮，使得易經的解釋，或是過於繁瑣，令人望之生畏；或是過於僵化，將卦爻辭淪為刻板的道德教條。

　　現代易學在思想上可不再受傳統所束縛，在材料上、視野上及方法上，也較古人更為豐富及廣闊，足以突破易學舊說的困境。故而在文本的詮釋上，也應有理性所更樂於接受的方式，將易經中可說的部分做出清楚的解釋。本章即針對傳統易學的一些問題略做整理，並重新提出一些易經詮釋的觀點，以作為本書解讀易經的立場說明。

第一節　傳統易學的三大信念

　　傳統易學在解釋易經卦畫及卦爻辭上，雖未必明說，但實涵藏有三大信念。分別是：易通天道、易歷三聖、圖文必有連繫。分述於如下：

(一) 易通天道：易經與天道相通

　　所謂「易與天地準，故能彌綸天地之道」；「易之為書也，廣大悉備，有天道焉，有人道焉，有地道焉」（繫辭傳），易經所內蘊的思想包羅萬象，不但可用以說明人間具體事物，也與天道相通。

　　天道不可觸摸，似可觀察，又無法真實認識，難以有效議論，故而有相當的神祕性。但經由易經所蘊之易道，對此神祕天道或能有所揭露。傳統易學的企圖，即有相當成分在發掘易經中所蘊

藏的天道，或者藉著易經以說天道。

天道是什麼？此概念有相當的模糊性，也有一些歧義。概括地說，天道即天之道，可理解為天之運作規則。其中至少可包含下列兩個意思：(1) 此「天」指自然之天，天道泛指自然界運作的規律，尤其指日、月、星辰、四季、節氣等天體運行的規律。也可包括大地、山川、萬物等，在天之籠罩下的，一切人類可觀察，可感應，可接觸之事物的普遍規則。(2) 此「天」為形而上之天，為超越經驗，無形可見，冥冥存在，而且具主宰力量的天，包括上帝、鬼、神等。天道可泛指此冥冥存在的主宰力量，或行事規則。前者或可稱為六合之內的天道，後者則可稱為六合之外的天道。[1]

傳統易學，尤其是象數之學，基於易經暗藏天道的信念，藉易道以推天道的企圖是相當強烈的。漢魏象數如卦氣、八宮、爻辰、納甲，及其後之太極圖、先天八卦、河圖、洛書等圖書易學，都可以說是試圖以陰陽、卦象、六爻變化等易學概念來比附、闡明、乃至推演天道所做的努力。

(二) 易歷三聖：周易為伏羲、文王、孔子三聖共同創作

傳統「伏羲畫卦，文王繫辭，孔子作傳」的信念，不僅只是敘述歷史，也是在建立系統，並作為價值判斷的依據。依「三聖」交相傳承的信念，卦爻辭是依卦畫而繫，易傳是對卦畫及卦爻辭的權威解釋，卦畫、卦爻辭及易傳三者其實是一個不可分割的整體，構成一個完整且一致的思想系統。「聖」字尤其突顯出三者之間的一致性及權威性，包括以易傳解釋易經卦畫及卦爻辭的正確性及絕對性。蓋人之德行及智慧到達頂峰，於理無所不通，於事無所不明，方稱之為「聖」。[2]「人更三聖」的價值意義，簡單的說，就是卦

1　《莊子・齊物論》「六合之外，聖人存而不論；六合之內，聖人論而不議。」
2　《白虎通・聖人》「聖人何為？聖者，通也，道也，聲也。道無所不通，明無所不照，聞聲知情，與天地合德，日月合明，四時合序，鬼神合吉凶。」

畫、卦爻辭及易傳的絕對性。聖人是不會犯錯的，文王爲卦畫撰寫卦爻辭是完全把握到了卦畫的意思，孔子寫易傳以解釋卦畫及卦爻辭也是不會有錯的。所以，要理解易經必須經由易傳。

王弼合經傳於一的改造，將易傳中直接解釋六十四卦的彖、象、文言等文字，與卦爻辭並列，從根本上加強了此信念：理解易經必須經由易傳，易經與易傳融合爲一，不可分割。

大儒朱熹雖試圖對此突破，提出「今人讀易，當分爲三等：伏羲自是伏羲之易，文王自是文王之易，孔子自是孔子之易」的主張，但終未能說服傳統，以致明、清以來，其周易本義仍改採經傳合一的方式編排。明末大儒王夫之仍強調「四聖同揆」[3]爲解釋易經的基本原則，堅信伏羲、文王、周公、孔子四位聖人在說同一件事，是同一個思想的連貫繼承，易經與易傳融合爲一，不可分割。

(三) 圖文必有連繫：卦畫及卦爻辭必有關聯

易經含卦畫（圖）及卦爻辭（文）兩部分，圖是易經的重要特色，也是其關鍵元素。傳統「文王演周易」[4]的信念，認爲文王所繫之卦爻辭是依照卦畫推演出來的，所謂「聖人設卦觀象，繫辭焉而明吉凶」（繫辭傳）。至少，卦爻辭所定之吉凶是卦畫演算的結果。「演」字暗示存在有某種規律，卦畫與卦爻辭之間依此規律而有所連繫。

以卦畫所示之卦象來解釋卦爻辭所以如此的案例，在春秋易學中便已出現，[5]但較屬偶而爲之的發揮，籠統說明卦象與卦爻辭之間有共通的義旨，以強化占斷的說服力。彖傳、大象傳及小象傳也

---

3 王夫之《周易內傳發例》，收錄於《船山易學》，臺北：廣文書局，1976年，頁605（下冊頁1）。「蓋孔子所贊之說，即以明象傳象傳之綱領。而象象二傳即文周之象爻，即伏羲氏之畫象，四聖同揆，後聖以達先聖之意，而未嘗有損益也明矣。」
4 司馬遷〈報任少安書〉「蓋文王拘而演周易。仲尼厄而作春秋。」
5 例如《國語‧晉語四》記載晉公重耳問「尚有晉國」，親自占筮得貞屯悔豫，司空季子即企圖以屯卦及卦之上下卦卦象解釋卦辭中之「元亨，利貞。勿用有攸往，利建侯」及「利建侯行師」。

以不同的方式來聯繫卦畫與卦爻辭。[6]

　　漢魏象數之學大興，並逐漸演變有以卦畫「逐字」推出卦爻辭的企圖。相信天地間隱藏有一套規則，易經卦爻辭即依此套規則推演轉換而出。不但如此，甚至連解釋易經的彖傳、大象傳及小象傳等文字之所以如此，也可依此套規則釋之。[7]

　　王弼雖號稱「盡黜象數」，但王弼也說「言生於象」，卦爻辭是卦畫之象所生，所以應「尋言以觀象」。[8]也就是說，王弼雖然不贊成以卦象強說卦爻辭之生成來歷，但並不反對依卦爻辭來解讀卦爻象。所以卦爻辭中之君子、小人；丈夫、小子等，在爻象上必有所指。[9]類似的信念也呈現在程頤的易學上。

　　上述三信念不是各自獨立，而是互有牽聯而構成傳統易學的精神支柱。易經與天道相通，使得易經的詮釋可超越經驗世界，不受經驗的束縛，並顯示出神祕的力量。聖人領悟天道，所以伏羲畫卦，將天道暗藏在卦象中；文王繫辭，將隱晦於卦象中之天道以文字表示；孔子作傳，將卦畫與卦爻辭的關係做進一步的揭示與說明。所以，要正確的理解易經並掌握其中所蘊含的天道，必須要能理解卦畫與卦爻辭之間的關係。

　　此三大信念一方面構成易經詮釋的傳統，突顯出易經之所以為易經的特色；另一方面，無可諱言的，這些信念，尤其是後兩者，若過度強勢的運用，也會造成易經理解及詮釋上的阻礙或困難。這

6　《大象傳》以上下卦之卦象，與卦名建立關係；《彖傳》以卦象、卦德及爻象解釋卦名及卦辭；《小象傳》藉爻象解釋爻辭。

7　例如朱震《漢上易傳》明顯有此意圖。

8　王弼《周易略例・明象》「盡意莫若象，盡象莫若言。言生於象，故可尋言以觀象。象生於意，故可尋象以觀意。」

9　例如䷐隨卦六二「係小子，失丈夫」，王弼注：「五處己上，初處己下，故曰係小子，失丈夫也」，是以六二為自己，初九為小子，九五為丈夫；六三「係丈夫，失小子」，王弼注：「初處己下，四處己上，故曰係丈夫，失小子也」，以六三為自己，初爻為小子，九四為丈夫。其背後先預設陰爻為女子，陽爻為男子。隨卦二、三爻為陰爻，故當事者（己）為女子；小子及丈夫為男性，初、四、五爻為陽爻，故可以是小子或丈夫。離己近之爻為「係」，離己遠之爻為「失」。

些困難至少包括下列幾點：

(一) 糾纏扭曲

堅持「易歷三聖」的結果，將視易經與易傳爲一脈相傳的整體。此信念逐漸強化的結果，逐導至易經與易傳不分，而且易傳諸篇也不分，也就是將易經及易傳諸篇，宛如一人一時之作。不但視以易傳解釋易經爲當然，而且要求以易經解釋易傳，或以易傳諸篇互相解釋，例如以彖傳解釋大象傳，以序卦傳解釋彖傳等。也就是說，堅信易經及易傳諸篇必須用同一種概念去理解，所以同一字詞，在易經與易傳諸篇之間，意思相通，也都可以互相引用或解釋。

例如需卦，大象傳曰：「雲上於天，需；君子以飲食宴樂」，王弼周易注將此文句解釋爲：「童蒙已發，盛德光亨，飲食宴樂，其在茲乎」，其中「童蒙」來自蒙卦卦辭「匪我求童蒙，童蒙求我」；「光亨」二字取自需卦卦辭「有孚，光亨」；「盛德」二字爲蒙卦之彖傳：「蒙以養正，聖功也」之發揮，以「聖功」爲「盛德」。此結合了蒙卦及需卦之卦辭，以及蒙卦之彖傳，以解釋需卦大象傳之「飲食宴樂」。順此思路，可得「童蒙已受啓發，德惠廣大通達，君子於此當飲食宴樂」。不論此解釋是否恰當，但可知此解釋其背後的信念，即在堅信易經、彖傳及大象傳是一體的，可互相解釋。

但易經與易傳實爲不同時代的著作，易傳諸篇也可能非一人之作，且彼此之間也多有矛盾杆格之處。若欲強加融合爲一，甚至不惜扭曲文義以求融貫。不僅造成彼此糾纏不清，增加周易理解的困難，而且容易有曲解、誤解的可能。

(二) 繁瑣複雜

在圖文關係的建立上，「圖文必有連繫」的信念逐漸強固的結果，將從「圖文相依」，「以圖釋文」，「以文釋圖」，逐漸推向

「以圖生文」，[10]試圖發現圖文轉換的完整規則，以建立卦畫與卦爻辭之間的必然關係。漢魏象數易，尤其熱衷於此。王弼批評漢魏象數「案文責卦」，為了要解釋卦爻辭文字，責成於卦畫的象徵意義，因此訂定太多的規則，而且缺乏系統性。例如卦爻辭中若出現「輿」字，就要在上下經卦中找是否有☷坤，因為坤為輿，如果沒有坤，可以找☵坎，因為坎為輪，車必有輪，[11]若無坤也無坎，就嘗試用互卦、飛伏、半象、升降、旁通等方式，操作出坤或坎，例如以☰乾為☷坤之伏[12]；再不然也可在文獻中尋找逸象，例如以☳震為車[13]等。

　　下以朱震漢上易傳解釋豐卦六二爻辭片段「豐其蔀，日中見斗」為例，試看象數易學如何憑藉卦畫生成此段爻辭：

　　☳☲豐卦下離上震，朱震說：「震巽為草，二在草中，有周匝掩蔽之意，故曰蔀」。即以☴巽為☳震之潛伏，明是震，暗藏有巽，[14]巽為風，震為動，風吹草動，所以說「震巽為草」。六二在下卦之中，所以說「二在草中」，在草叢之中，為草所掩蔽，此所以解釋「蔀」[15]之來由。

　　接著又說：「離目為見，豐為日中，五兌伏艮，艮離為天文，賁之象也。震，少陽，其策七，震為動，有星在上，動於中，而其數七，斗之象也」。即以離為目[16]，目為見，所以說「離目為見」。再引豐卦卦辭「亨，王假之。勿憂，宜日中」，所以說「豐為日中」。豐卦之三、四、五爻構成☱兌，兌之陰陽互變則

---

10 「圖文相依」指卦畫與卦爻辭蘊義相同；「以圖釋文」指利用卦畫以解說卦爻辭；「以文釋圖」指利用卦爻辭以解說圖畫；「以圖生文」則指卦爻辭為卦畫所衍生。
11 《說卦傳》「坤為地，為母……為大輿……」；「坎為水，……為弓輪……」。
12 依京房之飛伏說，坤中藏伏有乾。坤之三陰交轉陽爻，則化為乾。所以乾為車。
13 《國語・晉語四》記載，晉公子重耳占筮得貞屯悔豫，司空季子解卦，說：「震，車也。坎，水也。」
14 此為京房飛伏之法，伏陰於陽，伏陽於陰。震之三爻陰陽互變則為巽。
15 蔀，讀作部，覆於棚架上以遮蔽陽光的草蓆。在此可理解為遮蔽。
16 《說卦傳》「乾為首。坤為腹。震為足。巽為股。坎為耳。離為目。艮為手。兌為口。」

為☶艮，兌中藏伏有艮，所以說「五兌伏艮」，豐卦之上經卦由震變艮，艮離構成☲賁卦，賁卦又與「天文」有關，[17]所以說「艮離為天文，賁之象也」。震又為少陽，易數以七為少陽[18]。就天文言之，七即北斗七星，所以說☳震為「斗之象也」。如此，「日中」、「見」、「斗」在卦畫中皆有著落矣。

　　朱震為南宋象數易學大家，此例足以顯示其以圖生文的強烈企圖。而其中推演規則之繁瑣複雜，也足以使人眼花撩亂，乃至望而卻步。以圖生文的企圖也並非象數易學專屬，程頤為義理說易的代表人物，但仍不免有類似的企圖。下以程頤解釋☴小畜卦九二爻辭「牽復吉」為例，全文甚繁[19]，大意在說：☴小畜卦一陰五陽，六四陰爻為主爻，其他五陽爻為六四所畜。其中九二在下卦之中，九五在上卦之中，皆是「陽剛居中，為陰所畜」，所以二與五是「同志」，共患相憂共進退。二陽剛相結合，力量變大，可不為六四陰爻所畜，所以「相牽連而復」，九二牽九五連手復返回下經卦☰乾，爻辭說「牽復」即指此。六四陰爻無力阻擋此「牽復」，所以說「吉」。

　　為什麼說「復」指返下卦乾呢？此又涉及程頤對小畜卦象傳「剛中而志行」的解釋，程頤說：「二五居中，剛中也。陽性上進下復乾體，志在於行也」。二、五爻為陽（剛）爻居中，陽爻性質好動，不是往上，就是往下回歸到下經卦乾（乾體），乾體純剛，乾為健，健行不已。

　　以上二例可知，從卦畫中解讀卦爻辭的信念，在傳統易學中

---

17 此引賁卦《象傳》「分剛上而文柔，故小利有攸往，天文也；文明以止，人文也」。此天文指天上的文飾，如日、月、星等。
18 筮法中，易數以六為老陰，七為少陽，八為少陰，九為老陽。對應到八卦，則以乾為老陽，坤為老陰，震、坎、艮為少陽，巽、離、兌為少陰。
19 《易程傳·小畜·六二》「二以陽居下體之中，五以陽居上體之中，皆以陽剛居中，為陰所畜，俱欲上復。五雖在四上而為其所畜，則同是同志者也。夫同患相憂，二五同志，故相牽連而復。二陽並進，則陰不能勝，得遂其復矣，故吉也。」

是根深蒂固的，但若對此過於堅持，卻也使得卦爻辭的解釋過於繁瑣，太多的規則及類比彼此糾纏，反而使得卦爻辭的文義被忽略，甚或遭扭曲。

(三) 義理僵化

孔子爲儒家至聖，也是傳統易學所認定爲易傳之作者，在「易歷三聖」的信念下，以儒學來解釋易經及易傳似乎成爲天經地義，反之，則被視爲離經叛道。例如王弼援老入易，即被認定爲過失。[20]在這樣的氛圍下，易經遂成爲儒學的教科書，隻字片語皆可發揮微言大義，因而在詮釋上承載了過多的儒學義理，甚或僵化爲道德教條。

例如比卦九五爻辭有「顯比。王用三驅，失前禽。邑人不誡。吉」。程頤以「成湯祝網」解釋「王用三驅，失前禽」。[21]即天子仁德，不忍盡殺獵物，所以網開一面，放任前方之禽獸逃生，所以「失前禽」。「成湯祝網」出自史記・殷本紀，但商湯之網「去其三面」[22]，與此「王用三驅」實不相類。至於其後之「邑人不誡」，程頤釋「誡」爲「期約」，[23]未知所本？又以「邑人」爲「王」之親信，釋「邑人不誡」爲「言其至公不私」，所以「不期誡於居邑，如是則吉也」。並以「比」、「仁德」與「無私」大作儒學發揮，以說「三驅失前禽之義」如下：

> 聖人以大公无私治天下，於顯比見之矣。非惟人君比天
> 下之道如此，大率人之相比莫不然。以臣於君言之，

----

20 《四庫全書・提要・經部易類》王弼〈周易注十卷〉「祖尚虛無，使易竟入於老莊者，弼與康伯亦不能無過。」
21 《易程傳・比》「先王以四時之畋不可廢也，故推其仁心爲三驅之禮，乃禮所謂天子不合圍也。成湯祝網是其義也。」
22 《史記・殷本紀》「湯曰：『嘻，盡之矣！』乃去其三面，祝曰：『欲左，左；欲右，右；不用命，乃入吾網。』」
23 《易程傳・比》「誡，期約也。待物之一不期，誡於居邑，如是則吉也。」

> 竭其忠誠，致其才力，乃顯其比，君之道也。用之與
> 否，在君而已，不可阿諛逢迎求其比己也。在朋友亦
> 然，修身誠意以待之，親己與否在人而已，不可巧言
> 令色，曲從苟合以求人之比己也。於鄉黨親戚，於眾
> 人，莫不皆然，三驅失前禽之義也。

這樣的解釋與發揮，固然符合儒學旨趣，但恐怕與爻辭原意相差甚遠，有藉易經強說儒學義理之嫌。

以上討論之目的並不是在否定這些信念，這些信念其實已與傳統易學融合為一體，不容抹殺。但必須指出，這些信念若成為堅定不移的信仰，視之為不得違背的絕對真理，因而作過度的引申，甚至逾越理性所能接受的底線，則反有可能形成易經詮釋及理解上的障礙。

第二節　以理性讀易經

此處所謂的「理性」，意指重視事實、證據及邏輯推論，以尋求真相的思維方式或態度。在此，理性的對立面不是情感，而是信仰。「理性讀易經」就是說，對易經的理解與詮釋，在態度上期望能增多一些理性的成分，減少一些對信仰的依賴。

以理性來認識並理解易經不僅只是一種求真的態度，也必須要有求真的方法。所謂的「真」，並非以「絕對正確」方可為「真」，但必須是經得起理性檢驗的「真」。易經是否為文王所作的問題在此暫且不論。不過可以確定的是，易經的作者已經不在了，作者的原意已經不可探究。所以並沒有遵循作者原意以「正確」理解易經這回事。但我們可以要求對易經的解釋必須合理，並以理性來檢驗對易經詮釋的合理與否。以下從詮釋學的觀點，提出合理詮釋易經的三項要求：

(一) 融貫理解

理解至少須是融貫的理解。所謂融貫，應有下列三個蘊義：第一，文本自身的語詞、段落及全文之間的解釋，不能相互矛盾不一致。第二，文本的解釋，須與可經驗之事物相合，不能與現實世界相矛盾。第三，文本之解釋必須與已知的歷史事實相符，例如作者當時當地的語言、文字、器物、社會制度、生活習慣等。

詮釋必須基於融貫的理解，此為理性讀易經的第一點要求。所以對易經六十四卦的解讀，在卦畫上的解釋，文字上的解釋，卦畫與卦爻辭關係的解釋，卦辭與爻辭之間關係的解釋等，必須是融貫的，一致的。而且這些解釋，必須可與日常經驗以及易經文本產生的時代背景相融貫。[24]

(二) 面對文本

欲理解易經，一切討論最終都必須回到易經文本自身。也就是現象學所主張的「回到事物本身」（Back to the thing itself）。在這裡，所謂的事物就是充滿意義的文本。至於文本作者的生平、人格、乃至權威性，以及他人對此文本的注疏、解釋或評論等，都僅只是參考而已。文本獨立存在，所有的理解必須直接面對文本，這是理性讀易經的第二點要求。所以卦畫是否為伏羲所制？卦爻辭是否為文王所繫？文王功業盛德如何？易傳是否為孔子所作？孔子傳易給何人？以及漢魏象數的種種發明，儒學義理的種種發揮等，都只不過是參考。所有對易經卦畫及卦爻辭的理解，最終都必須依據易經文本自身的顯現。

(三) 前見的合理性

現代詮釋學，尤其是高達美（Gadamer），認為理解總是帶著某種前結構（fore-structure）或視域（horizon）去理解，所以對文

---

24 參考李賢中《中國哲學研究方法的可能之路》，臺北：臺大出版中心，2022年，頁112-118〈合理性標準的定義與內涵〉。

本的詮釋總是基於某種預設。不可能存在著無預設的詮釋，也沒有所謂「正確的詮釋」，[25]當然也就不存在有客觀的、中立的、不帶任何成見的詮釋。易經的解讀當然也不例外，我們總是帶著某種立場或前見[26]去理解易經。既然如此，不妨把此前見揭示出來，並接受理性的檢驗。解讀易經的前見或預設，必須通過理性的檢驗，是理性讀易經的第三點要求。

　　例如前述傳統易學的三個信念：易通天道、易歷三聖、圖文必有連繫等，就可視爲傳統解讀易經普遍存在的重要前見。即先認定此三信念爲眞，再以此來解讀易經。

　　以下即以理性，而不僅只是從信仰的觀點，重新檢視以此三信念爲前見以解讀易經的合理性：

(一) 關於「易通天道」

　　易經可通天道，此只能是基於信仰，而難以從理性推論。在今日，天體的運行、四季的輪回、氣侯的變化等之觀察、說明及推演，屬於自然科學範圍，易學或可比附此類之天道，但也只能是比附，不能形成可推演的模型。對六合之外的天道，如天意、命運、鬼神等，因超越經驗範圍，感官無法感知，理性亦無法認識，至多只能相信其存在。所以，對於以易經推演天道的各種說法，也只能選擇相信與否。除卻信仰之外，理性充其量只能消極地檢驗易學中有關天道的說明是否違反經驗或邏輯。

(二) 關於「易歷三聖」

　　伏羲畫卦，文王繫辭，孔子作傳，這些命題歷來就有爭議，爲信仰的成分多，理性的成分少。細讀孔穎達於周義正義·卷首所作諸篇，如論重卦之人、論卦辭爻辭誰作、論夫子十翼等，雖然是爲

---

25 參考帕瑪著，嚴平譯《詮釋學》，臺北：桂冠圖書，1992年，頁211-213。

26 海德格的前結構包括前所有（fore-having），前觀點（fore-sight）及前概念（fore-conception），本處所謂之前見主要指前結構中的前觀點。

此力辯，但也反映出一些理性不易接受的疑點。例如「先儒更無異論」[27]，以「先儒」作為「孔子作易傳」的證據，只能說是因循舊說。退一步說，就算易傳是孔子所作，孔子的解釋也只能是孔子對易經的解釋，不能就因此論斷易經作者的原意如此。同理，就算是伏羲畫卦，文王繫辭為真，要解讀易經也只能回歸文本自身，不宜因此就去揣測伏羲的神通如何，文王的心思如何，或假伏羲、文王之事跡為名，超越文本，甚至扭曲文義，以成為擴張解釋的依據。

綜合古今學者在文獻上及出土文物上的探討，有關易歷三聖的相關命題，較具共識且為經得起理性討論的信念，或可歸納出下列三點：(1) 易經文本大體形成於殷末周初。(2) 易傳諸篇形成在春秋末至漢初。(3) 卦爻辭應與文王及周初文明有關。

(三) 關於「圖文必有連繫」

易經六十四卦各有其圖與文，這是事實。如果說圖與文無關，六十四卦就成為偶然拼湊在一起的，各自獨立的六十四段文字，[28]易經也就不再是易經了。就此而論，「圖文必有連繫」可以說是正向解讀易經應該要有的前見。但此連繫的強烈到什麼程度，就可以是見仁見智了。其中態度最強者應屬主張圖與文之間有必然之對應關係，並隱藏有完整的轉換規則，以待有志者探索發現。這樣的信念可謂是前述「易通天道」及「易歷三聖」二信念的加強版，並非實證推論的結果。如果堅信易經內通天道，而且堅信卦畫為聖人體悟天道而繪，卦爻辭是聖人體悟卦畫所藏之天道而繫，那麼堅信卦畫與卦爻辭之間有必然的對應關係也就不足為怪了。

就理性讀易經的觀點，其實卦爻辭是否是卦畫依某種規則所生成，並不是那麼重要。因為不論如何，對易經的理解最終還是要回

---

27 《周易正義‧卷首‧第六論夫子十翼》「其彖象等十翼之辭，以為孔子所作，先儒更無異論。」

28 例如李鏡池、高亨等，皆持這樣的立場，認為《易經》不過是當時的占筮記錄累積編纂而成。參考《高亨《周易》九講》，北京：中華書局，2011年，頁9。

歸易經文本，不論卦畫依何規則生成卦爻辭，並不會對文本內容有任何影響。依卦畫解釋卦爻辭的生成，只能說是擴大卦爻辭的類比空間，並增加解讀的某種趣味性罷了。

第三節　再論易經的性質及成書背景

　　易經本是占筮之書，以卦畫及卦爻辭預言人事吉凶。卦畫是圖畫，所蘊含的意義有很大的解釋空間，可供解卦者發揮。相對地，卦爻辭則為明確的文字表達。但若文字表達過於明確，對占筮結果過於直斷，又會限縮了解卦者的解釋空間。所以卦爻辭對吉凶悔吝的表達，在語意上，確有維持適當模糊的必要。

　　就預言吉凶決疑斷惑的功能論之，卦爻辭就好似寺廟裡求得的籤文。其中有直斷諸事吉凶的部分，亦有以籤詩或故事顯示情境，可供解籤人發揮的部分。以下圖之籤文為例：

　　諸如「尋人：慢至」、「家運：安居春風」、「婚姻：和合」、「求兒：平正」、「六甲：生男」等，皆屬鐵口直斷的部分。上端籤詩「太公八十家業成。月出光輝四海明。命內自然逢大吉。茅屋中間百事亨」及上左故事「周文王為太公拖車」，意在指點出一情境，讓解籤者以此發揮，諸如大器晚成，功成名就，先苦後甘，老來富貴，貴人賞識之類。

　　易經作為占筮之書，也有類似的考量。卦畫固然有極大的解釋彈性，卦爻辭也需在直斷中另藏隱晦。以此，卦爻辭文字敘述，至少可分成兩類：斷占類及敘事

類。斷占之詞直言吉凶禍福，敘事之詞則用故事、人物、事件或景象描述，以顯示某種情境，並以此情境，使占筮者有所啓發，或使之領悟出其中的具體意義。以坤卦六五爻辭「黃裳。元吉」爲例，「元吉」即屬前者，「黃裳」即爲後者。當然，這些敘事文字中所涉及的故事、人物、事件等，必須是當時的人所熟悉的，這包括了殷末周初的文化、史實以及當時流行的傳說及故事等。所以，要理解「黃裳」的蘊義，應是從殷末周初的觀點去探討「黃裳」對當時人的意義，而不宜只是單純地從字面解釋。

　　這也就是說，如果要對卦爻辭中所敘述的情境有較貼切的理解，最好的方法就是努力回到西周的時空背景，絕不能以現代，不能以宋明，不能以漢唐，甚至不能以春秋、戰國的思維來解讀。我們必須承認，生活在殷末周初的士人，他們的生活方式，社會結構，價值意識，歷史知識，乃至對宇宙的認識等，與其後的漢、唐都有巨大的差異，更遑論宋、明及現代。讀易經若不能融入周初的時代背景，極有可能對卦爻辭產生錯誤的理解。

　　殷末周初正處於大動盪的時代。想像一個生活在那個時代的士人，受過文武教育的貴族，會有什麼樣的歷史知識及生活方式？從先秦文獻及近代考古中，可簡述如下：

　　對殷商之前的遠古時期，孟子有生動的描述，[29]或可作爲周人對遠古時代之認識的參考。遠古時，洪水氾濫，遍地草木禽獸。然後有人發明火焚之法，逼退禽獸，並排除洪水，引水灌溉，開墾良田。經由堯、舜、禹的努力，使人類文明從漁獵畜牧，進入到農業時代。社會型態也從純粹由血緣構成的氏族，聚合爲部落，進而形成國家。夏朝的建立，正說明了國家組織的成形，包括了君主、官

---

29 《孟子・滕文公上》「當堯之時，天下猶未平，洪水橫流，氾濫於天下。草木暢茂，禽獸繁殖，五穀不登，禽獸偪人。獸蹄鳥跡之道，交於中國。堯獨憂之，舉舜而敷治焉。舜使益掌火，益烈山澤而焚之，禽獸逃匿。禹疏九河，瀹濟漯，而注諸海；決汝漢，排淮泗，而注之江，然後中國可得而食也。」

守、人民及有效的統治。彼時地廣人稀，所謂的國，並沒有明確的
疆域，不過就是零星羅列在廣大森林草原山川湖泊之間，人所聚集
的一小城邑，及周遭開墾的小片土地。當禹之時，華夏地區號稱
「萬國」[30]，此亦可見其「國」之小。

當此遠古之時，人們除了畜牧，農耕之外，也發展有馴服牛
馬，製作舟車，治井取水等技術。[31]彼時尚未有使用文字的具體證
據。所有周人對此殷商之前的認識或事跡，多屬口耳相傳，而為後
人所追記。當然更有可能在口耳相傳中變質，或被遺忘。

商湯滅夏，成為中原諸國的新共主，是為時代的一大變革。
商人自商湯起，經盤庚、武丁等諸王，藉著遷都及對都城周遭部
落、方國的爭戰征服，逐漸擴大王國疆域，[32]並加強對諸國的控制
力量，成為其宗主國。據胡厚宣研究，商國直接統治的區域為黃河
中下游的中原地區，即今日河南北部及河北南部。其勢力所及之
範圍則更為廣闊，東起山東半島，西至陝西西部，南及江漢流域，
北達河北北部。[33]戰國時吳起描述商紂時的疆域：「左孟門[34]而右
漳釜[35]，前帶河，後被山」（戰國策・魏策一），[36]即西及南有黃
河，北有太行山及漳河，東有滏陽河，此雖是就天險而說，也可自

30 《左傳・哀公七年》「禹合諸侯於塗山，執玉帛者萬國」；《戰國策・齊策》「大禹
   之時，諸侯萬國……及湯之時，諸侯三千。」

31 《呂氏春秋・勿躬》「大橈作甲子，黔如作虜首，容成作曆，羲和作占日，尚儀作占
   月，后益作占歲，胡曹作衣，夷羿作弓，祝融作市，儀狄作酒，高元作室，虞姁作
   舟，伯益作井，赤冀作臼，乘雅作駕，寒哀作御，王冰作服牛，史皇作圖，巫彭作
   醫，巫咸作筮，此二十官者，聖人之所以治天下也」。上述諸賢除巫咸可歸殷商時代
   外，都是傳說中黃帝、堯、舜、大禹時代的人物。

32 胡厚宣，胡振宇《殷商史》，上海：上海人民出版社，2003年，頁52：「殷商自成湯
   建國，中經盤庚遷殷，至武丁時期，通過對周圍方國的頻繁戰爭，疆域及勢力影響空
   前擴大。」

33 參考胡厚宣，胡振宇《殷商史》，頁52-53。

34 孟門，古代要隘，今山西省呂梁市黃河之濱。西隔黃河與陝西吳堡相望。

35 漳指漳河，釜指今滏陽河。漳水東西向，滏陽河南北向，大約在交匯在邯鄲一帶。漳
   水、釜水歷來多次改道，此僅作參考。

36 《史記・孫子吳起列傳》有類似的記載，吳起說：「殷紂之國，左孟門，右太行，常
   山在其北，大河經其南。」

此略窺商國王畿之遼闊。詩經・商頌・玄鳥：「邦畿千里，維民所止」當非誇大之詞。

在商王直接統治的王畿之外，有眾方國臣服於商國之下，尊奉商為宗主國，接受商王的封號及命令，並對商王承擔義務。這些地區雖非商王直接統治，但仍受商王節制，在商國的勢力範圍之內。這些屬國有些是原本就存在的部族，有些則是商族向外拓展的軍事據點，而後受封為國。商朝為了有效控制這些屬國，也會聘用較有實力的方國，代商王征討作亂者或不臣服者。

位處西方的周國就是其中的一個方國。文獻記載，將周族自豳地遷至岐下的古公亶父，就曾接受商王的冊封，[37]其子季歷亦曾朝見商王，[38]並為商王討伐西方及北方的戎族，[39]商王太丁曾命季歷為「牧師」[40]，即治理西部諸國之長。文王昌繼季歷之位，仍受商王命為西伯，[41]為西方之長。文王之母大任，亦為殷商之女，[42]兩國關係及往來之密切，此可見一斑。彼時商為大國，周為小邦，周國臣服於商國。這個局面，一直要到西伯姬昌受命稱王[43]之後，才開始有變化。在此之前，周人必是以商為上國，為仰慕學習的對象。

甲骨文的發現，證實商代已有成熟的文字。[44]當然，甲骨卜辭只是此文字表現的一小部分，大部分的文字因記錄在其他不易保存

---

37 《竹書記年》「武乙三年，自殷遷于河北。命周公亶父，賜以岐邑。」

38 《竹書記年》「武乙三十四年，周公季歷前來朝。王賜地三十里，玉十瑴，馬十匹。」

39 《竹書記年》「武乙三十五年，周公季歷伐西落鬼戎，俘二十翟王。」；「文丁二年，周公季歷伐燕京之戎，敗績。」

40 《竹書記年》「文丁四年，周公季歷伐余無之戎，克之。命為牧師。」

41 《史記・殷本紀》「以西伯昌、九侯、鄂侯為三公。……紂乃許之，賜弓矢斧鉞，使得征伐，為西伯。」

42 《詩經・大雅・大明》「摯仲氏任，自彼殷商。來嫁于周，曰嬪于京。」

43 《史記・周本紀》「詩人道西伯，蓋受命之年稱王而斷虞芮之訟。」

44 按，殷墟甲骨主要在武丁時，再此之前應就有文字。參看李學勤《古文字學初階》，北京：中華書局，1985年，頁16-21。黃德寬〈殷墟甲骨文之前的商代文字〉，《中國文字學報》2006年第一輯，頁1-17。

的載體如絹帛[45]、竹片上而湮滅。可想而知地，當時已有以文字記言記事的能力。盤庚之前的事跡或許仍有一些傳說性質，但尚書·盤庚篇很有可能就是當時的實錄。也就是說，周初的士人，有能力，也有機會閱讀或傳抄殷商的典籍，[46]有系統的熟悉其文化，認識其歷史，吸收其典章制度。

武王克商後，周代商而有天下，局面又是一變。首先，在滅商及其後的東征中，許多效忠商國的方國被征服或消滅。[47]其次周公制禮作樂，在社會制度上做了相當的變革，[48]包括了確立宗法制度及封建制度。在宗法制度上，周初確立了嫡長子繼承制，並由此引申有宗法，以嫡長子為尊，為大宗，別子為小宗。大宗與小宗在親緣上是兄弟關係，在家族上是等級關係，在政治上是君臣關係。是故天子為天下之大宗，諸侯為小宗；諸侯為其國之大宗，大夫為小宗；大夫為其家之大宗，其別子則為士，終而成為庶眾。

周國原處西方一隅，驟滅強國，取得天下。於開國之初，在征服商國盤聚六百年的廣大土地後，如何平定並經營原商國勢力範圍的東方、北方及南方，是個頭疼的問題，武王為此夜不能眠。[49]卦建制度的推動是解決此問題的一個關鍵。冊封親貴功臣以爵位並賜予土地及人民，使之屏藩王室的作法，在商朝便已見痕跡，[50]

----

45 參考胡厚宣《殷商史》，頁361。「由書寫的甲骨文字看，可知商代已有毛筆及朱、墨、褐色的顏料，想商朝的史乘國典，也可能用絲帛來寫。」
46 《尚書·多士》記載周公告殷遺民：「惟爾知，惟殷先人有冊有典，殷革夏命」。周公明顯讀過殷人記載商湯滅夏的典籍。
47 《逸周書·世俘解》「武王遂征四方，凡憝國九十有九國，馘歷億有十萬七千七百七十有九，俘人三億萬有二百三十，凡服國六百五十有二」。此單指武王滅商之時，不包括其後周公之東征。
48 王國維《殷周制度論》「周人制度之大異於商者，一曰立子立嫡之制，由是而生宗法及喪服之制，並由是而有封建子弟之制，君天子臣諸侯之制；二曰廟數之制；三曰同姓不婚之制。」
49 《史記·周本紀》「武王徵九牧之君，登豳之阜，以望商邑。武王至於周，自夜不寐。周公旦即王所，曰：『曷為不寐？』，王曰：『……我未定天保，何暇寐？』」
50 胡厚宣主張殷代已有分封諸婦、諸子、功臣、方國之封建制度，詳〈殷代封建制度考〉，收錄於其《甲骨學商史論叢：初集》，上海：上海書店，1989年重印。初版於1944年。

但周初使之制度化，並在短期間內廣封同姓族親爲諸侯，以藩衛王室，[51]所謂「封建親戚，以蕃屏周」[52]。這其中又與宗法有關，大宗封小宗，天子封諸侯，諸侯封大夫，遂形成以天子爲中心，血緣及親情爲連繫的輻射關係網，以鞏固王權並有效統治。

殷末周初儘管在政權上及制度上有巨大變動，但仍屬同一時代的文明，舉凡農牧、工藝、民生及社會階級等，仍有相當程度的共通性。當時的社會基本上可區分爲貴族及平民。天子、國君、公卿、大夫等屬世襲貴族，爲統治階層，有田邑財產，並受過文武教育，士則爲貴族的最低階，沒有世襲的田邑。邑人、農民、百工等屬平民，爲庶眾，爲生產者。另有奴隸階級，通常爲俘虜或罪犯，爲主人所畜養，視同主人的財產或貨物。

若將易經視爲西周初年的作品，不需拘泥是否必出自文王，即可知易經卦爻辭所述之事必與周初之生活方式及背景知識有關。對易經作者而言，遠古之事來自口耳相傳及事後追記，殷商之事則已有文字記載，當時之事更是親見親聞。

以上簡略描述遠古至周初社會的演變，並不是要敘述歷史。而是要指出，周初之人所認識的世界，所身處的社會，及所熟悉的歷史，未必同於秦漢，更不同於今日，這是欲以理性解讀易經者必須正視的事實。至於與卦爻辭相關的周初人文風貌及社會制度等，將在解讀六十四卦時，再做進一步地的闡述。

第四節　本書之易經詮釋觀點

本書旨在以理性求眞的精神解讀易經六十四卦。其實易經作

---

51 《荀子・儒效》記載：周公時執政時，「兼制天下，立七十一國，姬姓獨居五十三人。」

52 《左傳・僖公二十四年》「富辰諫曰……昔周公弔二叔之不咸，故封建親戚，以蕃屏周。」

者的原意爲何已無法求證，面對易經文本，我們只能而且總是帶著自己預設的立場去解讀或探索其原意，古人有古人的觀點，今人有今人的觀點，本書當然也有自己的預設立場，也就是所謂的「前見」。以下分六點說明本書解讀易經的預設立場，或說解讀易經的前提及基本原則。

(一) 易經的定位

　　本書視易經爲占筮之書，雖未必是一人一時所撰，但確實是完整且具系統性的著作，可能是周初史官們所整理，完備於西周。解讀易經，可在義理上或應用上做各類的引申與發揮，例如儒學的、道家的、佛學的、歷史的、經世致用的解釋、乃至預言禎祥災變等，但歸根結底，在本質上還是用於占筮，而非其他目的。占筮不同於預言，預言是對未來將發生之事的主動告示，預言者通常另藏有目的。占筮之目的則單純在決疑，占者有疑而問，藉占筮以解答疑惑。

(二) 回歸易經文本

　　有關易經的解讀，一切以其文本爲依歸。包括了六十四卦之卦畫、卦爻辭及其順序與結構。對於無法證實或尚有爭議的信念如易通天道、易歷三聖、言生於象等，除非能在易經文本中找到依據，否則皆先予以擱置。同理，對於易傳諸篇、歷代注疏以及種種象數理論等，也只是列入參考，不宜視爲理所當然，必定如此。

(三) 卦畫的象徵意義

　　卦畫是易經重要的成分。卦畫不同於文字，有超越語言所能表達的象徵意義。自春秋易學以來，易學家對卦畫的操作及象徵意義作了極大的發揮，例如卦象、卦德、爻象、互體、辟卦、八宮、納甲、爻辰、升降、卦變等。其中許多皆屬後起之發明，繁雜瑣碎而且彼此相斥，這些或可視爲易學創見，但較難使人接受此爲易經卦畫之原意。本書對卦畫的解釋主要採二原則：(1) 六畫卦爲上下

經卦組合而成。(2) 八經卦的象徵意義回到自春秋易學以來，最普遍，也是最基本的解釋，即以乾為天，坤為地，震為雷，巽為風，坎為水，離為火，艮為山，兌為澤。並以此天、地、雷、風、水、火、山、澤為基礎，做合理的聯想或類比，例如風可類比教化，因水而聯想橫渡江河的危險等。至於其他種種對卦畫的操作及解釋，除非易經中可找到證據，否則皆存而不論。

(四) 卦旨統攝六爻

易經六十四卦，每卦各有其義旨，以統攝六爻。也就是說，六十四卦各自成單元，每單元之卦畫、卦名、卦辭及六爻爻辭，皆涵攝在同一宗旨之下。所以卦畫與卦爻辭必有關係，六爻也並非是六則散漫的短文，而是易經作者以卦攝爻，藉由卦旨細心安排的結果。欲解讀易經，必先探索六十四卦之卦旨，即各卦之蘊義，及其所顯示之處境、態勢或格局[53]。在掌握卦旨之後，再依卦旨解釋六爻，方可顯出易經各單元的系統性，及六爻之間的連貫性。

(五) 重視文字演變

中國文字及語法歷經漫長的演變，易經既然是西周時期的作品，原始文本所使用的文字及語法必應是依當時的慣例。時至今日，當初的文字在形、音、義各方面都有很大的改變。流傳至今的易經文本，也已是古代反覆傳抄的結果。比對早期文本或殘卷，例如熹平石經、馬王堆帛書、上博簡等，可知傳抄之間的用字頗有差異。這些異文最常見的原因還在通假字、異體字及古今字的使用。為處理通假字問題，必須要參考上古音韻；要解決異體字及古今字問題，必須熟悉文字的演變及分化。例如卦爻辭中的「惟」及「維」，周初文字應為同一字，皆作「隹」[54]。另如「亨」、

---

53 態勢在此泛指主體所欲展現的企圖及力量。格局則指主體所面對之外在形勢，以及在此形勢下所呈現的心態格調。

54 例如麥方鼎：「隹十又一月」，隹作為發語詞，可通唯、惟或維。

「享」及「烹」，大篆皆寫作「亯」，[55]卦爻辭中出現的亨或享，
是漢人隸定的結果。

　　熹平石經刻於漢末，已與今本十分接近。今本應是古人自眾多
傳抄本中，將通假字及異體字儘量回復為本字的結果。相較之下，
今通行本仍是可讀性最高的版本。即使如此，同一個字在漫長的使
用及演變下，在字義上也可能古今有別。例如鼎卦九二「我仇有
疾」，「仇」字今人多習慣理解為仇敵、仇人，但先秦時「仇」字
有對方、匹偶、同伴的意思。爾雅・釋詁：「仇，匹也」，說文：
「仇，讎也」，「讎，應也」，「應，以言對也」。例如詩經・大
雅・皇矣：「帝謂文王，詢爾仇方，同爾兄弟」，即以「仇」為同
伴，仇方即指盟邦。若以今人「仇」字之用法解釋「我仇有疾」未
必適當。

　　綜合以上可知，易經既然是西周時期的作品，自當以西周文
字之形、音、義來理解方是合理，若求之於西周而不得，至少要以
先秦文字的形、音、義來理解。越接近現代，越可能遠離古代而不
宜。所以，探究易經文字，必須參考詩經、尚書[56]、論語等先秦文
獻，及甲骨卜文、西周銘文等實物文字。在字義訓詁方面，也以爾
雅、說文較接近先秦慣例，隋唐之後，漢字之音與義多有演變。前
人易經文字之注疏亦或可供參考，但若所訓之字義在先秦文獻中，
或甲骨卜文、西周銘文中，未找有例證，也未能在爾雅、說文中有
所訓詁，則或仍有可商榷處，未必可盡信。

(六) 以西周社會解讀

　　依周初之社會結構，易經之作者及當時之讀者必屬貴族階級無
疑，蓋孔子之前，平民尚無緣接近學官，接受文武教育。[57]因此，

----

55 《康熙字典・亯》「古文亨字……古文烹字……按亨烹二字古通，故古文亦通用。」
56 古文《尚書》多偽，除非另有確證，否則儘量避免作為先秦文獻引用。
57 馮友蘭〈孔子在中國歷史中之地位〉，燕京學報，1927(02)。「故以六藝教人，或許不
　　始於孔子，而以六藝教一般人，使六藝民眾化，實始於孔子。」

以西周貴族子弟的視野去理解易經文本，應是一項合理的要求。這其中不但包括西周貴族自身的家庭、婚姻、生活、事業、信仰、言行規範等，也包括了他們對遠古時代的認識，對殷商及周族歷史的了解，以及自身與天子、平民、奴隸之間的關係。唯有從西周貴族的視野去理解易經卦爻辭所敘之事，才有可能對作者原意有較佳的把握。

當然，西周貴族所屬的社會及所認知的世界，與今日的我們有極大的差異，但無可否認地，西周貴族是人，今日的易經讀者也是人，二者之間的人性是共通的。今日之讀者，經由此共通人性，只要能正確把握西周的社會制度及時代背景，仍足以模擬西周貴族的心境，以解讀卦爻辭，並將所體會之義旨，帶回現代社會而有所發揮。

第五章　卦爻辭總論

第一節　六十四卦的結構

　　易經六十四卦，每卦各成一單元。各單元下有代表該卦之卦畫及卦名，其後有卦辭及六爻之爻辭，非常具規則性。解讀六十四卦，應先對此結構的組成，及所以如此安排，有一些基本認識。

　　要理解一卦，必須先掌握住該卦之宗旨，即卦旨，或稱卦義。卦旨是就人事處境而說的，也就是宣告此卦對當事人所顯示的外在人事處境，或主體內心的狀態。易經是完整且具系統性的著作，卦畫及卦名作為一卦之識別符號，並不是隨性的偶然指定，而是易經作者精心安排的結果。也就是說，易經作者之所以選擇此圖畫及文字以作為此卦之代表，是因為這樣的安排最足以表達此卦之宗旨。所以，讀者欲探究一卦之旨，不妨先從卦畫及卦名之蘊義著手。

　　卦名之下為卦辭。古代著作常以篇章的首字為篇名，自此觀點解讀，卦名其實也就是卦辭的起始字詞，而卦辭就是卦名更完整的表達。或說，卦辭（含卦名）能更完整的表達卦旨，是卦旨的文字說明。

　　卦辭之後為六爻爻辭。六爻爻辭不是六則各自獨立的文句，而是易經作者藉由卦旨所作的細心安排。若能把握住卦旨，自能以卦旨為意向去解讀六爻，從而豐富六爻的整體蘊義。

　　本書六十四卦的解讀，即依循上述原則，以一卦為一單元，逐一分析解釋。先依唐石經引原文[1]以忠實呈現今本易經原貌，再依卦名卦畫解析該卦之宗旨。隨之逐一解讀卦辭及六爻爻辭，包括

1　參考蓖忍堂刊《周易》，收錄於其《景刊唐開成石經》，1926年。

標點斷句，語體文句翻譯及文意解讀。對卦辭及爻辭有一定程度的理解之後，再結合卦旨作綜合解讀，以彰顯卦旨、卦辭及六爻爻辭之間的連貫性。並在貫串合併中，揭露卦爻辭可能蘊藏的，更深一層的含意。若卦爻辭有涉及古代之文明發展、社會制度、史事傳說或其他有必要進一步說明者，另設〈考證及討論〉節，以爲補充。

今人讀易經，本當會有這個時代的發揮。本書除了呼應時代思潮所做的必要說明外，對此並未多作著墨。若確實有必要，也務先求掌握原義，再依卦旨進行發揮，方不至於浪漫無垠，發之於無端。

唐石經（開成石經）刊刻於唐文宗大和至開成年間（833-837），是唐朝官方所整理的範本，至今仍存於西安碑林內。爲現存易經傳世文本中，年代最早，且最完整者。它忠實地呈現唐代易經的原貌，這也是本書選擇唐石經爲原文依據的主要理由。唐宋以後印刷術發達，民間刻印的周易版本漸多，也有不少是爲了解釋上的方便而對文字作更動。例如今日通行本常有將「巳」改爲「已」或「己」，將「苞」改爲「包」等。改自然也有改的道理，本書爲了忠於原文，仍採唐石經本，並盡可能的說明與今通行本的差異處。

第二節　卦爻辭解析

易經爲占筮之書，卦爻辭以文字顯示占筮結果，可統稱爲筮辭。筮辭雖簡短，但仍有其結構。高亨概分筮辭爲記事、取象、說事、斷占四類。[2]本書合記事、取象、說事三類爲一類，爲敘事之詞（以下稱敘事辭）；斷占之詞自爲一類（以下稱斷占辭）。另有介於敘事及斷占之間的，帶有建議性質的語詞，可稱爲指引之詞（以下稱指引辭）。敘事之詞描述一幅情境，可能用故事、人物、

────────────────────────

2　見高亨《高亨《周易》九講》，頁17-26。

事件，或圖象來顯示某種人事情境。此情境可用以比喻占得此卦爻者的處境或意向。斷占之詞，則是對事件後續結果之如意與否的預測，包括吉、凶、悔、吝、厲、無咎等。

若視易經爲占筮之書，則敘事辭與斷占辭都是在預言占筮者將面臨之處境，前者較隱晦，後者較明確。若視易經爲義理之書，則敘事辭與斷占辭之間就必須是普遍的因果關係，人若處於敘事辭所述之情境，便會導至斷占辭所說的結果。例如乾卦上九「亢龍有悔」，「亢龍」爲敘事辭，「有悔」爲斷占辭。若從占筮面解釋，此爻在說：得此爻者，其情境如「亢龍」，其未來將「有悔」；若從義理面解釋，此爻在說：若爲「亢龍」，則必「有悔」。

筮辭中的有些文句，其性質介於敘事辭及斷占辭之間，通常是一些指引或建議。利如乾卦初九「潛龍勿用」，「潛龍」爲敘事辭無疑，「勿用」二字可視爲敘事辭的一部分，即以「潛龍勿用」爲一事，若爲潛龍則勿用。也可視之爲斷占辭，即得此爻者「勿用」。此與其歸類爲敘事辭或斷事辭，不如視之爲指引辭，即得此爻者應當「勿用」，至於不「勿用」是吉是凶，則未明說。所以不同於斷占辭。此類指引常伴隨「利」字，例如「利貞」、「利見大人」、「利西南」、「利建侯」、「利涉大川」等。指引辭亦可應解釋上的需要，視之爲敘事辭或斷占辭的一部分。

完整的筮辭應包括敘事辭及斷占辭。但有些筮辭並不完整，可能有敘事辭而缺斷占辭，或有斷占辭而缺敘事辭。對缺斷占辭者，可依敘事辭所敘之情境，自行發揮以斷吉凶。對缺敘事辭者，可以依卦旨爲情境，進行發揮。

第三節　斷占辭用字統一解釋

筮辭中常見有吉、凶、悔、吝、厲、咎等斷占專用字，以下針對此作統一解釋。

(一) 吉、凶

「吉」指吉祥如意，結果美好，吉爲善。「凶」爲不吉，即吉之相反，凶爲惡。趨吉避凶是一切動物的本能。就人言之，不只是趨吉避凶，也是趨善避惡[3]。繫辭傳說：「吉凶者，失得之象也」。是以得爲吉，以失爲凶，「得」與「失」當是與期望有關，符合期望爲「得」，爲「吉」；反之則爲「失」，爲「凶」。「吉」又有「元吉」及「大吉」之分。「大」乃就吉之程度而言，「元」爲始，爲長，元吉可理解爲吉中之長，或吉中之始。

(二) 悔、吝

「悔」指懊惱，悔恨，爲遭遇某事後感到遺憾，惋惜，怨嘆，並想要挽回的一種心情。說文：「悔，恨也」；「恨，怨也」，例如詩經·召南·江有汜：「不我以，其後也悔」。筮辭中見「有悔」、「无悔」、「悔亡」等，帶「悔」字之斷占辭，此「悔」皆可作懊悔或悔恨解釋。「有悔」指將有所懊悔，「无悔」指將無所懊悔，「悔亡」指懊悔之事將結束。「无」爲「無」之古寫，「无」與「有」相對，指沒有。「亡」與「无」上古讀音相同，若作「沒有」解釋時，「亡」、「无」可通假，但「亡」字另有失去的意思，說文：「亡，逃也」，逃亡，死亡，皆指原有而今無。道德經中「無」與「亡」二字都有使用，而且二者分得很清楚，「亡」多與得失關，例如「若存若亡」；「得與亡孰病」；「多藏必厚亡」。

「吝」指處境困窘，不寬裕。吝原意爲吝惜，說文：「吝，恨惜也」，即過於珍惜，不願割捨的一種心情。引申有自私，不寬厚的意思，例如「如有周公之才之美，使驕且吝，其餘不足觀也已」（論語·泰伯）。吝惜原是一種心理狀態，就外在處境而言，人在

---

3 按，善及惡涉及價值判斷，尤其是道德價值判斷。

環境不寬裕的情況下，生活捉襟見肘，自然有吝惜之心。「吝」作為斷占辭，可以理解為將處於困窘，不寬裕的狀態。

「悔」與「吝」，都是一種心情，也是種處境。繫辭傳說：「悔吝者，憂虞之象也」；「悔吝者，言乎其小疵也」。將悔與吝並舉，都是心情憂慮的現象，也都屬於小缺失一類，還不到「凶」的程度。

(三) 厲

「厲」為嚴厲，指環境艱困惡劣；也指處境危厲，需要警惕。說文：「厲，旱石也」，厲通礪，是礪的初文，本義為磨刀石，用以磨利兵器。引申為嚴厲、嚴格，不寬容，例如「聽其言也厲」（論語·子張）。

「厲」作為斷占辭，可理解為事態艱困危厲，處境艱辛，但尚未達到立即的凶險。

(四) 咎

「咎」有二義，一指咎災，一指咎責。說文：「咎，災也。從人從各。各者，相違也」，「相違」即指事情之不順遂，此不順遂之災若可怪罪於人，因人之過失而成災，則可謂之咎災。「咎」又引申為過失。例如詩經·小雅·伐木曰：「寧適不來，微我有咎」，也引申為對過失的咎責，例如「既往不咎」（論語·八佾）。在筮辭中，「咎」較少單獨使用，多與「无」連用而為「无咎」[4]，指此情境沒有咎災或不受咎責。有些爻辭如坤卦六四「无咎无譽」，咎與譽對立並舉，此「咎」明顯指咎責。另如大過上六「過涉滅頂。凶，無咎」，雖有凶險但無可咎責，不宜理解為有凶險但無咎災。但大部分情況下，「无咎」之「咎」可解釋為咎災，也可解釋為咎責。此時不妨含混解釋為咎難，難指災難，也可指責

4　卦爻辭中「无咎」出現93次，是使用頻率最高的複合詞。

難，「无咎」即指沒有咎難。不論是災難或責難，此咎難必是與人爲的過失有關。繫辭傳說：「无咎者，善補過也」，人有過失所以有「咎」，補平過失方可「无咎」，此巧妙將斷占辭轉換爲行爲指引，可謂以義理解經之典型。

綜合易經常用之斷占辭，吉、凶爲兩極端，其含意古今未變。悔爲懊悔，吝爲困窘，都是使人憂慮的處境，但尙未及凶。厲指處境艱辛嚴苛，咎爲人爲過錯所招致的災禍或責難。

第四節　其他常用字

亨、貞、利、孚四字在易經中常用且有其特殊之字義，以下略做整理，以說明本書用以解釋卦爻辭的基本觀點。

(一) 亨

亨，今多解釋通達、順利，例如「萬事亨通」。亨原爲烹之古寫，詩經中「亨」字皆解釋作烹煮，例如「誰能亨魚？溉之釜鬵」（檜風・匪風）；「六月食鬱及薁，七月亨葵及菽」（豳風・七月）；「或剝或亨，或肆或將」（小雅・楚茨）。西周及春秋文獻如尙書及論語等皆不見亨字，「亨」在易經似另有專屬用法。左傳引用易經卦辭「元亨利貞」時解釋：「亨，嘉之會也」[5]，是以「亨」爲美好之會集，此或許就是以亨爲通的來由，能通達方能會集，通達爲會集的條件。

亨與享，今爲二字，形、音、義皆不相同，但在古代爲同一字，都寫作亯（或亭），說文「亯，獻也。從高省，曰象進孰物形」，即從字形分析，象徵將食物烹熟並高舉以進獻鬼神。亯爲享，享又通饗。以食物獻神，或神來食所獻之食物，都是「享」，

5　《左傳・襄公九年》記載穆姜解釋隨卦卦辭曰：「元，體之長也，亨，嘉之會也，利，義之和也，貞，事之幹也」。類似的解釋也出現在《文言傳》。

或「饗」。[6]

西周時，亨與享皆作亯，但今本卦爻辭中，「亨」與「享」都見使用，應是漢人隸古定時所作的區分。段玉裁說：「薦神作亨，亦作享。餁物作亨，亦作烹。易之元亨，則皆作亨。皆今字也。」

綜合以上可知，亨原義爲烹，易經借用爲享，並賦予新義，爲會通，通達。此通不止是人事之通達，也包含天人鬼神之通達。人唯有通天地鬼神之能，才能「占事知來」[7]，要與鬼神相通，唯有經由祭祀，烹餁食物以享神。

綜合以上，易經之亨，實有天人亨通，祭祀享神的意思，而非僅指人事之通達。

(二) 貞

貞，今多用於堅貞，貞定等義。象傳·師：「貞，正也」，是以「貞」爲「正」，此遂成易經「貞」字的特殊用法。就義理觀點，以貞爲正或堅貞等，帶有德行意味的解釋，的確有助於儒學義理發揮，但「貞」字之原義是否如此，仍需探究。

說文：「貞，卜問也。从卜，貝以爲贄。一曰鼎省聲。京房所說」，是以貞爲占卜之問。這個以貞爲問的意思至今留在「偵」字中。偵爲偵問，說文：「偵，問也。从人貞聲」，「偵」即是從「貞」分化出來的。甲骨卜辭中常見有「X貞」等字，據考證，X爲貞人之名，貞人即進行占卜之人。[8]甲骨卜辭中，「貞」字皆作占卜解釋，如「貞于西邑」（甲骨文合集：007863），「貞帝降邑」（甲骨文合集：014170）等。

---

6 段玉裁對此作更細的區分，主張有些文獻慣用亯，有些慣用饗，有些則亯饗並用，但用法略有差異，以《毛詩》爲例，「獻於神曰亯，神食其所亯曰饗。」
7 《繫辭傳》「象事知器，占事知來。天地設位，聖人成能。人謀鬼謀，百姓與能。」
8 陳夢家《殷虛卜辭綜述》，北京：中華書局，1988年，頁203，「凡卜辭前辭作『甲子卜某貞』時，我們很容易決定某是卜人。」

（貞于西邑）　　　　　　（貞帝降邑）

　　周禮五次使用「貞」字，皆可當作卜問解釋，藉龜卜以問事。例如「陳玉以貞來歲之媺惡」（周禮・春官宗伯・天府），鄭玄注：「問事之正曰貞」，並引鄭眾（鄭司農）語：「貞，問也。易曰：師，貞丈人吉。問於丈人」。鄭玄並非不知「貞」為占問，但為了融合彖傳「貞，正也」的說法，將「問」與「正」合為「問事之正」以釋「貞」，其苦心可見一斑。禮記・少儀有「義則可問，志則否」的說法。[9]也就是說，正當之事的選擇才可藉卜筮以問，若個人的心意問題，就不用勞動卜筮了。此或可支持鄭玄「問事之正曰貞」的解釋。當然，「問事之正」並不等同與「正」，彖傳以貞為正的說法可視為義理發揮，但不應是「貞」字的原義。

　　易經為占筮之書，易經中之「貞」基本上仍應訓為「占問」，包括以筮卦占問，或所占問之事。詩經無貞字。今文尚書出現兩次：「來，視予卜，休恆吉。我二人共貞」（洛誥篇）；及「稽疑：擇建立卜筮人，⋯⋯曰貞，曰悔，凡七」（洪範篇），「貞」都可理解為占問，[10]或與占筮之事有關。[11]

　　「貞」除作占問[12]解釋外，也用以表示堅定。例如論語有「君

9　《禮記・少儀》「不貳問。問卜筮，曰：義與？志與？義則可問，志則否。」
10　孔穎達《尚書正義》釋「共貞」之「貞」為「正」，所以「我二人共貞」就是「我二人共正」，文義甚不通。
11　《尚書正義》注「曰貞，曰悔」曰：「內卦曰貞，外卦曰悔。」
12　例如《左傳》〈襄公五年〉「楚公子貞帥師伐陳」；〈襄公八年〉「楚公子貞帥師伐鄭」。

子貞而不諒」[13]；左傳中有「忠貞」[14]、「貞固」[15]等。說文釋貞有「一曰鼎省聲」之說，指貞字之構成，未必是「从卜，貝以爲贄」，也可以是「从卜，鼎省聲」。也就是說，「貞」字也可能是以「卜」爲意符，以「鼎」爲聲符，所以上半是「卜」，下半之「貝」則爲「鼎」的省筆。這也就是說，上古時「貞」與「鼎」讀音十分接近，早期文字借鼎字爲貞字，後來在鼎上加上卜，以表示占卜。這些關係從甲骨文及金文中都可以找到證據。鼎的造型及功能，正象徵著隱重，堅定。貞與鼎的關係或可解釋以貞爲堅定的用法。

鼎之甲骨文
（合集：22507）

貞之金文
（西周散氏盤）

(三) 利

利，從「禾」從「刀」，象以刀割禾之形，本義爲割禾收成。引申爲有所得，有好處，有幫助，使順心等，都可稱爲「利」，例如利益、便利、順利等。詩經・小雅・大田：「彼有遺秉，此有滯穗，伊寡婦之利」。以寡婦拾穗爲「利」，此接近原義。「利」作名詞使用時，多指收穫，好處，利益等，例如「小人喻於利」（論語・里仁）；作爲形容詞或動詞使用時則指有助益，

---

13 《論語・衛靈公》「子曰：君子貞而不諒。」
14 《左傳・僖公九年》「臣竭其股肱之力，加之以忠貞。」
15 《左傳・襄公九年》「……貞，事之幹也。……貞固足以幹事。……棄位而姣，不可謂貞。」

例如「知者利仁」（論語·里仁）。

易經中經常出現利字，通常作形容詞使用，例如「利見大人」、「利涉大川」、「利有攸往」、「利建侯」等。此「利」皆可理解爲「有助益於」或「適合於」，是爲建議的性質。以「利見大人」爲例，指當此情境，宜見大人，有助益於見大人。其對象可指「見大人」之事或人。也就是說，此情境有助益「見大人」這件事的進行，而且「見大人」對當事人有助益。

卦爻辭中也有將「利」作名詞使用的情形，例如「无不利」，「无攸利」等，此「利」可爲順利，利益，也可理解爲助益。

今人常將「吉」與「利」合用，如「大吉大利」之類。吉與利都有順利合心意的意思，「吉利」即指事情之發展順利，結果如意。但在卦爻辭中，吉與利仍宜有所區分，「吉」是就結果的斷占，「利」是就過程的指引。仍以「利見大人」爲例，雖說宜見大人，見大人有助益，但此只是就過程的建議，結果是吉是凶，仍未能斷言。

(四) 孚

卦爻辭中常見「孚」字，尤其是「有孚」二字連用，在卦爻辭出現26次，僅次於「无咎」，是最常見的複合詞。但「孚」字的解釋卻屢有爭議。傳統易學多釋「孚」爲誠信，正如釋「貞」爲正，此帶有德行意味的解釋，雖有助於儒學義理發揮，但「孚」在西周時代之字義仍有重新探究的必要。

說文：「孚，卵孚也。从爪从子。一曰信也」，是以孚爲孵。「一曰信也」，段玉裁注：「此即卵即孚引伸之義也。雞卵之必爲雞。鴨卵之必爲鴨。人言之認如是矣」。孵卵不會有差錯，所以引申爲信。爾雅·釋詁也說：「孚，信也。」

雖然孚訓爲信，於古有徵，但參考先秦古籍，信與孚似乎乃有少許差異。詩經「儀刑文王，萬邦作孚」（大雅·文王），「永言

配命，成王之孚」（大雅・下武），孚字均作「信服」或「使人信服」解釋。左傳・莊公十年記載曹劌與莊公對話：「公曰：犧牲玉帛，弗敢加也，必以信。對曰：小信未孚，神弗福也」，參照上下文，「小信未孚」之孚，可理解爲「取信（於神）」。以上三例，孚字用法或與信有關，但未必等同於信，更未必是誠信之信或忠信之信，也可以是信服之信，取信之信，相信之信。

今人從甲骨卜文之解讀中得知，商人在占卜時，有敘辭、命辭、占辭及驗辭等。敘辭記占卜時間及占者，命辭記占問事項，占辭記錄占卜結果，驗辭於事後驗證占辭是否應驗。有例證顯示甲骨卜辭以「孚」作爲驗辭。例如「辛丑卜。□貞。王占曰：好其有子。孚」（合集：94正）；「王占曰：吉，孚」（合集：94反）。學者張玉金從出土文物資料論證：「甲骨文到戰國簡牘，都可以見到『孚』字，這類『孚』大都可訓爲『合、符合』或『應驗』」。[16]

「孚」在甲骨文中作爲驗辭而有「符合」或「應驗」意思，這應是可信的。但驗辭是事後的追記，而非占辭的一部分。周禮・占人：「凡卜筮既事，則繫幣以比其命，歲終則計其占之中否」。卜筮占問之事在已成定局之後，將驗辭書寫在幣帛上，並與命辭比對，待歲末時，再統計占事靈驗的程度，這是十分嚴謹且合理的程序。但卦爻辭相當與占辭，「孚」字出現在卦爻辭中，不應作爲驗辭使用。甲骨卜文以「孚」爲「應驗」是在事後，卦爻辭之孚是占問時所得的占辭，這一點甚爲關鍵。結合傳統訓詁以「孚」爲「信」的說法，「孚」在甲骨卜文中，固然有事後對占辭所示表示「符合」或「應驗」的意思，但在卦爻辭中，「孚」只可視爲事前對此兆示將「應驗」的「信念」。

------

16 參考張玉金〈《周易》「有孚」新探——兼論《周易》卦爻辭的性質〉，收錄於《出土文獻（第三輯）》，上海：中西書局，2012年，頁242。

占筮所得之卦爻固然是一種兆示，同理，龜卜可得卜兆，作夢有夢兆，其他如星象，飛鳥等，對古人而言，都可以是某事即將發生之徵兆。就此，「有孚」即指有可以相信的兆示，此兆示最直接的來源，就是占筮所得的卦象及卦爻辭，當然也可以包括其他的徵兆所示。

信，說文：「信，誠也」；「誠，信也」。「信」與「誠」似可互訓。「誠」在先秦時多作「眞實」解，[17]例如：「誠哉是言也」（論語·子路）；「誠如是也」；「是誠何心哉」；「是誠不能也」（孟子·梁惠王上）。以此，信就是眞實，不差錯。並因此引申有信守、信服、相信、信賴、信仰、信心等義。

以「孚」爲「信」原則上應是正確的。此信可以是誠信之信，或忠信之信，更可以是信服之信，取信之信，相信之信，信賴之信，信仰之信，信心之信，端視上下文義彈性解釋。

除此之外，孚也可能是同音字的通假，古代字少，今日以孚作聲符的字，如孵，俘，捊等，古代可能都寫作孚而可通假，這也給卦爻辭「孚」字的解釋保留一些空間。

---

17 將誠內化爲內心誠敬不自欺，眞實不虛僞，而有德行意涵，應是後起之義。《孟子·離婁上》「是故誠者，天之道也；思誠者，人之道也。至誠而不動者，未之有也；不誠，未有能動者也」或許是關鍵。但《孟子》一書，「誠」主要仍指眞實。

六十四卦
解讀

01・乾卦（乾為天）

☰乾元亨利貞。初九潛龍勿用。九二見龍在田利見大人。九三君子終日乾乾夕惕若厲无咎。九四或躍在淵无咎。九五飛龍在天利見大人。上九亢龍有悔。用九見群龍无首吉。

卦名卦畫卦旨

「乾」在現代有兩個讀音，一讀乾隆之乾，一讀乾旱之乾，但在上古聲韻未必有此區分。乾之本義，應與太陽上升，水氣上升有關。在字形上，乾字左邊及右上為一倝字，右下為乙字。說文：「乾，上出也。从乙。乙，物之達也。倝聲」。倝為日出時的光輝，[1] 在此不只作為聲符，也有指意的作用。段玉裁注：「（乾）上出也。此乾字之本義也。自有文字以後，乃用為卦名。……上出為乾。下注則為溼。故乾與溼相對。俗別其音。古無是也」。朱駿聲說文通訓定聲進一步說明：「達於上者謂之乾。凡上達者莫若氣，天為積氣，故乾為天。」[2]

綜合上述，倝為日出時的光輝，太陽上升時光芒四射；乙為草木委宛彎曲而出的樣子，[3] 水氣上升時亦是絪縕委宛。倝乙相合為乾，日照使物品所含之水分蒸發，喪失水分謂之乾。詩經・王風：「中谷有蓷，暵[4]其乾矣」即在形容太陽上升，蓷草曝曬後水分喪失而乾燥。太陽及水氣之上升又以天為極至，以此，乾之字義從「上出也」，引申為乾燥之乾，以及易經乾卦之乾。乾為天，太陽

---

1 《說文》「倝，日始出，光倝倝也。」
2 朱駿聲《說文通訓定聲・乾部第十四・乾》，臺北：世界書局，1956年，頁641。
3 《說文》「乙，象春艸木冤曲而出。」
4 暵，讀作旱，晒乾，烘乾。《說文》「暵，乾也。耕暴田曰暵。」

及水氣上升至天。

　　乾在易經中含意豐富，乾為天，天可以是指自然界的天空、天體，也可以是上天，為人間命運的主宰者，及終極的審判者。乾又為健，一方面天體運行強健不息，再者乾、健讀音近似。帛書本易經「乾」就寫作「鍵」，鍵、健皆為建聲，乾、健相通。傳統有「以天為體，以健為用」[5]的說法。乾就形體而言是天，就作用而言是健。

　　乾卦下乾上乾，乾為天、為健。上天主宰命運，天體剛健不已。乾卦六爻皆陽，極富陽剛之氣。陽剛表示意志堅強，主動要求。

　　乾為天、為健，這是乾卦卦名及卦畫的最原始意義。但「天」與「健」對人間的吉凶禍福有什麼意義？能帶給我們什麼樣的啟發？我們抱著什麼樣的意向去讀乾卦的卦爻辭？這就涉及到乾卦的卦旨問題。也就是在問，乾卦對人所顯示的宗旨為何？象徵什麼樣的人事處境？

　　天，或天帝，在古代，尤其在周代，是至上神，可以支配鬼神，並為人間命運的主宰。天也是天體，天體運行強健不息，極具規律性。天體之中又以太陽最為耀眼，可以說是天體的代表。太陽在天空中運行的位置，以及照耀的強度，帶來四季的變化。萬物依四季時序生長繁衍，人類依照四季的變化播種、耕耘、收穫及休息。所以說天，不論是天帝或天體，都具有主動的力量，是主宰者，持續地、永不間斷地，主宰人及萬物的活動。太陽也是陽剛至極之物，陽指光明，剛指意志強健。

　　以天喻人，乾卦之卦旨其實就是在說君子之主宰、主動、陽剛、強健。天為萬物的最高主宰者，一國之君或一家之主也屬主宰者，君子也應是自己的主宰。君子主動行事，如天體般的主動運

5　孔穎達《周易正義》「此乾卦本以象天，天乃積諸陽氣而成天，故此卦六爻皆陽畫成卦也。此既象天，何不謂之天，而謂之乾者？天者定體之名，乾者體用之稱。故《說卦》云『乾，健也』。言天之體，以健為用。」

行，光明磊落，意志堅強。

　　乾卦六爻爻辭皆以龍為喻，以說君子一生的成長及位階變化。這裡所說的君子，原指君主之子，屬貴族或統治階級。上古時代，只有貴族子弟才有機會受教育，才有能力讀卦爻辭及占筮。所以此處的君子也指卦爻辭的讀者或藉易經以占問者。不過在現代，基本上已無貴族、平民、統治者、被統治者之分，每個人都可以做自己的主人。在此意義之下，君子其實就是指能為自己的言行做主，為自己的言行負責，有作為，有抱負的人，也是易經讀者自己。

卦爻辭解讀

乾：元[6]亨，利貞[7]。

語譯：乾卦。最亨通，利於貞問。

解讀：

　　乾卦，處於剛健主動的態勢。乾為天，為健，代表向上的、強健的力量或態度。「亨」為通，通達。通達有兩個向度，水平的指人事通達，垂直的指天人通達。合而言之，祝禱直通上天以求人事通達。「元」為首，「元亨」即第一亨通，亨通之最。「貞」為問，占問。「利」為有益，「利貞」即有助益於占問，或說，對所占問之事有助益。

　　乾卦所顯示的這種強健且向上力量，最能亨祀神明，通達人事，而且有助於占問之事，所以說「元亨，利貞。」

初九・潛龍[8]。勿用。

語譯：龍潛伏未出。不要有作為。

6　元：初始，第一，最年長，居首。《爾雅・釋詁》「元，首也」；《說文》「元，始也。从一从兀」。例如太子稱元子，正妃為元妃。

7　「亨」及「貞」之字義可參考本書第五章之〈其他常用字〉節。

8　龍：傳說中的一種神獸，能興雲降雨。龍又通寵，《詩・小雅・蓼蕭》「既見君子，為龍為光」，毛亨傳：「龍，寵也。」

解讀：

「龍」是傳說中的一種神獸，能興雲降雨，在此則作爲君子的象徵。君子爲君主之子，受君主寵愛。「潛龍」指君子潛藏未出，不爲人所知，也不爲人所用。所以說「勿用」，不爲天子或國君等當政者所用，也不願爲當政者所用，因爲時機未到，還沒準備好。

九二‧見龍在田[9]。利見大人。

語譯：龍出現在田野中。利於拜見長官大人。

解讀：

「見」爲現；「田」爲田野，爲有人煙之處。「見龍在田」象徵君子在人群中現身，爲人所得知。君子現身於世，初露頭角，必將有所作爲。此時或蒙長官大人所賞識，或自薦於長官大人台前，自是以多拜見達官貴人爲宜，所以說「利見大人」。

九三‧君子終日乾乾，夕惕[10]若[11]。厲，无咎。

語譯：君子整日強健勤奮，到晚上仍警惕不鬆懈。艱辛，沒有咎難。

解讀：

「乾」爲健，「乾乾」即健之又健，整日努力不懈，所以說「終日乾乾」。「若」爲語助詞，「夕惕若」即「夕惕」的樣子。君子奮發有爲，終日努力，到了夜晚仍不鬆懈。「終日乾乾，夕惕若」正是形容君子工作勤奮，任事積極，勞怨不避。其工作繁重艱難，所以占斷爲「厲」；能持續努力，認眞不懈，所以占斷爲「无咎」。

9　田：田野大地。古代荒地爲人所利用者皆可稱爲田，包括農耕及放牧之地。後又加以區分，以耕種爲佃，取禽獸爲畋。郭沫若考證，最初的田是供芻牧狩獵用，參考其《中國古代社會研究》，頁185-186。
10　惕：警惕，敬愼恐懼，憂心。《說文》「惕，敬也」。
11　若：用作語尾助詞，在形容詞或副詞後，表示事物的狀態如此。例如《詩經‧衛風‧氓》「桑之未落，其葉沃若。」

九四‧或躍在淵。无咎。

語譯：或躍向青天，或潛入深淵。沒有咎難。

解讀：

「或」爲未定之辭，「躍在淵」指自深淵向上跳躍而出。躍或不躍？躍出或潛回深淵？此則未定，所以說「或躍在淵」。此處雖未明說是龍，也未提及君子，但仍應是藉龍以喻君子。傳說中龍上能登天，下可潛淵，可上可下，變化無窮。[12]故以龍之或上或下，比喻君子之或大用或潛藏。不論是上躍向天或沉潛入淵，都是可以接受的結果，所以占斷爲「无咎」。

九五‧飛龍在天。利見大人。

語譯：龍在天空飛騰。利於拜見長官大人。

解讀：

「天」形容龍所在位置之高。「飛」不同於「躍」，「躍」只能在高處短暫停留，「飛」則意味著可長久處於高處，在高處自由徘徊行動。「飛龍在天」以喻君子身處高位，是大有可爲之時。此時君子本身已經是「大人」，但仍宜與其他長官大人相會相商，以推動政事。所以說「利見大人」。

上九‧亢[13]龍。有悔。

語譯：龍在極高處。有所懊悔。

解讀：

「亢」爲高，「亢龍」即在極高處的龍，此以喻君子身居高位。但高處不勝寒，已與人間有所隔閡。此時地位雖高，抱負卻無處施展，是以有所懊惱悔恨，故占斷爲「有悔」。

---

12 《說文》「龍，鱗蟲之長，能幽能明，能細能巨，能短能長，春分而登天，秋分而潛淵。」

13 亢：高，高亢。原義爲頸咽處，引申爲高處，高傲。《說文》以亢爲人頸，「亢，人頸也……从大省，象頸脈形」；《爾雅‧釋鳥》「亢，鳥嚨」，以鳥之喉嚨爲亢，鳥鳴高亢。

用九・見群龍无首。吉。

語譯：群龍顯現，不分首尾。吉祥。

解讀：

「用九」指九之爲用，也就是乾之爲用、陽之爲用、剛之爲用。是對乾元所作的整體說明，不是爻辭。六十四卦中，只有乾卦有用九，坤卦有用六。

「群龍」即龍之成群，而非僅只是孤單一龍。「无首」暗含「无尾」，表示所現之龍雖眾多，但並無爲首者，也無殿後者，所以說「見群龍无首」。群龍無首在此可以有兩個意思，一是群龍並駕齊驅，不分先後首尾；一是指群龍首尾相連，終始循環，無所謂首或尾。不論是前者或後者，「无首」都在強調君子之間的和諧而不爭奪，唯後者更能暗合易經物極必反，世事變化循環不已的一貫思想。此思想將在後續卦爻辭中不時出現。

易經中的君子代表統治階級，君子之間和諧不爭奪，爲國家之福，萬民之福，此所以爲「吉」。

═══ 乾卦通解 ═══

乾爲天、爲健、爲主動、爲積極、爲陽剛，就人而言，象徵君主、男性。其六爻爻辭以龍爲喻，以說君子成長之過程。

古代行封建制，天子有天下，天子分封子弟爲諸侯，諸侯有國，爲一國之君，國君分封子弟爲大夫，大夫有家，家有家君。君子可以是天子之子，可以是國君之子，也可以是大夫之子。不論如何，君子爲君主之子，屬統治階層，具貴族身分地位。當然貴族子弟在品德及才藝上也會要相當的要求，易經時代中之君子，宜理解爲統治階層中之有抱負者，也是國家未來的可能統治者。

乾卦六爻有條不紊地依序描繪君子一生成長乃至凋謝的六個階段。初爻「潛龍」指君子尚在家中，未露頭角之時。二爻「見龍」指君子進入社會，初顯才華之時。三爻「終日乾乾」形容君子

正受重用，立圖建功立業時的操勞。四爻「或躍在淵」則面臨是否能更上層樓，進入領導階層的關鍵時刻。至五爻「飛龍在天」時，已是最高領導者的格局。其身分尊貴顯達，足以掌控全局，施展抱負，當然也因此身負重任，是為眾人之表率。上爻「亢龍」有如退位後的君主，因所在的位置過高而孤絕，遠離群眾。

今日社會已無貴族平民之分，每個人都是貴族，都是自己的統治者，是否是君子，只看是否有抱負，是否是自己生命的主宰者。乾卦六爻順序正是君子一生成長奮鬥乃至老成凋零的寫照，也是每一個能為自己一生做主之人的成長奮鬥過程描述。或者說，要以君子一生成長奮鬥歷程為意向，來解讀乾卦之卦爻辭，才更能咀嚼並發揮出乾卦卦爻辭的蘊義，而不僅只是各爻辭獨自解讀。實可以一卦之旨，涵攝六爻之義，六十四卦皆應如此。

就時代意義而言，乾卦所代表的君主、貴族、男性等具階級意識的象徵，如今已經不再有意義。但其剛健、主動、積極等精神，則仍是乾卦象徵之所在。做自己的主人，堅定自己的意志，為自己命運的主宰者。這就是乾卦所帶來的啓示，也是占得乾卦者所得到的意向指引。

考證及討論

卦辭「元亨利貞」在易學傳統上有不同的句讀及解釋。左傳‧襄公九年記載：魯成公之母穆姜在住進東宮時，曾占卦問吉凶，得隨卦。隨卦卦辭「元亨利貞。无咎」。穆姜自行解釋：「元，體之長也；亨，嘉之會也；利，義之和也；貞，事之幹也。體仁足以長人，嘉德足以合禮，利物足以和義，貞固足以幹事。然故不可誣也，是以雖隨無咎」。依此，以「元」為首長，「亨」為會通，「利」為協和，「貞」為堅固幹材。將「元亨利貞」分作四字解讀，以釋隨卦之所以「无咎」。

象傳則採不同的解讀，並不直接解釋「元亨利貞」，而是以「元亨利貞」爲題目，做一篇小論文，以說明乾卦並進行發揮。象傳說：

> 大哉乾元，萬物資始，乃統天。雲行雨施，品物流形……保合大和，乃利貞。首出庶物，萬國咸寧。

此對「元亨利貞」的解讀有些籠統含混，茲略疏理如下：

象傳將「元」字作三方面解釋，一方面解釋爲「大」，一方面解釋爲「元素」、「本元」，所以說「大哉乾元」；另一方面又將其解釋爲「首」，所以說「首出庶物」。「亨」則未作明顯說明，或可理解爲上下亨通，變化流行，所以說「雲行雨施，品物流形」。「利貞」明顯爲二字合用，所以說「保合大和，乃利貞」。以此可知，象傳對「元亨利貞」的斷句應是「元，亨，利貞」。

文言傳將穆姜對「元亨利貞」的解釋，自隨卦搬移到乾卦，並略加修改。文言傳說：「元者善之長也；亨者嘉之會也；利者義之和也；貞者事之幹也。君子體仁足以長人，嘉會足以合禮，利物足以和義，貞固足以幹事，君子行此四德者，故曰：乾，元，亨，利，貞」。除了將「體之長」改爲「善之長」外，其他幾乎照抄。但穆姜原是針對隨卦卦辭而說，此則用來解釋乾卦，並將「元亨利貞」普遍化爲君子之「四德」。唯文言傳本是針對象傳乾、坤二卦的補充，爲了呼應象傳，又重新再將「元亨利貞」解釋爲：「乾元者，始而亨者也。利貞者，性情也」。其大力將卦辭解釋予以儒學化的苦心，由此可見一斑。

考究六十四卦之卦爻辭，元字多作形容詞使用，如元亨、元吉、元夫等，尤其是「元亨」，六十四卦中有十卦的卦辭出現「元亨」，是卦辭中常見的語詞之一。利字也多作形容詞使用，

如利貞、利見大人、利涉大川等。「利貞」在卦爻辭中更是常見，六十四卦中有二十卦的卦辭有「利貞」二字，另有三次出現在爻辭。相對的，卦爻辭中，除非是強加解釋，如上例，否則「元」不作名詞使用；「利」偶有作名詞使用，[14]但也不作「義之和」解釋。此所以未採左傳、彖傳或文言傳之說，而將「元亨利貞」斷句爲「元亨，利貞。」

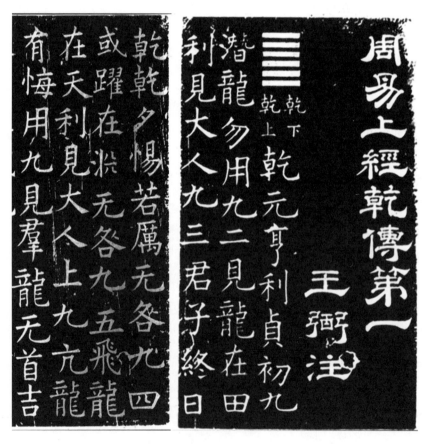

開平石經原拓

---

14 爻辭中有「無不利」及「無攸利」可算是將「利」作名詞之特例，但二例之「利」，皆指利益或助益，並不作「義之和」解釋。

02・坤卦（坤爲地）

▒▒坤元亨利牝馬之貞君子有攸往先迷後得主利西南得朋
東北喪朋安貞吉。初六履霜堅冰至。六二直方大不習无
不利。六三含章可貞或從王事无成有終。六四括囊无咎
无譽。六五黃裳元吉。上六龍戰于野其血玄黃。用六利
永貞。

卦名卦畫卦旨

　　坤，卦名。說文「坤，地也。易之卦也」。坤字在先秦文獻
中，除非是與易經坤卦有關，否則均不見使用，可以說是易經之
專用字。坤，帛書本易經作「川」，漢熹平石經也作「川」[1]。
唐陸德明經典釋文曰：「坤，本又作巛，巛今字也，同困魂反，
說卦云：順也」。此說「巛」與「川」爲同一字，寫法略有異，
而「坤」爲「巛」或「川」之古寫。川即河川之川，川通順，說
文：「順，理也。从頁从巛，會意。川流也」，段玉裁注：「川之
流，順之至也。故字从頁从巛會意。而取川聲」。由此可知，古代
「坤」、「川」、「順」同音，或可爲通假。依此，可以得到坤爲
地，或爲順。就形體而說是地，就作用而說是順。

　　坤卦下坤上坤，坤爲地，爲順。大地順天時而承載萬物，生養
萬物，可以說是萬物的母親。由大地，順承，及母性的概念中，又
可以蘊育出更多樣的象徵意義。坤卦六爻皆陰，陰柔而順承。與乾
卦相較，乾坤二卦陰陽互變而成對。坤卦的卦旨與乾卦也正好是相
對的。

1　參考屈萬里《漢石經周易殘字集證・卷三》，臺北：中央研究院歷史語言研究所，
　1961年。

　　以地喻人，坤卦卦旨在說被動，陰柔，順承。被動指依主人的意志或命令被動行事；陰柔指不顯光芒，靜默柔順；順承指順從領導，承擔任務。簡單的說，乾卦是君主，坤卦就是臣僕。坤卦之卦爻辭多涉及大地與臣僕。

　　乾卦與坤卦是易經的門戶[2]。乾卦六爻純陽（剛）爲天，坤卦六爻純陰（柔）爲地，整個宇宙由天地所構成，易經六十四卦由陰、陽（剛、柔）所構成，人間關係亦由主、從所構成。君主擬定決策，意志要堅定，命令要貫徹。臣僕執行工作，要不辭勞苦，完成君主交辦的任務。陽與陰也象徵男、女；夫、婦；雄、雌。孤陰不生，獨陽不長，陰陽和合而萬物化生。[3]

卦爻辭解讀

坤：元亨。利牝馬之貞。君子有攸[4]往，先迷後得主。利西南，得朋[5]。東北，喪朋。安[6]貞吉[7]。

語譯：坤卦。最亨通。利於貞問雌馬之事。君子有所前往，先失迷路途，而後找到主人。利於往西南，會得到朋友，往東北則喪失朋友。貞問安穩則吉。

2　《周易參同契》「乾坤者，易之門戶，眾卦之父母。」
3　《繫辭傳》「天地絪縕，萬物化醇，男女構精，萬物化生。」
4　攸：所，可安止之處。《爾雅・釋言》「攸，所也」。所爲居所，爲可安之處。《說文》「攸，行水也。從攴從人，水省。」段玉裁注：「行水順其性則安流攸攸而入於海。……水之安行爲攸。故凡可安爲攸。」
5　朋：朋貝，朋友。古代以貝爲貨幣，五枚貫串爲系，二系爲朋。參考王國維《說玨朋》，收錄於《觀堂集林》，北京：中華書局，1959年。又，朋同佣，《說文》「佣，輔也。從人朋聲」。志同道合，能相輔相成者爲朋，例如「有朋自遠方來」。《易經》卦爻辭「朋」有時作朋貝之朋，例如損卦六五「或益之十朋之龜」；有時作朋友之朋，例如解卦九四「朋至斯孚」。
6　安：平靜，安穩。《說文》「安，靜也。從女在宀下」。安的反面爲危。
7　「貞吉」一詞常見於卦爻辭，「貞吉」之前也常有加字以限制的語法，例如「幽人貞吉」（履卦・九二）；「永貞吉」（賁卦・初九）；「居貞吉」（頤卦・六五）等。

解讀：

　　坤卦，處於柔順被動的態勢。坤爲地，爲順，代表在下的、柔順的、能承擔任務的格局或能力。有此能力者，最能通達人事，所以說「元亨」。「利牝馬之貞」相對於乾卦的「利貞」，顯示此「貞」有針對性，爲對「牝馬」之事的占問。坤爲地，馬能在大地奔馳，坤又爲陰，所以說「牝馬」。「利牝馬之貞」放在現代，指有助益於占問母性的，與大地有關的事。

　　「攸」爲所，爲安止之處，「有攸往」即有所而前往，有目的的前往。「先迷後得主」指在前往的過程中，曾迷失方向，而後才得到主人，「得主」表示自己不是主人，是臣僕。「先迷」表示自己本不知方向，要等有主人之後，主人才會給出方向。

　　「利西南」暗示不利東北，「朋」可指朋友，也可以指朋貝，不論是朋友或朋貝，「得朋」皆均可理解爲得助益。「喪朋」則反之。「西南」及「東北」皆指方向，易經中西南多得利，東北多不利，此可能與商、周之地理位置有關。從地理位置來看，若以周居中，西及西北爲戎，爲狄，東及東北爲商，西及西南諸地則多盟邦。武王伐紂時，參與牧野之戰的軍隊，除周之外，另有庸、蜀、羌、髳、微、盧、彭、濮國等盟邦友軍。[8]據考證，庸、蜀、羌、髳、微、盧、彭、濮等國皆在周地西南。[9]可見周國與西南諸邦的友好。就此而論，「西南得朋」、「東北喪朋」顯然是有史事爲依據的。但放在現代，未必就是說宜往西、往南或西南等。可理解爲注意方向，選對方向則得朋，選錯則失朋。若與「得主」合看，此選擇應與主人有關，良禽擇木而棲，臣僕選對君主，自然可得朋得利。

8　《尚書。牧誓》「王曰：嗟！我友邦冢君、御事、司徒、司馬、司空、亞旅、師氏、千夫長、百夫長，及庸、蜀、羌、髳、微、盧、彭、濮人。稱爾戈，比爾干，立爾矛，予其誓。」

9　參考楊寬《西周史》上冊，頁100。及《竹書紀年》「王率西夷諸侯伐殷，敗之與姆野。」

「貞吉」指此占問爲吉，或此占問之事爲吉。「安貞吉」限定此占問爲有關安穩之事，或說在安穩狀態下占問，則吉。放在坤卦脈絡之下，爲臣僕者，安順貞問則吉，所以說「安貞吉」。

初六・履霜，堅冰至。

語譯：腳踩有霜，堅冰將來到。

「霜」與「冰」的出現是大地的自然現象。北地水氣於秋夜則成霜，多則結冰降雪。春、夏、秋、冬都是天時，成霜與結冰都是大地水氣順應天時所產生的變化。人在天、地之間，理性觀察體驗，知道天時變化有一定的規律，掌握此規律則可作合理的預測：當晨起出門踩地有霜時，便知凍水結冰的日子就不遠了。所以說「履霜，堅冰至。」

就天而言，天時變化有其規律性；就地而言，大地順應天時之變而變；就人而言，人需從天地變化中，感悟天理，推論人事，並預作合理的安排。

六二・直方大，不習，无不利。

語譯：平直、四方、廣大，不必修習，沒有不利之處。

解讀：

「直」指平直，也可以指率直，不修飾；「方」指四方；「大」指廣大，「直方大」在形容大地之質樸平坦廣袤無邊。「不習」指不需修習，任其自然。[10]大地直方廣大，對萬物影響是直接的，萬物在大地上自然生長，即使沒有人去刻意安排鍛鍊，也能有所得，沒有什麼不利之處。所以說「不習，无不利。」

「不習，无不利」爲對大地的讚賞，並非對「不習」的鼓勵。「无不利」應理解爲消極的同意，而非積極的肯定。「不習，无不利」也暗示「習，有利」。

---

10 王弼《周易注》「任其自然，而物自生。不假修營而功自成，故不習焉。」

六三・含章[11]。可貞。或從王[12]事，无成有終。

語譯：內含光華。可以貞問。若隨君王服務國事，雖無大成就，但終有好結果。

解讀：

「章」爲花紋色彩，「含章」即內含文采（紋彩），絢麗而彰顯，此形容君子之才能。「可貞」與「利貞」類似，都是對所貞問之事表示肯定，但程度略有不同。「可貞」指對所占問之事可期待，「利貞」則指有助益。君子「含章」，受君王重用乃指日可待，所以說「可貞」。

「或」爲未定，也是假設。「從王事」指離開故國家園，爲君王服務，爲王之臣，其目的在圖建功立業。「无成有終」乃「或從王事」的結果。有幹才者，若願爲王臣，雖未必能有大成就，但終能全身而退，並得封賞之類的好結果，所以說「无成有終」。

六四・括[13]囊。无咎，无譽。

語譯：束緊囊袋口。沒有咎責，也沒有讚譽。

解讀：

「括」爲結扎；「囊」爲口袋，「括囊」暗喻閉緊嘴巴，守口如瓶，謹守分際。何以閉口不言？此可有不同的解讀：可能因爲明哲保身，多言惹禍，例如小象傳說：「括囊無咎，愼不害也」；可能因爲世道不行，藉此隱遁，例如文言傳說：「天地閉，賢人隱。易曰括囊無咎無譽。蓋言謹也」；也可能是無德無才，尸位素餐，例如荀子・非相說：「括囊無咎無譽。腐儒之謂也」。

---

11 章：紋采。章通彰。彰，彰顯，顯著。《說文》「彰，文彰也」，文彰即紋彩彰顯。《禮記・緇衣》「故君民者，章好以示民俗。」

12 「王」指天子。三代的天子稱「王」，諸侯國之國君只能稱公、侯、伯、子等。公元前704年（周桓王十六年），「楚子」熊徹自立爲「楚王」（楚武王）。自此，楚君皆稱「王」，開諸侯僭號稱王之先河。

13 括：綑束，收攏。《說文》「括，絜也」，絜即收束。《禮記・喪大記》「括髮以麻」。

　　不論如何，坤卦在說臣道。爲臣之道，謹言愼行，有時的確不敢求有功，但可求無過。所以說「无咎，无譽。」

六五・黃[14]裳[15]。元吉。

語譯：黃色裙裳。最吉祥。

解讀：

　　「黃」爲大地的顏色，也是銅金的顏色。大地居中，在方位上爲中。[16]金爲貴重之物，爻辭中多有以「金」形容尊貴或財富。[17]「黃」爲大地與尊貴的象徵，君主身分尊貴且有領地，故以黃色爲代表。

　　古代穿著上衣下裳，「裳」爲衣服的下半截，在此象徵在下位者。「黃裳」即象徵統治者的下半截。若以君臣相喻，黃衣就是人君，黃裳就是人臣之極，人臣之最高位。君主爲世襲，非君主者，於功名利祿之中，當是以「黃裳」爲最高成就，所以占斷爲「元吉」。

上六・龍戰于野[18]，其血玄[19]黃。

語譯：龍相爭戰於野地，所流的血染得大地黑黃。

解讀：

　　「龍」即乾卦中「飛龍在天」、「群龍无首」之龍。不同的是，此處兩「龍」相鬥而爭戰於野地。「其血玄黃」即在形容戰鬥

14　黃：五正色之一，土地的顏色。《說文》「黃，地之色也」。《周禮・考工記》「東方謂之青，南方謂之赤，西方謂之白，北方謂之黑，天謂之玄，地謂之黃。」

15　裳：下衣，亦泛指衣裳。《說文》「裳，下裙也。」《釋名》「凡服，上曰衣……下曰裳。」

16　在傳統五行理論中，土爲黃，爲中，但《易經》成書時是否有五行思想？此仍有大疑。此處謂「大地居中」純係就經驗而言，人居於大地之中，面向四方，以所居之處爲中。

17　例如：蒙卦六三「見金夫」；鼎卦六五「鼎黃耳，金鉉」。

18　野：曠野。古代國人居城邑中，城邑之外爲郊，郊外則爲野。

19　玄：黑色，深青色，黑中帶紅。《說文》「玄，幽遠也。黑而有赤色者爲玄」。玄之本義爲黑色，因黑而引申有爲幽遠、玄祕等義。

之慘烈，廝殺所流出的鮮血，乾涸之後將黃土大地染成一片黑黃，黑黃二字應是相當寫實的描述。

然而爭鬥因何而起？今以坤爲臣道，臣僕本應順承君主，但若臣僕權勢日漸強大，甚至超過君主，終有不甘雌伏之日，如此兩強相爭，必有一戰。

用六·利永[20]貞。
語譯：利於貞問長久之事。
解讀：

「永」爲長久，「永貞」即貞問長久之事。如同乾卦有「用九」以說乾之爲用、陽之爲用、剛之爲用。此「用六」以說坤之爲用、陰之爲用、柔之爲用。坤道爲地道、臣道、柔順之道，爲臣僕者當順從君主，並恆定於一，所以說「利永貞」。

「貞」在此也可以解釋爲堅貞[21]如一。處坤之境，行臣之道，追隨君主宜長久如一，勿輕言變動。周禮·春官宗伯說大祝：「掌六祝之辭，以事鬼神示，祈福祥，求永貞。一曰順祝，二曰年祝……」，鄭玄引鄭眾語注曰：「順祝，順豐年也。年祝，求永貞也……」。即以「求永貞」爲祝禱祈求「曆年得正命」[22]。以此，「永」爲一整年之久，「永貞」可理解爲一年之穩定。

坤卦通解

坤爲地、爲順、爲被動、爲陰柔。就人而言，坤象徵臣僕、女性等以柔順爲德者。卦辭「牝馬」，以順從主人，供主人差遣，能在大地奔馳的母馬，來突顯坤卦的象徵意義。「君子有攸往」說明

---

20 永：長久，長遠。《說文》「永，長也。象水巠理之長。」；《爾雅·釋詁》「永，遠也。」
21 「貞」之字義可參考本書第五章之〈其他常用字〉節。
22 《周禮·春官宗伯·大祝》「求永貞」，鄭玄注：「永，長也。貞，正也。求多福，曆年得正命也。」

坤卦如同乾卦，也與貴族子弟有關，是以說君子之事。在商、周時代，君主固然是貴族，服事君主的臣子也是貴族子弟。

坤卦六爻爻辭多與大地及臣子有關，前二爻說大地，後四爻說君臣。初爻「霜」與「冰」為大地陰冷的現象；二爻「直方大」是對大地的直白描述。三爻「含章」及「從王事」在說君子展露頭角而為王臣。四爻以「括囊」為喻，說明在到達一定位階時，為臣之道在謹言慎行。五爻以「黃裳」象徵位極人臣，再往上走勢必與君主衝突。上爻「龍戰于野」正是在描述臣不甘雌伏於君，君臣相爭，主僕互鬥的慘烈。三爻至上爻，極有順序的描述人臣如何從初階的「含章」，至中階的「括囊」，再至最高階的「黃裳」，再往上則起僭越之心，終不免「龍戰于野」。

坤卦後四爻的爻辭宜與乾卦六爻之爻辭對看，二者都在說君子成長的歷程。只不過乾卦是從領導者、主事者的立場而說君子自己的事；坤卦則從追隨者、輔弼者的立場而說，雖也是說君子之事，但總有君主的影子在旁，是在君主身旁的君子。與乾卦相較，其三爻「含章」、「從王事」之處境，正類似乾卦初爻「潛龍」、二爻「見龍在田」及三爻「終日乾乾」；其四爻「括囊」之處境，正類似乾卦四爻「或躍在淵」；五爻「黃裳」之處境，則類似乾卦五爻「飛龍在天」；上爻之「龍戰于野」類似乾卦上爻「亢龍」，為盛極而反衰，物極則生變的寫照。「物極則變」正是易經反覆闡述的哲理。

乾卦純陽，坤卦純陰，所以也可以用乾及坤代表陽與陰，剛與柔。易經六十四卦基本上就是陽爻及陰爻的組合變化，也就是乾、坤所生所變。易學上有「乾坤父母」的說法，主張兌、離、震、艮、坎、巽六經卦皆為乾、坤二經卦所生，而六十四卦又皆為八經卦所變。歸根結底，可以說六十四卦皆為乾卦及坤卦所生所變。其變化生成的種種方式，又涉及旁通、升降、卦變等各類象數之學，此處不予深究。簡單的說，若以乾、坤為陽、陰二元素，六十四

卦的確是由此二元素所構成。今本易經經文中，又以「九」代表陽（乾），「六」代表陰（坤），所以也可說六十四卦是由「九」與「六」所構成。就此可以理解何以只有乾卦有「用九」，坤卦有「用六」，其他六十二卦皆無。「用九」與「用六」不是爻辭，而是對「九」（乾陽）與「六」（坤陰）之作用的總說明。就此而論，處陽（乾）者宜和諧勿爭，所以說「群龍無首」；處陰（坤）者宜長久堅守，所以說「利永貞」。

考證及討論

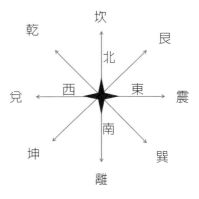

方位圖

卦辭中有「西南」、「東北」等字詞，此不論是指西、南，東、北，或西南、東北，都是指方位無疑。易學上有八卦方位之說。以東為震、南為離、西為兌、北為坎、東南為巽、西南為坤、西北為乾、東北為艮。用今日地圖方向慣例表示即如方位圖，若以古代坐北朝南的慣例，則如坐北方位圖所示。此說可能出於說卦傳的一段文字：「萬物出乎震，震東方也。齊乎巽，巽，東南也。齊也者，言萬物之絜齊也。……離也者……南方之卦也。……乾，西北之卦也……坎者，正北方之卦也，……艮，東北之卦也……」。說卦傳約成書於戰國時期，所論述的概念應是當時易學的認知。當時易學為何如此安排八卦與

坐北方位圖

方位的關係？是來自對易經經文解釋上的需要？或是另有其占筮上的傳承？此或已難以考證。孔穎達於周易正義中，結合北斗七星

斗柄之指向及四季的運行，以解釋此八卦與方位的關係。例如春天斗柄指東，春天萬物萌發，所以說「萬物出乎震，震，東方」，其後斗柄指東南，而萬物齊備，所以說「齊乎巽」等[23]，此或可備一說。不過，可以肯定的是，此八卦與方位的關係，應是出於八卦之象徵與大自然的類比。南方燠熱，故以離火爲南方，北方陰冷，故以坎水爲北方。西風強勁，故以巽風爲西方等。

　　宋代邵雍另作先天[24]八卦圖，將八卦所代表的方爲作出新的解釋，是爲今日坊間常見的八卦方位圖。前所述依說卦傳所設的八卦方位，遂稱後天八卦圖。先天八卦圖放棄與自然界比附的思想，改採由陰陽組合順序觀點安排方位。今若以數學二進位數系統觀點，以陽爻代表1，陰爻代表0，由下爻至上爻順序變換。則乾☰（陽陽陽）轉爲111，依此類推，兌☱爲110，離☲爲101，震☳爲100，巽☴爲011，坎☵爲010，艮☶爲001，坤☷爲000。將此二進位數字轉換爲日常習用的十進位數字，則乾爲7，兌爲6，離爲5，震爲4，巽爲3，坎爲2，艮爲1，坤爲0。如此，依數字大小排列，即可得乾、兌、離、震、巽、坎、艮、坤的順序。先天八卦即以此順序，乾、兌、離、震爲一組，巽、坎、艮、坤爲一組，依順序安排，乾爲天在上，坤爲地在下，即得先天八卦圖如右。

先天八卦圖

　　再依照中國坐北朝南的古老傳統，身背北，面朝南，東在左，西在右，參考先天八卦圖，即得乾爲南，

---

23 《周易正義·說卦》「『萬物出乎震，震，東方』者，解上帝出乎震，以震是東方之卦，斗柄指東爲春，春時萬物出生也。『齊乎巽，巽，東南也。齊也者，言萬物之絜齊也』者，解上『齊乎巽』，以巽是東南之卦，斗柄指東南之時，萬物皆絜齊也。……」。

24 所謂「先天」、「後天」的說法，爲邵雍所創，有些形而上學的意味。參考本書第三章有關邵雍易學之簡介。

坤為北，離為東，坎為西，兌為東南，巽為西南，艮西北，震為東北的說法。但這樣的方位規定，已脫離易經卦爻辭脈絡而多用於術數[25]上了。

後天八卦圖

同樣地，說卦傳之八卦方位依傳統坐北朝南的概念，亦可繪製後天八卦圖如右圖。不論先天八卦圖或後天八卦圖，在繪製各經卦時，皆是由內到外，也就是下爻在內圈，上爻在外圈。

---

25 如風水、堪輿、命理等。

03・屯卦（水雷屯）

䷂屯元亨利貞勿用有攸往利建侯。初九磐桓利居貞利建侯。六二屯如邅如乘馬班如匪寇婚媾女子貞不字十年乃字。六三即鹿无虞惟入于林中君子幾不如舍往吝。六四乘馬班如求婚媾往吉无不利。九五屯其膏小貞吉大貞凶。上六乘馬班如泣血漣如。

卦名卦畫卦旨

屯，讀作窀，屯字今多讀作屯積之屯，但在易經中讀窀。說文「屯，難也。象艸木之初生。屯然而難」。「屯」為象形文字，象草突破地面（中間的一橫），露出新芽。草木禽獸等在初生時最為艱難，易遭險難，故以屯為難。屯也有聚集、囤積的意思，例如屯聚、屯兵。以此，屯字可有三義，一指草創，一是艱難，另一就是聚積。

屯卦下震上坎，坎為水為雲，震為雷，所構成的圖像就是雲與雷。在草木萌發的春天，雷聲驚動萬物，雨水滋潤萬物，雷雨動而萬物萌生。故以水雷（䷂下震上坎）象徵屯卦。

屯卦卦旨在說創建以及創建時的艱難，其卦爻辭皆與創建、艱難及囤積有關，且多有屯字，對屯字做了極大的發揮。屯卦之屯有開拓疆土，尋找新地以屯墾之意，是為定居墾荒而非征服。西方聖經・出埃及記記載摩西帶領族人尋找流奶與蜜之地，以及美國西部拓荒的歷史，都可以說是屯卦處境之典型。

從六十四卦的順序來看，乾卦為天，坤卦為地。有天地之後，接著萬物開始萌發生長，也是非常合理的宇宙觀。就人間言之，人類社會由游牧到定居，乃是文明進化的一定規律。屯卦卦爻辭就在說部落首領帶著族人，尋覓新的定居處所，以圖建立侯國的

過程中，所發生的事情。

卦爻辭解讀

屯：元亨，利貞。勿用有攸往。利建侯[1]。

語譯：屯卦。最亨通，利於貞問。不要有所前往，利於建立侯國。

解讀：

屯卦，處於草創艱難的態勢或格局。「元亨利貞」的意思在乾卦時已做解釋，此不再重複。基本上，同一著作中，同樣的字詞，除非上下文有暗示，否則應做相同的解釋。

「屯」有屯墾的意思，走到此地，不要再往前走了，宜就在此定居墾荒，創建新局，乃至建立侯國。所以說「勿用有攸往，利建侯。」

初九・磐桓[2]。利居貞。利建侯。

語譯：盤旋徘徊。利於問定居之事，利於建立侯國。

解讀：

「磐桓」意味著猶疑盤算，舉棋未定。眼前所見的山川形勢，雖然可以定居，但是否有強敵環伺？是否有土著阻撓？再往前走，是否有更適合的沃土？「利居貞。利建侯」則是強烈建議，此處適於定居，適於就此建立新的邦國。

若以屯卦卦旨為出發點，並擴大解釋爻辭的處境及占斷，此爻在說一個開創新局的機會，雖有重重困難而猶疑未決，但是仍宜就

1　西周行封建，諸侯皆天子所封，《孟子・萬章下》「天子之制，地方千里，公侯皆方百里，伯七十里，子、男五十里，凡四等。不能五十里，不達於天子，附於諸侯，曰附庸」。在殷商時便有侯國，唯尚未大行封建，應是先有國，臣服於商後再受封為侯國。以此「建侯」即自行建立一個小的邦國，《史記・殷本紀》「周武王之東伐，至盟津，諸侯叛殷會周者八百」概指此類侯國。

2　磐：大石。桓：表柱。磐桓二字連用，即盤還或盤旋的擬音，古代音近而可通用，指進退徘徊不前。盤還或盤旋原指古代依一定模式回旋進退的禮儀。例如《禮記・投壺》「主人阼階上拜送，賓盤還曰辟」；《淮南子・氾論訓》「夫絃歌鼓舞以為樂，盤旋揖讓以修禮」。

此投入，以建立功業。

六二・屯如[3]，邅[4]如，[5]乘馬班[6]如，匪[7]寇婚媾。女子貞不字[8]，十年乃字。

語譯：艱難啊！徘徊啊！駕乘馬車來回打轉。這不是賊寇，而是來要求婚媾娶嫁。若問女子之事，不得婚嫁，十年後才得婚嫁。

解讀：

乘馬不是騎馬，上古時期中國早已役使牛馬駕車，[9]至於騎馬可能要等到戰國時代。[10]上古華夏的服裝上衣下裳，是不適合騎馬的。

一群武裝戰士，帶領車隊族人，初到一個富饒而陌生的地方，遇到當地土著的盤查，這是需要交涉解釋的。「匪寇婚媾」說明了來此的態度的是和婚，不是爭戰。「不字」就是不嫁，或不許嫁。「十年乃字」是當地人對外來者要求婚媾的答覆，此事要等十

3　如：用作語尾助詞。相當於然、焉、乎、啊等。《說文》「如，从隨也。」如的原意為隨順，引申有相似，相當等義。但用於句末則多作語尾助詞，例如「子之燕居，申申如也，夭夭如也」（論語・述而）。若「屯」為艱難，「屯如」即「艱難啊」，或「艱難的樣子啊」。

4　邅：讀作沾，邅為轉，改變方向，徘徊不前。例如《楚辭・哀時命》「車既弊而馬罷兮，塞邅迴而不能行。」

5　「屯如」、「邅如」意思相近，也可合併解釋。屯通迍，《玉篇》「迍，邅也」。迍即邅，邅即迍，迍邅為雙聲字詞。迍邅，行走艱難困頓徘迴的樣子。「屯如，邅如」即迍邅如。

6　班通盤，迴旋算計，盤還不進。

7　匪通非，例如《詩經・小雅・何草不黃》「匪兕匪虎，率彼曠野」。卦爻辭中「匪」都作「非」解釋，不作匪徒之匪。

8　「字」指女子許嫁，例如「待字閨中」。《禮記・曲禮》「女子許嫁，笄而字」，古代女子在家時垂髮梳辮，只有乳名供家人叫喚。到了可以訂婚的時候，才可盤髮用簪，並另取名字，稱「字」，以供外人稱呼。另說，字為生育，《說文》「字，乳也」，唯此說與前後文較不合。

9　《荀子・解蔽》「奚仲作車，乘杜作乘馬」。奚仲為夏禹臣子，乘杜即相土，為商祖先契之孫，商部族的第三任首領。

10　傳統以趙武靈王胡服騎射為中國騎兵之始。在此之前，文獻上不見有騎馬的記載，西周考古文物也無馬鞍、馬蹬等發現。有學者從殷墟考古中論證商代已有騎兵，但多為猜想推論性質。有關商代是否有騎乘的討論，可參考羅琨《商代戰爭與軍制》，北京：中國社會科學出版社，2010年，頁408-413。

年，也就是很久以後，才有可能。此也表示外來者要有長久定居於此的決心，才有可能爲原住民所接受。也就是說，得此爻者，新事業若要有成，必須要長期的經營。

六三・即鹿无虞[11]，惟[12]入于林中。君子幾不如舍[13]。往吝。

語譯：追逐獵鹿但沒有山林獵官帶路，惟如此入林會困於山林之中。君子與其冒險不如捨去。前往則困窘。

解讀：

到陌生的地方，想要獵食禽獸充飢，在沒有當地人帶領的情況下，若擅自闖入人跡罕至的山林中獵鹿，必有相當的危險性。君子身分尊貴且自重，不宜輕易涉入險境，所以說「幾不如舍」。「往吝」爲斷占辭，得此爻者不宜貿然躁進，往進則入困窘之境。

六四・乘馬班如，求婚媾。往吉，无不利。

語譯：駕乘馬車來回打轉，是爲了求婚媾娶嫁。前往吉祥，沒有不利之處。

解讀：

「求婚媾」與六二之「匪寇婚媾」意思相同。若從時間軸來看，六二初見，所提之婚媾要求被拒絕。隨著雙方逐漸熟識，此爻第二次再提，事成的機會大爲增加。所以斷占辭說「往吉，无不利」。對比六三的「往吝」，鼓勵前往的意思甚明顯。

---

11 虞：虞人，古代稱掌管山澤草木鳥獸的小吏爲虞人，例如《孟子・滕文公下》「昔齊景公田，招虞人以旌」。虞人知曉山林的大小、路徑及其物產。

12 惟：發語詞，通唯、維。《說文》「惟，凡思也。从心隹聲」，段玉裁注：「按經傳多用爲發語之詞。毛詩皆作維。論語皆作唯。古文尚書皆作惟。今文尚書皆作維。古文尚書作惟者、唐石經之類可證也。」

13 幾：危機。《說文》「幾，微也。殆也」；《爾雅・釋詁》「幾，危也」；舍通捨，捨棄。

九五・屯其膏[14]。小貞吉，大貞凶。

語譯：屯積膏脂。貞問小事吉祥，貞問大事凶險。

解讀：

　　有能力屯積精美的食物，表示已定居了一段期間，也顯示出耕種或漁獵的收穫自己存起來，沒有分享給鄰居。這樣的囤積，從眼前的、近處的來看是好事，但以大格局的、長遠的來看，則有危險。所以占斷辭說「小貞吉，大貞凶。」

上六・乘馬班如，泣血漣如。

語譯：駕乘馬車來回打轉。哭泣得血淚漣漣。

解讀：

　　此爻宜與六二及六四參照讀。都是「乘馬班如」，但「泣血漣如」顯示下場並不如人意，可能是被當地人趕走，也可能是所囤積的膏脂被搶走。此「乘馬班如」是被迫離開時的流連。此雖然沒有占斷之辭，但是凶多吉少可想而知。

屯卦通解

　　屯卦的卦爻辭有極為豐富的故事性。卦辭「勿用有攸往，利建侯」點出了部族的漂泊遷徙到此不再往前，就此開創新局的企圖。六爻依時間順序次第展開：初爻「磐桓。利居貞，利建侯」，敘述找到了一個有利於定居建國的地方而徘徊不前。二爻「乘馬班如，匪寇婚媾」，描述不欲離開，與當地土著談判的過程。三爻「即鹿无虞」到陌生的地方獵食求生，卻無人指引的困難。四爻「乘馬班如，求婚媾」再次說明，希望與土著和平相處，以聯姻的方式在此繁衍後代。五爻「屯其膏」顯然定居已有小成，有能力屯居精美食物。上爻「乘馬班如，泣血漣如」說出了屯難的另一種可能結果，屯墾定居的計畫失敗，被迫離開。

---

14 膏：肥油，凝者稱為脂，釋者稱為膏。泛指肥美的食物。《說文》「膏，肥也。」

　　讓我們回到殷周之前，人類剛剛脫離草昧，走向文明的時期。那時地廣人稀，遍地森林草莽，野獸四處出沒，人類選擇水草豐美之處而群居。是時仍是氏族社會形態，國土疆域的觀念尚不明顯。當有荒災或是異族入侵時，部族首領為了躲避威脅，有必要帶領族人武裝移民異地，另覓淨土以屯墾拓荒。在遷徙屯墾的過程中，有兩個重要問題要解決：生存與繁衍。生存關係到食物，繁衍關係到婚媾。但同族近親不婚，故必向外族求婚。以此，新移民向原住民求女子婚配乃至搶婚，都是文明發展歷史之必然。屯卦卦爻辭忠實地反映了那個時代部族遷徙及定居的過程。

■■■■ 考證及討論 ■■■■

　　詩經‧大雅‧公劉描述周族部落首領，率領氏族武裝移民的史詩，或可作為屯卦所訴情境之參考。

　　周朝先祖公劉，大約生長在夏朝晚期日趨衰敗之時。是當時周族的領袖，也是夏王朝世襲的農官。[15]原定居在邰[16]，因為受不了當時戎、狄等游牧民族的騷擾掠奪，率領族人渡過渭河遷徙到豳[17]。後人作公劉詩篇以描述並讚頌這次的部族遷徙行動。詩曰：「篤公劉，匪居匪康，迺場迺疆，迺積迺倉。迺裹餱糧，于橐于囊，思輯用光。弓矢斯張，干戈戚揚，爰方啟行。……」大意是說：敦厚的部族領袖姬劉，捨棄安逸的生活。於是尋找新的疆域，把糧食聚積在倉庫，把乾糧裝入行囊。集結民眾，光大聲威。繃緊弓弦，高舉干戈，就此出發向前行……。

　　公劉此次的部族遷移是成功的，公劉之子慶節在豳地建立了都

---

15 《史記‧周本紀》「（帝舜）封棄於邰，號曰后稷，別姓姬氏。」；《史記‧匈奴列傳》「夏道衰，而公劉失其稷官，變于西戎，邑于豳。」
16 邰（蓺），舊說邰在今陝西武功縣。錢穆〈周初地理考〉（收錄於其《古史地理論叢》，臺北：東大圖書，1982年）論證邰應在古晉地，今太原一帶。
17 豳（邠），今陝西彬縣一帶。

邑，而有了國家的雛型，周族從此日漸興盛。[18]我們可以從屯卦爻辭所描述的情境，遙想當年公劉率眾自邰遷豳之艱難。

---

18 《史記·周本紀》「公劉雖在戎狄之間，復修后稷之業，……周道之興自此始，故詩人歌樂思其德。公劉卒，子慶節立，國於豳。」

04・蒙卦（山水蒙）

☶☵蒙亨匪我求童蒙童蒙求我初筮告再三瀆瀆則不告利
貞。初六發蒙利用刑人用說桎梏以往吝。九二苞蒙吉納婦
吉子克家。六三勿用取女見金夫不有躬无攸利。六四困蒙
吝。六五童蒙吉。上九擊蒙不利為寇利禦寇。

卦名卦畫卦旨

　　蒙，蒙昧不明。「蒙」原為草名，即王女草，蒙又通冡。說
文：「蒙，王女也，從艸冡聲」。又說：「冡，覆也」。蓋上古
蒙、冡因同聲而可為通假。故以「蒙」為覆蓋，並因覆蓋而不明。
與蒙字有關的語詞如蒙昧、蒙蔽、蒙稚、蒙塵等，都與覆蓋不明
有關。

　　蒙卦下坎上艮，坎為水，艮為山。山中之水為泉而向下，泉
為水之源頭，河海之根苗。萬物於幼小時，總是幼稚無知，蒙昧
不明，需要開導與學習，才能成長茁壯。今以山水（☶☵下坎上艮）為
山泉，以喻人之幼小。山泉去向未定，象徵處境之蒙昧不明，需要
開導指引。蒙卦之卦旨在說蒙昧不明。蒙昧不明時需要教化開導，
蒙卦之卦爻辭亦都與脫離蒙昧接受教化有關。卦辭尤其將啓蒙與占
筮結合，蓋古代知識的掌握都在巫史之官手上。這也顯示易經著作
年代之久遠，當時人文思想尚未成熟，仍重視鬼神與天意，藉人神
溝通來獲取知識。

　　從六十四卦的順序來看，蒙卦緊接在屯卦之後。部族領袖帶領
族人，在新的土地定居之後，如何開導民眾，以脫離愚昧與野蠻，
確實是應及早進行的一件大事。

卦爻辭解讀

蒙：亨。匪我求童蒙，童蒙求我。初筮告，再三瀆，瀆則
不告。利貞。

語譯：蒙卦。亨通。非是我去求蒙昧童子，是蒙昧童子來求我。初
次占筮，就告知結果，要求再三占筮就是褻瀆神明，褻瀆神明則不
告知。利於貞問。

解讀：

　　蒙卦，處於蒙昧待啓發的態勢或格局。蒙，蒙昧。卦辭可分爲
兩部分，「匪我求童蒙，童蒙求我。初筮告，再三瀆，瀆則不告」
爲敘事之詞，「亨」及「利貞」則爲指引，也是占斷。

　　上古時代，人文思想尚未大興之前，宗教鬼神等信仰對人的
活動有極大的影響，凡事多依卜筮以稽疑解惑，卜筮的進行及判
讀又有賴巫祝、史官[1]或太卜[2]等。不但如此，舉凡天文、地理、祭
祀、禮儀、醫學乃至治國、兵法等，自然的以及人間的知識，也一
併由這些人所掌握。殷商時，巫人亦參與政治活動，並有巫人爲賢
相以輔佐商王的記載，例如太戊的巫咸，祖乙時的巫賢等。[3]此處
的「我」，即指巫祝、筮人等占筮者，也就是知識的擁有者，「童
蒙」則爲蒙昧者，知識的求取者。童蒙藉著占筮貞問，以求知解
惑。此中所謂的知識，與其說天文、地理、歷史等知識，不如說是
人間應對、進退、是非、對錯等知識。

　　敘事辭「匪我求童蒙，童蒙求我。初筮告，再三瀆，瀆則不
告」告訴我們，藉著占筮求知解惑有二項規定。第一：占筮者不主

1　能通鬼神的稱爲巫，主持祭祀的稱爲祝，以文字記載言行事件的稱爲史。殷周之時，
　巫祝及史官在職能上往互通。參考陳來《古代宗教與倫理－儒家思想的根源》，北
　京：三聯書店，1996年，頁46-55。

2　《周禮·春官宗伯》述及掌管卜筮的官員有卜人、占人、筮人等。這些官員以太卜爲
　首，負責實際的卜筮操作及記錄。隸屬春官系統，權責似已不如殷商時的巫人。

3　《尚書·君奭》「在太戊，時則有若伊陟、臣扈，格于上帝；巫咸乂王家。在祖乙，
　時則有若巫賢。」

動邀請別人占筮，只能應別人的要求來進行占筮（當然自己也可對自己提出占筮的要求）。第二：一個問題只能占一次，不能因為結果不滿意就反覆占問。

　　蒙卦卦旨在說蒙昧，蒙昧是一種現象，但也一種態度。自知蒙昧，凡事必問的人，反而比自以為知的人知道的更多。西哲蘇格拉底知道自己一無所知，所以才會是雅典中最有智慧的人。孔子「入大廟，每事問」，並以此為「禮」。[4]自知蒙昧無知者，每事必問，所以卦辭說「利貞」。不論是問天，問鬼神，或是問人，都必須通達對方，所以說「亨」。

初六・發蒙。利用[5]刑人，用說[6]桎梏[7]。以[8]往吝。

語譯：啓發蒙昧。利於對犯人用刑，或對犯人鬆去刑具。用此以往則有困窘。

解讀：

　　「說」為「脫」，「利用刑人，用脫桎梏」應是「利用刑人，利用脫桎梏」的省略。前者上刑，後者鬆刑。刑罰是手段，啓發蒙昧才是目的，一旦受刑人明白事理，就應該鬆刑。

　　啓發蒙昧最簡單又直接的方法，就是刑罰。小孩做錯事，父母師長以打罵管教處罰，使之明白事理，此雖不合現代潮流，無疑是傳統普遍實施並認為有效的啓蒙方式。對不接受禮樂教化的頑劣分子，使用刑罰也是基於此理。

4　《論語・八佾》「子入大廟，每事問。或曰：孰謂鄹人之子知禮乎？入大廟，每事問。子聞之曰：是禮也。」
5　用：實施。《說文》「用，可施行也」。用又通以，用以，表示憑藉或者原因。例如《詩經・小雅・小旻》「謀夫孔多，是用不集。」
6　「說」通「脫」，同以兌為聲符，古代讀音相同。
7　刑具（戒具）在足為桎，在手為梏。桎梏泛指木製的腳鐐手銬。
8　「以往吝」之「以」字特別，卦爻辭他處多作如「往吝」、「往吉」、「往无咎」、「往何咎」等，獨此處多一「以」字。此處之「以」即「用，用以」。「以」古寫作「㠯」，《說文》「㠯，用也」，段玉裁注：「用者，可施行也。凡㠯字皆此訓」。例如《論語・微子》「君子不施其親，不使大臣怨乎不以。」

　　孔子說：「道之以政，齊之以刑，民免而無恥；道之以德，齊之以禮，有恥且格」（論語・爲政），刑罰足以發蒙，此應是古代的教化方式之一，但不是最佳方式。因爲受刑人很可能只是懼怕刑罰而暫時守規矩，並不是眞正的知道對錯。所以斷占辭說「以往吝」。「往吝」亦見於屯卦六三，「以」爲用以，若僅用刑罰啓蒙，用此以往，未來乃有困窘之時。

九二・苞[9]蒙。吉。納婦吉，子克家。

語譯：庖廚蒙昧不清。吉祥。娶媳婦吉祥，兒子能持家。

解讀：

　　苞通庖，苞蒙今本多寫作「包蒙」，帛書本作「枹蒙」。[10] 苞、枹、庖皆以包爲聲符，當是因讀音相同而通假，故庖寫作苞或包。[11] 苞蒙即庖蒙。

　　廚房蒙塵，灰暗不潔，這都是因爲管理不善所導致。古代強調男主外，女主內，女主人主持中饋，掌管廚房，帶領僕役等供應一大家族的飲食。「庖蒙」象徵女主人力有未逮，需要幫手。此時，最直接的方法莫過於幫兒子娶新媳婦，家裡多一個得力助手，此對廚房的整治有莫大的助益，所以說「納婦吉」。兒子娶媳婦象徵承持家業的開始，所以說「子克家」，有子能承持家業。「庖蒙」之所以爲吉，就在能於昏昧中找到幫手，承繼事業。

9　《說文》「庖，廚也。从广包聲」。《康熙字典》引《集韻》「（庖）又《集韻》通作包。」

10　帛書本作枹，唐石經及《經典釋文》作苞，參考《周易異文校對》，頁43。今本多寫作包，並訓爲包容或包含。所以「包蒙」就是包容蒙昧。但如此則難與其後的「納婦」，「克家」等連結。

11　卦爻辭「苞」及「包」共字出現八次，除了否卦九五「繫于苞桑」及姤卦九五「以杞包瓜」之外，其餘六次皆可理解爲庖。

六三‧勿用取女。見金夫[12]，不有躬[13]。无攸利。

語譯：勿進行娶婦。見多金貴男，忘卻自身。无有所利。

解讀：

「見金夫，不有躬」是敘事辭，「勿用取女」及「无攸利」為指引辭及斷占辭。古漢語「夫」為成年男子的通稱，未必是夫妻的夫，依「勿用娶女」判斷，此夫應指適婚年齡的男子。

古代婚姻之事多由父母或家長決定，男女當事人不容易有意見。有女方家長見男方家境富有，忘了自己是誰，不顧及身分，做出種種低下諂媚的姿態，見利忘義。這種「見金夫，不有躬」的態度，顯然也是一種愚昧蒙蔽。用現代的語言來說，就是見錢眼開，認錢不認人。建議不要與這樣的家族聯姻[14]，所以說「勿用取女」。與這樣的人交往沒有好處，所以占斷為「无攸利」。

六四‧困蒙。吝。

語譯：受困於蒙昧。困窘。

解讀：

為蒙昧不明所困，無法突破現狀。所以占斷為「吝」。無法走出蒙昧最可能的原因就是安於蒙昧，無心求助，不思突破。先要自覺到自己的蒙昧，才有可能走出蒙昧，不為蒙昧所困。

六五‧童蒙。吉。

語譯：童子蒙昧。吉祥。

解讀：

兒童稚子雖未曉世事，但心靈純真未受汙染，學習能力強而且對事理不抱成見，是最容易接受教導以啟蒙昧的黃金時期。所以雖

---

12 夫：成年男子通稱。例如《詩經》「赳赳武夫」（周南‧兔罝）；「射夫既同」（小雅‧車攻）。

13 躬：自身。《說文》躬作躳，「躳，身也」。《詩‧邶風‧谷風》「我躬不閱。」

14 從現代人的觀點，也可以說「勿用嫁男。見金女，不有躬。无攸利」，蓋重點不在男方或女方，而在聯姻。

蒙而「吉」。

上九‧擊蒙。不利爲寇，利禦寇[15]。

語譯：擊退蒙昧。不利於爲強寇侵犯人，利於防禦強寇侵犯我。

解讀：

　　寇未必就是賊寇，凡以武力侵犯他人皆可稱爲「寇」。以此，「爲寇」就是主動地侵犯，「禦寇」則指被動地防禦。「擊蒙」使蒙昧退卻，眞理顯現，而擊蒙的方式應該是被動的而非主動，就如同卦辭所說的「匪我求童蒙，童蒙求我」。當童子因蒙昧侵犯而來求助時，才被動地助童子擊蒙，而不宜主動地灌輸過多的知識。孔子說：「不憤不啓，不悱不發」（論語‧述而），就是這個道理。所以占斷爲「不利爲寇，利禦寇」，不宜主動出擊，宜被動應對。

蒙卦通解

　　蒙卦的卦辭極有特色，不像其他卦辭在暗喻一個處境或宗旨，而是明白地宣示以占筮求解疑惑的規矩。這也很明顯的顯示出易經與占筮之間的密切關係。

　　蒙卦六爻爻辭都與蒙昧或蒙蔽有關，且多涉及啓發蒙昧之道。初爻「發蒙」以刑罰（處罰）來導正愚昧；二爻「苞蒙」以娶婦來改善內宅之蒙；三爻以「見金夫，不有躬」形容見利失儀，淺薄愚昧之輩，以避免與此等人物結交往來爲宜。四爻「困蒙」五爻「童蒙」，爲無知所困則吝，孩童無知待教以學正途則吉。上爻「擊蒙」以「爲寇」及「禦寇」類比，暗示「擊蒙」之事宜被動，不宜主動。

---

15 寇：以武力侵犯。《說文》「寇，暴也」。敵國、盜賊等以粗暴方式侵犯，皆可稱爲寇。《左傳‧文公七年》「兵作於內爲亂，於外爲寇。」

　　詳觀蒙卦，蒙昧者應求教明智者，明智者當啓發蒙昧者。求之有道，啓之亦有道，卦爻辭分述了此求教啓惑之道。有疑惑不明處，就應請教高明，使心智因此而成長，這是正理。比較麻煩的還是在不受教與不求教。三爻眼中只見利，不見義，讓油蒙了心，在態度上就不受教；四爻爲無知所困卻自暴自棄，不願求教。要啓蒙求知，唯有改變不受教、不求教的態度。

考證及發揮

　　綜合蒙卦的卦爻辭，我們可以領悟到周易古經的一些思想。首先，易經將占筮與解惑結合，認爲占筮可以用來排解疑惑，啓人智慧。其次，有關於占筮的規矩，蒙卦卦辭明白指示：不問不占，再問不占（一事不兩占）。

　　除此二不占之外，占筮也有一些其他規矩。例如「易不占險」[16]，不用易經來占危險的事，或不忠不義之事。「善爲易者不占」[17]，眞正理解易經道理的人，不用占筮也能鑑往知來。傅佩榮先生亦有三不占之說：不誠不占、不義不占、不疑不占。心誠是占問的首要條件，此無庸置疑。不義之事就不該問，更不該做。心意已定的事也不用問，照自己的意思去做就對了。從正面角度來看，占筮的目的是決疑，心中有大疑惑，非人力所能盡知時，此時不妨誠心占筮，以問天意。

---

16 《左傳・昭公十二年》「惠伯曰：『吾嘗學此矣，忠信之事則可，不然必敗……且夫易不可以占險。』」《左傳正義》疏此：「唯可以占忠義之事，不可占危險之事。」
17 《荀子・大略》「善爲詩者不說，善爲易者不占，善爲禮者不相，其心同也。」

05 · 需卦（水天需）

☵☰需有孚光亨貞吉利涉大川。初九需于郊利用恒无咎。九二需于沙小有言終吉。九三需于泥致寇至。六四需于血出自穴。九五需于酒食貞吉。上六入于穴有不速之客三人來敬之終吉。

卦名卦畫卦旨

　　需，等待。需通須，古寫做𩓣，說文：「需，𩓣也。遇雨不進，𩓣止也」；爾雅‧釋詁：「𩓣，待也」。以此，需就是等待的意思，或講得更完整一點，在雨中停止前進並等待。

　　需卦下乾上坎，坎爲水，乾爲天。水在天上爲雲，觀察到天上的雲，就可以期盼下雨。古代灌溉系統不甚發達，中國北方多乾旱，農作需仰仗雨水。然而雲聚方能成雨，在沒有雲的天空下期盼降雨是毫無希望的，看到天上的雲，就有等待下雨的可能。故以水天（☵☰下乾上坎）象徵等待事情發生。

　　需卦卦旨在說等待，其爻辭皆與等待有關。等待是一種態度。當我們盡力做了該做的事，剩下的也只有等待事情的發生。等待也是一種心情，對即將發生的事情，或是在期盼中等待，或是在恐懼中等待，或是在無奈中等待。需卦就處於這種等待的心境。

卦爻辭解讀

需：有孚[1]，光亨。貞吉，利涉大川。
語譯：需卦。有信兆，光大亨通。所問之事吉，利於渡涉大河川。

1　「孚」之字義可參考本書第五章之〈其他常用字〉節。

解讀：

　　需卦，處於期盼等待的格局或心境。需通須，等待，等待是一種心境。孚為信，此信當是相信之信，堅信某一些事情會發生。事情在發生之前總會有一些徵兆或預兆，例如喜鵲在堂前鳴叫，龜甲或牛骨灼燒出某種裂痕，籌策算出某些數字等。「有孚」就是相信這些徵兆所預告的事，此事終究會兌現成真。不論面對的是什麼，不論機會有多小，在等待中，總是期待著某一件好事會發生。「有孚，光亨」強調要懷著信心等待，祝禱上蒼，事情將會亨通。所問之事終會順心，所以說「貞吉」。

　　等待需要耐心與毅力，耐心與毅力有助於冒險犯難，克服險阻，所以說「利涉大川」。

初九・需于郊[2]。利用恒。无咎。

語譯：等待於郊外。利於長久進行。沒有咎難。

解讀：

　　郊指城外，古人築城，國人（類似現代的公民）多居住於城內，「需于郊」說明了當事人大費周章地出城到郊外等待。此也顯示了所等待的是一件重要的事，不妨耐心等候，所以說「利用恒」。斷占辭說「无咎」，顯示這樣的等候不會帶來禍害或責難。

九二・需于沙[3]。小有言[4]。終吉。

語譯：等待於沙灘。小有閒（怨）言。終能吉祥。

解讀：

　　古人多濱水而居，濱水築城以便取水，也可以水護城。河水或湖澤之濱多沙地，「需于沙」就是在水濱沙地等待，也就是說，所

2　古代國人居城邑中，城邑之外為郊。《爾雅・釋地》「邑外謂之郊。郊外謂之牧。牧外謂之野。野外謂之林。」
3　沙指水旁平衍之地，即沙灘。包括河沿岸之沙地，或河中之沙洲。
4　古代言、愆諧音，「言」在此一語雙關，為過失之言，埋怨之言，閒言碎語。

等待的人或事，從水的另一邊過來。

水中沙地爲沙衍[5]，衍與言讀音相近，衍又通愆，言也通愆，[6] 故衍、愆、言之間可互通或產生聯想，例如論語‧季氏：「侍於君子有三愆：言未及之而言謂之躁，言及之而不言謂之隱，未見顏色而言謂之瞽。」即藉「愆」說「言」。此處亦是因「沙」關聯到「衍」，再關聯到「愆」與「言」。

「愆」爲過失，此「言」可理解爲過失之言，埋怨之言，責難之言。「小有言」不是喝叱之言，而是一些閒言碎語。不論是沙洲或是沙岸，都是空曠無人之處，其等待之清冷無趣可想而知。若是一群人，在等待的過程中，或有些埋怨責難的耳語傳出，也是合於情理的。不過斷占辭「終吉」顯示，此等待終究有好結果，等待是值得的。

九三‧需于泥，致寇至。

語譯：等待於泥地，導致強寇來臨。

解讀：

水和土爲泥，泥地就是爛泥巴地。人在爛泥巴地中不容易行走，危急時難以躲避逃脫，此給敵人有可乘之機，所以說「致寇至」。強寇原本未必想要來侵犯，是自己的狀況招致強寇起侵犯之心。

六四‧需于血。出自穴。

語譯：等待於血泊中。從穴居屋中走出。

解讀：

等待在血泊之中，其凶險可知。古人半穴居，「自穴出」說明

---

5 衍：水流泛溢廣延。沙衍即水流夾帶沙石所形成的沙洲或沙地。《穆天子傳》「天子乃遂東征，南絕沙衍。」

6 聞一多藉《詩經‧商頌‧烈祖》「奏（鬷）假無言，時靡有爭」等論證：「言皆讀爲愆。……無言即無愆」。參考聞一多〈周易義證類纂〉，收錄於《古典新義》，上海：上海古籍出版社，2014年，頁43。

了凶險來時躲避地穴之中，待凶險過後，仍然能夠保留性命，自穴屋鑽出。此為災難倖存者等待求援之象，雖未明示占斷，其中歷經凶險終而為吉的結果可想而知。

九五‧需于酒食。貞吉。

語譯：等待於酒食中。所問之事吉。

解讀：

飲酒用餐時的心情是歡愉的，是輕鬆的。在酒食中等待，也就是寬心等待，以逸待勞，處於順境之中。所以占斷為「貞吉」。

上六‧入于穴，有不速[7]之客三人來，敬之。終吉。

語譯：進入穴居屋中，有三位不速之客來訪，恭敬對待。終能吉祥。

解讀：

不速之客就是不請自來的客人，三代表多數。此爻雖無「需」字，仍與等待有關，是等待的反面，主人並沒有在等待客人；或者說，所來到的客人並不是原來期待的人。對於不在期待中發生的事，仍然以尊重恭敬的態度應對，即使潛在有威脅，終能逢凶化吉。所以占斷為「終吉」。

需卦通解

需卦六爻均在說等待。從郊野，到河邊，到泥地，到家中，等待的地點步步進逼，極有層次。所等待之事似與敵寇及救援有關。

六爻依照順序，彷彿在說一個故事：國人居住於城邑之中，城外有護城河，護城河的外邊是荒郊野外。聽說有強敵來犯，又聽說有援軍前來救助。於是眾人到郊外去等待援軍（需于郊），又退守到城外河邊去等待（需于沙），再退守到城下泥地去等待（需于泥）。敵人終究還是殺進城了。躲在地穴之中，外面血流遍地（需

7　速，在此作為召見，邀請。例如《詩經‧小雅‧伐木》「以速諸父」；《儀禮‧鄉飲酒禮》「主人速賓」。

于血），所等待的援軍終於到了。危機解除了，於是擺設酒食，宴請前來援助的人，等待他們入席（需于酒食）。回到家中，不料這些賓客也不請自來（不速之客三人來），只得竭誠招待，奉之如上賓。上爻頗有懸疑氣氛，救援者反成威脅者，唯「敬之。終吉」。

　　卦辭說「有孚」，爻辭九二、上六說「終吉」，其中鼓勵的意思甚濃。在許多場合，等待往往是一種折磨，需要長時間的忍耐。但易經告訴我們，等待需要信心，等待最後終究會有令人滿意的結果。

考證及討論

　　巢居及穴居是原始人類最古早的居住形態。其後爲了適應在平原地帶發展，乃出現有豎穴居，及半豎穴居的建築。仰韶文化及龍山文化時期，都有穴居或半穴居的遺址。[8]中國北方黃土地，特別適合半地穴式建築，四周的坑壁即是牆壁。居住面和坑壁上，都塗抹一層很厚的草泥土。草泥土是以黃土來摻粟、草筋和樹葉做成的，並經過火的焙烤，藉以加固和防潮。

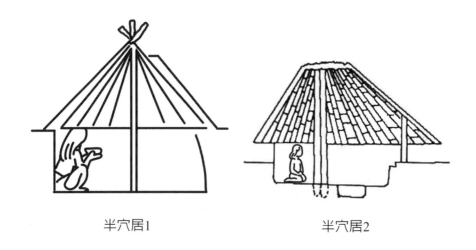

半穴居1　　　　　　　　半穴居2

8　參考劉敘杰編著《中國古代建築史》第一卷，北京：中國工業建築出版社，2009年。「半坡村仰韶文化住房……通常在黃土地面上掘成50-80厘米深的淺穴……」

　　殷商時代的貴族，或較富有的平民，夯土爲臺，並在臺地上建造房舍。但一般的平民和奴工仍居住在半地穴中。半地穴有圓形、方形或橢圓形。[9]古人對此類簡陋居所也有極精彩的描述，史記・李斯列傳記載：「堯之有天下也，堂高三尺，采椽不斲，茅茨不翦」，古人身高平均七尺，堂高三尺即使席地坐臥，也是太低矮，必定要有地穴。地穴中間豎有橡木爲梁柱，上面覆蓋茅草爲頂。此或可知在周人的理解中，殷商之前（堯時）宮室的大略面貌。

9　參考王進鋒《殷商史》，上海：上海人民出版社，2015年，頁90-92

06 · 訟卦（天水訟）

☰☵訟有孚窒惕中吉終凶利見大人不利涉大川。初六不永
所事小有言終吉。九二不克訟歸而逋其邑人三百户无眚。
六三食舊德貞屬終吉或從王事无成。九四不克訟復即命渝
安貞吉。九五訟元吉。上九或錫之鞶帶終朝三褫之。

卦名卦畫卦旨

　　訟，爭訟，說文：「訟，爭也」。人們因爲爭執而相互控
訴，因訴訟而要求審理判決。訟事的出現，也顯示訟事中審判仲裁
者的存在，上古時，審判者往往就是長官大人或國君。

　　訟卦下坎上乾，乾爲天，坎爲水。先民觀察天體如日、月、星
辰等，恆自東向西行；中原諸水如涇、渭、河、洛等，恆自西向東
流。[1]天體與水流相違相錯，有如人間之爭執，故以天水（☰☵下坎
上乾）象徵爭訟。

　　訟卦卦旨在說爭訟之事。其卦爻辭無一不與爭訟有關。有人間
就有矛盾，有矛盾就可能起爭訟。爭訟必有輸贏，贏家固然可喜，
輸家必有損失而心有未甘，甚而謀求報復，或另起爭訟。總之，訟
事一旦發生，正反兩方相爭必傷和氣，對兩造乃至聽訟者，都不是
好事。所以在傳統上都認爲應該儘量避免爭訟，並以無訟爲最高
境。孔子便曾說：「聽訟，吾猶人也，必也使無訟乎！」（論語·
顏淵）。

　　訟卦若上下顛倒便成需卦，易學上稱爲綜卦，反卦或覆卦。易
經卦序之排列，每以上下顛倒的正反卦爲一對，例如屯卦與蒙卦互

---

1 中國古代傳說，共工與顓頊爭戰敗北，怒觸不周山，撞斷天柱，所以天傾西北，水流
　東南。《淮南子·天文訓》「昔者，共工與顓頊爭爲帝，怒而觸不周之山，天柱折，
　地維絕。天傾西北，故日月星辰移焉；地不滿東南，故水潦塵埃歸焉。」

為反對。需卦與訟卦之成對，此也象徵著矛盾問題發生而自身力量無法解決時的兩種可能選擇：等待與爭訟。或是耐心等待，讓事情過去而自然消解；或是訴諸當權者，尋求上級的仲裁與支持。

卦爻辭解讀

訟：有孚。窒惕。中吉，終凶。利見大人，不利涉大川。

語譯： 訟卦。有信兆。有窒礙，要警惕。中途雖吉祥順利，終究有凶險。利於拜見長官大人，不利於渡涉大河川。

解讀：

　　訟卦，處於抗爭不妥協的態勢或環境。訟，爭訟。孚為信，「有孚」在說訟事的進行會有一些徵兆，要注意，要有信心。「窒惕」是爭訟過程及心境的具體描述。「利見大人」暗示爭訟的裁斷需依靠有力人士關心，所以宜拜見長官大人，其中巧妙只能自行體會了。陷於爭訟的人，隨時都要為自己辯護，自然不宜出遠門開創新局，是以「不利涉大川」。斷占辭「中吉，終凶」也顯示了易經對爭訟行為持否定立場，能免則免，下場多堪虞。

初六・不永所事[2]。小有言，終吉。

語譯： 所從之事不能長久。小有閒言，終能吉祥。

解讀：

　　「不永」意味著事情發生變化，此或為爭執的開端。「小有言，終吉」也出現在需卦九二爻辭，在此應做類似的理解。「小有言」就是小有爭論，但還沒有到爭訟的地步。占斷為「終吉」，顯示以不成訟事為「吉」。

2　事，原意為職務，《說文》「事，職也」。也指事情、事件，例如《論語・八佾》「子入大廟，每事問」。此處理解為職務或事情皆可。

九二・不克訟，歸而逋³，其邑人三百戶无眚⁴。

語譯：爭訟失利，逃回自己的封邑。封邑三百戶人家沒有災難。

解讀：

「不克訟」指訟事不利，可能是訟事不被受理，也可以是爭訟失敗。古代大夫階級的貴族有自己的封邑，⁵稱爲食邑或采邑。三百戶是一個小城邑，⁶訴訟者可能是一個下大夫等級的貴族，封邑較小。貴族離開自己的封邑，到朝廷任官，因爲爭訟失利，棄官逃回老家。「其邑人三百戶无眚」說明家人及老家居民未受牽連，也顯示了官司失利的後遺症並不嚴重。

「其邑人三百戶无眚」也可以理解爲官司雖敗，但仍保住三百戶之食邑，未遭削奪。論語記載，昔日管仲曾削奪齊大夫伯氏三百戶之邑。使伯氏窮困，只能吃粗食。⁷此或可作爲參考。「不克訟」及「无眚」合看，可知事情發展雖不順利，但仍保住元氣，未傷及根本。

六三・食舊德。貞厲，終吉。或從王事⁸，无成。

語譯：吃祖先遺留之爵祿。所問之事艱辛，但終究吉祥。若隨君王服務國事，沒有成就。

解讀：「舊德」指祖先遺留下來的德澤。貴族的封邑爲世襲，爵位以及利祿多是承襲祖先餘蔭。「或」有可選擇的意思，「王事」指爲天子服務。

參考九二爻辭，敗訟者原在朝廷任職，食君之祿。今棄官逃

3　逋：讀作普，逃亡。《說文》「逋，亡也。」

4　眚：讀作省，原義爲眼疾。《說文》「眚，目病生翳也」，引申爲災難，過失。尤其指因人爲過失而造成災。例如《左傳・僖公三十三年》「且吾不以一眚掩大德。」

5　《國語・晉語》「公食貢，大夫食邑，士食田，庶人食力，工商食官，皂隸食職，官宰食加。」

6　朱熹《周易本義・訟・九二》「邑人三百戶，邑之小者。」

7　《論語・憲問》「問管仲。（孔子）曰：人也，奪伯氏駢邑三百，飯疏食，沒齒無怨言。」

8　「王事」指天子之事。可參考坤卦六三「或從王事，無成有終。」

回老家吃老米飯，其後又考慮在天子麾下服務，但也沒有什麼可以說的功勞。其人處境艱辛，但終究沒有什麼大礙，所以占斷爲「貞厲，終吉。」

九四・不克訟。復即[9]命渝[10]。安貞吉。

語譯：爭訟失利。復原官職的命令有改變。貞問安穩則吉。

解讀：

「復」爲回復；「即」爲就位；「命」爲命令；「渝」爲變質。「復即命渝」爲「不克訟」的後果，原有望官復原職，然而在要就職時，任職的命令卻又改變。「安貞」指占問安穩之事，也可以理解爲安穩占問。雖然爭訟失利，復職有變，若能心平氣和，仍然得吉。

九五・訟。元吉。

語譯：爭訟得勝。最吉祥。

解讀：雖有「訟」事，仍得「元吉」。當事人訟事之順利如意可想而知。

上九・或錫[11]之鞶[12]帶，終朝三褫[13]之。

語譯：或受賜官服大帶，當日又被奪去，如此一日三次。

解讀：

「終朝三褫」以形容受職與奪職之間的反覆變化無常。此放在爭訟的處境中，也就是在說上級長官之勝敗裁斷不可捉摸，一日數變。

9　即：就食，引申爲就近，就位。古籍多寫作卽，《說文》「卽，卽食也。徐鍇曰：卽，就也。」

10　渝：變動。原義爲水汙染，引申爲變質，變動。《說文》「渝，變汙也」；《爾雅・釋言》「渝，變也」。

11　錫：通賜。《爾雅・釋詁》「錫，賜也。」

12　鞶：請作盤，鞶即鞶帶，束衣的大帶，通常爲皮革所製。《說文》「鞶，大帶也」。段王裁注：「大帶所以申束衣。革帶以佩玉佩及事佩之等」。《禮記・內則》「男鞶革。女鞶絲。」男子以皮革所製之大帶以束衣，並以玉佩等爲裝飾。

13　褫：剝去衣服（官服），即撤職。《說文》「褫，奪衣也。」

訟卦通解

訟卦之卦爻辭都與爭訟有關，六爻爻辭也有很強的故事性。初爻言語爭執，尚未成訟。二爻敗訴丟官，逃回老家，但未傷元氣。三爻重新出發，卻沒有大成就。四爻似有轉機，有望官復原職，但又生變。五爻訟事有滿意的結果。上爻總結訟事成敗反覆生變，成則榮，敗敗辱，得失全不由己。

訟事涉及兩個層面：訴訟者（原告及被告），及聽訟者（裁決者）。「聽訟，吾猶人也，必也使無訟乎！」是站在聽訟者，也就是上級長官的立場，主張一個好的治理，應該要儘量維持群體和諧，避免有爭訟發生。訟卦的卦爻辭則是從爭訟當事人的立場，對爭訟過程的提心吊膽及判決結果的不確定性予以描寫。爭訟一旦發生，等於將自己的命運無條件的交於審判者，這在司法制度不健全的古代是極其無奈的。孟子說：「趙孟之所貴，趙孟能賤之」（孟子·告子上），訟事一旦發生，不論是原告或是被告，是非榮辱都握在別人的手上。所以有「終朝三褫」這樣深刻的觀察與感嘆。朱熹說：「訟而有理，必獲伸矣」，[14]未免過分樂觀。

大象傳說：「訟；君子以作事謀始」。「謀始」意味著一開始就慎防，不要讓訟事發生，其反對爭訟的態度十分鮮明。不過就卦爻辭來看，易經反對爭訟的理由，與其說是站在聽訟者的立場，要求群體和諧；不如說是站在訴訟者的立場，因為爭訟的結果往往掌握在別人手中，而且充滿變數。

考證及討論

上古時代，並無固定的司法審判制度。遇到爭論不能私下解決時，只有向君主[15]或長官大人要求仲裁。仲裁者也就是當權者，有

---

14 朱熹《周易本義·訟·九五》「占者遇之，訟而有理，必獲伸矣。」
15 此泛指天子（周王）、國君、大夫家主等，對其臣僕有生殺大權的主人。

極大的權威性，是非對錯的判定，懲罰的輕重，全憑君長的主觀見解或好惡所獨斷，頂多就是參考當時的禮教及慣例，並無固定的審理要求或裁量標準必須遵守。

　　魯昭公四年（公元前536年）鄭國子產鑄刑書，[16]將審理相關的規則明文寫出，並澆鑄成書。是爲中國將法律及審判明文化且公開化之始。二十五年之後（魯昭公二十九年，公元前511年），晉國將范宣子所著之刑書鑄在鐵鼎上。[17]孔子對此事有所議論，認爲從此「晉其亡乎，失其度矣」[18]。因爲從此是非對錯的研判，及刑罰的衡量等，聽訟者與訴訟者可以擁有相同的知識及規範，可以互相攻詰辯論。如此長久下來，民眾到底是要依鼎上的文字呢？還是要聽君長的話呢？[19]

　　孔子說這些話當然有那個時代的考量，在此不做討論。此引「鄭人鑄刑書」，旨在交待卦爻辭產生時的時代背景。易經成書約在子產鑄刑書之前四、五百年，若對彼時之爭訟及審判方式能有所想像，當有助於對訟卦卦爻辭做更深刻的理解與體會。

---

16 《左傳・昭公六年》「三月，鄭人鑄刑書。」
17 《左傳・昭公二十九年》「晉趙鞅、荀寅，帥師城汝濱，遂賦晉國一鼓鐵，以鑄刑鼎，著范宣子所謂刑書焉。仲尼曰：晉其亡乎，失其度矣。……」
18 同上。
19 參考上文《左傳・昭公二十九年》「……今棄是度也，而爲刑鼎，民在鼎矣，何以尊貴？貴何業之守？貴賤無序，何以爲國？」

07 · 師卦（地水師）

䷆師丈人吉无咎。初六師出以律否臧凶。九二在師中吉无咎王三錫命。六三師或輿尸凶。六四師左次无咎。六五田有禽利執言无咎長子帥師弟子輿尸貞凶。上六大君有命開國承家小人勿用。

卦名卦畫卦旨

師，師眾。說文：「二千五百人爲師」。師泛指軍隊，如王師、行師用兵等。古人寓兵於農，國民平日農耕牧養，有事則聚集民眾，執干戈以衛社稷。要先聚畜民眾，才能有軍隊，民眾正是軍隊的基礎。至今仍以「勞師動眾」形容師眾之一體。

師卦下坎上坤，坤爲地，坎爲水。古人從生活經驗中，知道水暗藏於地下，掘地可得井水或地泉。水暗聚於地下，正有如軍隊暗畜於民間。故以地下畜水（䷆下坎上坤）比擬畜眾，先要畜眾，才能率眾成師。

師卦卦旨在說師眾，聚眾成師，以進行武事。其卦爻辭皆在說武事，並多帶有師字。所謂的武事，包括軍事訓練，行軍作戰，及勝利後的獎賞。

易經卦爻辭多次論及君子，君子與小人對稱，繼乾卦出現「君子」之後，在師卦，「小人」也開始出現在爻辭中。自孔孟以後，君子與小人之區分主要在於德行。有德者爲君子，無德者爲小人。但在孔子之前，君子指貴族子弟，小人則指不具貴族身分的平民百姓。當然，若貴族子弟但行爲舉止乃至德行能力不符貴族之要求者，也可能被視之爲小人。易經成書在孔子之前，故卦爻辭中，君子、小人的區分，主要仍就身分而言。

卦爻辭解讀

師：貞丈人吉，无咎。

語譯：師卦。貞問長官大人之事則吉祥，沒有咎難。

解讀：

　　師卦，處於聚眾成師行軍作戰的格局。師，師眾。「丈人」，帛書本作「大人」，「丈人」於易經卦爻辭中，只在此出現一次，意思不很確定。先秦典籍中，丈人多用來稱呼不知名人物。例如稱某路人[1]、或某農人[2]、或某船夫[3]爲丈人。以此，丈人應該是古代對陌生人，尤其是陌生長者[4]的尊稱。但若以陌生人或老者釋丈人，放在師卦的脈絡中，顯得有些突兀。就字面理解，十尺爲丈[5]。古人慣稱童子身高爲五尺，[6]成年男子身高七尺，[7]以八尺爲高，六尺爲矮。[8]若以此爲論，丈人爲身高一丈之人，未免過於誇張[9]。所以丈人與其說是體形高大於常人，不如說是身分高貴過常人。丈人就是長官大人，或說是軍中的將帥。[10]

　　古代文武合一，公卿大夫平日在朝爲官，戰時便爲軍中將

1　《論語・微子》「子路從而後，遇丈人，以杖荷蓧。」
2　《莊子・天地》「子貢南遊於楚，反於晉，過漢陰，見一丈人方將爲圃畦。」
3　《呂氏春秋・孟冬紀・異寶》「五員亡，……丈人度之，絕江，問其名族，則不肯告。」
4　一說以爲丈通杖，老人持杖，所以丈人就是長者。
5　周制，一丈十尺，一尺八寸。《說文》「夫：丈夫也……。周制以八寸爲尺，十尺爲丈。人長八尺，故曰丈夫。」
6　《孟子・滕文公上》「雖使五尺之童適市，莫之或欺。」
7　《呂氏春秋・士容論・上農》「凡民自七尺以上，屬諸三官。農攻粟，工攻器，賈攻貨。」
8　《史記・管晏列傳》「晏子長不滿六尺，身相齊國，名顯諸侯。……今子長八尺，乃爲人仆御。」
9　若一尺以24厘米計算，七尺高168厘米，一丈高240厘米。
10　《周易王弼注》「丈人，嚴莊之稱也」；朱熹《周易本義》「丈人，長老之稱」；李鏡池《周易通義》「丈人，軍隊的總指揮」。

帥。[11]師卦所處之境正是將帥大顯身手之時，所以若問長官大人之事則「吉」。此聚眾作戰之事不受咎責，或沒有咎災，所以占斷爲「无咎」。

初六‧師出以律，否臧凶。

語譯：軍事行動唯依律令，評論軍令優劣則有凶禍。

解讀：

「否」爲惡，爲逆；「臧」爲善，爲順。「否臧」[12]就是評論，對人或事說短道長，指指點點。軍令不容評論，評論則產生質疑，質疑則不能貫徹，不能貫徹則必敗無疑。所以說「否臧凶」，評論則凶。

九二‧在師中。吉，无咎。王三錫命。

語譯：在中軍。吉祥，沒有咎難。君王三次賜命獎賞。

解讀：

古代軍事行動，有右、中、左（或上、中、下）三軍之分，並以中軍爲尊。若爲王師，則王領中軍，公卿大夫領左軍及右軍。左右二軍又以右軍爲尊。[13]

「在師中」即是在最尊貴的中軍部隊，最有可能受到君王的賞識。「王三錫命」就顯示多次受到君王的賞識，賜予新的任命，所以占斷爲「吉，无咎」。此處二斷占辭並列，「吉」指結果吉祥如意，「无咎」指過程未受咎責刁難。「吉无咎」爲易經中常見的斷占辭，皆可做此理解。

---

11 《周禮‧夏官司馬》「凡制軍，萬有二千五百人爲軍。王六軍，大國三軍，次國二軍，小國一軍。軍將皆命卿。二千有五百人爲師，師帥皆中大夫。五百人爲旅，旅帥皆下大夫。」

12 今人多說作「臧否」，例如「臧否人物」。

13 《左傳‧桓公五年》「秋，王以諸侯伐鄭，鄭伯御之。王爲中軍；虢公林父將右軍，蔡人、衛人屬焉；周公黑肩將左軍，陳人屬焉」；《左傳‧文公七年》「趙盾將中軍，荀林父佐之，郤缺將上軍，臾駢佐之，先蔑將下軍，先都佐之」。

六三・師或輿尸。凶。

語譯：軍隊出征或者以大板車載著屍體回來。凶險。

解讀：

　　軍事行動固然可以建立戰功，但也有可能戰死沙場。「或」字顯示「輿尸」的可能性。所以占斷爲「凶」。

　　「輿」今多作車輛解釋，但古代「車」與「輿」有分。輿指車箱或車板，可載人或載貨。輿不一定有輪子，用肩抬的稱爲「肩輿」，「輿」裝上輪子才稱爲「車」或「車輿」。後來肩輿變少了，輿就多指車輿。說文：「輿，車輿」，段王裁注：「車輿謂車之輿也」，後漢書・輿服志有段記載，說遠古聖人看到乾枯的蓬草被風颳得旋轉飛奔，就發明了輪子。後來又發現輪子不能載物，就在輪子上加上「輿」。[14]此或出於想像，但亦說明「輿」是爲載物的功能而設的。

　　此處「輿尸」之輿，是肩輿或是車輿？已無從考證。但此「輿」應是車板，而非車箱，因爲死尸只能躺臥，無法坐立。若從用兵征戰而歸的觀點，「輿尸」之輿應指車輿較妥，指能載尸體的大板車。

六四・師左次[15]。无咎

語譯：左軍駐紮不前。沒有咎難。

解讀：

　　前述，古代以中軍爲尊，其次右軍，再次爲左軍。如今身在左軍，又停駐不前。顯示不受重視且無戰功，但安全。所以占斷爲「无咎」。

---

14 《後漢書・輿服志》「上古聖人觀轉蓬始爲輪，輪行不可載，因物生智，復爲之輿。」

15 次，駐留。《說文》「次，不前，不精也。」不前指逗留不進，不精指選擇淘汰。《左傳・莊公三年》「凡師一宿爲舍，再宿爲信，過信爲次。」

六五・田[16]有禽[17]，利執[18]言。无咎。長子帥師，弟子輿
尸。貞凶。

語譯：田野有禽獸，適宜建言出師田獵。沒有咎難。長子率領軍
隊，大車載著弟子的屍體。所問之事凶。

解讀：

此爻詞十分特殊，分成兩段，互無關聯。「田有禽，利執
言」是一件事，「長子帥師，弟子輿尸」則是另一事。

古代田獵，一方面是貴族間的運動休閒娛樂，另一方面也有很
強的軍事演習意義。「執言」就是持言、建言、建議。田野中有眾
多飛禽走獸，此時建議上級田獵，順便進行軍事演習，應該是很恰
當的，所以占斷爲「无咎」。

「長子帥師，弟子輿尸」與六三「師或輿尸」合讀，其爻義甚
爲明顯。戰爭無情，有幸有不幸，親人戰死沙場，不論戰事如何，
都是凶事。所以說「貞凶」，所問之事爲凶。

上六・大君有命，開國承家，小人勿用。

語譯：君王有賜命，官長受封建國，承立家業，平民小人遣散不
續用。

解讀：

君即國君，「大君」應指大國之君或天子。開國就是受封建
國，承家就是承立家業。古代貴族，諸侯有國，大夫有家。[19]

---

16 田通畋，田獵。《老子》「馳騁田獵」，《老子河上公章句》作「馳騁畋獵」。田之
其他字義可參考乾卦九二「見龍在田」。

17 禽：禽獸。《說文》「禽，走獸總名。」段玉裁注「釋鳥曰：二足而羽謂之禽。
四足而毛謂之獸。」禽之本義應泛指禽獸。

18 執：執持，執行。執原義爲拘執罪犯或俘虜。《說文》「執，捕罪人也」，引申爲執
持。例如《詩經・邶風・簡兮》「左手執籥，右手秉翟。」

19 《左傳・桓公二年》「天子建國，諸侯立家，卿置側室，大夫有貳宗，士有隸子
弟」。周制，天子分封諸侯而有國（侯國），諸侯分封大夫而立家（封邑）。此封建
制度之精義。《論語・季氏》「丘也，聞有國有家者，不患寡而患不均，不患貧而患
不安。」此「有國」者即候國之國君，「有家」者即一國之卿大夫。

「開國承家」就是在說戰爭結束之後，君王對貴族（君子）分封賞賜，或封國，或封邑。此也呼應了卦辭所說的「貞丈人吉」，行師作戰正是貴族子弟建功立業一顯身手的好機會。

「小人勿用」傳統多從道德上來解釋，所謂「親賢臣，遠小人」之類。但是易經中的「君子」、「小人」多自身分上來區分，君子指貴族，小人指平民。「勿用」如「潛龍勿用」之「勿用」，指不作爲，不顯用。古代社會分工簡單，文武合一，兵農合一。平時貴族爲官吏，平民爲農工。戰時貴族爲將帥，平民爲戰士。對於平民戰士是否有賞賜的問題，爻辭中並未明示，但可以確定的是，平民不因戰功而授予爵位，開國成家。

師卦通解

師卦的卦爻辭皆在說軍旅之事。初爻「師出以律」是大軍行動之前的告誡；上爻「大君有命」在說戰事結束後的封賞。二爻至五爻不論是「師中」、「師左」、「輿尸」等，都在說軍事行動在進行之中。「輿尸」二字尤其怵目驚心，點出戰爭的凶險可怕。六五「田有禽」則藉田獵以說軍事訓練。

卦辭「貞丈人吉」明指軍事行動有利於長官大人建功立業，也與上爻「開國承家」有所呼應。詩人謂：「勸君莫話封侯事，一將功成萬骨枯」，或許正是此「貞丈人吉」的反面寫照。

考證及討論

田獵，又作畋獵，或直接稱「田」、「畋」或「甸」。古代王公貴族以此爲休閒活動，將獵獲用於祭祀或宴客，並藉此選士練兵。「田有禽」出現在師卦爻辭中，是有一定之意義的。

經由田獵活動，可以訓練貴族子弟善射弓箭和駕馭車馬，也可藉此召集民眾，演練聚散進退的號令及秩序等，頗具有軍事演習意義。諸侯田獵分四季進行，不同的季節有不同的意義及作用。左

傳‧隱公五年記臧僖伯諫魯隱公勿做無謂之事，說：「故春蒐，夏苗，秋獮，冬狩，皆於農隙以講事也，三年而治兵，入而振旅，歸而飲至，以數軍實昭文章，明貴賤，辨等列，順少長，習威儀也」。[20]振旅即整頓軍旅，蒐、苗、獮、狩即不同季節的田獵活動。[21]周禮‧夏官中更細述軍事訓練與田獵活動結合的方式，並將田獵活動與祭祀活動結合。[22]例如春天時，集合民眾，教以列陣以及辨識金鼓旗幟的用法，用火驅趕禽獸，所得之獵物用以社祭。夏天則教以野地宿息及夜間的戰事等，用車驅趕禽獸，所得之獵物用以祊祭，秋天藉田獵進行正式的作戰演習，冬天則藉田獵進軍事檢閱等。

　　五爻爻辭涉及到兩件不相干的事，這在爻辭中是比較罕見的。若硬要把兩件不相干的事說到一起有相當的困難。王弼及孔穎達認為「田有禽」是「田中有禽而來犯苗」[23]。禽來犯我，比喻別人先來侵犯我，所以可主張出兵討伐而無咎。[24]自己不適合當主帥，所以找長子代父率師出征。若不派長子而派長子之弟（弟子），則眾人不願服從，所以凶。[25]程頤據此，認為此爻在講「興師任將之道」。李光第周易折中引蔣悌生語：「禽在山林，固無事於獵取，今入於田，則害我禾稼，畋而執之宜也。長子帥師可也，又使弟子眾主之，是自取凶咎也。」此論差不多可視為傳統易學

---

20 杜預注：「蒐，索擇取不孕者；苗，為苗除害也，獮，殺也……；狩，圍守也。」

21 《爾雅‧釋天》「春獵為蒐，夏獵為苗，秋獵為獮，冬獵為狩。」

22 《周禮‧夏官司馬》「中春教振旅，司馬以旗致民……遂以蒐田……火弊，獻禽以祭社。中夏教茇舍……遂以苗田如蒐之法……車弊，獻禽以享祊。中秋教治兵……遂以獮田如蒐之法，羅弊，致禽以祀祊。中冬教大閱……遂以狩田……獻禽以享烝。……」

23 孔穎達《周義正義》「正義曰：田有禽，利執言者……，猶如田中有禽而來犯苗，若往獵之，則无咎過也。」

24 王弼《周易注》「物先犯己，故可以執言而无咎也。」

25 王弼《周易注》「柔非軍帥，陰非剛武，故不躬行，必以授也。授不得王，則眾不從，故長子帥師可也。弟子之凶，固其宜也。」此以六五為柔爻，並以爻擬人，所以說「柔非軍帥，陰非剛武，故不躬行。」

的主流意見。唯須將「田」解釋爲農田，將「執言」解釋爲建議捉拿。[26]至於柔爻不利爲帥，非長子不能率師等，則有些曲折離奇，頗爲勉強。

我們或可以從另一個觀點來解釋此爻辭。若易經編撰是個漫長的過程，在形成傳世文本之前，有不同版本之流傳，各版本之卦爻辭或可能有些差異，需要取捨合併。[27]「田有禽，利執言。无咎」與「長子帥師，弟子輿尸。貞凶」很可能就是師卦六五爻辭的兩個版本合併的結果。李鏡池便主張「田有禽，利執言。无咎」與「長子帥師，弟子輿尸，貞凶」是古代兩次不同占筮的占辭。若強加連貫，很可能只是穿鑿附會。[28]

小象傳解釋此爻辭爲「長子帥師，以中行也。弟子輿尸，使不當也」，顯然只針對後半段，完全忽略前半段之「田有禽，利執言。无咎」。小象傳作者所見之爻辭極有可能僅只有現有爻辭的後半段。

---

26 或以「言」爲「焉」，爲語尾助詞。「利執言」即「利執」。
27 例如《左傳》僖公十五年，秦伯伐晉，卜徒父占筮，得蠱卦，所引之辭爲「千乘三去，三去之餘，獲其雄狐」；成公十六年，晉候占筮得復卦，所引之辭爲「南國蹙，射其元，王中厥目」，此皆不在今本之易經卦爻辭中。
28 參考李鏡池《周易探源・周易筮辭考》，頁21「卦爻辭中，很有些不相連屬的詞句，這不相連屬的詞句，我們要把它分開解釋，若硬要把它附會成一種相連貫的意義，那就非大加穿鑿不可。」

08・比卦（水地比）

䷇比吉原筮元永貞无咎不寧方來後夫凶。初六有孚比之
无咎有孚盈缶終來有它吉。六二比之自內貞吉。六三比之
匪人。六四外比之貞吉。九五顯比王用三驅失前禽邑人不
誡吉。上六比之无首凶。

卦名卦畫卦旨

　　比，親近。說文：「比，密也」，密指親密，親近，靠近。
例如比肩而行、比鄰而居等。拉幫結派也稱作比，例如「君子周而
不比，小人比而不周」（論語・為政）。

　　比卦下坤上坎，坎為水，坤為地。地上之水必向低處匯流而聚
集，支流匯入主流，小的依附大的，終而成河海。此以地上之水匯
聚（䷇下坤上坎）象徵人間親比之事。人類社會為了求生存發展，
互相親近合作，乃至或尋求依靠，是常有的事。小至個人的依親投
靠，大到部族國家的結盟或歸順，都是親比的表現。

　　比卦在說親近、依附，其卦爻辭偏向政治上的親比、結盟或
歸順。六爻爻辭皆有比字，卦辭「不寧方來，後夫凶」，更是赤裸
裸的顯示結盟關係的建立是基於利害計算，而且有主從關係，弱者
必須依附強者。

　　中國古代號稱萬國。[1]周武王受命九年[2]，曾大會諸侯於孟津
（今洛陽北）。前來參加大會的諸侯和部落首領，就有八百多
位，也就是八百多個盟邦參與周武王的軍事演習及誓師儀式，是

1　《詩經・文王》「儀刑文王，萬邦作孚」；《左傳・哀公七年》「禹合諸侯於塗山，
　　執玉帛者萬國」；《荀子》之《富國》、〈君道〉諸篇亦曰：「古有萬國」。
2　九年應是指文王受命後九年，並非武王登基後九年。參考楊寬《西周史》上冊，
　　頁92，「武王沒有改元，繼續以文王受命稱王之年為元年。」

爲歷史上有名的「盟津之誓」[3]。先周地處西隅，一次伐紂之前的
軍事演習，在非正式的邀約下，就有八百個侯國前來參與盛會。
可見當時邦國之眾多。從這個角度來看，當時的小邦小國必須親
近依附大國，以取得大國的認可及保護，是爲必須考量的政治
途徑。

　　比卦上下顛倒則爲師卦，師與比互爲反對。師爲軍事，比爲外
交，自古軍事與外交便是國家安全最重要的兩支柱石。

卦爻辭解讀

比：吉。原筮，元[4]永貞[5]。无咎。不寧[6]方[7]來，後夫凶。

語譯：比卦。吉祥。第一次占筮，長久貞固之事自此開始。沒有咎
難。不安寧的邦國都來歸附，慢來後到者有凶險。

解讀：

　　比卦，處於親比依附的態勢或環境。比，比附相從。「原
筮」二字頗費解，歷來有各種不同的解釋。[8]原筮暗示有次筮。
參考蒙卦卦辭「初筮告，再三瀆」，「原筮」就是「初筮」，就是
第一次占筮。「元」爲首，爲始；「永」爲長久；「貞」爲貞問，
也可以是堅貞。「元永貞」指問長久之事此爲始，或長久貞固之事

3　《史記・周本紀》「九年，武王上祭于畢。東觀兵，至于盟津……諸侯不期而會盟津
　　者八百諸侯。」

4　「元」之字義可參考乾卦「元亨利貞」。「元」與「原」音相同，義相近。董仲舒
　　《春秋繁露・重政》曰：「是以春秋變一謂之元，元猶原也。」

5　「永貞」之字義可參考坤卦用六「利永貞」之解讀。

6　不寧：不安。寧本意爲寧願，寧又通甯。《說文》「寧，願詞也。从丂寍聲」；
　　「寍，安也」。

7　方爲邦，邦國。甲骨文中多稱邦國爲方，例如土方、人方、鬼方等。《詩經》亦稱諸
　　國爲「方」，例如：「厥德不回，以受方國」（大雅・大明）；「王猶允塞，徐方既
　　來」（大雅・常武）。另如《尚書・多方》「猷告爾四國多方，惟爾殷侯尹民。」

8　例如程頤主張筮爲占斷，原筮就是原來的決定，未必與龜筮有關。（參考《程頤周易
　　注》「故必推原占，決其可比者。而比之筮謂，占決卜度，非謂以蓍龜也。」）；高
　　亨主張原筮就是原來的，舊的筮辭。（參考高亨《周易古經今注》「原筮者，後人
　　追稱舊筮之辭也。」）傅佩榮主張原爲源，原筮即考查占筮。（參考傅佩榮《解讀易
　　經》）

自此始。「原」與「元」音義相通，在此同時出現，應是在強調，占問親比之事，在一開始就確認對象，而且要長久堅持下去，勿變心意，這樣才能「无咎」。

「不寧」與其說是環境的不安寧，不如說是心思的不寧靜。「不寧方」即心思不定，猶疑不安的邦國，「來」則打定主意前來歸附。「後夫凶」似有威嚇口吻，歸附來遲者，會有不好的下場。

初六‧有孚，比之[9]。无咎。有孚盈缶[10]，終來。有它[11]吉。

語譯：有信兆，去親附。沒有咎難。信念滿盈整罐，終於來親附了。有意外之吉。

解讀：

爻辭可分為兩段，「有孚，比之。无咎」是一段，「有孚盈缶，終來。有它吉」是另外一段。前段在說要去親比某人，後段在說有人要來親比。

「比之」顯示已經有親比的對象。既然有親比依附的對象，就要相信這個親比是對的，所以說「有孚」，而且占斷為「无咎」。「有孚盈缶」就是信心滿滿，該來親附的人終究會來依附，所以說「終來」。不只有此親附，預計也會有其它的人來投靠，聲勢將日益壯大，所以占斷為「有它吉」。

「比之」與「來比」是一事的兩面。「无咎」與「有它吉」也顯示了易經對親比結盟之事持肯定樂觀的態度。兩次出現「有孚」，也在強調親比之事彼此之間有信心至為關鍵。

---

9 之：往，至。《爾雅‧釋詁》「之，往也」；《說文》「之，出也」，段王裁注：「出也。引伸之義為往。釋詁曰：之，往。是也。」
10 缶：讀作否，《說文》「缶，瓦器，所以盛酒漿。秦人鼓之以節歌。」
11 它：原義為蛇，引申為其它之它。《說文》「它，虫也。从虫而長，象冤曲垂尾形。上古艸居，患它，故相問無它乎。凡它之屬皆从它。蛇，它或从虫」。此說上古人之居所多草木，多有蛇為害。人們相見，都以「無它乎」相詢。由於慣常以有它、無它相詢，「它」慢慢地也演變成一般意義的第三人稱代詞。例如：「它山之石，可以攻玉。」（詩經‧小雅‧鶴鳴）

六二・比之自內。貞吉。

語譯：自內部親附。所問之事吉。

解讀：

　　內部成員來親附。參考對比六四的爻辭「外比之」，可知親附可分爲兩類，來自內部的親附，以及來自外部的親附。「比之自內」指前者。「內」，指同一團體內部。例如同一家人，同一個氏族，乃至同一個國家內部等。

　　同一個團體內部成員能夠來親近依附，形成領導中心，表示內部力量的團結與權力的鞏固。團結是好事，鞏固是好事，所以占斷爲「貞吉」。

六三・比之匪人。

語譯：親附不當之人。

解讀：

　　匪爲非。初六說「比之」，此處說「比之匪人」，語意甚是明顯。去親近依靠某人，結果發現靠錯邊，此處雖未占斷吉凶，其下場不問可知。

六四・外比之。貞吉。

語譯：向外部親附。所問之事吉。

解讀：

　　「外比之」就是向外部其他團體去親附，或者說團體外部有人來親附投靠。外比的結果，投靠者得到保護，接納者得到新的力量，這都是好事。所以占斷「貞吉」。

九五・顯比。王用三驅，失前禽，邑人不誡。吉。

語譯：彰顯親附之勢。君王田獵，使邑人三次驅趕禽獸，驅趕時前方的禽獸有失漏，君王沒有斥誡邑人。吉祥。

解讀：

　　投靠者的親附能壯大接納者的聲勢，接納者的顯赫會吸引更多

投靠者來親附，這個道理是顯而易見的。「顯比」就在彰顯此因親附而顯赫之勢，彰顯的方式就是田獵。君王藉田獵活動，邀請公卿大夫及外邦君主，一起參與盛會。

「三驅」就是令人三次驅趕走獸，使之奔向狩獵者，以便狩獵者驅車射殺。「不誡」指可誡而未誡，負責驅趕禽獸的邑人，或有疏失之處，以致於在前方的禽獸逃脫，這是邑人的過失，但是君王對此並沒有懲誡。此為君王的仁德，也是邑人福氣，所以占斷為「吉」。

上六·比之无首。凶。

語譯：欲親附卻找不到領袖。凶險。

解讀：

參考乾卦用九，「无首」即無帶頭者。親附依靠必須要有對象，如今找不到靠山，人單勢孤，其凶可知，所以占斷為「凶」。

比卦通解

比卦之卦爻辭皆在說親附歸順之事。卦辭「不寧方來，後夫凶」已具體說出全卦要旨。初爻以「比之」及「終來」點出親比關係建立的兩端：投靠者及接納者。二爻及四爻分別說到「內比」及「外比」，內比有利於內部的鞏固，外比則壯大集團的聲勢。五爻藉田獵活動將內部與外部親比的成果做具體化的顯示，也展現了集團領袖仁德的領導風格。這些都是從正面來描述親比。但親比關係的建立也有不能實現的時候，三爻及上爻分別以「比之匪人」及「比之无首」顯示親比失敗的可能。

殷周之際，周自稱為小邦，[12] 稱殷商為大國。[13] 但孔子說，

---

12 《尚書·周書·大誥》「天休于寧王，興我小邦周。」
13 《尚書·周書·召誥》「皇天上帝，改厥元子茲大國殷之命。」

周文王、武王之時，天下三分之二屬周。[14]此中可見，就邦畿而言，當時商是大國，周是小國。但就四方侯國之親比歸附關係而言，三分之二的侯國願與周結盟，聽周王的號令。周之所以能滅商，文王以德治國使萬邦願歸附，[15]應是關鍵因素。

比卦卦爻辭的描述，即使放在當今社會，其引人入勝之處也毫不遜色。不用說國際形勢，就算是商場競爭、企業經營等，內部領導中心的確立以及外部夥伴關係的建立，都是贏的策略中不可忽略的因素。

考證及討論

在古代，君王田獵是一個極重要的活動，田獵的規模也很大。依甲骨文的記載，商王某次田獵，捕獲兩隻老虎，一頭犀牛，十二隻鹿，一百二十七隻小鹿，兩隻山豬，二頭豹，二十三隻兔子，二十七隻山雞。[16]要獵獲這麼多的禽獸，不是一件簡單的事，必須要有充分的準備並動員相當的人力，才可能有如此可觀的成果。

野獸原棲息在野地草原或山林中，須要動用並組織大量的人力，把牠們驅趕出來，好讓王公貴族等在馬車上馳騁射獵。長久下來，便有相當的田獵禮節與規範。例如：為了不趕盡殺絕，不四面圍捕獵殺，也不整群獵殺。[17]天子先射獵，然後諸侯，然後大夫，然後百姓，以區分尊卑。[18]所獵獲的禽獸，依外觀或先後

---

14 《論語・泰伯》「三分天下有其二，以服事殷。周之德，其可謂至德也已矣。」
15 《詩經・大雅・文王》「上天之載，無聲無臭。儀刑文王，萬邦作孚。」
16 王進鋒《殷商史》，上海：上海人民出版社，2015年，頁83，引《甲骨文合集・10197》「乙未卜，王狩擒，允獲虎二，兕一，鹿十二，豕二，麗百二十七，豹二，兔二十三，雉二十七。一月。」
17 《禮記・王制》「天子不合圍，大夫不掩群。」
18 《禮記・王制》「天子殺則下大綏，諸侯殺則下小綏，大夫殺則止佐車。佐車止，則百姓田獵。」綏為旌旗，也是用以登車的大繩。天子乘主車，大夫乘佐車（副車），國人則徒步田獵。大夫獵畢後，佐車停止，然後開放庶眾田獵。

順序分三等，第一等用來祭祀，第二等用來分送賓客，第三等的自用。[19]

有關於「三驅」，歷代注家有不同的解釋。基本上把「三驅」視爲「三驅之禮」，也就是田獵進行的一種禮儀規範，並賦以道德意義。例如王弼解釋「三驅之禮」爲禽獸奔己而來則捨棄，背己而逃則射殺。[20]孔穎達視「三驅之禮」爲三次驅趕禽獸，看其向背，而後射背逃者。[21]但也提及到有人解釋「三驅」爲「三面」驅趕禽獸。[22]

程頤及朱熹都以「天子不合圍」來解釋「三驅之禮」，[23]並引用商湯網開三面的典故，[24]以強調君王的仁德，將「王」提升到儒家心目中的聖王層次。這樣的解釋，雖然對爻辭做了很好的儒學道德發揮，但恐怕對君王田獵活動的本質，及爻辭文句的本意，不甚相合。[25]很難將「王用三驅」、「失前禽」及「邑人不誡」關聯起來。或即使勉強連起來，也難與經驗相符，只能是道德上的理想境界。

「三驅」解釋爲「三面驅趕」或「三次驅趕」皆可通。三次驅

---

19 《穀梁傳・桓公四年》「四時之田用三焉，唯其所先得，一爲乾豆，二爲賓客，三爲充君之庖。」范甯疏「上殺中心，死速，乾之以爲豆實。次殺射髀骼，死差遲，故爲賓客。下殺中腸，汙泡死最遲，故充庖廚。」

20 《王弼周易注》「夫三驅之禮，禽逆來趣己則舍之，背己而走則射之，愛於來而惡於去也，故其所施，常失前禽也」。如此解釋也是爲了要配合《小象傳》「舍逆取順，失前禽也」的說法。

21 《周易正義》孔疏「夫三驅之禮者，先儒皆云『三度驅禽而射之也』。三度則已，今亦從之。去則射之。」

22 《周易正義》孔疏「褚氏諸儒皆以爲三面著人驅禽，必知三面者，禽唯有背己、向己、趣己，故左右及於後皆有驅之」。背己指向前奔逃，向己指衝向自己，趣己指在後跟隨。

23 程頤《易程傳》「爲三驅之禮，乃禮所謂天子不合圍也。成湯祝網，是其義也。天子之畋圍，合其三面，前開一路，使之可去，不忍盡物，好生之仁也。」朱熹《周易本義》「天子不合圍，開一面之網，來者不拒，去者不追。」

24 《史記・殷本紀》「湯出，見野張網四面，祝曰『自天下四方，皆入吾網。』湯曰：『嘻，盡之矣！乃去其三面。」

25 參考本書第四章，第一節〈傳統易學的三大信念〉之相關討論。

趨說附合先天子，次諸侯，再次大夫的獵殺順序。「三面驅趕」則
比較能與「失前禽」連繫。孔穎達引當時的說法，認為三面為左、
右、後，[26]但自後驅趕有違常理，蓋主車在前，副車在後，田獵
的車隊經過時，獵物早已驚走，何用驅趕？再者，若自後驅趕，獵
物向前奔逃而走，則「失前禽」何以說「邑人不誡」？「不誡」顯
然是應誡而未誡，否則不必說。以此，「三驅」應是邑人自左、
右、前三面驅趕較合理。禽獸遭此三面驅趕四處奔逃，君王馳騁射
獵，禽獸若逆向奔逃至車後，則放任不殺。此亦合「天子不合圍」
之說。

---

26 參考《周易正義》孔疏「故左右及於後皆有驅之。」

09・小畜卦（風天小畜）

☰小畜亨密雲不雨自我西郊。初九復自道何其咎吉。
九二牽復吉。九三輿說輻夫妻反目。六四有孚血去惕出无
咎。九五有孚攣如富以其鄰。上九既雨既處尚德載婦貞厲
月幾望君子征凶。

卦名卦畫卦旨

畜爲蓄養。說文：「畜，田畜也」，凡大地爲人所利用者皆
可稱爲田，利用土地耕種五穀，繁殖牛馬，飼養豬雞禽畜等，都是
田畜。擴大引申之，舉凡一切養育積蓄，都可以稱之爲「畜」。
六十四卦有小畜卦及大畜卦，小畜在說畜之小者，即庶眾平民之畜
養，所畜養之格局較小。

小畜卦下乾上巽，巽爲風，乾爲天，天上之風。天上廣佈雲
氣，風聚畜雲氣於天上。如庶眾努力耕種放牧，聚畜收穫於大地。
故以風天（☰下乾上巽）象徵小畜，庶民之畜。

小畜卦之旨在說小格局之蓄養，庶民之蓄養。庶民所蓄養
者，牲口莊稼而已。其爻辭多涉及庶民之經濟，辛勞而有所得，日
常生活省吃儉用，故得以蓄存。雖說是小民之蓄養，並非就是說不
重要，自古便有「藏富於民」之說，民富則國富，庶民之畜正是國
家富強的基礎。

卦爻辭解讀

小畜：亨。密雲不雨，自我西郊。
語譯：小畜卦。亨通。烏雲密佈不雨，自西郊飄聚過來。
解讀：
小畜卦，處於小規模蓄養財物的情境中。小畜，小有積蓄。

「密雲」即烏雲，雲層濃密不透日光，是下雨的前兆。古代灌溉系統不發達，農作多仰賴雨水。在乾旱中，若見西邊有烏雲，翹首盼望烏雲飄聚過來，以降及時之雨的心情，是可想而知的。

　　「密雲不雨，自我西郊」，從字面意義來看，是說住在東邊的人盼望西邊的雲帶來雨水，滋潤他們的農地莊稼。這樣的情境，未嘗不是象徵在東邊的人盼望西邊會有人來解救他們的苦難？在商紂王與周文王的時代，商國就在周國的東邊，夾在中間的諸侯國，是否也在盼望西方的周國早日來扭轉乾坤？「自我西郊」無獨有偶地也在小過卦中出現。[1]此「西」字應非偶然，很可能帶有歷史的及政治的意義。繼坤卦「利西南得朋東北喪朋」之後，將會有更多「西」與「東」的對比出現，結果都是在贊西方而貶東方。由此也可知，卦爻辭上的「西」與「東」不僅只是方向上的西方與東方，而是有更抽象的象徵意義。周國處西，「西」象徵友邦或友人；商國處東，「東」象徵敵方或競爭者。

初九‧復自道，何其咎。吉。

語譯：循著道路回來，有何可咎難？吉祥。

解讀：

　　「復自道」並沒有提到何物「復自道」，但我們可以想像，必定是有人或動物走失了，然後又循著道路走回來。既然是失而復得，自然是無可咎責。所以占斷為「吉」。本爻之爻義，可與九二爻合看，會更清楚。

九二‧牽復。吉。

語譯：牽引著回來。吉祥。

解讀：

　　同樣是回復，初爻是自己回來，本爻是牽著回來。人不可能是

1　小過卦六五爻辭：「密雲不雨，自我西郊。公弋取彼在穴。」

牽著回來，「牽復」必是指牛羊牲口等。原以爲牛羊走失不見了，結果被牽著回來。所以占斷爲「吉」。

由此逆推，「復自道」也應是牛羊牲口走失後，又自己走回來。看顧牲口的人本來因爲牛羊走失而要受責罰，結果牲口又自己走回來，所以說：「何其咎」，不用受咎責。

九三・輿說[2]輻，夫妻反目。

語譯：大（板）車脫去輪輻，夫妻爲此反目失和。

解讀：

「輿」的意思在師卦六三已做充分解釋，於此不再重複。此處既然提到「說輻」，自然是指車輛無疑。載貨大板車何以脫去輪輻？很可能是因爲所載的貨物太多太重而造成車輪出問題，無法前進。「夫妻反目」也暗示此夫妻爲貨物及車輛的主人，因爲「輿說輻」而爭吵反目。此實爲庶民豐收有所積蓄並以車載運的素描景象。

六四・有孚。血去惕[3]出。无咎。

語譯：有信兆。殺牲祭祀，惕懼隨血流而離去。沒有咎難。

解讀：

「血去」在說殺牲流血，「惕出」在說遠離憂懼。其中因果關係，唯有依宗教及祭祀活動可以連結。「有孚」涉及信念、信仰。占斷辭「无咎」意指祭祀後之神明保佑。

「血去惕出」也可以有另外一層象徵意義。古代農地都在貴族手中，農民代爲耕種。農民付出血汗，所得之收成自己不能完全擁有，有一部分必須繳納給主人作爲稅賦，否則會遭受處罰。交出部分血汗所得，就可免於憂懼。所以說「血去惕出」。當然，貴族得到稅收，也不是就全用在享樂，按時虔誠祭祀是王、公、大夫等貴

2　說通脫，古文說、脫、悅等，皆以兌爲聲符，讀音相諧而可通假。
3　「惕」之字義可參考乾卦九三「夕惕若」。

族最重要的工作之一。[4]

九五‧有孚攣[5]如。富以[6]其鄰。

語譯：有信兆接連顯現。藉與四鄰往來而富足。

解讀：

　　「攣」爲牽繫，「有孚攣如」即可信之事兆一個接一個。「以」爲「用」，「富以其鄰」就是富用其鄰，用其鄰而富，憑藉著與四鄰交往而富裕。鄰可以是鄰居、鄰里或鄰國。何以用其鄰而富？最有可能的方式就是與四鄰做買賣，搬有運無。

　　「富以其鄰」的近似語句亦出現在泰卦[7]及謙卦[8]，當讀此二卦時，必須把「以」爲「用」的說法再拿出來檢視一下，以確證其融貫性。

上九‧既[9]雨既處[10]。尚[11]德[12]載。婦貞厲。月幾望[13]。君子征[14]凶。

語譯：時雨時停。尙有車可載。婦人所問之事艱辛。月近圓。君子出征遠行有凶險。

4　有關古代賦稅，可參考萃卦之〈考證及討論〉。
5　攣：維繫，互相牽連。《說文》「攣，係也。」
6　以爲用，如以一當十，以苦爲樂，以身作則，以鄰爲壑等。《說文》無「以」字，以寫作「㠯」，「㠯，用也」，段玉裁注：「用者，可施行也。……（㠯）今字皆作以。」
7　泰卦六四「翩翩。不富以其鄰。不戒以孚。」
8　謙卦六五「不富以其鄰。利用侵伐。無不利。」
9　既，古寫作旣，完畢，已了。《說文》「小食也」，段玉裁注：「旣者、終也。終則有始。小食則必盡。盡則復生」。小的食物容易吃完，故引申爲已經、結束。例如：既往不咎、既來之則安之等。
10　處，古寫作処或尻，停止。《說文》「処，止也。得几而止」，引申爲停留，居住。
11　尙，尙且，或許還可以。《說文》「尙，曾也。庶幾也」，例如《詩經‧大雅》「白圭之玷，尙可磨也。」
12　德通得，例如《老子‧四十九章》「善者吾善之，不善者吾亦善之，德善」。帛書本及李鼎祚《周易集解》等版本，「尙德載」作「尙得載」。
13　月初爲朔，月圓爲望。
14　征，征伐，遠行。古寫作征，《說文》「征，正行也」。上古「征」同「正」，「正」金文作𤔲上方之口爲城邑，下方爲止（趾），象人向城邑或目標前進，其本義爲遠行，引申爲外出征伐。例如遠行的路途稱爲征途，出征的路途也稱爲征途。

解讀：

「既雨既處」在說陰晴不定，已經下雨卻又停止，已經停止卻又下了。「尚德載」在說大車尚有餘位，可供承載。雨似要停卻又不停，大車要出發了卻沒載滿，月亮將圓而尚未圓。這都是事情的發展仍有變化，仍有疑慮，並有所期待的描述。

「尚德載」或許與「輿說輻」有關。婦人因為大車上尚有餘位，想載更多的貨品。結果承載過重，半途輪輻走脫，造成夫妻反目。因而占斷「婦貞厲」。

「月幾望」或許與古代某種信仰或習俗有關。月近圓之時貴族子弟不宜出遠門，故占斷為「君子征凶」。「月幾望」也出現在歸妹卦[15]以及中孚卦[16]，在當時應是有其象徵意義。月圓之日即一月之中間，月中宜進行某事或不宜進行某事，可能與當時的曆法或習俗有關。

小畜卦通解

小畜卦之卦爻辭在說庶民經濟。小民勤勞耕種，畜養牲口，搬有運無，方得以小有積蓄。卦辭「密雲不雨」點出農耕經濟對雨水的盼望。初爻「復自道」及二爻「牽復」都關係到牲口，若以農耕為背景，此牲口或應是牛較能融入情境，牛用以負重或拉車。牛自復或牽牛而復都是農村景象。三爻「輿說輻」及上爻「尚德載」皆為農作收成搬運的描繪。雖然沒有提及拉車的是馬或是牛，但夫妻二人載滿收成，老牛緩緩拉車的畫面，如在眼前。車輪脫輻，夫妻相互指責，就在路途中彼此口角，此活脫庶民生活寫照，絕非矜持守禮裝模作樣的貴族姿態。四爻「血去惕出」敘述在收成後，不忘祭祀謝天。五爻「富以其鄰」寫出農穡的富足。收成之糧食在自用

---

15 歸妹六五「帝乙歸妹，其君之袂不如其娣之袂良。月幾望。吉。」
16 中孚六四「月幾望，馬匹亡。无咎。」

之後，仍有剩餘，可與四鄰交易，互換有無。六爻「尚德載」顯示有車可載的豐收景象。以上無一不與庶民經濟有關。比較難解的是「月幾望」，似與小畜關係較淺。古代土地爲貴族所有，「君子」具貴族身分，應指農地的主人。

▰▰ 考證及討論 ▰▰

　　古代祭祀必殺牲，殺牲必流血，中外皆然。聖經・創世紀便記載亞伯拉罕以公羊爲獻，祭拜上帝。尼泊爾嘉蒂麥節（Gadhimai Festival）的動物獻祭活動，屠宰包括水牛、山羊、雞等動物數以萬計，獻祭殺牲血流成河。

　　中國古代重要的祭典當然也是採用活牲，[17]殷墟有大量甲骨記載活牲祭祀的卜辭。例如武丁時，分別用三十牛，四十牛，五十牛等以祭王亥。[18]周代雖然祭品較薄，但國君祭祀仍用大牢，牢就是把牲畜圈養起來以供祭祀。大牢（太牢）指祭祀時牛、羊、豬三牲並用，用於天子或國君；大夫祭祀用少牢，即只用羊、豬二牲；士祭祀用特牲，即羊或豬一牲；一般庶眾之祭祀只能用魚。[19]

　　六四爻辭「血去惕出」，既言流血，應指士、大夫階級甚或君王的殺牲祭祀。大夫有食邑，士有食田。食邑可傳承後代世襲，食田則不能。但不論食邑或食田，都是交給農民庶眾耕種，士、大夫階級自己是不耕種的。庶眾耕種並畜養牛、羊、豬等，進獻給主人，以供祭祀或食用。

---

17 南京明孝陵古跡，在享殿東南側即設有御廚臺及東井亭等，即爲當時行祭祀禮宰殺活牲之處。或可遙想周天子以活牲流血祭祀的場景。
18 參考胡厚宣，胡振宇《殷商史》，上海：上海人民出版社，2003年，頁27-29。
19 可參看姤卦之〈考證及討論〉。

10·履卦（天澤履）

☰履虎尾不咥人亨。初九素履往无咎。九二履道坦坦幽人貞吉。六三眇能視跛能履履虎尾咥人凶武人爲于大君。九四履虎尾愬愬終吉。九五夬履貞厲。上九視履考祥其旋元吉。

卦名卦畫卦旨

履，履踐。說文：「履，足所依也」，履之原意爲鞋履，引申爲步履，例如坤卦初六「履霜堅冰至」。從步履行走，可再引申爲行動實踐。人間行爲實踐必須符合禮儀規範，故履亦可釋爲禮。[1]

履卦下兌上乾，乾爲天，兌爲澤，天甚高上而澤甚低下。因履說禮，禮的作用很大的一部分即在區分上下，以序尊卑。今以天澤（☰下兌上乾）象徵禮及履，顯示在易經成書的年代，履踐的正當性即在是否有上下尊卑之分，是否合於禮。

履卦之旨在說履踐，履踐需合禮儀。其卦辭及六爻辭皆見履字，用以說鞋履、履踏、履踐等與履字相關的處境，但對於禮相關的敘述較爲隱晦。

履卦與小畜卦互爲反對，履卦緊接在小畜卦之後。此亦顯示了在小有積蓄之後，必須追求有禮法的社會，讓人的舉止進退都能有所規範。所謂「倉廩實則知禮節」（管子·牧民）是也。

---

1 《爾雅·釋言》「履，禮也」；《說文》「禮，履也，所以事神致福也」；《荀子·大略》「禮者，人之所履也，失所履，必顚蹶陷溺」。

卦爻辭解讀

履：[履]虎尾，不咥[2]人。亨。

語譯：履卦。踩著虎尾巴，老虎不咬人。亨通。

解讀：

　　履卦，處於依禮以履踐的格局。履，履踐。易經卦辭安排的慣例，必是先有卦名，再繫卦辭。但是履卦的卦辭很特別，參考上列易經原文「履虎尾不咥人亨」，「履」為卦名，「虎尾不咥人亨」為卦辭。「虎尾」二字難究其義，且參考九四爻辭「履虎尾」，可知卦辭應作「履虎尾不咥人亨」，今缺了一「履」字，故予以補齊。六十四卦中，像履卦這樣，卦辭第一個字詞疑有缺漏的，還有否、同人、艮等卦。

　　之所以會有如此缺漏，考查其原因，極可能是因為脫落的字與卦名相同。傳統中文直行書寫，古人在傳抄過程中，為了方便，相同的字接連出現時，第二個字往往以緊接著的兩點（近似「≈」）的符號替代之。例如令彝銘文「隹十月月吉」寫作「隹十月≈吉」。[3]在多次反覆傳抄後，這個替代符號因為很不明顯，就被抄漏了。

　　「履虎尾」，就有如「捋虎鬚」，都是在比喻行為大膽不敬，使之身處險境。唯所以能「不咥人」而「亨」，總是因為能敬慎守禮的關係。「履虎尾」在六三以及九四爻辭中還會再遇到，屆時再做進一步解析。

令彝銘文：
（隹十）月月吉

2　咥：讀作碟，齧咬。《說文》「咥，大笑也。從口，至聲」。以「咥」為咬似為卦爻辭特定用法。《經典釋文》「咥，直結反，齧也。馬云：齝。」
3　又如矢簋銘文「于王姜姜商賞令貝十朋」寫作「于王姜≈商賞令貝十朋」。

初九‧素履。往无咎。

語譯：樸素的鞋履。前往沒有咎難。

解讀：

古代貴族的鞋子也有很多種。[4]木底厚重的稱爲「舄」，用在正式的場合。一般的鞋子稱「屨」，也稱爲「履」。以絲所製的鞋履爲絲履，葛製的爲葛履。絲履上可有各種繡花或絲穗、玉飾等裝飾。[5]沒有任何裝飾的絲履稱爲素履，也就是貴族家居常穿的鞋履。

穿著平常著鞋子，不用換正式服裝，表示要去的地方很平常，不是什麼重要的，需要嚴肅面對的場合。應可放心前往，料無大事，所以占斷爲「往无咎」[6]。

九二‧履道坦坦。幽[7]人貞吉。

語譯：步道平坦寬闊。幽隱之人問事吉祥。

解讀：

「履道」就是步履所行之道路。「幽人」指幽隱之人，或處於幽暗中之人。幽又與囚禁有關，例如幽禁。幽人可以指隱者，盲者，或被囚禁而不見天日之人。若就「履道坦坦」言之，對弱視或盲者，道路平坦顯然是很重要的，否則容易碰撞跌倒。以此，幽人應指視力有問題的人。因爲「履道坦坦」，所以占斷爲「幽人貞吉」。

「幽人」一詞也出現在歸妹卦中。歸妹九二「眇能視。利幽人之貞」，「眇能視」也暗示了「幽人」與視力有關。此將於相關卦

---

4 《周禮‧天官宗伯》「屨人掌王及后之服屨，爲赤舄、黑舄、赤繶、黃繶、青句、素屨、葛屨。」

5 赤繶、黃繶、青句等，皆爲有裝飾的絲屨。

6 「素履。往无咎」或可斷爲「素履往。无咎」，但與「往无咎」類似的語詞在卦爻辭中出現多次，似可視之爲片語。例如睽卦六五「厥宗噬膚。往何咎」；萃卦初六「勿恤。往无咎」。

7 幽：隱暗不明，隱蔽不顯。《說文》「幽，隱也」；《爾雅‧釋詁》「幽，微也」。

爻辭中進一步解析。

六三・眇能視，跛能履。履虎尾，咥人。凶。武人爲于大君。

語譯：視弱但看得見，腳跛但還能走。踩著虎尾巴，老虎要咬人。凶險。勇武之人爲君王所用。

解讀：

「眇」與「跛」都是身體上的缺陷。前者是視覺上的，後者是行動上的。「能視」，「能履」表示雖有缺陷，但功能並未完全喪失。「眇能視，跛能履」是比喻？還是寫實？是指一個人？還是兩個人？是男人？還是女人？這裡並沒有明說。但是「眇能視」、「跛能履」還出現在卦爻辭的其他地方。[8]到時候或許會透露出更多的訊息。

「武人」不是職業軍人，而是指勇武之人。古代貴族不分文武，並不存在專職的武士或軍人。大夫階級者在家爲城邑之主，若離開封地爲君王服務，平時位列百官，戰時則爲將帥。一般士人亦是文武兼修。「爲」是「作爲」、「用爲」之爲，「武人爲于大君」不同於「武人爲大君」，而是「于大君爲武人」。就是說爲君王所用的武人，或武人爲君王所用。

同樣是「履虎尾」，卦辭說「不咥人」此處說「咥人」，應該是與勇武有關。以勇猛強健的方式去踩老虎的尾巴，老虎是會咬人的。

回頭再來看「眇能視，跛能履」，正是在描述一個身體雖然有缺陷但性格剛猛的人。此人爲君主所用，又因個性粗暴無禮，常「履虎尾」冒犯君主，但君主會動怒，老虎會「咥人」。此所以占斷爲「凶」。

---

8 歸妹初九「歸妹以娣。跛能履。征吉」及九二「眇能視。利幽人之貞」；另姤九三「臀无膚，其行次且」亦在描述跛能履。

九四・履虎尾，愬愬[9]。終吉。

語譯：踩著虎尾巴，畏畏縮縮。終究吉祥。

解讀：

「愬愬」是形容畏懼的擬聲詞。同樣是「履虎尾」，戒慎恐懼的踩與粗暴無禮的踩，所得的結果是不一樣的。占斷辭「終吉」顯示，小心翼翼的踩老虎尾巴，縱然會有危險，終究會平安吉祥。

九五・夬[10]履。貞厲。

語譯：鞋履斷裂。所問之事艱辛。

解讀：

夬為決，決為斷。走到半途鞋底斷裂，其麻煩可知。故占斷為「貞厲」。

上九・視履，考祥[11]其旋[12]。元吉。

語譯：審視鞋履，詳細考察其來回周旋的經過。最吉祥。

解讀：

「視履」是隱喻，以慎重檢視鞋子來推測去過那些地方。其實就是在審視其出任務之具體實踐過程。祥通詳，旋為周旋，周旋原指古代行禮時進退揖讓的動作，就是現代所說的應酬、交際。旋也可以理解是來回旋轉奔走。占斷辭「元吉」顯示，考查的結果令上級滿意，所以甚為吉祥。

9　愬：通訴，本義為訴說，告發。愬愬是擬聲詞，用聲音來形容畏懼的樣子，相當於瑟瑟（發抖）。

10　夬：讀作怪，夬通決。《說文》「夬，分決也」。決有斷的意思，例如《莊子・駢拇》「且夫駢於拇者，決之則泣」。易經有夬卦，「夬」可算是易經專用字，先秦文獻中除易經外不見使用。《象傳》「夬，決也。剛決柔也。」

11　祥：通詳。《說文》「祥，福也」，徐鍇繫傳曰：「祥之言詳也。天欲降以禍福，先以吉凶之兆詳審告悟之也」。例如《史記・太史公自序》「嘗竊觀陰陽之術，大祥而眾忌諱」，大祥即大詳。

12　旋：旋轉，周旋。《說文》「旋，周旋。旌旗之指麾也」，段玉裁注：「旌旗所以指麾者也。旗有所鄉。必運轉其杠。是曰周旋。引申為凡轉運之稱。」

═══ 履卦通解 ═══

　　履卦卦爻辭都與鞋履及行走有關，基本上就是以「履」造句，敘說與「履」有關的事，包括鞋履、履踐、行走、道路、踩踏等。

　　卦辭「履虎尾」以履踐踏；初爻「素履」以說家常之履；二爻「履道」藉履說行走及道路；三爻及四爻再出現「履虎尾」；五爻以「夬履」象徵出行不利。上爻「視履」隱喻對人事的考察。

　　比較有趣的是「履虎尾」的三次出現。出現在卦辭時說「不咥人」，出現在三爻時又說「咥人」，四爻再次出現時，又完全不提咥人不咥人。接連的出現，可以證明「履虎尾」三個字不是隨便說一說的，應是有重大意義。「履虎尾」是在與老虎打交道時，冒犯了老虎。俗話說「伴君如伴虎」，「履虎尾」正是在影射與君主打交道時，冒犯了君主。君主操生殺大權，正如老虎會吃人。

　　把握住這一層關係，回頭再來看這三次「履虎尾」，第一次出現在卦辭，卦辭總說一卦之旨，卦名「履」，履為禮，服侍君主以禮，即使有所冒犯，其罪可逭。第二次出現在「武人」，服侍君主以勇武，又有所冒犯，恐怕難有善終。第三次出現在「愬愬」，服侍君主戰戰兢兢，唯恐有錯，若偶有不慎觸犯，就算是受到處罰，最終還是會有令人滿意的結果。

11・泰卦（地天泰）

䷊泰小往大來吉亨。初九拔茅茹以其彙征吉。九二苞荒用馮河不遐遺朋亡得尚于中行。九三无平不陂无往不復艱貞无咎勿恤其孚于食有福。六四翩翩不富以其鄰不戒以孚。六五帝乙歸妹以祉元吉。上六城復于隍勿用師自邑告命貞吝。

卦名卦畫卦旨

　　泰，通泰，安泰。古代泰字若用在描述程度之最時，與「大」或「太」的意思相通，例如泰伯、泰山、「後車數十乘，從者數百人，以傳食於諸侯，不以泰乎？」（孟子・滕文公）。但泰在作名詞或形容詞時，另有安定、平和、舒適，乃至過於舒泰而驕縱的意思。前者如「虛而爲盈，約而爲泰」（論語・述而）；「泰而不驕」（論語・子路）；後者如「是以聖人去甚，去奢，去泰」（老子・第二十九章）。泰又與通有關，人體血脈通暢才能舒泰，國家民情通達才能安泰。

　　泰卦下乾上坤，坤爲地，乾爲天，地在天之上。自然界恆以天在上而地在下，天尊而地卑。今卦象顯示地在天之上，是有天地交通之意。以地在天之上（䷊下乾上坤）象徵天地萬物上下通泰。

　　泰卦卦旨在說通泰，天地相通，尊卑相通。天地相通也意味者人神交通，[1]人能知天意並依循天意行事，人的禱告祈福也能通

1　傳說中遠古時代，人神可以相通，百姓家族都可以與天神對話，此對人間的統治者造成困擾。顓頊帝時，爲了除此弊端，命南官重氏掌管天上神明之事，命火官黎氏掌管地上民眾之事，以斷絕地與天的相通。《尚書・呂刑》「乃命重黎，絕地天通」。《國語・楚語下》記有楚大臣觀射父對「絕地天通」的解釋：「顓頊受之，乃命南正重司天以屬神，命火正黎司地以屬民，使復舊常，無相侵瀆，是謂絕地天通」。「絕地天通」正說明了「地天通」概念的存在。

達到天庭。民間廟宇多書有「國泰民安」等字，此自古是庶民大眾普遍的心願。也是泰卦的正面意義。雖說人們祈求「國泰民安」，但人間豈有長久不變的局勢？世事總是在盛衰中與變化。泰卦之卦爻辭分別從正反兩面，對國事之興敗盛衰，有極深刻的描述。

　　泰卦在出現在履卦之後。履卦在說禮儀實踐，泰卦則關係到國事通泰，此也顯示了在君臣禮儀之後，國家體制才算能具體呈現。

卦爻辭解讀

泰：小往大來。吉。亨。

語譯：泰卦。去了小的，來了大的。吉祥。亨通。

解讀：

　　泰卦，處於通泰安舒的格局。泰為通泰，往來通泰。由內向外移動為「往」，由外向內移動為「來」；「小」增多了就變「大」，「大」減少了就變「小」。大、小、往、來，原本是極普通的概念，不過在傳統易學中卻演變出極複雜的解釋。例如以陽為大，以陰為小；向上或在上為往，向下或在下為來等。再由往來演變出種種卦變[2]理論。陰陽大小又可將各卦或爻擬人化為君子小人等，[3]並藉此對卦爻辭提出各種解釋。例如，泰卦下乾上坤，乾為陽卦為大，坤為陰卦為小；乾在下（內）為來；坤在上（外）為往。所以說「小往大來」，也是象徵來君子，去小人等等。本書純粹就易經文字直接解釋卦爻辭，並不採此以卦象爻位的方式解釋卦爻辭。

　　大為多，小為少，「小往大來」指自他處來己者多，離己去他處者少。此多或少，可以指財貨，更可以指人民。大學在論治國

2　卦變，經由六爻的上下往來，自此卦變為彼卦。卦變之說起自荀爽，大備於虞翻。朱伯崑《易學哲學史》總結「所謂卦變，說到底，無非是一卦中的陰陽爻象互易其位」。卦變理論之簡史可參考本書第三章第三節〈漢魏易學〉。

3　參考本書第三章第三節。

平天下時有一段精彩的論述：「得眾則得國，失眾則失國。是故君子先愼乎德。有德此有人，有人此有土，有土此有財，有財此有用」，此或可充分說明「小往大來」之所以爲「泰」。通泰所以爲「亨」，通泰所以爲「吉」。

初九・拔茅[4]，茹[5]以其彙[6]。征吉。

語譯：拔茅草，吃茅草根。出征遠行吉祥。

解讀：

　　茅就是茅草，是一種生命力、繁殖力、穿透力都非常強的野草，田野間隨處可見。「其彙」指茅草之彙，即茅草的鬚根，更正確的說，是茅草在地下的嫩莖。茅草根雖然不可口，但在饑荒的時候，不失爲可以救急的替代糧食。「茹以其彙」就在形容已陷入吃草根的窘境。「征」指遠行。已淪落到吃草根的時候，也就是必須逃離的時候。所以占斷爲「征吉」，以遠行爲吉。

九二・苞[7]荒[8]。用馮河[9]，不遐遺[10]。朋亡，得尚[11]于中行。

語譯：庖廚荒廢。以徒手渡河，不因爲遠而放棄。失去朋伴，途中得到賞賜。

4　茅：茅草，多年生草本植物。茅草根（地下嫩莖）可食用或入藥。
5　茹：吃，吞咽。《說文》「茹，飤馬也。」飤爲飼，飤馬即餵馬吃草料，引申爲吃食。例如「茹苦含辛」；「人亦有言，柔則茹之，剛則吐之」（詩經・大雅・烝民）；「飲其血，茹其毛」（禮記・禮運）。
6　彙：細毛，毛刺。《說文》「彙，蟲，似豪豬也。从希，胃省聲。」是以彙（希）爲蝟。段玉裁注：「彙，毛刺。其字俗作蝟。」
7　「苞」之字義可參考蒙卦九二「苞蒙」。今本多寫作「包」，並訓爲包容或包含。
8　荒：荒蕪。《說文》「荒，蕪也。」
9　馮河：徒手涉水過河。《論語》「暴虎馮河，死而無悔者，吾不與也。」《爾雅・釋訓》「暴虎，徒搏也，馮河，徒涉也。」
10　遐指遠方，遺爲丟失，丟棄。遐遺即遠棄，因遠離而遺棄。《詩經・周南・汝墳》「既見君子，不我遐棄。」
11　尚：通賞。《說文》「賞，賜有功也」，段玉裁注：「鍇曰：賞之言尚也。尚其功也。」

解讀：

「苞」通庖，「荒」爲荒蕪。廚房因長期不使用而荒廢，雜草叢生，這是荒年景象。荒年吃草根，啃樹皮，此與初爻「茹以其彙」可相應。遇災荒吃草根難以生存，又無舟船車馬，只能徒手涉水過河，逃離家園。遠方若有食物，再遠也要去。所以說「不遐遺」。逃荒的途中，失去了同伴或財物，此際遇之慘。卻又否極泰來，得到賞賜。依其文句脈絡，所受之賞賜應包括食物。

九三・无平不陂[12]，无往不復。艱貞，无咎。勿恤[13]其孚，于食有福[14]。

語譯：沒有無斜坡的平路，沒有不復返的前往。所問之事艱難，沒有咎難。不用憂慮所見之徵兆，於食物上有福佑。

解讀：

「陂」爲坡，「无平不陂，无往不復」八字可謂易經思想的核心，其詞甚淺，其義甚深。世事不會永久持續下去，到了某時點，終必會起變化，有所轉折。此處配合「艱貞」，頗有鼓勵安慰的意思。眼前雖苦，終有苦盡甘來的一日，故占斷爲「艱貞，无咎。」

「勿恤」二字連用，在易經卦爻辭中經常出現，[15]都作「不用憂慮」解釋。「孚」爲可信之兆示，「勿恤其孚」就是不要憂慮眼前顯現的狀況。「于食有福」指在食物上有福佑，有富裕，也就是吃得飽，不再挨餓。整段爻辭雖然分爲上下兩截，但都有勸勉的意思。現況再艱苦，但總會有轉機。環境雖然惡劣，也不要太煩憂。

---

12 陂：斜坡，引申爲傾斜。《說文》「陂，阪也」，段玉裁注：「陂與坡音義皆同」。

13 恤：憂慮。《說文》「恤，憂也」。例如《詩經・小雅・蓼莪》「出則銜恤，入則靡至。」

14 福：福佑，富裕。《說文》「福，佑也」。福又通富，福、富皆以「畐」爲聲符，都是「畐」加偏旁分化而出。《說文》「畐，滿也。從高省，象高厚之形」。《釋名・釋言語》「福，富也。」

15 如在升卦卦辭，及晉卦六二、家人九五、夬卦九二、萃卦初六等之爻辭。

「于食有福」四字最是關鍵，也是事情會好轉的重要保證。

六四・翩翩[16]。不富以其鄰，不戒[17]以[18]孚。

語譯：翩翩自在。不用與四鄰往來而致富。予以信任而不戒備。

解讀：

「翩翩」在形容輕盈自在，不受約束。「富以其鄰」曾在小畜卦九五出現過。「不富以其鄰」就是「富以其鄰」的否定，不藉用與四鄰往來即能富足，也就是獨立而富足，而且是「翩翩」而富。因為翩翩獨立且富，所以有自信。因為有自信，所以與鄰人或鄰國相處時，在態度上不採森嚴戒備，而是彼此互信。所以說「不戒」，「以孚」。

六五・帝乙[19]歸[20]妹，以祉[21]。元吉。

語譯：商帝王乙嫁女妹，以此得福。最吉祥。

解讀：

「帝乙」為商紂王的父親；「妹」指少女。「帝乙歸妹」亦出現於歸妹卦六五爻辭[22]，即指娶帝乙的女兒或妹妹為媳為妻。能與帝王聯姻，其富貴當真是到了極點。所以占斷為「元吉」。有關「帝乙歸妹」的典故，在歸妹卦時將進一步討論。

---

16 翩：本義為疾飛的樣子，引申為輕盈飛翔，自由自在，不受約束。《說文》「翩，疾飛也。」

17 戒：警戒，防備。《說文》「戒，警也。从廾持戈，以戒不虞」。廾，今作拱，並攏兩手以捧物。

18 以為用，參考小畜九五的解讀。

19 帝乙有二說；一指帝乙，商王文丁之子，紂王帝辛之父。一指武乙，商王庚丁之子，文丁之父。顧頡剛考證，此帝乙指文丁之子，商紂之父。參考顧頡剛〈周易卦爻辭中的故事〉收錄於《古史辨》第3冊。

20 歸：女子出嫁。《說文》「歸，女嫁也」；《禮記・禮運》「男有分，女有歸」。

21 祉：福，賜福。《說文》「祉，福也」。例如《詩經・大雅・皇矣》「既受帝祉，施于孫子。」

22 歸妹六五爻辭「帝乙歸妹，其君之袂不如其娣之袂良。月幾望。吉。」

上六・城復于隍[23]。勿用師，自邑告命。貞吝。

語譯：城牆倒塌，土石填平護城溝。不要軍事抵抗，城內發出命令。所問之事困窘。

解讀：

「城」爲城牆，「隍」是城牆外圍的護城溝，「邑」爲工商聚集及宗廟所在之處。古人築邑，掘土爲溝池，夯土爲城郭，藉城郭溝池以鞏固城邑的守護防禦。[24]「城復于隍」描述城牆倒塌，築城的土又填回了當初挖開的溝池，當初的防禦工事如今已荒廢失效。城牆何以會倒塌？倒塌後何以不修護？應是承平日久，過度安逸，而疏於警戒。

「師」指軍隊，「勿用」可以指平常不養練軍隊，不蓄備武力。當然也可指戰事發生時，不做軍事抵抗，也就是投降議和。若從「自邑告命」來看，「勿用師」應指投降，而且投降的命令，是由城邑主人所發出。

放棄抵抗的後果如何？這裡並沒有明說。不過可以肯定的是，太平安逸的日子已經結束了。所以占斷爲「貞吝」。

泰卦通解

泰卦的卦爻辭可以從城邑國家的興起以及衰敗來解讀。卦辭以「小往大來」說邦國的興盛，爻辭則由初到上，有順序的說一個家族由窮而富，由富而貴，終而衰敗。

從初爻「拔茅茹以其彙」的吃草根開始，到二爻「用馮河」、「得尚于中行」，徒手過河出走，中途幸遇貴人賞賜得以活命。三爻「于食有福」終於找到一個可以溫飽的地方。四爻「不富以其鄰」翩翩自得，獨立且富，已是有土有財的富貴氣象。五爻「帝乙歸妹」能娶帝王之女，受帝王的庇蔭，榮華富貴自是到了極

---

23 隍：護城壕溝。《說文》「隍，城池也。有水曰池，無水曰隍。」
24 《禮記・禮運》「大人世及以爲禮，城郭溝池以爲固。」

點。然而承平歲月使人鬆懈，富貴安逸帶來驕縱，上爻「城復于隍」、「勿用師」正顯現了這種暮氣沉沉，一片頹廢，毫無作爲，無心戰鬥的衰敗景象。

老子‧六十四章說：「愼終如始，終無敗事」，但人間世事往往難以如此。有人青壯時努力奮鬥，到老時耽溺鬆懈。有人一輩子堅忍不拔開創事業，子孫後代卻在安逸中長大，完全不能體會世事艱難。所以說「生於憂患，死於安樂」[25]。個人如此，家族如此，國家如此，企業傳承何嘗不是如此。盛極必衰，物極必反，正是易經卦爻辭反覆呈現的道理。所謂「持盈保泰」談何容易？

考證及討論

「邑」在易經中是一個重要的概念，與邑相關的還有國、郊、野等字。從字源來看，「邑」是十分古老的字，甲骨文便有邑字。金文寫作𗀤，上面的口象徵有牆圍繞的土地，下面爲人跪坐的側形象徵人民。邑字有土有民，可以會意其本義即指人聚居的地方。[26]

遠古時期，遍地荒野，地廣人稀。爲了防避野獸入侵以及異族掠奪，部族聚落之處，若無山川險阻等天然屛障，則必豎木疊石或深挖壕溝，以製作防禦工事。這就形成了邑的雛形。城邑的出現是人類文明發展的普遍現象。華夏中原地區多黃土，黃土質地細膩軟密，粘度較高，特別適合翻土挖掘及夯土塑形。所以掘土爲溝，夯土爲牆，也就成爲中國城邑建造所特有的方式。

就部落社會而言，城邑形成之後，部落的首領、巫祝、官吏、軍隊、重要的氏族，有專業技術的百工，以及爲主人服務的奴僕等，必定居住於城邑之內。城邑之外的近郊，是爲可供開墾的土

---

25 《孟子‧告子下》「入則無法家拂士，出則無敵國外患者，國恆亡。然後知生於憂患，而死於安樂也。」
26 《釋名‧釋州國》「邑，人聚會之稱也。」

地，以利耕種、畜牧、乃至漁獵，並居住有地位較低下的農奴、游民、獵戶等。再外圍則是野獸出沒的廣大荒野或森林。一個城邑，以及它的近郊，儼然就是一個小小的邦國。上古號稱萬國，其實就是萬邑，城邑與城邑之間則是廣大的無人地帶。彼時國就是邑，邑就是國。[27]例如甲骨卜辭中，商國即自稱為「大邑商」，周禮器銘文亦稱商為「大邑商」。[28]

西周初期，武王滅商以及周公東征取得重大勝利，周王室所能控制的區域大為擴張。周國需以少數人口，控管極遼闊的地區。周公採行宗法與封建制度，將有血緣關係的王室子弟或開國功臣之後，分封到各地，建立新的城邑，是為侯國。另一方面也將願歸順的舊有邑國封為異姓諸侯。[29]

以魯國為例，周公東征後，為安定東方，成王封周公之子伯禽為魯公，其封邑在原少皞族[30]商奄國之舊址。並賜大車大旗等物，以及殷商遺民六族。各族由族長率領，遵守周公所定法令律則。另賜有祝官、宗官、卜官、史官，典籍、禮器等隨行。[31]

可以想像地，伯禽以魯國開國君主的身分，率群眾自洛邑出發東行，一路上有武裝護衛貴族子弟、官吏執事、殷商六族、工匠僕役及典籍文物等，車隊千里跋涉，沿途山林沼澤，荒野獸跡，間雜有夷狄野人窺伺。一直到商奄舊邑附近，即今曲阜一帶，停止前

---

27 《說文》「邑，國也」，段王裁注：「鄭莊公曰：『吾先君新邑於此』。左傳凡偁人曰大國。凡自偁曰敝邑。古國邑通偁。」
28 如卜辭：「才（在）大邑商」（甲骨文合集：36530）；㢤尊銘文：「唯武王既克大邑商」。
29 例如陳國嬀姓，大舜之後；宋國子姓，殷商之後；楚國芈姓，顓頊之後；莒國嬴姓，少昊之後；許國姜姓，伯夷之後。
30 少皞為商族之祖先。《左傳·昭公十七年》載郯國國君郯子對魯昭公解釋少皞氏的來歷，說：「我高祖少皞，摯之立也，鳳鳥適至，故紀於鳥，為鳥師而鳥名。」摯疑即為商之始祖契，商族可能是少皞氏之一支。
31 《左傳·定公四年》「分魯公以大路大旂……殷民六族：條氏、徐氏、蕭氏、索氏、長勺氏、尾勺氏，使帥其宗氏，輯其分族，將其類醜，以法則周公……以昭周公之明德。分之土田倍敦，祝宗卜史，備物典策，官司彝器。因商奄之民，命以伯禽，而封於少皞之虛。」

進。於是就地丈量土地，建築城邑，興作宮室宗廟等，並將隨行的群眾安置在城邑中。魯國的建國大業才算是完成。

　　魯國開國之初，必是以新邑曲阜為中心，向外開拓土地，驅趕野獸，並收服當地土著及商奄舊部等以增加人力。居住在邑中的，稱為邑人或國人；居住在邑外郊野之地[32]的，稱為野人。邑人多為貴族、官吏、百工、僕役等，隨伯禽移民過來的舊部及其後代。野人則多為農奴、獵戶、土著、罪犯等，身分及文明程度較為較低下者。

　　隨著人口不斷增加，以及土地的不斷開拓，國君也會依照宗法及封建的精神，一代又一代地，將土地（野地）及爵位封給有血緣關係的子弟。受封的卿大夫等貴族，也就如當年的伯禽一般，帶領群眾到自己受封的野地上建築新邑。如此以新邑為中心，同樣的會有郊與野，也同樣的區分邑人與野人，並以邑為中心向外開墾，只是規較小而已。如此由點而面，一步一步地，直到與鄰國接壤為止。而國與國之間的荒野，以及居於野地的化外之民，也因此日漸縮小、減少，乃至消亡。

　　當一個侯國的城邑不只一個的時候，就有必要區分國君所在的城邑，以及卿大夫所在的城邑。前者稱之為「都」[33]，後者就直接稱之「邑」或「采邑」、「食邑」。但這已經是封建制度十分成熟後的事了。

　　以上說明「邑」概念的演變，這只是從歷史發展的角度所做的整理。事實上一個字詞的使用，有相當的習慣性，未必一定隨著歷史的演進而及時改變。對於卦爻辭中「邑」的解釋，也應保留一定的彈性。易經卦爻辭作於西周，彼時「邑」可以指都城，例如泰卦之「自邑告命」；也可以指采邑，例如訟卦六二之「邑人三百戶」。

32　《爾雅・釋地》「邑外謂之郊。郊外謂之牧。牧外謂之野。野外謂之林。」
33　《左傳・莊公二十八年》「凡邑，有宗廟先君之主曰都，無曰邑」；《說文》「都，有先君之舊宗廟曰都。从邑者聲」。

12·否卦（天地否）

䷋否之匪人不利君子貞大往小來。初六拔茅茹以其彙貞吉亨。六二苞承小人吉大人否亨。六三苞羞。九四有命无咎疇離祉。九五休否大人吉其亡其亡繫于苞桑。上九傾否先否後喜。

卦名卦畫卦旨

否，閉塞不通。否作爲卦名讀作痞，不讀作否定之否。說文：「否，不也」；玉篇：「否，閉不行也」。否有否定、閉塞、不善等義。

否卦下坤上乾，乾爲天，坤爲地。天高高在上，地順承在下，上下隔絕，各行其事，互不交通。故以天在上地在下（䷋下坤上乾）象徵天地閉塞，世局否閉，人神不通，君臣不通。

否卦卦旨在說閉塞不通。其爻辭語多晦澀，或可視爲世事由不通而通達的過程。否卦與泰卦互爲反對，泰卦爲安泰通達，否卦則困厄閉塞。不過，從爻辭的表達來看，泰卦最終走向衰危，否卦則以否事盡出告終。其中泰終轉否，否終轉泰的痕跡甚深，所謂否極泰來，泰極否來。周易藏有盛極必衰，物極必反的宇宙定律，於此展現無遺。

卦爻辭解讀

否：[否]之匪人。不利君子貞。大往小來。

語譯：否卦。隔絕不應隔絕之人。不利於君子貞問。去了大的，來了小的。

解讀：

否卦，處於閉塞困厄的格局。否爲閉塞，往來不通。如同履

卦卦辭在開頭脫了一個「履」字，基於相同的原因，否卦的卦辭也脫了一個「否」字，今補上。「否之匪人」的句法可參考比卦六三「比之匪人」，「否」為閉塞不通，「否之匪人」即遠隔了應當親近的人。占斷辭「不利君子貞」，反應出對「否之匪人」的怨嘆。因為君主不願接近忠良，所以不利於身為君子的我。此「君子」可以有二層意思，一指貴族身分，可以接近君主者；二指值得君主接近的賢德之士。

「大往小來」正是泰卦卦辭「小往大來」的反面，可以用相同的方式來理解。就是說，財物人力等，離己處往他處者多，自他處來己處者少。此為衰敗之象，也是君主「否之匪人」所導致的後果，或說君臣相「否」的結果。[1]

初六・拔茅，茹以其彙。貞吉。亨。

語譯：拔茅草，吃茅草根。所問之事吉，亨通。

解讀：

「拔茅茹以其彙」六字，繼泰卦初爻之後再次出現。相同的字句應做相同的解釋，此不再重複。唯斷占辭「貞吉」不同於泰卦初爻之「征吉」。此或可作如下理解：在大局通泰的環境下，遇有災荒，不妨出走，積極有所作為。在大局否塞的環境下，即使遇有災荒，無路可通，也應懷抱希望，期待事情有所轉機。以此，「貞吉」暗示事態將有轉機，「亨」在此可理解為「求亨」，大局否塞，又逢荒災，唯有求人求神，奮力求通。易經積極樂觀的精神，在此展現無疑。

---

1 按，傳統從道德說教面解釋，「小」為小人，「大」為君子，「大往小來」就是說君子往去，小人到來。此國事之所以為「否」。此說亦可通。唯以道德行事引申「小」、「大」，是否合易經本義，仍有疑慮。

六二・苞²承³。小人吉，大人否。亨。

語譯：承作庖廚之事。平民小人則吉祥，長官大人則閉塞。亨通。

解讀：

苞爲庖；承爲承受、承當，「庖承」即擔任廚役。就一般平民庶眾來說，這是一個有前途的好工作，就長官大人而言，這是走投無路的無奈。所以占斷爲「小人吉，大人否。」

不論是平民或長官，「庖承」都是一條可致亨通的途徑，所以即使是「大人否」，也是「否」而「亨」。庖承何以致亨？其後將有進一步的考證及討論。

六三・苞羞⁴。

語譯：庖廚調理饈膳進獻食物。

解讀：

羞通饈，指調理食物，進獻食物。「苞羞」即「庖饈」，指廚師或侍者之類，伺候貴人飲食的工作。與六二「庖承」相較，「庖羞」應能更接近君主。

九四・有命。无咎。疇⁵離⁶祉。

語譯：有命誥。沒有咎難。眾人附麗得福祉。

解讀：

易經卦爻辭中，命字皆作誥命、命令之命。「有命」即國君有誥命。斷占辭「无咎」，顯示此誥命是獎勵而非處罰。疇通儔，離

---

2 「苞」，今本多寫作「包」，其字義可參考蒙卦九二「苞蒙」，及泰卦九二「苞荒」。

3 承：承受。《說文》「承，奉也。受也」。例如《左傳・隱公八年》「敢不承受君之明德」；《國語・齊語》「余敢承天子之命」。

4 羞：通饈，爲饈之初字，進獻食物。《說文》「羞，進獻也。从羊。羊，所進也」。引申爲烹調食物使之美味，例如饈膳，珍饈。《廣韻》「致滋味爲羞。」

5 疇：類眾。今多作儔，例如如同類爲同儔。疇之本義爲可耕種的田地，《說文》「疇，耕治之田也」。段玉裁注：「耕治必有耦。且必非一耦」，所以引申爲眾，類。

6 離：通麗，依附。《象傳・離》「離，麗也。日月麗乎天，百穀草木麗乎土。」

為附麗，祉為福佑，「疇離祉」即同儕依附此福祐。依上下文意，此福祐應是來自「命」的內容。

九五‧休否。大人吉。其亡其亡，繫于苞[7]桑。

語譯：停止閉塞。長官大人吉祥。要亡失了，要亡失了，繫綁在茂盛的桑樹上。

解讀：

休為休止，「休否」即「否」的狀態結束。參考卦辭「否之匪人」，今否已極而泰將來，又將得以親近君王，所以占斷為「大人吉」。

「苞桑」指枝葉茂盛的桑樹，[8]桑樹是中國北方常見而且重要的樹木。「其亡其亡」為對有消亡之虞的事物所產生的焦慮及危機感，「繫于苞桑」從字面上看，就是將有失落之虞的東西，繫綁在牢固的桑樹上。若將「苞桑」視為對「大人」的譬喻，「其亡」是在存亡關頭時的焦慮與恐懼，「繫于苞桑」其實就是在存亡關頭時，將一線希望寄於大人（苞桑）。當然，此「大人」為「休否」後的大人。

有關「其亡其亡，繫于苞桑」，其後將有進一步的考證及討論。

上九‧傾否。先否，後喜。

語譯：傾倒穢物。先阻塞，後喜悅。

解讀：

「否」有閉塞、不善等意思。「傾否」之「否」指不好的東西。食物放在容器中，因為汙穢、變質而不堪食用，[9]所以將之傾倒出來，這就是「傾否」。

7　苞：草木茂盛豐美的樣子。《說文》「苞，草也。南陽以為粗履」；《爾雅‧釋詁》「苞，茂、豐也」。苞原為草名，引申為草木叢生之貌。
8　例如《詩經‧唐風‧鴇羽》「肅肅鴇行，集于苞桑」，即指鴇鳥簌簌飛行，成群落在枝葉茂盛的大桑樹上。
9　例如食物殘渣。鼎卦初六「鼎顛趾，利出否」即說將鼎倒置，利於傾倒出殘渣。

「先否後喜」可以有兩種解釋。就具象意義言之，「否」為汙穢腐敗的食物；「喜」可通饎[10]，為烹調煮熟食物。先有腐敗的食物（先否），把腐敗的食物從容器中傾倒出來（傾否），然後再烹煮新的食物（後饎）。「先否後喜」就是先傾倒穢物，再容納新物。

就抽象意義來看，否為閉塞隔絕，大人、君子先遭到國君隔絕，而後又為國君信任而喜悅，所以說「先否後喜」。就此意義言之，「傾否」也可以理解為大人清除否人、否事，結束奸小遮掩國君耳目，使視聽不明的狀況。而後能政事清明，君臣通泰而喜樂。

否卦通解

否卦卦爻辭多論及君子、大人，又多談論小人、廚役等奴僕之事。大人與僕役，二者看似無關，不過若放在否卦的情境之中，或許可以看做否極泰來，廚房僕役變為長官大人的陞官圖。

卦辭「否之匪人」、「大往小來」正是在描述一個上下不通，君臣隔絕的惡劣處境。六爻依序其實可以是一個難民發跡成為大人的過程。初爻「茹以其彙」在說饑荒，家園難以生存，須另謀出路。二爻「苞承」；三爻「苞羞」，難民入王公貴族之家，從廚房雜役，到掌廚烹飪，進而得在君主身邊，伺候君主飲食。四爻「有命」受到君王的任命，得以承擔重任。五爻「休否」否事結束，得以受到君王福佑。上爻「先否後喜」總結爻辭由否而泰的際遇。若以否為不善，六爻合讀，君子先居否，為庖廚而不得志。後出否，受君命而為大人，傾否盡除奸小，以振朝綱。

庖廚何以關聯到大人？古代家臣之長稱「宰」，宰又與宰割

---

10 饎：炊煮，熟食。《說文》「饎，酒食也」，引申為炊煮。例如《詩經‧小雅‧天保》「吉蠲為饎，是用孝享。」

及膳食有關，[11]有可能是庖廚伺候君主飲食，可以親近君主的緣故。此在古代不乏先例。例如輔佐商湯得天下的伊尹，傳說在未發跡前曾以烹飪術接近商湯。[12]精於烹調的易牙，廚藝爲齊桓公所賞識。[13]管仲將死，齊桓公便想以易牙接替管仲爲相。[14]這其中，伊尹先掌庖廚後爲大臣的事跡，尤其值得重視。因爲此事發生在易經編撰成書之前。或許爲卦爻辭撰寫時的重要參考資料也未可知。

考證及討論

伊尹[15]是商朝的開國功臣，曾服事夏桀，輔佐商湯，放逐商湯之孫太甲，是爲赫赫知名人物。依史記記載，當初伊尹想要接近商湯，找不到門路，於是委身爲有莘氏陪嫁小臣。隨著婚嫁的隊伍到商國。並背負廚具，以烹調美食爲譬喻，對商湯論述稱王天下的道術。[16]

伊尹藉著廚藝接近商湯的說法，在墨子[17]、韓非子[18]、呂氏春秋[19]等先秦著作中也有類似的敘述。孟子的學生萬章也以「伊尹

---

11 《周禮》設天官冢宰，「使帥其屬掌邦治」，冢宰正是公卿大人之首。其下設諸官，第一宮正，第二膳夫，第三庖人。膳夫即膳宰，掌宰割牲畜以及膳食之事。「宰」與宰割及膳食有關。《詩經‧小雅‧十月之交》「皇父卿士，番維司徒。家伯維宰，仲允膳夫」，宰與膳並列。以上可見宰與膳的關係。

12 《孟子‧萬章上》「萬章問曰：人有言伊尹以割烹要湯。有諸？」

13 《戰國策‧魏策》「齊桓公夜半不嗛，易牙乃煎熬燔炙，和調五味而進之。」

14 《史記‧齊太公世家》「管仲病，桓公問曰：『群臣誰可相者？』管仲曰：『知臣莫如君。』公曰：『易牙如何？』」

15 尹爲官職名。伊尹，姒姓，伊氏，名摯，有莘氏人。《世本‧氏姓篇》「莘，姒姓，夏禹之後。」

16 《史記‧殷本紀》「伊尹名阿衡。阿衡欲奸湯而無由，乃爲有莘氏媵臣，負鼎俎，以滋味說湯，致于王道」。按，今人考證，阿衡可能是官職名。

17 《墨子‧尚賢》「伊摯，有莘氏女之私臣，親爲庖人，湯得之，舉以爲己相，與接天下之政，治天下之民」。按，伊摯即伊尹。

18 《韓非子‧難言》「身執鼎俎爲庖宰，昵近習親，而湯乃僅知其賢而用之。故曰以至智說至聖，未必至而見受，伊尹說湯是也。」

19 《呂氏春秋‧孝行覽‧本味》「湯得伊尹，祓之於廟，……明日，設朝而見之，說湯以至味。」

以割烹要湯」之事請問孟子，雖然孟子否認此事，[20]但此亦足以旁
證，這在當時已經是一種被普遍接受的說法。

有關伊尹的身世，呂氏春秋有更詳細的描述。[21]有侁國（有莘
氏）有女子採桑，在桑樹幹的空洞中撿到一嬰兒，於是獻給國君。
國君命令交給廚役去養。又使人調察爲什麼桑樹裡會有嬰兒。回報
說：「他的母親居住在伊水之上，有身孕，夢見有神來相告：『石
臼會出水，要往東走，不要回頭』。第二天果然看到石臼出水，女
子立刻呼喚鄰居，共同往東走十里，途中好奇回顧，發現邑里盡爲
水所淹沒。女子也因爲回頭後顧的緣故，身體化爲空桑樹」。這就
是伊尹生於空桑，且名爲伊的緣故。伊尹長大後有賢名。商湯聽說
伊尹賢德，使人到有侁國邀請伊尹來商，伊尹也想去，但有侁國君
不肯。商湯於是向有侁國君提親娶女，有侁國君歡喜，便以伊尹爲
媵臣，陪嫁到商國。

到目前爲止，有關伊尹的事蹟，至少有下列四點：(1)伊尹的
出生與桑樹有關。(2)伊尹小時在庖人家中成長，出身微賤。(3)
伊尹因廚藝而接近商湯。(4)伊尹爲商湯所重用，輔佐商湯取得天
下。其中第三點，雖不爲以孟子爲代表的儒家所接受，但在戰國時
的確有這樣的說法。第一點若拋開神話故事，可以理解爲伊尹出生
時是個棄嬰，被繫綁在桑樹上，小命隨時不保。對照九五爻辭「其

20　見《孟子·萬章上》，伊尹是孟子心目中的聖人，「耕於有莘之野，而樂堯舜之道
　　焉」；「非其義也，非其道也，一介不以與人，一介不以取諸人」，所以不接受伊尹
　　以廚藝接近湯的說法。《史記》對伊尹的出身，也只能補充說：「或曰，伊尹處士，
　　湯使人聘迎之，五反然後肯往從湯」。信以傳信，疑以傳疑，疑信之間讓讀者自己去
　　判斷。
21　《呂氏春秋·孝行覽·本味》「有侁氏女子採桑，得嬰兒于空桑之中，獻之其君。其
　　君令烰人養之。察其所以然，曰：『其母居伊水之上，孕，夢有神告之曰：「臼出水
　　而東走，毋顧」。明日，視臼出水，告其鄰，東走十里，而顧其邑盡爲水，身因化
　　爲空桑』。故命之曰伊尹。此伊尹生空桑之故也。長而賢。湯聞伊尹，使人請之有
　　侁氏。有侁氏不可。伊尹亦欲歸湯。湯於是請取婦爲婚。有侁氏喜，以伊尹爲媵送
　　女」。按，有侁即有莘，侁、莘古讀音相同，皆爲所臻切。烰人即庖人。此段敘述也
　　調和了《史記》「乃爲有莘氏媵臣，負鼎俎……」；「或曰，伊尹處士，湯使人聘迎
　　之」兩種說法。

亡其亡，繫于苞桑」或許有另一層意思。

屈原作天問，對商朝的人物及事蹟提出四組問題，其中有一組就是伊尹[22]，今摘譯部分內容如下：[23]「成湯出巡東方，直到有莘之國。本想求得奴隸伊尹，如何卻又能得賢淑之妃？莘國在水濱樹木中，得到小子伊尹。莘國君為何又心生厭惡，派他作陪嫁的奴婢？」。屈原在南方楚國，此可見伊尹出身微賤並與桑樹有關的說法，在南方也是廣為流傳的。

綜合以上文獻以及否卦的爻辭，或可以得到如下的概念：爻辭中所述的小人及大人之事，庖廚之事，受命之事，桑樹之事，以及先否後喜等元素，在伊尹的傳說中，都能找到印證。伊尹生於桑木，養於庖人，先為小臣，後為大人的說法，在各家文獻中也都有類似的表述。若將否卦之爻辭與伊尹所留傳的事跡參照合讀，應可有更生動的領會。

---

22 另外三個人是商湯、王亥以及商紂王。其中王亥之事，亦與易經卦爻辭有關，將在旅卦中進一討論。

23 參考臺靜農《楚辭天問新箋》，原文為「成湯東巡，有莘爰極。何乞彼小臣，而吉妃是得？水濱之木得彼小子。夫何惡之，媵有莘之婦？」

13・同人卦（天火同人）

☰同人于野利涉大川利君子貞。初九同人于門无咎。六二同人于宗吝。九三伏戎于莽升其高陵三歲不興。九四乘其墉弗克攻吉。九五同人先號咷而後笑大師克相遇。上九同人于郊无悔。

卦名卦畫卦旨

　　同人，夥同眾人，就是糾集群眾以共謀舉事。

　　同人卦下離上乾，乾爲天，離爲火[1]，廣闊的天空下升起火光。火是文明的象徵，大自然中，唯有人類懂得用火。起火之處，白日見煙，暗夜見光，古人於敵寇入侵時，多以煙火示警。夜間聚集眾人，亦以火光照明或指引。故以天火（☰下離上乾）象徵糾集眾人。

　　同人卦在說聚眾合作。糾集眾人的目的當然是爲了團結力量，所糾集之眾人的範圍也有講究，基本上是從親到疏，由近至遠。越親近的人越能團結一心，利益與共。從家人到宗族到國人，同人卦六爻的爻辭就在此層層關係中順序展開。

卦爻辭解讀

同人：[同人]于野。利涉大川，利君子貞。
語譯：同人卦。眾人聚合於野地。利於渡涉大河川，利於君子貞問。
解讀：

　　同人卦，處於聚眾舉事的態勢或環境。如同履卦及否卦，同人卦之卦辭也脫了「同人」二字，今補上。古代國人主要居住在城邑

1　也有人解釋「離」爲羅，天火即天下有網，以網天下之人。但聚眾之規模大小及親疏之別不能忽略，不宜動輒以天下之人爲規模。

之內，或近郊之處。[2]郊外爲野，兩軍交戰多在野地，坤卦上六便說：「龍戰于野」。「同人于野」即國人遠離城邑，聚集在荒野之處，其目的不是征伐，就是避難。總之，就是要遠離家園，進行冒險活動。所以占斷「利涉大川」。一般言之，統治者才有力量聚合眾人遠離家園，「同人于野」正是貴族子弟建立功業，有所發揮的時機，所以說「利君子貞」。

初九‧同人于門[3]。无咎。

語譯：眾人聚合於家門。沒有咎難。

解讀：

家有家門，「同人于門」即糾合家人於家門之內。一家人關係最深，內聚力最強，也最有默契，而且彼此休戚與共，福禍同當。此所以較能同心協力，共同解決問題。故占斷爲「无咎」。

六二‧同人于宗。吝。

語譯：眾人聚合於宗廟。困窘。

解讀：

「宗」指宗廟，聚合眾人於宗廟，顯然是指同宗族的人，也就是族人。族人雖然也有血緣關係，但是平常各自生活，各家有各家的利益盤算，有事時也未必能同心同德。要想一呼百諾共同舉事並不容易，故占斷爲「吝」。

九三‧伏戎于莽，升其高陵。三歲不興。

語譯：埋伏兵戎於草莽中，登上山陵高處窺伺。潛伏三年沒有興作。

解讀：

「伏戎于莽，升其高陵」在描述欲入侵者潛伏人馬於城邑之外草莽之中，並在高處向邑內窺伺。其動機不言而喻。「三歲」指一

---

2 參考泰卦之〈考證及討論〉。
3 門，指有兩扇之大門，家門。門以區分內外。《說文》「門，聞也。從二戶，象形」，段玉裁注：「聞者，謂外可聞於內。內可聞於外也。」

段長時間，「三歲不興」可以說是「伏戎于莽」的後續，指潛伏在外的敵寇多年不能有作爲。當然也可以指因強寇在外，使邑內多年不能有作爲。

　　此處雖然沒有明說，但是參考前後爻辭，敵寇「伏戎于莽」，應該就是之所以「同人」的原因。糾集邑中眾人，共商大計，保衛家園，防範在高處窺伺的敵寇入侵。

九四・乘其墉[4]，弗克攻。吉。

語譯：登上城牆，不能攻入城。吉祥。

解讀：

　　敵寇雖然兵臨城下，甚至有些人已經在登爬城牆，但是終究不能攻入城邑。邑人的生命仍能得到保護，所以占斷爲「吉」。「弗克攻」故「吉」，雖危而吉，此「吉」大有安慰、鼓勵的意思。

九五・同人。先號咷[5]而後笑，大師克相遇。

語譯：眾人聚合。先號咷大哭而後轉涕爲笑。大軍能相會合。

解讀：

　　在敵寇圍城之時，友軍來援，內外夾擊，趕走敵寇。此所以「大師克相遇」，此所以「先號咷而後笑」。

　　「同人」相聚，不止是同門，同宗，也可以是同國，甚至是友邦。糾合同志，同心協力，完成任務，「同人」之旨在此完整顯示。

上九・同人于郊。无悔。

語譯：眾人聚合於邑郊。沒有懊悔。

解讀：

　　邑外爲郊，平時糾集眾人於近郊，無非爲了祭祀或田獵，此

4　墉，城牆。《說文》「墉，城垣也。从土庸聲。」
5　咷，同啕，放聲大哭。《說文》「咷，楚謂兒泣不止曰嗷咷」。號咷即號叫大哭。

處應是指祭祀。古代有郊祭及社祭之禮[6]，天子於南郊行郊祭以祭天，諸侯於北郊行社祭以祭地。郊祭及社祭都是非常重要的祭祀，「郊社之禮，所以事上帝也」（中庸）。只有在沒有強敵壓境的情況下，才有可能在邑郊祭祀，這是郊祭及社祭的最基本條件。

　　「无悔」不同於「悔亡」，悔亡指怨悔之事消失，原有而今無。無悔則指所行之事，始終無懊悔。糾眾舉事而事成，事後共赴邑郊祈禱謝天，眾人於此無怨無悔，故占斷爲「无悔」。

同人卦通解

　　同人卦的卦爻辭文字甚淺顯，含意卻頗深。「同人」就是糾合眾人，共同舉事。卦辭「同人於野」，有遠離家園，合族共圖大事的意思，可以說是「同人」之最大程度動員。

　　本卦爻辭的故事性及順序性也很強，依序在說一個「同人」的案例。初爻「同人于門」，二爻「同人于宗」，在說糾合眾人的過程，各家家長先糾合家族成員，再到宗廟共議大事。三爻「伏戎于莽」說出了糾眾的目的，因爲有敵寇窺伺，所以要聚眾保衛家園。四爻「乘其墉」描述戰況的緊急。五爻「大師克先遇」說圍城之危得以解脫。六爻「同人于郊」以祭祀上帝。由聚眾，到圍城，到克敵解圍，再到祭祀謝天。過程完整，交代有序。

　　若將六爻分開來看，爻辭也分別給我們一些啓示。「同人于門」與「同人于宗」對照，可知糾集眾人共同舉事之不易。如果不是彼此信任，無法休戚與共，或彼此利害有所衝突，「同人」的結果很可能只是「吝」。五爻「大師克相遇」之「相遇」二字尤其重要，「同人」不只是夥同內部之人，也包括尋求外援。上爻以「同人于郊」結束，雖然沒有明說是祭祀，但在完成任務，取得勝利之後，主事者再度集合眾人，祈禱謝天，也是應當的，合於情理的事。

6　參考觀卦之〈考證與討論〉。

14‧大有卦（火天大有）

☰☲大有元亨。初九无交害匪咎艱則无咎。九二大車以載有攸往无咎。九三公用亨于天子小人弗克。九四匪其彭无咎。六五厥孚交如威如吉。上九自天祐之吉无不利。

卦名卦畫卦旨

　　大有，大有所得，爲富饒之象。事物之存在稱「有」，富足亦稱「有」，例如有錢，有學問，富有等。[1]又，古以豐年爲有年，大有即大豐收。春秋‧桓公三年：「冬，齊侯使其弟年來聘。有年」。公羊傳曰：「彼其曰大有年何？大豐年也。」

　　大有卦下乾上離，離爲火，乾爲天，天上之火，非太陽莫屬。日光遍照大地，草木欣欣向榮，此以火天（☰☲下乾上離）象徵大有，盛大而富有。

　　大有卦在說豐收與富饒，爻辭多關係到收成，及豐收後之祭祀與謝天。大有卦與同人卦互爲反對，聚眾與豐收亦互爲因果。聚集群眾，群策群力，勞動的成果才能豐碩。收成豐碩，倉廩富足，外地的民眾自然來此聚集落腳。

卦爻辭解讀

大有：元亨。

語譯：大有卦。大豐收。最亨通。

解讀：

　　大有卦，處於豐收富饒的格局。正如同人卦之卦辭脫「同人」二字，大有卦也可能脫「大有」二字。不過，就易經結構言

1　例如《詩經‧大雅‧公劉》「止基迺理，爰眾爰有」，即以富足爲有。

之，卦辭「元亨」本來就是在「大有」的情境之下說的。所以說「元亨」就是「大有，元亨」，也就是在大豐收的情境下，占斷爲「元亨」。故卦辭雖未補「大有」二字，但在語譯中增加「大豐收」，使意思更完整。

初九・无交害，匪咎。艱則[2]无咎。

語譯：不互相賊害，不咎責他人。艱困時沒有咎難。

解讀：

敘事辭「无交害，匪咎」顯示，眾人相互幫助，不彼此埋怨，才是是塑造「大有」格局的相處模式。要能彼此合作不埋怨，不是簡單的事，但也唯有這樣才能「大有」。即使當時有困難，也能突破，不受咎難。所以占斷爲「艱則无咎」。「則」在此用以表示時機點上的連繫，同樣的語法也出現在大壯卦上六「艱則吉」。

九二・大車以載，有攸往。无咎。

語譯：用大車裝載，有所前往。沒有咎難。

解讀：

「車」爲有輪子的載具，「大」形容可載貨物之多。以車來載，可知收穫必有所用，因有所用而有所往。以大車來載，可知收穫必豐盛。收穫豐盛，且物有所用，貨暢其流，百姓於此應是心滿意足，沒有什麼好怪罪、埋怨，所以占斷爲「无咎」。

九三・公用亨[3]于天子，小人弗克。

語譯：公卿用以進獻天子，平民小人則不能。

解讀：

莊稼收成運往何處？一部分自用，一部分繳納給官府國庫。公

2　「則」在此作連詞使用，未必是邏輯上的因果關係，也可以是時機上的條件。例如《論語》「弟子入則孝，出則弟」；「行有餘力，則以學文」。

3　亨爲享。享，進獻，（鬼神）享用祭品。古代字少，亨、享、烹爲同一字，寫作亯。《說文》「亯，獻也」。享之字義可參考本書第五章之〈其他常用字〉。

卿貴族收了領地的租納何用？一部分自用，一部分祭祀，一部分進獻給天子。古代封建社會，公卿有公卿大人的身分，平民有平民小人的身分。各司其職，各守其分。平民小人不能將收成直接進獻給天子，這也是禮法體制所規定，無關吉凶。爻辭也並未占斷吉凶。

平民小人的收成要分納給長官大人，長官大人的稅收要進獻給國君，國君又要進獻給天子。如此層層往上，名目雖或不同，道理則一，就是當有所得時，不要忘記與上級分享。

九四・匪其彭[4]。无咎。

語譯：不以其爲豐盛。沒有咎難。

解讀：

匪通非，彭形容盛大。「匪其彭」即不以此豐收爲盛大，或者說不自我膨脹誇耀。對內「匪其彭」即不以此自滿，還有繼續成長的空間。對外「匪其彭」即不炫耀誇富，也可免招強寇覬覦。所以占斷爲「无咎」。

六五・厥[5]孚交如[6]威如。吉。

語譯：其信驗交連威赫。吉祥。

解讀：

「厥孚」就是「其孚」或「此孚」，「孚」作名詞使用，且有指定之對象。此孚應指「大有」之孚，即將有大豐收的信兆，如瑞雪兆豐年之類。「交如」、「威如」在形容此信兆交連出現，而且有強大的力量。

---

4 彭：盛大貌。《說文》「彭，鼓聲也。」彭原意爲鼓聲，引申爲眾多，盛大的樣子。例如《詩經》「行人彭彭」（載驅）；「駟騵彭彭」（大明）。

5 厥：此作爲代名詞，相當於「其」。《爾雅・釋言》「厥，其也」。《尚書》多以厥爲其。例如《尚書・堯典》「厥民析……厥民因……厥民夷……厥民隩……觀厥刑于二女。」

6 交：交叉，交接。《說文》「交，交脛也」，篆書寫作，爲兩腿交叉之形。「交如」即一個接一個，交相出現的樣子。也有人，如高亨，主張交爲皎，「交如」即「皎如」，爲明白顯著的樣子，亦通。於爻義無礙。

我們從爻辭中無法推知當時所信的豐年之兆是那些，但無論如何，交連出現有力量的豐年之兆是件值得慶幸之事，所以占斷為「吉」。

上九・自天祐之。吉，无不利。

語譯：上天保祐。吉祥，沒有不利之處。

解讀：

「自天祐之」為豐年時對上天賞賜的感謝，此無庸置疑。謝天的方式，也必與祈禱、祭祀有關。占斷辭「吉」、「无不利」是說二事，結果令人滿意為「吉」；過程順利，沒有不順心的事，為「无不利」。

能有好的收成，過富裕的生活，雖然說是大家努力的成果，但也是上天的恩賜。「天」不僅只是宗教信仰，也是日、月、風、雨等自然力量，以及山川、大地、人物等一切有形、無形事物的總和。

≡≡ 大有卦通解 ≡≡

大有卦爻辭皆是說大有所得之事，關係到豐收並邁向富饒之路。初爻「无交害，匪咎」說出邁向富饒的要件。二爻「大車以載」描述豐收景象。三爻「用亨于天子」指出有所得時不要忘記上級長官的禮數。四爻「匪其彭」提醒富饒時應保持低調，謹慎行事。五爻「厥孚交如威如」顯示對豐收有高度的預期。上爻「自天祐之」將之所以能富饒的最終原因，歸諸上天的庇佑。這與其說是某種宗教信仰，不如說是謙沖為懷，富而好禮的生活態度。

上爻象徵人事發展的極致。大有卦上爻「自天祐之」，與同人卦上爻「同人于郊」，都與祭祀謝天有關。此似乎在說，不論是聚眾成事，或是大有所得，人的努力能力終究有限。所以人不論有多麼大的成就，仍應當保持謙遜，因為人事發展的極致，最後還是要依靠上天的庇佑。謝天正表現出人對天應有的謙遜。同人卦及大有卦之後，正好就是謙卦，使人不得不佩服易經作者的巧妙安排。

15・謙卦（地山謙）

☷☶謙亨君子有終。初六謙謙君子用涉大川吉。六二鳴謙貞吉。九三勞謙君子有終吉。六四无不利撝謙。六五不富以其鄰利用侵伐无不利。上六鳴謙利用行師征邑國。

卦名卦畫卦旨

謙，不自滿，自認不足。說文：「謙，敬也」；玉篇：「讓也」。唯謙字在先秦文字中，除易經外，並不多見。尚書・大禹謨有「滿招損，謙受益，時乃天道」。但今學者多認爲大禹謨屬僞尚書，不足以爲先秦文字使用之例證。論語、孟子多以讓[1]或孫（遜）[2]爲謙。古字嗛、謙、慊、嫌相通，[3]說文「嗛，口所銜也。」口所含銜之量甚少，故引申爲不足。[4]春秋時，莊叔以周易占筮，遇明夷之謙，楚丘即以「謙不足」爲主軸，解釋明夷初九爻辭「明夷于飛，垂其翼」。[5]綜合以上，謙字之本義，原應是自認不足，其後延伸出恭敬，退讓等義。

我們常說謙恭、謙退、謙遜、謙讓等，但恭敬退讓其實仍不足對謙做完整的表達，謙是一種態度，可驕傲卻恭敬，可顯耀卻退藏，可居功卻遜讓，這才可以說是謙。朱熹以「有而不居」釋

1　例如「夫子溫、良、恭、儉、讓以得之」（論語・學而）；「當仁不讓於師」（論語・衛靈公）；「辭讓之心，禮之端也」（孟子・公孫丑上）。

2　「君子義以爲質，禮以行之，孫以出之，信以成之。」（論語・衛靈公）

3　例如「貴而不爲夸，信而不處謙，任重而不敢專」（荀子・仲尼），此謙爲嫌；「如惡惡臭，如好好色，此之謂自謙」（大學），此謙爲慊；「嗛嗛之德」（國語・晉語），此嗛爲謙。

4　《穀梁傳・襄公二十有四年》「一穀不升謂之嗛」，范寧注：「嗛，不足貌。」

5　見《左傳・昭公五年》「初，穆子之生也，莊叔以周易筮之，遇明夷之謙，以示卜楚丘。曰：……謙不足，飛不翔，垂不峻，翼不廣，故曰其爲子後乎，吾子亞卿也，抑少不終。」

謙⁶，甚得其眞義。

　　謙卦下艮上坤，坤爲地，艮爲山。山埋於地之下，雖高大而不欲顯，故以地山（☷☶下艮上坤）象徵謙道。比之於人事，雖有如山之功，遜讓而不自以爲有，則可謂謙矣。

　　謙卦之旨在說謙遜，其卦爻辭多言謙道，並將謙道與君子建立關係，君子以謙致吉之含義甚濃，甚至有將謙工具化的傾向，用謙和的形象以建立功業，此頗堪玩味，未必全是自道德面敘述謙道。

卦爻辭解讀

謙：亨。君子有終。

語譯：謙卦。亨通。君子終有好結果。

解讀：

　　謙卦，處於謙恭退讓的態勢或格局。謙，有而不居。「亨」指以「謙」行事則亨。卦爻辭中的「君子」主要是就身分地位說的。「君子有終」不是說有德行的人終有好結果。而是說有身分的人若行謙道終有好結果。

　　當然，對今日社會而言，「君子」不再是指貴族子弟，凡是自尊自重且對自己的能力有信心的人，都可以說是君子。

初六・謙謙君子。用涉大川。吉。

語譯：君子謙之又謙。用以渡涉大河川。吉祥。

解讀：

　　身爲君子，身分高貴，行事風格卻謙讓再謙讓。用這樣的處事態度，即使是遠赴外地，冒險犯難，也能無往不利。所以占斷爲「吉」。孔子說：「言忠信，行篤敬，雖蠻貊之邦行矣」（論語・憲問），「雖蠻貊之邦行矣」可與此「用涉大川」對照，其義相通。

6　朱熹《周易本義》「謙者有而不居之義。」

六二・鳴[7]謙。貞吉。

語譯：有名聲而謙遜。所問之事吉。

解讀：

　　鳴而謙。有名聲，但仍保持謙遜的態度。此處雖未提及「君子」，應仍是針對有君子身分者。行事如同有名望而謙恭的君子，此之所以致吉，故占斷爲「貞吉」。

　　上六爻辭亦說「鳴謙」，含意略有不同，可相互比較。

九三・勞[8]謙。君子有終。吉。

語譯：有功勞而謙遜。君子終有好結果。吉祥。

解讀：

　　勞而謙。有功勞，但謙讓不爭。君子有功勞而不自誇，寧願謙讓給別人，眼前看來似乎吃虧，但終究會有好的結果。所以占斷爲「吉」。

六四・无不利。撝[9]謙。

語譯：沒有不利之處。指揮他人而謙遜。

解讀：

　　「无不利。撝謙」爲倒裝句，「撝謙」是因，「无不利」是果。撝通揮，揮而謙，[10]有指揮的權力，但態度保持謙和。以謙和的態度指揮他人，自然較爲人所樂於接受，命令可順利下達且執行，所以占斷爲「无不利」。

7　鳴：出聲，得名聲。《說文》「鳴，鳥聲也」，段玉裁注：「引伸之凡出聲皆曰鳴」。使人聽到而著名也謂之鳴。例如《莊子・德充符》「子以堅白鳴。」

8　勞：事功。原義爲勞動、勤勞之勞，《說文》「勞，劇也。用力者勞」；《爾雅・釋詁》「勤也」。引申爲功勞之勞，例如「挾有勳勞而問」（孟子・盡心上）。

9　撝：通揮，搖動，指揮。《說文》「揮，奮也」，奮爲奮振，搖動，揮的本義爲揮舞搖動。古代行軍作戰揮動旗幟以指揮三軍，故引申爲指揮，下命令。例如《公羊傳・宣公十二年》「莊王親自手旌，左右撝軍退舍七里。」

10　先儒亦有解釋「揮」爲發揮，「撝謙」即揮顯謙德。例如朱熹《周義本義》注此爲「當發揮其謙，以示不敢自安之意也」。但如此則將謙作爲受詞，與「鳴謙」、「勞謙」之語法不合。

六五・不富以其鄰。利用侵伐，无不利。

語譯：不用與四鄰誇富。利於興兵出境討伐，沒有不利之處。

解讀：

「不富以其鄰」亦出現在泰卦六四，相同的爻辭應作類似的解讀，唯在謙卦中，「富」字另有含義。富則易驕，謙與驕是相對的，子貢曾對「富而無驕」給予甚高的評價，[11]「富而無驕」就是謙的表現。以此，「不富以其鄰」就是不因富而驕其鄰，不與四鄰誇富。

「侵伐」指興兵出境討伐。我富強且對鄰國謙讓，他國自來依附。若有不服而驕逆者，或可討伐之。[12]富強而謙也使鄰國放鬆警戒，有利於侵伐，所以占斷「利用侵伐，无不利。」

上六・鳴謙。利用行師，征邑國。

語譯：有名聲而謙遜。利於興兵行師，征服境內小城邦。

解讀：

「鳴謙」也出現在六二爻辭中，應作類似的理解。但後段有「利用行師，征邑國」句，以顯示出不同重點。在此爻，「鳴謙」不只是有名聲而謙遜，而且此謙遜成為名聲的一部分。甚而更進一步，已將「鳴謙」工具化，利用所贏得的「謙」名，以方便使用武力，使他人屈服。此與六五「利用侵伐」有異曲同工之妙。

「征邑國」與「用侵伐」都是使用武力，但略有區別。「侵伐」為對外使用武力，侵犯他國；「征邑國」則是對內使用正[13]力，以武力整頓國中的附庸邑國。

謙卦通解

　　謙讓是一種美德，但並不容易做到。相反地，驕傲、自誇、爭功等雖爲人所厭惡，卻也是人之常情。孔門弟子德行第一的顏淵就以「願無伐善，無施勞」爲志，可見謙道之可貴。謙卦說謙德，六爻非吉則利，在易經六十四卦中絕無僅有，可算第一等吉卦。此也可見易經對謙德之推崇。但細究六爻爻辭，謙卦論謙，未必全是自德行觀點，其實也有相當程度的功利色彩。初爻至四爻分別以「謙謙」、「鳴謙」、「勞謙」、「撝謙」等各種角度，述說謙德的呈現方式，前三爻皆以謙爲吉。四、五及上爻則皆帶「利」字，是以謙爲手段，以達成某些目的。五爻及上爻尤其明顯，用謙道征伐，以達到政治目的。

　　謙卦卦辭及初、三爻皆言及「君子」，四、五、上爻雖未明說「君子」，但其作爲皆是君子之事，平民小人是無緣指揮或是主導行師征伐的。君子爲貴族子弟，代表一定的身分地位。這也說明了，謙德的顯現及發揮，必須以「有」爲前提。有地位而謙遜，有財富而謙遜，有能力而謙遜，有才華而謙遜，這才是謙卦所說的「謙」，而非僅只是自覺低下，或凡事退讓。

考證及討論

　　依照史記‧周本紀記載，周文王，當時的西伯，被商紂囚禁於羑里。後以美女、文馬、珍奇寶物等進獻，得到赦免釋放。西伯回到周地，默默推動善政，很有名望，鄰近諸侯國若有紛爭，都來找西伯評斷。虞國及芮國遇事有爭執，雙方無法自行解決，就想找西伯裁斷。一進到周國，看到農民互讓田界，並習慣禮讓長者。於是還沒有見到西伯，就很慚愧的回去了，說：「我們爭奪的，正是周人所引以爲恥的」，並各自退讓，解決紛爭。各國諸侯聽到這一件事，就認爲西伯才是眞正受天命的天子。這件事的第二年，西伯

就侵伐犬戎，再一年伐密須，再一年伐耆國，再一年伐邗，再一年伐崇。[14]

有關文王當時如何推行善政，以及周國何以民風謙讓之事，太史公並沒有做進一步說明。不過我們可以在逸周書中找到一些線索。逸周書記載文王「作程典」[15]以論述治國之道，其中談論到：要敬慎德行，必須推己及人，推己及人可以彰顯德行。德行須合天理並敬慎對待屬下，屬下才會盡力。大家競相謙讓，謙讓的美德就會流行。[16]尚書中也藉周公之口，提及周王、王季、文王一脈相傳謙卑克己以治國的傳統。[17]上行而下效，重視並推行謙道可以說是周朝立國精神之一。

上述西伯（文王）的事跡，從崇尚謙道，期望國人競相謙讓，讓謙德在民間流行；到虞人、芮人在周國目睹周人的謙讓和諧；到四方諸侯國聞聽西伯的謙名；到西伯征伐周邊不服的侯國。此以謙聞名，以謙征伐等事，與爻辭「鳴謙」、「撝謙」、「利用侵伐」、「利用行師征邑國」等，無不暗合。文王事跡與謙卦爻辭合讀，或可對謙卦有更進一步的體會。

---

14 《史記・周本紀》「西伯陰行善，諸侯皆來決平。於是虞、芮之人有獄不能決，乃如周。入界，耕者皆讓畔，民俗皆讓長。虞、芮之人未見西伯，皆慚，相謂曰：『吾所爭，周人所恥，何往爲，秖取辱耳』。遂還，俱讓而去。諸侯聞之，曰：『西伯蓋受命之君』……明年，伐犬戎。明年，伐密須。明年，敗耆國。……明年，伐邗。明年，伐崇侯虎。」

15 《逸周書・程典解》「商王用宗讒，震怒無疆，諸侯不娛，逆諸文王。文王弗忍，乃作《程典》，以命三忠。」

16 《逸周書・程典解》「慎德必躬恕，恕以明德。德當天而慎下，下爲上貸，力競以讓，讓德乃行。」

17 《尚書・無逸》「周公曰：嗚呼！厥亦惟我周太王、王季，克自抑畏。文王卑服，即康功田功。」

16·豫卦（雷地豫）

䷏豫利建侯行師。初六鳴豫凶。六二介于石不終日貞吉。六三盱豫悔遲有悔。九四由豫大有得勿疑朋盍簪。六五貞疾恆不死。上六冥豫成有渝无咎。

卦名卦畫卦旨

豫，逸豫。豫本意爲很大的象，引申爲寬裕，安逸。說文：「豫，象之大者」，段玉裁注：「凡大皆偁豫。大必寬裕。故先事而備謂之豫。寬裕之意也。寬大則樂」。以此，豫由大象引申爲大，再引申爲寬裕，再引申爲事先準備。豫因此而有愉（歡愉）、預（預備）等義。爾雅·釋詁即以「安也」、「樂也」釋豫，例如：「無時豫怠」（尚書·太甲）；「逸豫無期」（詩·小雅）。

豫卦下坤上震，震爲雷，坤爲地。陸上響雷，大地隆隆共鳴，有如天地之樂章。由樂聲而聯想至歡娛、安樂，故以雷地（䷏下坤上震）象徵豫卦。

豫卦之旨在說逸豫，其卦爻辭論及禮樂、愉悅及病癒，三者又以逸豫爲根本。逸豫故而作樂，生病是爲不豫，痊癒而後則身心悅豫。

卦爻辭解讀

豫：利建侯行師。

語譯：豫卦。利於建立侯國，興兵行師。

解讀：

豫卦，處於安逸悅豫的環境或心境。豫爲逸豫，豫樂與音樂是分不開的。音樂一方面用來娛樂並陶冶性情。另一方面也是禮的一

部分。尤其是祭禮及軍禮，所謂「國之大事，在祀與戎」[1]，國家重要典禮的舉行，必定要有相配合的音樂。

宗廟祭祀不能缺少莊嚴肅穆的音樂，軍隊出征或凱旋也必配有雄壯的音樂。由卦象關聯到樂聲，由樂聲關聯到禮樂，由禮樂關聯到宗廟祭祀及兵戎之事，所以占斷爲「利建侯行師」。要先建國才能立宗廟及自己的軍隊，「建侯」可以說是將禮樂推向國家層級的源頭。

初六・鳴[2]豫。凶。

語譯：逸豫之名聲在外。凶險。

解讀：

「鳴豫」，因逸豫而得名。此長期耽迷安逸，追求感官歡娛的結果。如此縱情聲色，心思鬆懈，勢必易招禍害，所以占斷爲「凶」。

六二・介[3]于石，不終日。貞吉。

語譯：置身於石頭間隙中，不能整日如此。所問之事吉。

解讀：

「介于石」[4]雖未提及「豫」，但置身於冰冷堅硬的石頭中，自然不能說是舒適安逸，「介于石」其實就是「豫」的反面，爲不耽溺安逸之象。「不終日」指「介于石」的行爲不需，也不能長久如此。遠離安逸是好的，所以占斷爲「貞吉」。但也不需要一直如此，偶爾娛樂，放鬆心情也是有必要的。

---

1 《左傳・成公十三年》「國之大事，在祀與戎。祀有執膰，戎有受脈，神之大節也」，此爲劉康公（康子）批評成肅公（成子）的議論。觀察其前後文，這句話應是針對行禮的態度威儀而說的，「祀與戎」關係到祀禮及軍禮。

2 「鳴」之字義可參考謙卦六二「鳴謙」。

3 介：中介，二物之間爲介。介爲界之初文，原義爲畫界線。《說文》「介，畫也。从八从人。人各有介」。由界線引申稱獨特之個體爲介。例如一介女子。介另有甲冑、耿直等義。

4 「介于石」，《繫辭傳》解讀爲「介如石焉」，並依此做出一番議論。但「介于石」與「介如石」的文義是有明顯有差異的。此可視之爲義理的發揮，但不宜認爲文本之原意如此。

六三・盱[5]豫。悔遲有悔。

語譯：睜大眼睛看人逸豫。悔悟太遲則有悔恨。

解讀：

「盱豫」，睜大眼睛仰望別人歌舞歡娛，此對感官享樂的嚮往羨慕之情表露無遺。自己目前雖無力縱情聲色，但已有心願在此。以「豫」為志不是一件好事，應該趁早打消此念頭。所以占斷為「悔遲有悔」，儘早改變心意，以免後悔太遲。

九四・由豫。大有得，勿疑。朋盍簪。

語譯：隨著大夥逸豫。大有所得，不要猶疑。朋友相聚，如長髮以簪相合。

解讀：

「由」為從由，由著他人。「由豫」即順著他人歡娛作樂，不是自己想「豫」，而是為不掃他人之興，與朋友一起同樂。「盍」通闔，「簪」為固定髮或冠的長針，可將頭冠別在頭髮間。「朋盍簪」就是朋友像頭髮與冠帽般的聚合。「由豫」使得「朋盍簪」。「大有得，勿疑」可視為占斷，指得此爻者將大有所得，勿需懷疑。也可以視之為敘事，「由豫」可使「朋盍簪」，與友同樂肯定可「大有得」，此不需瞻前顧後猶疑不定，所以說「勿疑」。

六五・貞疾，恆不死。

語譯：貞問疾病，終不致於死。

解讀：

「貞」為貞問；「恆」為長久。此以「豫」為「癒」，[6]疾病可痊癒，還可以活很長一段時間，所以說「恆不死」。

5　盱：讀作虛，睜大眼睛。《說文》「盱，張目也」。引申為仰望，觀察。
6　《尚書・金縢》「王有疾，弗豫」。「弗豫」即不悅豫，疾病未痊癒。《逸周書・五權》「維王不豫，於五日召周公旦。」

上六‧冥豫。成有渝。无咎。

語譯：暗中逸豫。所成之事有變。沒有咎責。

解讀：

「冥豫」指暗中享樂，享樂而不爲人所知。此恰與初六之「鳴豫」相對，初六大張旗鼓，上六暗地施行。因爲是在背人之處暗地享樂，不會被人發現，也就不會受責難，所以占斷爲「无咎」。不過，逸豫是有礙事功的，雖說是不爲人所知，但是畢竟會耽誤事情。原來可以辦成的事，卻生變而出問題，所以說「成有渝」。「成有渝」也表示了此「无咎」是應「有咎」而「无咎」。

豫卦通解

豫卦在說逸豫，雖是以逸豫爲宗旨，卦爻辭其實是以「豫」字爲中心，在說與「豫」相關之事，包括音樂、病癒等。卦辭「利建侯行師」，是以奏樂釋「豫」，演奏武樂以助行軍之威。初爻「鳴豫」，三爻「盱豫」，四爻「由豫」，上爻「冥豫」，皆是以逸豫釋「豫」。二爻藉「介于石」說不逸豫。五爻藉「疾」之「不死」以說病癒之安豫。

縱觀豫卦之卦爻辭，「豫」字皆可解釋爲逸豫，但亦暗含有音樂、愉悅、病癒等義。「豫」又通「預」，唯卦爻辭不見此義。繫辭傳說：「重門擊柝，以待暴客，蓋取諸豫」，是以豫爲預。「重門擊柝」即預防「暴客」之到來。此或可爲豫卦之補充。

考證及討論

九四爻辭「由豫」、「勿疑」並列。「由豫」，經典釋文引馬融之說：「（由）馬作猶，云：猶豫，疑也」。今人以臨事猶疑不定，狐疑不決爲「猶豫」。此用法最早可見於戰國時期文獻，例如「心猶豫而狐疑兮，欲自適而不可」（楚辭‧離騷）。「猶

豫」正好是「勿疑」的相反。猶豫，或寫作猶與[7]，或猶預[8]，皆可視爲讀音相近之通假字。老子・第十五章曰：「豫兮若冬涉川，猶兮若畏四鄰」。「豫」爲預備，[9]謹慎以對。「猶」通猷，爲謀畫，深謀遠慮。[10]豫與猶在此皆有預謀籌畫，考慮再三的意思，或因此而引申爲遲疑不決。此亦可能是以「猶豫」爲遲疑不決的原由。

「猶豫」與爻辭「由豫」及「勿疑」的關係爲何？因「大有得」之「勿疑」，故其後引申出以「由豫」爲猶疑不決？或「由豫」即「猶豫」，「勿疑」只是在破除此猶疑不決？或者「由豫」與「猶豫」根本無關？此中緣由或演變實難有定論。

老子一書據今人考證應成書於戰國時，較易經之成書晚了將近五百年。西周時文字慣例一字一義，較少見複合詞的使用。老子書中仍將「猶」與「豫」分開，各有其義。若逕將「由豫」理解爲「猶豫」，不但在爻辭解釋上有困難，而且較不合西周文字的習慣。故本書仍採第一種解釋，不以「由豫」爲「猶豫」。

因爻辭「由豫」而有「猶豫」一詞？或本有「猶豫」一詞而爻辭寫作「由豫」？易經成書之早，影響之廣，使卦爻辭的解讀，往往成爲後世漢字使用之典型。若再以此後出之字義來解釋卦爻辭，難免會有循環定義之弊。「由豫」與「猶豫」即爲一例。

---

7 例如《禮記・曲禮》「卜筮者……所以使民決嫌疑、定猶與也。」
8 例如《史記・魯仲連鄒陽列傳》「平原君猶預未有所決。」
9 豫通預，例如《中庸》「凡事豫則立，不豫則廢。」
10 猷：謀略，計畫。例如《尚書・盤庚》「各長於厥居，勉出乃力，聽予一人之作猷」；毛公鼎銘文：「離我邦小大猷」。

17‧隨卦（澤雷隨）

☷隨元亨利貞无咎。初九官有渝貞吉出門交有功。六二係小子失丈夫。六三係丈夫失小子隨有求得利居貞。九四隨有獲貞凶有孚在道以明何咎。九五孚于嘉吉。上六拘係之乃從維之王用亨于西山。

卦名卦畫卦旨

　　隨，順隨，隨從。說文「隨，從也」。順從、跟從都可以說是隨從。隨可以是出於自願，例如追隨；或出於不得已，例如迫隨。不論是追隨或迫隨，在順隨的處境中，都不能有自主之見，沒有自己的聲音，只能以主人的意見為意見。順從他人的意志可以說是隨的本質。

　　隨卦下震上兌，兌為澤，震為雷，雷潛伏在大澤之下，不能出聲。古人於大海之濱，見海天交際之遠處有閃電交錯，久久之後才有微弱雷聲。有如響雷隨從澤海而去。故以澤雷（☱下震上兌）象徵隨卦。

　　隨卦卦旨在說順隨，其爻辭中常伴有「係」字，係通繫[1]，因繫而隨。這樣的順隨或許是出於被迫。而不是追隨之隨。

卦爻辭解讀

隨：元亨，利貞。无咎。

語譯：隨卦。最亨通，利於貞問。沒有咎難。

解讀：

　　隨卦，處於順隨的格局或心境。隨，順隨。「元亨，利貞」在

1　係通繫。《說文》「係，絜束也」，段玉裁注：「按俗通用繫。」

乾卦及屯卦的卦辭皆出現過。同一文句，除非上下文有暗示，否則應作類似的解釋。斷占辭「无咎」指處於隨卦之境時，若順隨則無所咎難。

初九・官有渝。貞吉。出門交有功。

語譯：官事有變。所問之事吉。出門交際有成效。

解讀：

　　「官」可指官事、官職或宮室[2]，「渝」爲變動。「官有渝」可理解爲宮中所命之官事或任職有變動，相當於訟卦九四所說的「命渝」。爻辭並沒有明說是變好還是變壞。但是由「出門交有功」可以得知，走出家門與外人交往應酬，並獲相當成效。既然說是「有功」，可見最後是往變好的方向發展，所以占斷爲「貞吉」。

　　何以「出門交」而能「有功」？可想而之，此交往必然是各式拜見、請託、饋贈、應酬之類，其目的當然是有事相求。其拜見或請託的對象，也必是長官或有影響力的人物。

六二・係小子[3]，失丈夫[4]。

語譯：繫隨少年，失去男子。

解讀：

　　「丈夫」爲成年男子，「小子」指青少年。兩者對比，「丈夫」也可以指一家之主，目前的當家漢；小子則指家裡的晚輩，未來的接班人。

　　係通繫，縛繫。在隨卦的脈絡下，「係」指繫而隨，可以是心

2　例如《論語・子張》「不見宗廟之美，百官之富」，百官即描述宮室之連綿富盛。

3　小子，青少年，後生晚輩。小子有多方面意思，亦可指一般百姓，或自謙之辭。此處與「丈夫」對照，應指未成年男子，或晚輩。

4　夫，成年男子，古人以加簪冠爲成年。《說文》「夫，丈夫也。從大，一以象簪也。周制以八寸爲尺，十尺爲丈。人長八尺，故曰丈夫」。丈夫即成年男子，如大丈夫，美丈夫，烈丈夫等，皆指成年男子。丈夫常與小子、婦人相對，例如《史記・趙世家》「太后曰：丈夫亦愛憐少子乎？對曰：甚於婦人。」

繫，也可以是身繫。「係」則不「失」，「失」則未「係」。今有「小子」與「丈夫」分離，二者不可兼得，結果隨了「小子」，捨了「丈夫」。

　　若視當事人爲婦女，放到家庭的情境之中，爻辭很容易讓人聯想到「跟隨著小孩，放棄了丈夫」。如果把格局放大，「丈夫」顯然是比較強而有力的，「小子」則相對爲弱小者。「係小子，失丈夫」即在說捨強而隨弱，其境遇類似否卦卦辭「大往小來」。不論此繫隨與拾棄是被迫的或自願的，「捨強隨弱」都意味著後續發展有相當程度的艱難。

六三・係丈夫，失小子。隨，有求得。[5]利居貞。

語譯：繫隨男子，失去少年。跟隨著，有求而有得。利於問居住之事。

解讀：

　　「係丈夫，失小子」明顯地與六二「係小子，失丈夫」相對。此捨弱而隨強。「隨」可以是隨「丈夫」，或者是因跟隨「丈夫」從而跟隨更高層次的主人。也因爲跟對了人，跟隨到有辦法、有力量的主人，所以能「有求得」。能有這樣的主人可跟隨，宜長久安居於此。所以說「利居貞」。

　　雖說是跟對了人，有所得，有依靠，但是不要忘記了，求有所得代價是「失小子」。

九四・隨有獲[6]。貞凶。有孚在道以明，何咎。

語譯：隨從主人田獵有所獲。所問之事凶。有信憑在途中可用以說明，如此有何咎難？

5　「隨，有求得」亦可斷句爲「隨有求，得」，意思相近。這裡斷爲「隨，有求得」是在強調「隨」。

6　獲：打獵所得。《說文》「獲，獵所獲也」。例如解卦九二爻辭「田獲三狐」。

解讀：

「隨有獲」何以占斷爲「貞凶」？「隨」者，隨而從之。古代臣隨其君，民隨其主。在主人身邊，隨從所作一切都只能是爲了主人，不能有什麼自己個人的考量。隨從君主田獵時，應盡一切力量協助君主有好的成績，而不是自己去獵獲。若看見獵物，一時見獵心喜，忍不住就在君主面前射獵，大違隨臣之禮，因而招致凶禍。

「在道以明」就是在道途中解釋清楚。本來有咎責的，說清楚就得到諒解，也就不會有何咎責。「何咎」就是「无咎」，只是換一種語氣來說。「有孚」則指信兆或信憑，可用來作爲申辯時的證明。

那麼「隨有獲」以及「在道以明」是一件事？還是兩件事呢？應該是都可以。如果視爲同一事，可以這樣理解：隨從者因「有獲」受主人斥責而有凶險，但在途中，顯示出可信的事證，據理解釋緣由，終而得到主人的諒解，不予咎責。

九五・孚于嘉[7]。吉。

語譯：相信將有嘉美之事。吉祥。

解讀：

「孚」爲信，「嘉」指美好的，值得肯定，值得讚賞的事物。「孚于嘉」即指相信有美好事物將隨之出現，或說有值得相信的徵兆顯示美好事物將出現。[8]所以占斷爲「吉」。

7　嘉：美善。《說文》「嘉，美也」；《爾雅》「嘉，善也」。
8　也有學者主張「孚」爲俘，「嘉」爲嘉禮，即喜慶之禮。《周禮・春官・大宗伯》記載有吉、凶、軍、賓、嘉五禮，其中「以嘉禮親萬民」。「孚于嘉」即獻俘以行嘉禮。按，古代的確有獻俘的儀式，但用於軍禮，而非嘉禮。故不取此說。

上六‧拘係之，乃從⁹維之。王用亨¹⁰于西山。

語譯：拘繫起來，又縱放掉。君王在西山祭獻。

解讀：

　　「拘」為拘捕；「係」為綑繫。「從」通縱，為縱放；「維」為大繩，用以繫物。爻辭前段在說，有人被拘繫囚禁，後來又被釋放。「亨」在此為享，「用亨」就是「用享」，也就是進獻祭祀。

　　即使是現代的一般人，在遭囚禁之後又被釋放，也會到廟裡燒柱香，或理髮洗澡換新衣等，以去晦氣。這是很容易理解的。但為什麼是「王」用享于「西山」呢？「王用亨于西山」之類似語句在升卦中也有出現¹¹，「西山」就是「岐山」¹²，周文王祖父古公遷周於岐山之下。參考前段文意，此「王」應暗指周文王，也就是當時的西伯。

　　據載，西伯姬昌，因不滿紂王殺九侯、鄂侯之事，私下嘆息。此遭崇侯密告，於是被商紂王囚禁在羑里。後有周臣閎夭等，蒐求美女、奇珍、良馬等寶物，獻給紂王，紂王歡喜，才將西伯釋放。¹³西伯獲得自由之後，向西回到位於岐山之下的周國。隨之在岐山（西山）祭祀，進獻上帝，以謝上天之佑，也是理所當然的。西伯回故國不久，就不再受商王節制，並征伐周邊不服的侯國。儼然有如受命之君，可以稱得上是王了。所以說「王用亨于西山」。

9　從：通縱，釋放。《說文》「縱，緩也。一曰舍也。从糸從聲」，段玉裁注：「捨者，釋也」。從、縱同聲，可通假。例如《論語‧八佾》「始作，翕如也；從之，純如也」，朱熹注：「從，音縱。……從，放也。」是以從為縱，其義為縱放，釋放。

10　「亨」在此之字義可參考大有九三「公用亨于天子」。

11　升卦六四「王用亨于岐山。吉，无咎。」

12　程頤《易程傳》注此：「西山，岐山也。」

13　《史記‧殷本紀》「西伯昌聞之，竊嘆。崇侯虎知之，以告紂，紂囚西伯羑里。西伯之臣閎夭之徒，求美女奇物善馬以獻紂，紂乃赦西伯。」

隨卦通解

　　隨，順隨。僕隨其主，臣隨其君。有跟隨者必有領導者，如此「隨」的關係才能建立。隨卦雖然在說隨，但隨字並不多見，反倒是多用「係」字，以繫使隨的意思相當濃厚。二爻「係小子，失丈夫」與三爻「係丈夫，失小子」對稱，因係而隨，隨此而捨彼，隨彼而捨此。故此之「隨」與「捨」，比較是命運的安排，未必是當事人自己的選擇。上爻「拘係之」更明顯有強迫的意思，其後「從維之」更暗示「隨」關係的終止，不再被迫順隨。四爻「隨有獲」突顯出隨從者的本分，以及與主人之間的關係。

　　初爻與五爻比較特別，與「隨」的關係並不明顯。但仍宜在隨卦的情境中解讀。初爻「官有渝」，若非「出門交有功」，也有可能陷入「拘係之」的境遇。對比初爻與上爻，或可說，初爻因在隨卦之初，所以只是潛在一個被係隨的可能，上爻在隨卦之極，必遭到拘係而後才有縱放。五爻「孚于嘉」放在隨卦情境之中，或許可以做這樣的理解：在係隨的處境下，一切聽命他人，身不由己，只能對未來抱持信心，美好的事物終將來到。

考證及討論

　　隨卦二爻爻辭「係小子，失丈夫」，及三爻爻辭的前半段「係丈夫，失小子」，其字面解釋及可能意涵已於解讀中說明。唯傳統易學對此另有發揮，試圖將爻辭與爻象結合，並予以擬人化。即將爻辭中「丈夫」與「小子」的角色指派給某些爻，或說，將某些爻比擬為「丈夫」或「小子」。

　　同樣是以爻位比擬人物，但各家的指涉卻各有不同。以六二「係小子，失丈夫」為例。王弼主張五爻為丈夫，初爻為小子。[14]

---

14 王弼《周易注》「五處己上，初處己下，故曰係小子，失丈夫也。」

虞翻主張四爻爲丈夫，五爻爲小子。[15]程頤及朱熹主張五爻爲丈夫，初爻爲小子，[16]此同王弼。朱震主張初爻爲丈夫，五爻爲小子。[17]俞琰及來知德主張初爻爲丈夫，三爻爲小子，[18]王夫之亦持此觀點[19]。

　　以上諸賢之所以如此安排，其背後藏有一些信念。王弼、虞翻、程頤、朱震等，持陽爲男，陰爲女的觀點，六二自身爲陰爲女，丈夫、小子皆爲男，所以必須指派給陽爻，初、四、五皆爲陽爻，所以可以代表丈夫或小子。俞琰、來知德及王夫之則持陽爲大，陰爲小的觀點。丈夫大，小子小，所以初九陽爻爲丈夫，六三陰爻爲小子。

　　相同的信念也用於六三「係丈夫，失小子」的指涉上。例如王弼主張四爻爲丈夫，初爻爲小子[20]。虞翻亦持相同觀點。[21]程頤及朱熹則主張五爻爲丈夫，初爻爲小子，[22]朱震主張初爻爲丈夫，四爻爲小子。[23]俞琰及來知德主張四爻爲丈夫，二爻爲小子，[24]王夫之亦持相同觀點。[25]今以表格總覽之如下。

---

15 李鼎祚《周易集解》「虞翻曰：應在巽。巽爲繩，故稱係。小子謂五，兌爲少，故曰小子。丈夫謂四，體大過老夫，故稱丈夫」。按，此引大過卦九二「老夫得其女妻」，以釋此「丈夫」。

16 程頤《易程傳》「初陽在下，小子也。五爻應在上，丈夫也。」

17 朱震《漢上易傳》「四艮爲少男，有乾父坤母，小子也；初震爲長男，有巽婦，夫也。」

18 來知德《周易集注》「中爻巽爲繩，係之象也。陰爻稱小子，陽爻稱丈夫，陽大陰小之意。小子者三也，丈夫者初也。」

19 王夫之《周易內傳》「二隨三而失初九之爻。」

20 王弼《周易注》「舍初係四，志在丈夫。……初處己下，四處己上，故曰係丈夫，失小子也。」

21 李鼎祚《周易集解》「虞翻曰：陰隨陽，三之上無應，上係於四，失初小子，故係丈夫，失小子。」

22 程頤《易程傳》「初陽在下，小子也。五正應在上，丈夫也。」

23 朱震《漢上易傳》「三寧失其親比而順者，而係情於初，以初正，四不正也。故曰係丈夫，失小子。三柔不能自立，而隨初。」

24 來知德《周易集注》「丈夫者九四也，小子者六二也。」

25 王夫之《周易內傳》「捨二從四，往求而有得也。」

六二	注家	丈夫	小子	主要理由
	王弼	五	初	陽為男，繫近捨遠。
	虞翻	四	五	陽為男，兌為少[26]。
	程頤／朱熹	五	初	陽為男，五正應。
	朱震	四	初	陽為男，艮[27]為少男，震為長男。
	俞琰／來知德	初	三	陽為大。
	王夫之	初	三	陽為大。

六三	注家	丈夫	小子	主要理由
	王弼	四	初	陽為男，繫近捨遠。
	虞翻	四	初	陽為男，陰隨陽。
	程頤／朱熹	五	初	陽為男，五與二正應[28]。
	朱震	初	四	陽為男，初正四不正。
	俞琰／來知德	四	二	陽為大，繫上失下。
	王夫之	四	二	陽為大。

　　從以上分析的整理可看出，如此擬人化的結果是多樣，甚至可以說是任意的，端視詮釋者的信念為何。各家其實使用相同的易學概念，對陰、陽、剛、柔、中、正、敵、應等的判斷及含義等並無差異。但因採用不同的類比解釋，或不同的優先順序考慮，而有不同的指涉。例如王弼等人以陽為男，陰為女，故以初爻、四爻、五爻為丈夫或小子，因為這些都是陽爻。俞琰等人以陽為大，陰為小，故以初爻及四爻為丈夫，二爻為小子。同樣是以五爻為丈夫，王弼的理由是五爻在上，程頤的理由是二、五有應。這也顯示了卦爻象解釋的多樣性及任意性。

　　何爻為丈夫？何爻為小子？傳統易學中，這或許是值得討論的

---

26 依《說卦傳》，兌為少女。小子為少男，此處虞翻僅採「少」字。
27 此採互體，隨卦二爻至四爻構成一艮。
28 程頤此處說：「五正應在上，丈夫也」。唯三與五不為應，此「正應」應指二與五。

議題。但不論是那一爻，其實都不影響爻辭本身的文意。眾注家對爻辭「係小子，失丈夫」及「係丈夫，失小子」的文字意義其實並無異議，只是各自有其義理發揮。

以程頤為例，當解讀六二「係小子，失丈夫」時，雖說以五爻為丈夫，初爻為小子，但整段解釋在強調不應當捨丈夫而繫小子，並以此為戒。[29]至於初爻如何，五爻又如何，完全不在關心之列，解讀初爻及五爻時，也不會涉及小子或丈夫。以「係小子，失丈夫」為不正當，並賦以道德意義，是程頤的發揮。以五爻為丈夫，只是此發揮下的象數理由，並沒有增加新的理解。

傳統易學將爻象、爻位擬人化的現象也普遍出現在其他卦爻辭的解釋當中。此處以隨卦作例，並非要對諸說評斷優劣。只是在說明，此類發揮，其基本原則及精神雖然一致，但因主觀成分居多，結果往往難有定論。

無可諱言地，這樣的比擬的確可帶來更多讀易經的趣味性，以及解卦的多樣性，並有助於文義之外的發揮，但若欲藉此對卦爻辭本身有更貼切的理解，恐怕效力有限。

---

29 程頤《易程傳》「舍正應而從不正，其咎大矣。」

18 · 蠱卦（山風蠱）

䷑蠱元亨利涉大川先甲三日後甲三日。初六幹父之蠱有子考无咎屬終吉。九二幹母之蠱不可貞。九三幹父之蠱小有悔无大咎。六四裕父之蠱往見吝。六五幹父之蠱用譽。上九不事王侯高尚其事。

卦名卦畫卦旨

　　蠱，蠱惑。說文「蠱，腹中蟲也」，爾雅·釋詁：「蠱，疑也」，以蠱爲心志疑惑之疾。古人以爲此疾爲腹內蠱蟲之毒所致。心智迷惑會做出一些不合常理，亂七八糟的事，所以蠱惑又關係到心志迷亂。人爲蠱所惑，心中迷亂而生出種種弊端。

　　蠱卦下巽上艮，艮爲山，巽爲風，爲教化[1]。今風爲山所阻，教化不能施行。民眾未受教化時易受蠱惑而迷亂。故以山風（䷑下巽上艮）象徵蠱卦。

　　蠱卦之卦旨雖在說蠱惑迷亂，但爻辭多述及治蠱——對迷亂之弊端加以整治。有人迷亂，就需有人整治，亂與治是分不開的。

卦爻辭解讀

蠱：元亨。利涉大川。先甲三日，後甲三日。

語譯：蠱卦。最亨通。利於渡涉大河川，先於甲日三天，後於甲日三天。

解讀：

　　蠱卦，處於蠱惑迷亂及其整治之態勢。蠱，蠱惑。中國自古以

---

1 《毛詩·序》「風，風也，教也。風以動之，教以化之。」

來便以天干記日排序[2]，「甲」是天干之始，也可以視爲一個新循環的開始。此處以「甲」暗示一個新作爲的時機點。「先甲三日，後甲三日」正是在形容對此時機點之選擇的反覆愼密考量。

處置蠱亂最需天人通達，情理通順，故爲「元亨」。「利涉大川」正說明在整治蠱亂是需要冒險犯難的。從「蠱」之爲「元亨」，以及之所以「利涉大川」，也可以體會到卦爻辭占斷之理，未必是得此卦則如何如何，更可以是得此卦時應如何如何。

初六・幹[3]父之蠱。有子，考[4]无咎。厲，終吉。

語譯：處理父親的弊端亂事。有好兒子，老父不受咎責。艱辛，終究吉祥。

解讀：

「幹」爲處理，「蠱」爲弊端。兒子處理父親的弊端。「考」爲老，老父，今人慣稱亡父爲「考」，周初未必有此習慣，但「考」至少說明了父親已老或死，不再能視事[5]。「无咎」在此不是斷占辭而是敘事辭，指老父不再受咎責。「有子考无咎」明示此父親已老（或已故），子承父業，先飭治父親所留下之弊端，因而使父親不受責難。前人所留下的弊端必是多年所累積，要除去此積弊談何容易？但是除弊終究是會有好的結果。所以占斷爲「厲，終吉。」

此處雖然沒有提及父與子的身分，但基本上易經多談君子之

---

2 商國先祖上甲微，爲首位明文記載以天干爲稱號的君主，約當夏朝帝泄之時，公元前1900年左右。此後歷代商王皆以天干爲號，此可證中國歷史以天干爲記之早。《史記索引・殷本紀》引皇甫謐語：「商家生子，以日爲名，蓋自微始。」

3 幹：能做事，能從事某活動。幹通榦，《說文》有榦無幹，「榦，築牆耑木也」，即築牆時支撐兩側的木柱。引申爲事物的主體，才能，才幹等。

4 考：老，父，亡父。考原意爲老，也用以指父親，《說文》「考，老也」，《爾雅・釋親》「父爲考」。後來專用以指亡父。《釋名・釋制喪》「父死曰考」，《公羊傳・隱公元年》「惠公者何？隱之考也」，何休注：「生稱父，死稱考」。以考爲亡父應是後起的用法。

5 若以乾卦爲喩，父是「亢龍」，子爲「飛龍」。

事，以貴族階級爲主要對象，此處之父子，也應指國君或公卿大夫之輩，所指的弊端，也應是與政事或治理有關。

九二‧幹母之蠱。不可貞。

語譯：處理母親的弊端亂事。不宜貞問。

解讀：

　　母親居於內宅，少與外人交往。若傳出有弊端亂事，多涉及家人親族，或閨閫私德等，不足爲外人道之事。即使發生了，做兒子的也只能整飭，不好細問。所以占斷爲「不可貞」。

九三‧幹父之蠱。小有悔，无大咎。

語譯：處理父親的弊端亂事。有小的悔恨，沒有大的咎難。

解讀：

　　同樣是「幹父之蠱」，也有可能是在父親還在上位的時候就去做。古代貴族爲世襲制，父親不管是多麼老病體弱，只要有心掌權管事，就仍是君主，家長，當權者，主宰者。做兒子的要在父親當權時去「幹父之蠱」，必當是父親的交代，至少是得到父親的首肯。即使如此，清除積弊也需要有相當的勇氣，面對相當的困難，並承受相當的指責埋怨，絕對不是一件簡單的事。所以占斷爲「小有悔」、「无大咎」。雖「有悔」但較小，雖有「咎」但不大，此鼓勵之意味甚濃厚。在父親的認可下，該整治的事，即使是「幹父之蠱」，也要不畏艱難，不懼閒言地放手去做。

六四‧裕[6]父之蠱。往見吝。

語譯：寬容父親的弊端亂事。往前進行會出現困窘。

解讀：

　　「裕」爲寬裕，對父親的弊端採寬容，甚或包庇的態度，不予

6　裕，寬大，寬裕。《說文》「裕，衣物饒也」。原義爲富饒，衣食富足，引申爲有餘，寬容。例如「綽綽然有餘裕」（孟子‧公孫丑下）；「寬裕而多容」（荀子‧致士）。

以整治。但前人所生出的弊端，最終還是要由後人承擔。作爲父親的繼承者，若長久抱持這樣的態度，會使積弊越陷越深，路越走越窄。所以占斷爲「往見吝」。

六五·幹父之蠱。用譽。

語譯： 處理父親的弊端亂事。受到讚譽。

解讀：

「幹父之蠱」涵義與初六、九三相同，不再贅述。唯此爻的重點在「用譽」二字。「用譽」即用以受譽，用「幹父之蠱」以受「譽」。是誰受到讚譽呢？這裡有幾個可能，一則是處理積弊的兒子，再者可能是留下弊端的父親。但更圓滿的解釋應是父子相承的家族聲譽。古代世家大族，子孫繼父祖遺緒，所承續的不只是爵位、人民、土地、房產、田舍，也包括尊榮、名聲、與德行。[7] 所以在清理父祖積弊時，在改革中仍要有繼承，而非全盤否定。這樣，才能讓宗廟祭祀時，使子孫都能以祖先爲榮。此才是「幹父之蠱」的最佳境界。

上九·不事王侯，高尚其事。

語譯： 不願事奉王侯。只求高尚自己的抱負。

解讀：

「不事王侯」就是不任官職，不食君祿，隱居在鄉里家中。以此高潔自守，無所求於權位利祿，所以說「高尚其事」。

孔子有云「天下有道則見，無道則隱」（論語·泰伯），此處明說是「不事王侯」，實暗指王侯昏亂無道，故而「不事」。前五爻皆言爲子之道，此爻獨論爲臣之道，看似有異，但倘若放在西周宗法及封建制度之下，政治與血緣是綁在一起的，所以在家中是父子，在廟堂是君臣，父子與君臣也就沒有多大的差別了。

7　《孝經·開宗明義》「立身行道，揚名於後世，以顯父母，孝之終也。」

▨▨▨ 蠱卦通解 ▨▨▨

　　蠱卦六爻都在說父母尊長心智蠱亂，行事不妥，留有弊病，有待後生晚輩來收拾處理。心志蠱亂者之中，初爻、三爻、四爻、五爻是針對父親的，二爻針對母親，上爻則針對君王。若以易經成書當時的社會制度為背景，這裡所談論的父子、君臣，都是屬於貴族世家的，統治階級的，而不是一般的農商百工等平民庶眾。父親或君王的弊端亂事，也應該都是與政事有關。其所以被稱之為蠱亂或弊端，乃是因為這樣的作為或措施會影響到國家的安定，使人民不能安居樂業，因而心生怨恨。所以作為國君之子，作為政權的繼承人，就必須要面對這個弊端，處理這個弊端。即使是在君父去世之後。

　　不論是在生前或是在死後，處理這樣的積弊，都是要承擔很大的政治風險，也需要很大的勇氣與決心，不是一件簡單的事。歷史上許多新舊黨爭，宮廷內鬥等，皆是由此輾轉而出。初、三、五等爻皆論「幹父之蠱」，但情況略有差異。初爻「幹父之蠱」是在父親老死之後，比較可放手處理。三爻「幹父之蠱」應是秉承父意而為，一方面要承父意以除積弊，另一方面也要顧及父親的感受，需要特別小心。五爻雖也是「幹父之蠱」，但乃就結果論之，除先人積弊，以保全家族聲譽為最高成就。四爻「裕父之蠱」反其道而行，明知是「蠱」，不但不思去除，反而接納，乃至擴大，其弊端可想而知。上爻「不事王侯」對君主之「蠱」採取另一種態度，既然無力解決，只有選擇離開。

　　如今之社會體制與思想觀念與古代相較，當然有很大的差別。社會地位不再與血脈緊密相連，威權意識及階級區分在生活中也不再那麼理所當然。但權力與階級也不是說就不存在了。在職場上，在社交上，在政治上，甚至在家族中，領導權的傳承接續，以及新人新政除舊佈新等，在現代生活中仍然經常出現。蠱卦卦爻

辭所帶出的情境，及所推斷的結果，放在今日社會，仍然是言之有物，充滿智慧。

考證及討論

不論是「幹父之蠱」或「幹母之蠱」，甚或「幹君之蠱」，都是在下位者試圖糾正在上位者的錯亂。在古代，上下尊卑有嚴格的區分，尤其是下對上，言行必需謹守禮儀法度，絕不容過越逾矩。若見尊長有不是之處，即使有心規勸，也要委婉進言，讓尊長自行醒悟，絕不可不顧其尊嚴，當面指責。禮記‧曲禮下有段記載：「為人臣之禮：不顯諫。三諫而不聽，則逃之。子之事親也：三諫而不聽，則號泣而隨之」。君臣之間，治國理念合則留，不合則去，在未去之前，君臣尊卑禮數不可廢。父母子女的關係則終身不改，在家中，只要父母在，子女只能選擇順從，以父母的意志為意志。孔子也說：「事父母幾諫。見志不從，又敬不違，勞而不怨」（論語‧里仁），若父母言行錯亂且無意改過，子女也只能號泣而隨，不違不怨。

理解那個時代的背景，當可以更深刻的體會爻辭三論「幹父之蠱」，以及上爻「不事王侯」之間所蘊藏的異與同。

19‧臨卦（地澤臨）

䷒臨元亨利貞至于八月有凶。初九咸臨貞吉。九二咸臨吉无不利。六三甘臨无攸利既憂之无咎。六四至臨无咎。六五知臨大君之宜吉。上六敦臨吉无咎。

卦名卦畫卦旨

臨，從高處往下看爲臨，所謂居高臨下。上位者察看下級謂之監臨，也就是今所謂的視察。說文：「臨，監臨也」，「監，臨下也」。爾雅‧釋詁：「臨，視也」。例如詩經：「臨下有赫，監觀四方」（大雅‧皇矣）；「日居月諸，照臨下土」（衛風）等皆採此義。因監臨視察而來到，而接近，所以臨又有來到的意思，如光臨，蒞臨，面臨等，這都是後來的引申演變。但此「來到」仍以由上往下爲主，所以會說降臨，不會說升臨。

臨卦下坤上兌，兌爲澤，坤爲地。湖澤之地勢必低窪，人立於岸邊土地之上，低頭目視澤水，是爲居高而臨下，故以地澤（䷒下坤上兌）象徵臨卦。

臨的對象，可以是人，可以是事。若爲臨人，指上級視察下級，爲監臨之臨。若爲臨事，事無上下之分，所以只能是面臨的臨。

臨卦卦旨在說臨民與臨事，其六爻爻辭皆帶有「臨」字，此臨原本指上位者視察下民，是爲監臨之臨，臨民之臨。但今日社會體制及觀念已非往昔，讀此卦時，亦可將「臨」解讀爲面臨之臨。

卦爻辭解讀

臨：元亨，利貞。至于八月有凶。

語譯：臨卦。最亨通，利於貞問。到了八月會有凶災。

解讀：

臨卦，處於臨事視察的態勢或格局。臨，居高視下。「八月」可以有兩種解釋，一指當年第八個月，二指再八個月之後。不論哪一種解釋，都是指未來的某一個時間。本書主要採第一種解釋。要了解當年第八個月是指什麼時候，就有必要對周初的曆法有一些基本認識。

首先，中國自古便以陰曆為主，「月」指陰曆月。其次，文獻指出，夏、商、周曆法有別，有所謂「夏正建寅、殷正建丑、周正建子」的「三正說」。夏朝以寅月（第三個月）為正月歲首，殷商以丑月（第二個月）為正月歲首，周朝以子月（第一個月）為正月歲首。這裡所說的第幾個月，是以冬至日所在之月為準，也關係到北斗七星斗柄之指向[1]，即以冬至斗柄指向正北之月為子月。歲首又關係到四季，不論以何時點為正月，都是以正、二、三月為春，四至六月為夏，七至九月為秋，之後為冬。整部春秋皆是如此。所以「八月」必是秋之八月，也就是仲秋。依呂氏春秋的說法，仲秋正是官府行刑之時。[2]禮記・月令也有類似之記載。[3]周制設秋官司寇，掌管刑殺之事，不但聽萬民之獄訟，凡命夫命婦，乃至王族等有罪者，也在其審理之列。[4]

「八月」關係到刑事，有行刑必有受刑，故多凶事，所以說「至于八月有凶」。不過，今日讀此，時空背景不同，曆法也不同，或許應作擴大解釋，「八月」只能是指一年中的某一個時段，未必一定指當年八月。

---

1 《論語・衛靈公》「行夏之時」，朱熹注：「夏時，謂以斗柄初昏建寅之月為歲首也」。按，斗柄初昏應指黃昏之時。夏時指夏曆，北斗七星斗柄之指向，可參看本書坤卦之〈考證及討論〉。

2 《呂氏春秋・八月紀》「仲秋之月……命有司，申嚴百刑，斬殺必當，無或枉橈，枉橈不當，反受其殃。」

3 《禮記・月令》「仲秋之月……乃命有司，申嚴百刑，斬殺必當，毋或枉橈。」

4 《周禮・秋官司寇》「乃立秋官司寇，使帥其屬而掌邦禁，以佐王刑邦國」；「以五刑聽萬民之獄訟，附于刑，用情訊之；至于旬乃弊之，讀書則用法。凡命夫命婦，不躬坐獄訟。凡王之同族有罪，不即市」。

初九・咸⁵臨。貞吉。

語譯：偕同臨視。所問之事吉。

解讀：

　　咸爲皆，皆通偕⁶，「咸臨」就是偕同他人一起到臨視察。上級長官大人相約來視察，表示對此事或此地的關心與重視。也有助於政事的推動，問題的解決。此所以占斷爲「貞吉」。

九二・咸臨。吉，无不利。

語譯：偕同臨視。吉祥，沒有不利之處。

解讀：

　　「咸臨」再次出現。既然是偕同監臨視察，出現兩次也是合理的。如果兩位長官大人來視察，後出場者應是較先現身者更尊貴，這是一般常理，因爲這樣先者才能迎接後者，或向後者致敬。例如周初，成王欲營建洛邑，先派太保召公往洛陽視察並確定城廓、宗廟、宮室等建築物的位置。六日後太師周公也來到洛邑視察，召公率當地殷民及小邦君長迎接。⁷

　　都是「咸臨」，但此處占斷爲「吉，无不利」，不但結果爲吉，過程也都順利。這個顯然較初九之「貞吉」更勝一籌。此或可以這樣理解：因爲九二「咸臨」之人，地位較初九「咸臨」更尊貴，此意味所臨之處所受的關注，更勝於初九。

六三・甘臨，无攸利。既憂之，无咎。

語譯：以甘柔臨視。無有所利。既然已有所憂慮，沒有咎難。

5　咸：皆，同。《說文》「咸，皆也」。引申爲同。例如《尚書・堯曰》「允釐百工，庶績咸熙。」

6　偕：在一起。作爲動詞使用時，皆通偕。例如《尚書・湯誓》「時日曷喪？予及汝皆亡」；《孟子・梁惠王》引作「時日害喪？予及女偕亡。」

7　《尚書・召誥》「惟太保先周公相宅……戊申，太保朝至于洛，……若翼日乙卯，周公朝至于洛，則達觀于新邑營。」

解讀：

「甘」爲甘甜。用甜蜜柔和的方式接近，以取悅對方。「臨」本有上對下的意思，地位高的人以討好對方的態度來視察，必帶有某些目的，或者擔心某些不樂見的事情會發生，所以說「无攸利」。不過，既然已有憂患意識並放軟身段，那麼問題也就會好轉，所以說「既憂之，无咎。」

六四・至[8]臨。无咎。

語譯：至此臨視。沒有咎難。

解讀：

「至」爲來至，「至臨」就是到臨，到此監臨視察。親臨視察的結果沒有什麼可咎責的地方，所以占斷爲「无咎」。

六五・知[9]臨，大君之宜。吉。

語譯：以明智臨視，偉大君主的合宜表現。吉祥。

解讀：

「知」爲智識。偉大的君主必能以聰明智慧來視察，也能以聰明智慧來發現問題，處理問題。所以占斷爲「吉」。

上六・敦[10]臨。吉，无咎。

語譯：以敦厚臨視。吉祥，沒有咎責。

解讀：

「敦」爲敦厚篤實。以寬厚誠懇的方式監臨視察，會有好的結果，也不至於招致怨恨，所以占斷爲「吉」、「无咎」。「吉」是就事情的結果而說的，「无咎」則是人對事的感受來說的。

---

8 至：來到，到達。《說文》「至，飛鳥從高下至地也」。至也有極、最的意思，例如極至、「至人無己」（莊子・逍遙遊），但卦爻辭中，「至」字共出現八次，皆作來到解釋。

9 知：明白，認識，理解。古代知智不分，知也是明智，智慧。《玉篇》「知，識也，覺也。」

10 敦，假借爲惇。惇：厚實。《說文》「惇，厚也」。敦之本義喝叱，引申爲督促，《說文》「敦，怒也。詆也」。此處採假借義，否則難以與「吉，无咎」連繫。

臨卦通解

　　「臨」本有上位者臨下視察的意思，臨卦之爻辭皆有「臨」字，其本義皆宜理解爲上級臨下視察。初、二爻「咸臨」，三爻「甘臨」，四爻「至臨」，五爻「知臨」，上爻「敦臨」，描述了上位者臨下視察以治理民衆的五種情況。卦辭雖無臨字，但從臨卦的處境來看，「八月」爲仲秋，秋官司寇掌刑罰，「八月」之「臨」，正是刑官之臨下視察，其肅殺之氣躍然紙上。所以「有凶」。

　　把握住了「臨」字的原始意涵之後，也可以取消上對下的關係，把「臨」從臨民的角度，轉爲臨事的角度，重新來看「咸臨」、「甘臨」、「至臨」、「知臨」及「敦臨」，或許能有更具時代意義的理解。

　　以此，「咸臨」可以理解爲偕同他人一起處理所面臨之事；「甘臨」就是臨事以甘柔施惠的方式處理；「至臨」就是臨事以親至現場的方式處理；「知臨」就是臨事以聰明睿智的方式處理；「敦臨」就是臨事以寬厚誠懇方式處理。

考證及討論

　　所謂「夏正建寅、殷正建丑、周正建子」的「三正說」由來已久，清吳鼐撰三正考[11]，詳論此事。古代新朝代開始必「更稱號，改正朔，易服色」[12]，周代殷受天命，改以冬至之月爲正月，此爲官曆，但民間或諸侯國或亦有沿用舊曆者。

　　周曆與當今通行的陰曆比較，今曆以立春之月爲正月（相當於夏曆。即以冬至起算第三個月爲正月），較周曆晚兩個陰曆月。

---

11 吳鼐《三正考》，收錄於《四庫全書・經部五・春秋類》。
12 董仲舒《春秋繁露・三代改制質文》「王者必受命而後王。王者和改正朔，易服色，制禮樂，一統於天下，所以明易姓，非繼人，通以己受之於天也。」

例如左傳記載，魯昭公十七年，夏季六月朔日有日蝕，太史便解釋此六月相當夏曆的四月，是夏天的開始，所以說夏六月。[13]周曆所謂的「八月」，約當是現在的陰曆六月，在氣候上仍是夏天的，但依周代當時的官方曆法，是為秋八月。不過，考諸如詩經・豳風・七月「七月流火，九月授衣」等有關月分及季節的描述，其實多較符合夏曆而不符周曆。同樣的，呂氏春秋及禮記・月令等有關季節現象的客觀解說，都近夏曆而與周曆不合。此中癥結，難有通論。或以為有過渡期，或以為諸侯國因地制宜，或在曆法細節上的爭議等，在此不做探討。孔穎達尚書正義說得好：「然古時真歷遭戰國及秦而亡，漢存六歷雖詳於五紀之論，皆秦漢之際假託為之，實不得正要有梗概之言」[14]，今「三正」之說，何嘗不會是漢人為合理化其受天命必「改正朔」之必然結果？對於三正之說，或可作為重要參考，但不宜拘泥為易經曆法解釋之唯一依據。

---

13 《左傳・昭十七年》「夏，六月，甲戌，朔，日有食之，祝史請所用幣……大史曰……此月朔之謂也，當夏四月，是謂孟夏。」
14 見孔穎達《尚書正義》，對〈堯典〉「期三百有六旬有六日，以閏月定四時，成歲」之注疏。

20‧觀卦（風地觀）

䷓觀盥而不薦有孚顒若。初六童觀小人无咎君子吝。六二闚觀利女貞。六三觀我生進退。六四觀國之光利用賓于王。九五觀我生君子无咎。上九觀其生君子无咎。

卦名卦畫卦旨

　　觀，觀察。說文：「觀，諦視也」，段玉裁注：「審諦之視也。穀梁傳曰：常事曰視，非常曰觀。凡以我諦視物曰觀，使人得以諦視我亦曰觀」。諦視即仔細的看，有目的的察看，「我諦視物曰觀」之觀即觀看之觀，「人得以諦視我曰觀」之觀即外觀之觀。觀卦主要將「觀」作爲動詞，觀察外物，也觀察自己。

　　觀卦下坤上巽，巽爲風，爲教化，坤爲地。風遍吹大地，有如教化行之於國土。上位者頒布政令，將政令示之以民眾，使之觀看，以教化百姓。故以風地（䷓下坤上巽）象徵觀卦。

　　觀卦之卦旨在說觀看，審視，包括我觀人以及人觀我，其爻辭皆帶有觀字，對觀看、審視的各種情境，做了相當的發揮。

　　臨卦與觀卦互爲反對，若從此點來看，臨卦爲上視下，則觀卦應是下觀上，是爲瞻仰。觀卦卦辭或帶有此意，但其爻辭之觀多只是觀察之觀，未必是做仰觀解釋。

卦爻辭解讀

觀：盥[1]而不薦，有孚顒[2]若。

1　盥：洗手，或洗手的盆。《說文》「盥，澡手也」。《禮記‧內則》「每日進盥。五日請浴。三日具沐」。唯盥、灌同音，此處盥也可作灌禮解釋，以盥爲灌祭禮。
2　顒：讀作傭（陽平聲），盛大，莊嚴。《說文》「顒，大頭也」，段玉裁注：「引伸之凡大皆有是傭」。獸之壯大者稱顒，例如《詩經‧小雅‧六月》「四牡脩廣，其大有顒」。又引申爲溫和恭敬的樣子，例如《詩經‧大雅‧卷阿》「顒顒卬卬，如圭如璋」。孔穎達《周易正義》注疏：「顒是嚴正之貌」，應是自「顒顒卬卬」引申而得。

語譯：觀卦。大祭時，淨手行灌獻禮，未行薦獻禮。信仰虔誠形貌莊嚴。

解讀：

觀卦，處於觀看審視的態勢或格局。觀，觀看。「盥」為盥洗淨手，但此「盥」似有多重含意，「盥而不薦」可以是一語雙關，乃至三關。古代盥、灌、觀讀音相諧[3]，亦或可通假。灌為灌禮，大祭時，以玉勺酌香酒灌地以獻神，為祭祀之始。[4]觀為本卦卦名，在此也可以作為民眾仰觀祭禮的聯想。若從祭祀的程序來看，盥洗淨手應該是在祭禮正式進行之前就要做的，「盥」應是在「灌」之前。

「薦」為薦獻。在此指薦獻禮，祭祀時以禽畜為祭品以獻神，薦禮於灌禮之後。「盥而不薦」指祭祀時，淨手行灌禮，但不行薦禮。或者說，在觀祭禮時，看完灌禮就不往後看了。為什麼偏愛灌禮而否定薦禮呢？可以有兩種解釋，認為灌禮以水酒，較儉省；薦禮以牛羊豬等，較破費，此其一。或認為灌禮簡潔，心誠即可，薦禮則繁瑣汙腥，不值一觀，此其二。其實二說並無扞格不合處，可合併來看。「盥而不薦」就在強調祭祀之禮應摒棄奢華及繁文縟禮，心誠即可。這個尚儉的觀念，不只在此出現，整部易經，只要關係到祭祀，就常有類似的論點。[5]

「顒若」為恭敬莊嚴的樣子，用以形容主祭者的態度。「孚」為信，此處既然涉及祭祀，宜作信仰之信。「有孚顒若」即形容主祭者信仰虔誠，形貌恭敬莊嚴。整段卦辭，可以說是對祭禮進行的描述，也可以說是旁觀者在觀看祭禮時的感受。

3　參考《康熙字典》盥、灌、觀三字於《唐韻》、《集韻》、《韻會》、《正韻》中，均為古玩切。上古音韻皆屬見母元部（王力系統）。

4　《論語・八佾》「禘自既灌而往者，吾不欲觀之矣」。孔穎達《論語注疏》引鄭康成注：「灌者，酌鬱鬯灌於太祖，以降神也」。朱熹《論語集注》「灌者，方祭之始，用鬱鬯之酒灌地，以降神也。」

5　例如損卦卦辭「二簋可用享」；既濟九五「東鄰殺牛，不如西鄰之禴祭」。

初六・童觀。小人无咎，君子吝。

語譯：孩童觀看。平民小人沒有咎難，君子困窘。

解讀：

「童」為孩童，如「童蒙」[6]之童。孩童心靈幼稚純真，觀看事物的角度比較單純，見識也有限。如果一般平民的見識像孩童那般幼稚無知，並無大礙，反而易於治理。[7]但貴族子弟若見識幼稚淺薄，那可就前景堪虞了。所以占斷為「小人无咎，君子吝。」

六二・闚觀。利女貞。

語譯：暗中窺看。利於女子貞問。

解讀：

闚，今多寫作窺，從夾縫、小孔或隱蔽處偷看。古代婦女居於內宅，少見外人，也不宜為外人所見。若對外宅的人物進出或談話等有興趣，只能隔著屏風、簾幕或門縫，向外窺看。「闚觀」就像是這類的行徑，比較適合女子，所以占斷為「利女貞」。言外之意就是不適合男子，不利男子貞問。

六三・觀我生，進退。

語譯：自我省視生平行事，以決定進退。

解讀：

「生」為生平。參考「進退」二字，並與九五爻辭比對，可知此「觀」為內觀，「觀我生」就是「我觀我生」，自己向內觀看自己一生行事作為。只有在對自己的性格及處境有充分的了解之後，才能有為有守，進退得宜。

6　蒙卦六五「童蒙。吉。」
7　古代平民多無知少識，當政者也接受如此，甚或樂見如此。例如《論語・泰伯》「民可使由之，不可使知之」；《老子・第六十五章》「民之難治，以其智多」。

六四‧觀國之光。利用賓于王。

語譯：觀察他國之風土人情政教光輝。利於爲他國君王所重用。

解讀：

「觀國之光」就是考察他國之風土人情，也是今「觀光」一詞的由來。與今「觀光」不同的是，此觀光考察不是旅遊覽勝，而是有外交性質的拜訪。古代諸侯國有定期朝見周天子的義務，侯國之間也有可能因會盟、婚嫁、弔唁等，派公卿大夫或諸侯子弟出訪異國，甚或留作人質。

「用賓于王」就是作爲君王的賓客，也就是留在他國，爲他國所用。在旅居異國時，能受天子或異國國君賞識，待爲上賓，此顯示一段不凡機遇的開始，也是當事者能力的展現。

九五‧觀我生。君子无咎。

語譯：（他人）觀察我生平行事。君子沒有咎難。

解讀：

「生」爲生平。參考六三爻辭，相互對比，此「觀」應是自外觀察，「觀我生」就是「人觀我生」，他人觀察我行事作爲。「无咎」爲觀察的結果，君子無可咎責。

此觀察不僅只是觀察，也有評價的成分。「君子无咎」可以是敘事辭，也可以是斷占辭。就占斷言之，得此卦者，若行事作風在他人眼中符合貴族子弟應有的規範，那就沒有什麼可歸咎責難的。此「君子」不只是有位者，也應是經得起他人評價的有德者。

上九‧觀其生。君子无咎。

語譯：觀察他的生平行事。君子沒有咎難。

解讀：

與六三及九五之「觀我生」對照比較，此「觀」是觀他人之生平，也就是以人觀人，或說是以下觀上，以民觀君。同樣的，「君子无咎」可以是敘事也可以是占斷。其人之風格行事，若符合貴族

子弟應有的規範，就無可咎責。

觀卦通解

　　觀卦六爻都帶「觀」字，此「觀」皆有觀看、觀察以及評價的意思。初爻「童觀」，二爻「窺觀」比較是單純的觀看行為。四爻「觀國之光」就帶有濃厚的觀察比較的意味。三爻、五爻的「觀我生」及上爻的「觀其生」，更進一步，由觀察而評價，而形成某種觀點。三爻的「觀我生」尤其特殊，不是用眼觀，而是用心觀，自我省視內心的世界。觀卦六爻的連繫雖不很強，但也不是說就沒有時序性。童子年幼，故在初爻。女子身處閨閫，見識有限，故在二爻。君子重在修身知命，須外觀內省，以知進退，故在三爻。若以進不以退，則必須多見多聞，出外歷練，故在四爻。然而行事成效究竟如何，其仍須經得起眾人的公評，故在五爻。六爻「觀其生」則大有蓋棺論定之意。

　　觀卦卦辭，藉「盥」字一音多義，引出灌禮、觀禮等聯想。「盥而不薦」尤其與論語「子曰：禘自既灌而往者。吾不欲觀之矣」相呼應。若要對此卦辭有更深刻的理解，或有必要對禘祭略做認識。

考證及討論

　　「國之大事，在祀與戎」，祭祀離不開祭禮。易經既然大備於西周，其卦爻辭所關係的祭禮，也應該是以周禮為主。雖說周公制禮作樂，但周禮也不是憑空而出的。孔子所謂「周因於殷禮，所損益可知也」（論語・為政），從論述周禮的文獻中，也可以對殷禮有一些認識。以下就卦爻辭相關的祭禮，包括禘祭、郊祭及襘祭，約略整理如下：

(一)禘祭：祭祀始祖。

　　卦辭「盥而不薦」很容易使人聯想到「禘自既灌而往者，吾不

欲觀之矣」（論語・八佾），因此觀卦之祭指禘祭，乃是十分合理的推斷。禘祭爲對遠祖及天神的大祭。說文：「禘，禘祭也」，段玉裁注：「禘有三。有時禘。有殷禘。有大禘」。時禘爲春、夏、秋、冬四時的祭祀，[8]其中春祭或夏祭，又稱禴祭（礿祭），將於後段再論。「殷」爲深，殷禘、大禘皆形容禘祭之盛大，殷禘在大廟，大禘在郊外，又稱郊祭，祭祖並祭天，尤其盛大。[9]

禘祭主要是天子祭祀氏族的始祖，[10]始祖亡靈在天上爲神。不同的氏族有不同的始祖，各爲其氏族神。所以夏人禘祭黃帝，殷人及周人禘祭嚳。[11]禘祭原爲天子主持的祭禮[12]，諸侯參與合祭。禘祭由於盛大，過程也較繁瑣，有所謂九獻之說。唐杜佑通典對此九獻禮有較詳細的描述。[13]此處略述如下：

首先，天子以圭玉（青玉）[14]爲柄的酒勺酌郁香酒至雞形杯內，獻給扮作祖先的「尸」。尸以酒灌地請祖先神，尸再舉杯祭神，假裝嚐酒，將酒杯放下，此完成一獻。[15]其後以璋玉（赤玉）爲柄的酒勺酌郁香酒至鳥形杯內，再重複上述過程，此爲二獻。之後天子親牽活牲，並親執鸞刀，取毛血給祭祝，再交專人殺牲，並親取肝臟薦獻，爲三獻。其後再有奏樂，薦熟食，薦饋食，薦

---

8 《禮記・王制》「天子、諸侯宗廟之祭：春曰礿，夏曰禘，秋曰嘗，冬曰烝」；《春秋繁露・四祭》「春曰祠，夏曰礿（禴），秋曰嘗，冬曰蒸。此言不失其時，以奉祭先祖也」。春、夏之祭，二說略有不同，可能是周禮八百年時代演變的結果。

9 有關禘祭諸說，自古眾說紛紜，所謂「禘祫之說，千古聚訟」（康熙字典）。此段儘量採諸說之無爭議者，但非嚴格之禘禮考據。

10 《禮記・喪服小記》「王者禘其祖之所自出，以其祖配之。」

11 《禮記・祭法》「夏后氏亦禘黃帝而郊鯀，祖顓頊而宗禹。殷人禘嚳而郊冥，祖契而宗湯。周人禘嚳而郊稷，祖文王而宗武王」。禘指禘祭，郊指郊祭。

12 唯魯爲周公之後，魯君享有特權也可行天子之禮，以祭周公。但後代禮壞樂崩，多有僭越。《禮記・明堂位》「是以魯君……祀帝于郊，配以后稷。天子之禮也。季夏六月，以禘禮祀周公於大廟。」

13 詳見杜佑《通典・禮九・時享》。

14 《周禮・春官宗伯》「以玉作六器，以禮天地四方：以蒼璧禮天，以黃琮禮地，以青圭禮東方，以赤璋禮南方……」。

15 《通典・九禮・時享》「王以圭瓚酌雞彝之郁鬯以獻尸，尸以裸地降神，尸祭之，啐之，奠之。此爲裸神之一獻也。」

醴酒，神明賜福等，是為四獻、五獻、六獻等共九次複雜且重複的祭獻程序。所謂「盥而不薦」應指到一獻、二獻，但不及三獻以後。

(二)郊祭：祭拜天地。

郊祭常與禘祭並論，稱禘郊，[16]都是由天子主持的重要祭典祀。但祭祀的時間、地點、對象有所不同。郊祭每年於歲首舉行[17]，時禘祭的時間則如前所述。郊祭的地點在南郊，時禘祭則在大廟。郊祭的對象主要是祭天，並祭開國始祖，例如商祭冥，周祭稷。諸侯也有在郊外的祭祀，但稱為社祭，祭的對象是社稷土地[18]。在郊外祭祀時，天子郊祭在城墉之南[19]，諸侯社祭在城墉之北[20]。同人卦上九「同人于郊」很可能是就是率眾舉行郊祭。[21]

(三)禴祭：薄祭。

禴，或作礿，讀作鑰，為四時之祭（時禘祭）。夏、商二代為春祭，周代因曆法的變動[22]，改為夏祭。[23]詩經・小雅・天保：「禴祠烝嘗，于公先王」，禴、祠、烝、嘗乃四時之祭的祭名，依序春曰禴，夏曰祠，秋曰嘗，冬曰烝。不論如何，禴祭應是在春耕之時，萬物待生待長，此時餘糧有限，新穀未登，牛羊消瘦，是一年中物資最緊張的時刻。所以，禴祭的祭品也是四時之祭中最薄

---

16 例如《國語・楚語下》「天子禘郊之事，必自射其牲，王后必自舂其粢」；《禮記・祭法》「殷人禘嚳而郊冥……周人禘嚳而郊稷」。
17 《春秋繁露・郊義》「春秋之法，王者歲一祭天於郊，四祭於宗廟。」
18 《禮記・禮運》「杞之郊也禹也，宋之郊也契也，是天子之事守也。故天子祭天地，諸侯祭社稷。」
19 《禮記・郊特牲》「天子適四方，先柴。郊之祭也，迎長日之至也，大報天而主日也。兆於南郊，就陽位也。」
20 《禮記・郊特牲》「社祭土而主陰氣也。君南鄉於北墉下。」
21 參考同人卦上九之解讀。
22 周正建子，商正建丑，夏正建寅。參考臨卦〈考證及討論〉。
23 《春秋繁露・四祭》「四祭者，因四時之所生孰，而祭其先祖父母也。故春曰祠，夏曰礿，秋曰嘗，冬曰蒸」。礿即禴，周曆較夏曆早兩個月，夏曆仲春為周曆孟夏。

者。禴祭宜薄祭，也需要薄祭。在易經卦爻辭中，「禴」出現三次[24]，都可以作薄祭解釋。

---

24 分別是：萃卦六二「引吉。无咎。孚乃利用禴」；升卦九二「孚乃利用禴。无咎」；既濟九五「東鄰殺牛，不如西鄰之禴祭，實受其福」。

21・噬嗑卦（火雷噬嗑）

䷔噬嗑亨利用獄。初九屨校滅趾无咎。六二噬膚滅鼻无咎。六三噬腊肉遇毒小吝无咎。九四噬乾胏得金矢利艱貞吉。六五噬乾肉得黃金貞厲无咎。上九何校滅耳凶。

卦名卦畫卦旨

噬，吃食；嗑，閉合，噬嗑就是吃東西時之咬合嚼食。說文：「噬，啗也。喙也」。啗今作啖，爲吃食[1]。嗑，古或寫作盍，[2]爾雅・釋詁：「盍，合也」。以此，噬嗑就是牙齒之咬合。牙齒咬合以斷食物，所以噬嗑又有決斷的意思。

噬嗑卦下震上離，離爲火，震爲雷。伴隨著雷聲而來之火光當然就是指天上的閃電，閃電決裂天空，故有決斷之象。噬嗑六爻圖像，初、上二陽爻如上下顎，中間之二、三、五陰爻像牙齒，四爻像口中之物，六爻合看，形似口中咬物，有咬合之象。故以火雷（䷔下震上離）象徵噬嗑。

噬嗑卦之卦旨在說咬合，咬合又象徵決斷，其卦爻辭多與咬食及刑罰有關，是以咬合譬喻刑罰之裁斷。

卦爻辭解讀

噬嗑：亨。利用獄。

語譯：噬嗑卦。亨通。適宜審案判刑。

解讀：

噬嗑卦，面臨裁決判斷的態勢或格局。「噬嗑」就是如咬合

1　《說文》「啗，食也」；「喙，口也」。
2　王弼《周易注》「嗑，合也」。甲骨文及金文皆無嗑字，古代有盍無嗑，嗑以盍爲聲符，盍嗑同音而可通假，依漢字演變規則，此原應作盍。盍，《說文》作盇，曰：「盇，覆也」。覆即覆蓋，合口。是以嗑爲合。

般的決斷。「用獄」指裁判量刑，用刑於獄。對於是否要施他人以重刑，或裁斷他人生死等問題，稍有仁愛之心的審判者都會反覆思量，期盼自己能有足夠的聰明智慧，明察秋毫，探求真相，做出合於情理的判決。「噬嗑」正象徵有足夠的智慧與勇氣，斷然作出正確的決定，所以說「利用獄」，「用獄」正是一個必須作決定的情境。更廣泛的說，「利用獄」就是對斷然作決定的鼓勵，與其說是占斷，不如說是建議或指引。

作決定與被作決定是一事之兩面。對被決定的一方而言，當前途爲他人所裁奪，非自己所能選擇時，應力求通達。或是祝告上天，或是疏通人事，以求最終決定有利於己。此所以說「亨」。

初九‧屨[3]校[4]滅趾[5]。无咎。

語譯：腳上戴著足枷遮住了腳足。沒有咎難

解讀：

「屨」爲履，「校」爲木枷，「趾」爲腳足。「屨校」爲受刑的一種，是比較輕的刑罰，也象徵著比較輕的罪行。小的過錯給予小的懲罰，可以使人警惕，以避免犯下更大的過錯。繫辭傳說得好：「小懲而大誡，此小人之福也」。對於沒有見識的人，在開始犯小錯時，就給予適當的懲罰，使之有大的警惕，反而是他的福氣。所以占斷爲「无咎」。

---

3 屨：讀作巨，麻葛製成的鞋。《說文》「屨，履也」。引申爲腳足之穿戴。
4 校：讀作叫，木製刑具。《說文》「校，木囚也」，爲古代枷械類刑具的統稱。在足爲桎，在手爲梏。此處既稱屨，應指桎，足枷。
5 趾：腳足。《爾雅‧釋言》「趾，足也」。趾初文寫作止，《說文》「止，下基也。象艸木出有址，故以止爲足」，段玉裁注：「許書無趾字。止卽趾也」。

六二‧噬膚[6]滅鼻。无咎。

語譯：咬食大塊肥豬肉，把鼻子埋沒肉中。沒有咎難。

解讀：

「膚」在此爲帶皮的肥豬肉。「滅」就是埋藏，掩滅。「滅鼻」生動描述大口咬食肥豬肉的樣子。「噬膚滅鼻」可見已久不知肉味。此時得以大口吃肉，吃相固然難看，眼前的欲望卻能得到滿足。所以占斷爲「无咎」。

六三‧噬腊[7]肉，遇毒。小吝，无咎。

語譯：咬食小肉乾，中毒。小有困窘，沒有咎難。

解讀：

「腊」讀作昔，指小塊碎肉作的肉乾。也有人視「腊」爲「臘」[8]的簡寫，故讀作臘。即以腊爲臘月所做的肉乾。但原文應該不是這個意思，歷代易經文本也多作「腊」或「昔」而非「臘」。[9]

食用肉乾而中毒，應是肉乾放置過久生霉或變質所導致。爲何要吃碎肉乾？爲何要吃已變質的肉乾？想必是處境困窘，沒有辦法得到品質較好的食物，只好勉強食用不潔的小肉乾。雖然吃壞了肚子，但終究沒有沒有大礙。所以占斷爲「小吝，无咎。」

6　膚：肉皮，帶皮的肥豬肉。《說文》無膚字，以臚爲膚。《說文》「臚，皮也」，段玉裁注：「今字皮膚從籒文作膚。膚行而臚廢矣」。膚又引申爲切下來的肉，可供祭祀或食用，例如《禮記‧內則》「脯羹，兔醢，麋膚」。膚尤其指豬肉，《儀禮‧聘禮》「膚，鮮魚，鮮腊」，鄭玄注「膚，豕肉也」。豬肉皮下多脂，故膚引申爲帶皮的肥豬肉。

7　腊：讀作昔，小塊肉乾，古寫作昔（㫺）。《說文》「㫺，乾肉也。从殘肉，日以晞之。與俎同意」，段玉裁注：「昨之殘肉。今日晞之」，把先前剩下的小肉塊曬乾，就成腊肉。《周禮》有腊人，「掌乾肉，凡田獸之脯、腊、膴、胖之事」。鄭玄注：「大物解肆乾之，謂之乾肉。……腊，小物全乾者。」

8　臘：臘月，臘祭。臘原是節令名或祭名。《說文》「臘，冬至後三戌，臘祭百神也」。《禮記‧月令》「孟冬臘先祖五祀」。臘祭又作蠟祭，《禮記‧禮運》「昔者仲尼與於蠟賓」，蠟賓即臘祭之賓。臘與蠟、腊古代可能讀音相同，故可通假。

9　例如孔穎達《周易正義》，陸德明《經典釋文‧周易音義》皆作「腊肉」；李鼎祚《周易集解》作「昔肉」。

九四・噬乾胏[10]，得金矢。利艱貞，吉。

語譯：咬食帶骨乾肉，得到金屬箭矢。利於問艱難之事，吉祥。

解讀：

「乾胏」爲吃剩的帶骨肉所做的肉乾。「金矢」爲以銅作鏃的箭。古代外出長征狩獵，射獲大獵物時，必同夥伴們野外宰殺燒烤吃食。若有剩餘，連肉帶骨曬乾以防腐。並隨身攜帶，以便在途中使用。

「噬乾胏，得金矢」顯示，在啃食乾肉時，發現肉骨頭之間有銅製的箭鏃。肉乾中出現箭鏃，其食物品質之粗糙可想而知。上古時代一般箭鏃還是用骨頭或石頭打磨而成，銅箭鏃是很貴重的。爲了打獵，射出一「金矢」就損失一個銅箭鏃。在啃食製作粗糙的食物時，意外的得到銅箭鏃，也算是在艱難的環境下的另一種收穫。「噬乾胏」及「得金矢」正象徵打獵時的艱辛及幸運。故占斷爲「利艱貞，吉。」

六五・噬乾肉，得黃金。貞厲，无咎。

語譯：咬食肉乾，得到黃色金屬。所問之事危厲，沒有咎難。

解讀：

「乾肉」與「腊肉」、「乾胏」，就性質而言，都是經乾燥處理過的肉。唯腊肉、乾胏都是殘肉、餘肉所製，乾肉則是拿整塊的肉去加工乾燥後製成，[11]是比較精緻的肉類加工品。

「黃金」指金屬碎片[12]，極有可能是獵射動物時所殘留的銅

---

10 胏：讀作子，吃剩的，帶骨的肉。胏又作𦙶，《康熙字典》「𦙶，同胏」。《說文》「𦙶，食所遺也。从肉仕聲。《易》曰：噬乾𦙶」，段玉裁注：「馬融、陸績皆曰：肉有骨謂之胏」。《玉篇》「胏，脯有骨也」，即帶骨的肉乾（脯）。

11 參考六三爻辭「腊」的注釋，尤其是所引鄭玄注的部分。

12 古代金屬通稱爲金，春秋以前，主要以銅爲金。黃金即黃色的銅，銅本身呈橙色，因混入其他金屬而呈青色或黃色。殷商及西周時，銅爲最重要的金屬，故多歸之爲銅器時代（青銅時代）。銅的用途主要是做貴族使用的禮器及兵器。《僖公十八年》「鄭伯始朝于楚，楚子賜之金，既而悔之，與之盟曰，無以鑄兵，故以鑄三鍾」，此金即指銅，楚子擔心鄭伯用所賜之銅鑄兵器（如箭鏃），所以規定鄭伯只能用來鑄鐘。

箭鏃碎片，在切割及加工時不小心，未能剔除。在咬食大塊乾肉時，如果肉裡面夾有小的金屬碎片是有危險的，要特別注意，但若能發現並剔除，也就沒有關係了。所以占斷爲「貞厲，无咎」。「厲」在此有危厲而需警惕的意思。

上九・何[13]校滅耳。凶。

語譯：肩上荷著頸枷遮住了耳朵。凶險。

解讀：

「何」通荷，肩扛爲荷。「滅」如同「滅趾」、「滅鼻」之滅。「滅耳」形容戴枷的位置在肩上。同樣是載著枷，荷在肩上顯示罪刑嚴重，性命堪憂。所以占斷爲「凶」。

噬嗑卦通解

噬嗑卦之卦爻辭從咬合、咬斷，到裁斷、刑罰。做了一連串的聯想及發揮。大略可分爲兩路，一路從咬合開展的，如二、三、四、五爻；另一路從刑罰延伸的，如初爻、上爻及卦辭。二爻「噬膚」從大口吃肉中，眼前的欲望得滿足。三爻、四爻、五爻從「噬腊肉」、「噬乾肺」、「噬乾肉」由粗而精，次第開展。食物雖然越來越精緻，但機遇各有不同。粗食不潔固然易造成身體不適，佳餚中也是有暗藏凶險的可能。

初爻及上爻都涉及刑罰，初爻「滅趾」，上爻「滅耳」，此不僅只是刑罰的輕重，也關係到罪行的大小。初爻在最初，象徵著罪行的開始，小罪服以輕刑。上爻在最上，象徵罪大惡極，難以挽回。卦辭「利用獄」則概括地將「噬嗑」與裁斷刑罰結合來。也爲初爻及上爻爻辭之所以涉及刑罰，給出一個整體性的依據。

噬嗑卦以雷電火光爲象，以用刑爲喻，威赫森嚴之意味甚

---

13 何：通荷，爲荷之初文，指肩擔、背負或承受。例如《詩經・曹風・候人》「彼候人兮，何戈何役」。《說文》「何，儋也」，段玉裁注：「儋，俗作擔」。

濃。但六爻爻辭中有四爻占斷爲「无咎」，僅上爻「何校滅耳」爲
「凶」。可見易經樂觀積極的處世態度，即使面臨刑罰的威脅，只
要不是罪大惡極，仍可「无咎」。

22 · 賁卦（山火賁）

☲ 賁亨小利有攸往。初九賁其趾舍車而徒。六二賁其須。九三賁如濡如永貞吉。六四賁如皤如白馬翰如匪寇婚媾。六五賁于丘園束帛戔戔吝終吉。上九白賁无咎。

卦名卦畫卦旨

　　賁，文明修飾，讀作必。賁字又讀作奔，勇猛之意，如虎賁，唯作為卦名時讀作必。說文：「賁，飾也」，修飾美化為「賁」，例如詩經・小雅・白駒：「皎皎白駒，賁然來思」。對美的追求是人類的天性，從人類學的角度來看美與修飾的起源，可以回溯到古老的紋身及身體彩繪。裝飾身體以突顯自己的勇猛、性感，及自我存在感。[1]

　　賁卦下離上艮，離為火，艮為山。野獸出沒在山林，人群則多聚居在山下，用火則是文明的開始。山下之火即在顯示人類文明的出現。人類用線條及顏色來修飾自己，進而美化周遭事物，遂而逐漸脫離野蠻，邁向文明。是以山火（☲下離上艮）來象徵賁卦。

　　賁卦之卦旨在說修飾及美化，其爻辭多與娶嫁有關。自古至今，婚嫁永遠是盛妝及裝飾的最重要場合。

卦爻辭解讀

賁：亨。小利有攸往。

語譯：賁卦。亨通。小有利於有所前往。

解讀：

　　賁卦，處於文飾美化的態勢或心境。賁，修飾。修飾自身是自

1　參考易中天《藝術人類學・第二章　人的確認》，臺北：泰電電業，2010年。

我尊重及敬慎面對他人的表現。修飾以求通達，此所以說「亨」。
「利有攸往」在卦爻辭中常見，有鼓勵向外發展的意思。「小利」
在形容對「有攸往」的鼓勵程度，小有助益於往外發展。外表的裝
飾美化，對往外發展而言，只是稍有幫助，但不能是決定性的因
素。所以說「小利有攸往」。

初九・賁其趾[2]，舍車而徒。

語譯：修飾他的腳足，捨車徒步行走。

解讀：

　　「趾」為足，修飾腳足當包括淨足穿鞋之類。「舍車而徒」正
說明了「賁其趾」的必要。因為要徒步行走，腳足外露，所以要修
飾美化，以顯體面。為什麼要捨車徒步行走呢？一來表示此行的誠
敬，二來也可炫耀精心打扮的腳足。「舍車」也暗示了此人為有車
而且慣於乘車出門的貴族。[3]

六二・賁其須。

語譯：修飾他的鬚髮。

解讀：

　　「須」為鬚，「賁其須」就是整理自己的面容。此應是身體
修飾中最重要的一部分，也是出門之前，最後的修飾步驟。「賁其
須」正如同現代人「出門前梳一梳頭髮」之類。卦辭說「賁」「小
利有攸往」，放在同一個脈絡，出門前「賁其須」，再次整理自己
的面容，亦當可「小利有攸往」。

2　「趾」之字義可參考噬嗑卦初九「屨校滅趾」。
3　古代大夫階級平日出門必乘車以合禮數。《論語・先進》「以吾從大夫之後，不可徒
　　行也。」

九三‧賁如濡[4]如。永貞吉。

語譯：妝扮得溫潤亮麗。貞問長久之事吉祥。

解讀：

「濡如」在形容「賁如」的結果，「如」為語尾助詞。打扮得漂漂亮亮的目的就是在給別人一個好的印象，此有助於未來長久的相處。所以占斷為「永貞吉」。

六四‧賁如皤[5]如，白馬翰[6]如，匪寇婚媾。

語譯：用素白色裝飾，白馬長毛飄飄。這不是賊寇搶親，而是來迎娶的隊伍。

解讀：

「皤如」在形容「賁如」的色調，「翰如」在形容「白馬」的鬃毛飄逸。「賁如」和「白馬」的組合，顯示此裝飾是有關於馬及馬車的。「匪寇婚媾」在向人解釋此白色系列的馬飾、車飾，以及漂亮的白馬，乃是迎親的隊伍，不是入侵者。此也顯示出迎親隊伍的盛大，所以怕被誤認為是強寇。

「匪寇婚媾」也在屯卦六二及睽卦上九出現。足以顯示易經時代的古老，搶婚遺俗仍在當時人們的記憶中。

---

4 濡：潤澤，溫潤光澤。原意為沾濕，例如《詩經‧曹風‧候人》「維鵜在梁，不濡其翼」；《莊子‧大宗師》「泉涸，魚相與處於陸，相呴以濕，相濡以沫」。潤澤為引申義。

5 皤：讀作伯，素白之色，用以形容老者鬢髮之白。《說文》「皤，老人白也。」《博雅》「白也。」《玉篇》「素也。」

6 翰：長毛。翰古代或寫作鶾，本義為錦雞，引申為長的羽毛或毛。《說文》「翰，天雞赤羽也。從羽倝聲」。動物的長毛稱作翰毛或長翰。

六五・賁于丘[7]園，束帛[8]戔戔[9]。吝，終吉。

語譯：裝飾土丘上的園林，饋贈的帛禮很微薄。困窘，終究吉祥。

解讀：

「丘」為地勢較高之處，通常是比較有身分的人居住的地方。「束帛」指捆成束的帛布，古代用束帛以賞賜、饋贈、聘禮等，「戔戔」形容其微薄的樣子。

主人「賁于丘園」，將土丘上的園林裝飾得漂漂亮亮；賓客「束帛戔戔」，饋贈的禮品微薄，不成敬意。這當然也可能是饋贈者自謙之詞。禮物微薄是賓客自謙財力窘迫，但主人終究能領受此情誼並欣然接受。所以占斷為「吝，終吉。」

上九・白賁。无咎。

語譯：以素白色裝飾。沒有咎難。

解讀：

「白賁」相對於「彩賁」，指以白色裝飾，或不以顏色來裝飾，也就是「素賁」。傳統書畫中，未著色的部分稱為留白。白色，或不著色，其實也是呈現美感的重要元素。從這個角度來看，「白賁」可以有更豐富的意義，就是藉由白色或不著色，來突顯整個裝飾整體之美。孔子說「繪事後素」[10]，繪畫主體完成之後，

7　丘：地勢較高的土地。《說文》「丘，土之高也，非人所爲也」。古代爲防水患，城邑多建築在地勢較高之處，故古代多有以丘爲都邑名，例如帝丘、營丘、商丘、楚丘等。《周禮・地官司徒》「九夫爲井，四井爲邑，四邑爲丘」，是以丘爲邑之聚集處。

8　帛：布帛，絲織布的通稱。古代以帛爲獻禮、聘禮、餽贈，乃至貨幣。《左傳・襄公八年》「敬共幣帛，以待來者」。帛也用於祭祀或會盟，例如「化干戈爲玉帛」；「禮云禮云，玉帛云乎哉？」（論語・陽貨）。束帛即捆成束的帛，據唐人賈公彥考證，一束爲五匹。「束者十端，每端丈八尺，皆兩端合卷，總爲五匹，故云束帛也。」（周禮義疏）

9　戔：微薄，淺小。戔爲殘之古寫，原義爲殘殺，因殘而有少數殘餘。今以戔作聲符的字多帶有量少的意思，例如水少爲淺，紙小爲箋，錢少爲賤等。

10　《論語・八佾》「子夏問曰『巧笑倩兮，美目盼兮，素以爲絢兮。何謂也？』子曰『繪事後素』。曰『禮後乎？』子曰『起予者商也！始可與言詩已矣。』」

再打上素白的底色，會使繪畫中的人物更出色。[11]「白賁」雖是留白，卻能使裝飾的效果更突出。所以占斷爲「无咎」。

賁卦通解

賁卦六爻雖然各敘其事，但綜和貫串來讀，也有相當的故事性。初爻「賁其趾」，二爻「賁其須」，在說一名男子從腳到頭精心打扮。三爻「賁如濡如」形容此人打扮停當，光鮮亮麗。那麼，打扮得光鮮亮麗的男子出門爲何事呢？四爻「匪寇婚媾」說明了，此次出門是爲了迎娶。五爻「賁于丘園」是婚宴的佈置，「束帛戔戔」是賓客的賀禮。六爻「白賁」回歸素樸，並以素樸爲美。由裝扮，到出門，到婚禮進行，到鉛華洗淨。

爲什麼說是迎娶呢，這裡提供幾個線索。「匪寇婚媾」當然是最關鍵的。精心打扮後上路的是男士，此亦無庸置疑。古代貴族婚姻有六禮，即納采、問名、納吉、納徵、請期、親迎六個步驟，前五個程序主要是雙方家長之間，只有親迎必須由新郎官親自迎娶。

賁卦的爻辭，雖然未必定要放在迎娶的情境下解讀，但若視之爲迎親過程的描述，的確可以讓爻辭更生動，含義更豐富。例如五爻「賁于丘園」及「束帛戔戔」放在男方至女方家迎娶的脈絡來看，此丘園主人應是女方家長。到女方家迎娶的新郎，則是女方的賓客，「束帛戔戔」正是在形容男方贈禮的微薄，也透露出女方微略的嫌棄。類似這樣女方門第高過男方的氛圍，亦可見於姤卦及歸妹卦。

考證及討論

易經卦爻辭有許多都與當時的婚姻制度或禮俗有關，尤其是賁

---

11 此採傅佩榮的解釋，參看傅佩榮《解讀論語》。不採朱熹《論語集注》的解釋，朱熹將「繪事後素」解釋成「繪事後於素」，此添字解經，且較無法突顯孔子「始可與言詩已矣」的讚嘆。

卦、漸卦、歸妹卦等。以下對婚嫁親迎之禮略加說明，主要參考禮記·昏義[12]。

迎親當日，男方的父親先賜給新郎官一杯酒，命他去迎娶。兒子奉命出發。女方家長在家廟設宴等待，並在門外迎接。女婿手持大雁入門，翁婿彼此相互揖讓，入廳堂內，送上大雁，表示此婚配是受父母之命。然後走出廳堂，新郎親駕迎娶的馬車過來，援引新娘登車，象徵性的駕著車轉三圈，就交給車夫駕車。另乘別車先趕回家，在門口等候新娘的車來到，新郎新娘相對作揖，迎請新娘入新家。之後拜見公婆，宴請賓客之類的，就不容細述。

以上迎親的過程省略了男方到女方家往返的路途。在古代，若娶異國之女，此段迎娶的路程是十分耗費時日的。在漸卦中，將會對此段迎娶的路程，再做進一步的描述及說明。唯就此程序言之，六五「賁于丘園」，正宜指新郎至女方家迎娶時，為女方家宴之賓客。而不是娶回家門，在自家鄉里所設的婚宴。

---

12 《禮記·昏義》「父親醮子，而命之迎，男先於女也。子承命以迎，主人筵几於廟，而拜迎於門外。婿執雁入，揖讓升堂，再拜奠雁，蓋親受之於父母也。降，出御婦車，而婿授綏，御輪三周。先俟於門外，婦至，婿揖婦以入，共牢而食，合卺而酳，所以合體同尊卑以親之也。」

23·剝卦（山地剝）

☶ 剝不利有攸往。初六剝牀以足蔑貞凶。六二剝牀以辨蔑貞凶。六三剝之无咎。六四剝牀以膚凶。六五貫魚以宮人寵无不利。上九碩果不食君子得輿小人剝廬。

卦名卦畫卦旨

　　剝，剝離。說文：「剝，裂也」，以剝爲剝裂，使物體之表層分離脫裂謂之剝。例如剝離、剝落、剝蝕等。擊打使之脫離亦謂之剝，例如詩經·豳風·七月：「八月剝棗」。以此引申，剝有消蝕、傷害的意思，例如剝奪、剝削。

　　剝卦下坤上艮，艮爲山，坤爲地。山上之土石崩塌而隕落於地面，有剝落之象。故以山地（☶下坤上艮）象徵剝落。剝卦之六爻，除了上爻爲陽之外，下五爻皆爲陰，陽實而陰虛，此爲由下而上剝蝕至極之象，僅存最後的一線陽氣。

　　剝卦在說剝蝕，其爻辭多有「剝」字，並多與床有關。人於健康消蝕，身體虛弱時，常需臥床，此以剝爲剝蝕之意甚明。但爻辭之剝字亦涉及剝擊及剝塌，其涵義甚是豐富。

卦爻辭解讀

剝：不利有攸往。

語譯：剝卦。不利於有所前往。

解讀：

　　剝卦，處於剝蝕脫離的情境中。剝，剝蝕。處剝之時，力量正在消蝕之中。此無益於往外發展，或說不鼓勵往外發展。所以說「不利有攸往」。不往前進，但也不是說就要往後退，總之，先求穩住現有的局面。

初六‧剝牀[1]以足。蔑[2]貞凶。

語譯：剝損床腳。所問之事若輕忽則有凶險。

解讀：

　　人在矮床上坐臥活動。床腳剝損鬆動，有崩塌的危險。若不正視此事，找出損壞處予以修復，一旦崩塌，在床上的人很可能受到傷害。所以占斷爲「蔑貞凶」。

六二‧剝牀以辨[3]。蔑貞凶。

語譯：剝損床架。所問之事若輕忽則有凶險。

解讀：

　　「剝牀以辨」對照初爻「剝牀以足」，意思十分明顯。床架較床腳更接近人，如果出現剝損又輕忽不處理，最後很可能會傷到人。所以占斷爲「蔑貞凶」。對照足、辨與人的距離，此「蔑貞凶」當較初六之「蔑貞凶」更需要謹慎處理。

六三‧剝之。无咎。

語譯：剝損之。沒有咎難。

解讀：

　　「剝之」將「剝」由被動轉成主動，由遭到剝損轉變成企圖剝損，展開剝損。此處雖然沒有明說要剝損的對象是什麼，但該剝則剝，該損則損。如果床有破損之虞，不妨主動將之拆離，不用猶疑，不要擔心責難。所以占斷爲「无咎」。

1　牀：今寫作床，初文作爿，甲骨文作 ，爲象形字，後加木爲意符。《說文》有牀無床，「牀，安身之坐者。從木爿聲」。段玉裁注：「牀之制略同几而庳於几。可坐。故曰安身之几坐」。古代之床形同矮几，用以盤坐、跪坐或斜躺。後來演變爲專指睡覺用的家具。

2　蔑：讀作滅，輕視。原義爲眼睛勞倦歪斜無神，《說文》「蔑，勞目無精也。從苜，人勞則蔑然」。引申爲細小、輕視。例如蔑視、輕蔑。

3　辨：分隔上下之處。《說文》「辨，判也」，判別上下爲辨。《周易正義》孔疏：「辨，謂牀身之下，牀足之上，足與床身分辨之處也」。床辨就是床足與床面接榫處，或說置放床板的床架。

六四・剝牀以膚。凶。

語譯：剝損床席。凶險。

解讀：

「膚」爲表皮，床膚就是床面、床席，也是人與床眞正接觸的地方。床席被破壞，對於在床上活動的人有直接的威脅，所以占斷爲「凶」。

六五・貫魚以宮人[4]寵。无不利。

語譯：宮人貫串出入伺候，備受尊寵。沒有不利之處。

解讀：

「貫」爲貫串，「貫魚」指魚之貫串成列，個個相次，以此比喻人之有次序的串連列隊，成語「魚貫而入」蓋由此而來。「宮人」指處理宮中事務的內官，如宮女、宦官之類。「貫魚以宮人寵」用以形容宮人列隊出入伺候，呵護備至，甚受寵愛。

從文義脈絡來看，此「寵」應該是種特殊的禮遇，而不是平日的生活起居。爲什麼有這樣的特殊待遇？從剝掛的處境來推測，應是人身體健康情形受到剝蝕，臥病在床。但是因爲具備某種身分，甚得君主疼愛，所以能在宮中得到眾多宮人的伺候。能得到君主的寵愛，是一件好事，無往不利。所以占斷爲「无不利」。

上九・碩果不食[5]。君子得輿，小人剝廬。

語譯：大果實留著不食用。君子得到車輿，平民小人廬屋剝塌。

---

4 宮人指處理宮中事務的內官。依《周禮》，朝廷設有宮人，掌管周王寢宮內的雜事。諸如除汙穢不潔，保持芬芳，伺候沐浴，以及掃除、照明、取暖等。《周禮・天官冢宰》「宮人：掌王之六寢之修。爲其井匽，除其不蠲，去其惡臭。共王之沐浴。凡寢中之事，掃除、執燭、共爐炭，凡勞事。四方之舍事，亦如之」。六寢指路寢一，小寢五。路寢爲聽政事之處，小寢用以燕息。

5 食通蝕，剝蝕，在此一字雙關。古代日蝕、月蝕，皆稱「食」。例如《春秋・隱公三年》「春，王二月，己巳，日有食之。」甲古文中也多以「食」記錄日、月蝕。（參考胡厚宣，胡振宇《殷商史》，上海：上海人民出版社，2003年，頁284-294。）

解讀：

「碩」為大，大果留在樹上，沒有被打落，當然也沒有被吃掉。剝卦六爻的安排，下面五個陰爻，有如沒有果實的樹幹，最上面的唯一陽爻（上九）正恰似留在樹上的大果實。

「得輿」指受賜或獲贈車輿。古代有以車輿賞賜或饋贈的習慣，例如詩經「君子來朝，何錫予之？雖無予之？路車乘馬」（小雅‧采菽）；「我送舅氏，曰至渭陽。何以贈之？路車乘黃」（國風‧渭陽）。由采菽之例可知，「得輿」未必是真的得到一輛車，也可以是得到以禮車或輿轎迎送的榮譽。

「剝廬」指草廬茅舍遭到剝擊乃至崩塌。然而君子何以得輿？小人何以剝廬？「得輿」及「剝廬」又與「碩果不食」有何關聯？碩果又何以不食？

首先，漂亮又大顆的「碩果」，固然可以用來充飢，但也可以用來進獻祭祀。後者顯然更能發揮碩果的價值。同樣是「碩果不食」，身為貴族的君子，與平民小人相較，應會有不同的觀點。君子生活寬裕，留下碩果可以饋贈、進獻乃至祭祀祈福；小人生計拮据窘迫，忍住不吃的原因只能有一個：留待呈獻給主人。

「得輿」及「剝廬」可以只是一個比喻。「得輿」用以形容受到賞賜或禮遇，「剝廬」則足以說明生活之困窘。也就是說，留著「碩果」而「不食」，對貴族子弟而言，可用來饋贈或祈福等，藉以廣結善緣，日後必能有所回報而有所得。對於平民小人而言，忍住「碩果」而「不食」，使得生活更加困窘，就像屋漏偏逢連夜雨，破草屋又遭剝擊而崩塌。

剝卦通解

剝有剝離、剝蝕、損壞、擊打等多重意思，剝卦爻辭中多帶有「剝」字，或暗含「剝」意。剝，最簡單直接的解讀，就是剝損。若從剝損的觀點解讀剝卦，初爻剝損床「足」，二爻剝損床

「辨」，四爻剝損床「膚」，其剝損之處，層層進逼，一步步威脅到在矮床上活動坐臥的人。三爻「剝之」顯示，剝損非自然因素，其實是有心而爲之。若將此「剝之」融入初、二、四爻，也就是說「剝牀」由「足」而「辨」而「膚」，是因爲某人或某物[6]「剝之」造成。五爻雖然沒有明示「剝」字，但由「宮人寵」可以得到「某人健康剝損而臥床，需要更多的寵愛及照顧」這樣的推想。

　　人在病中，身體雖然虛弱，但感官往往特別敏銳，而且心思迷亂，疑神疑鬼。此時若矮床有些微異樣或聲響，就懷疑有人或異物在暗中破壞，因而心生焦慮，或失去安全感。世說新語記載：東晉時，殷仲堪的父親生病，身體虛弱，聽到床下的螞蟻爬動，以爲是兩牛相鬥。[7]此或許可以爲初爻至五爻的關係性，做一個例證。

　　上爻「碩果不食」，若以「剝」爲意向，參照「八月剝棗」（詩經·豳風）以剝爲擊打，也可理解爲「碩果不被打落而留在樹上，不被食用。」的意思。所以「剝」不只可以解釋爲「剝損」，也可以解釋爲「剝擊」，因遭某人某物擊打而剝落損壞。所以「小人剝廬」之剝，也可以解釋爲廬舍遭到擊打而損壞。同樣的，初爻至四爻的「剝」也可解讀爲「剝擊」，床上的人感覺到有人或有物暗中擊打破壞床足、床架、床席，因而疑神疑鬼，心生不安。

　　以此，剝卦之剝，可從無心的、剝損的角度來解讀，但也可以從有心的、剝擊的角度來解讀，自古易無定詁，同樣是一「剝」字，宜解讀爲有心之剝？還是無心之剝？其實可視占問的性質，留有充分的解釋空間。

考證及討論

　　中國古代，自殷、周，歷經漢、魏，乃至隋唐，「牀」並非

6　如鬼、神、蟲蛇、異物之類。
7　《世說新語·紕漏》「殷仲堪父病虛悸，聞床下蟻動，謂是牛鬥。」

如今日僅是爲睡眠或臥床而專門陳放於臥室的臥具，它可以是議事、讀書、宴飲、休息、乃至睡眠都可使用的坐臥具。古代床的高度較今日爲矮，或可稱之爲矮床。

古人地上舖席，平時坐、寢於地席之上，古代床雖矮，但與地面相較，仍有相當的高度。人在病時多坐、臥、寢於床，以便照顧、探視。死時也著於床，以便弔唁、入斂等。例如左傳記載，楚國國君要找蔿子馮爲令尹，蔿子馮託病不就，在大熱天，挖出多天藏在地下的冰塊，做成冰床，穿著皮襖，躺在床上裝病。[8]禮記記載，人死後，身體還在床上時，稱之爲屍；若已大斂入棺，則稱之爲柩；[9]曾子病重的時候，也是躺在床上，弟子跪坐[10]在床下伺候。[11]從跪坐床下伺候的描述中，可大略體會古代床之高度。

---

8 《左傳·襄公二十一年》「遂以疾辭，方暑，闕地下冰而牀焉，重繭衣裘，鮮食而寢。」
9 《禮記·曲禮下》「在牀曰尸，在棺曰柩。」
10 即正坐，雙膝併攏著地，臀部坐在腳跟上。臀部接觸腳跟爲「坐」。若不著腳跟則爲「跪」，或稱長跪。
11 《禮記·檀弓上》「曾子寢疾，病。樂正子春坐於牀下，曾元、曾申坐於足，童子隅坐而執燭」。按，足指床足，樂正子春、曾元、曾申，都跪坐在床下之地面。樂正子春在床側，曾元、曾申在床角，童子在室角。

24 · 復卦（地雷復）

䷗復亨出入无疾朋來无咎反復其道七日來復利有攸往。初九不遠復无祗悔元吉。六二休復吉。六三頻復厲无咎。六四中行獨復。六五敦復无悔。上六迷復凶有災眚用行師終有大敗以其國君凶至于十年不克征。

卦名卦畫卦旨

復，回到原處。說文：「復，往來也」，返回，歸來，還原，皆謂之復。就空間而言，去往他處再歸來爲復；就時間而言，白天夜晚，春夏秋多，周而復始謂之復。就事而言，恢復原狀亦謂之復，例如病後之復原。

復卦下震上坤，坤爲地，震爲雷，雷潛藏於地下。雷之爲物，大體起於春，盛於夏，息於秋，藏於冬。雷潛藏於地下，有冬日萬物蟄藏之象。多盡則春回，萬物復甦，故以雷地（䷗下震上坤）象徵復卦。復卦之六爻當中，上五爻皆爲陰，唯初爻爲陽，象徵一縷陽氣自下升起，以此喻春回大地。

復卦之旨在說回復，復返原處。卦爻辭都涉及回復，人必因有所求而離開自己所熟悉的家園，但歸來的過程及際遇卻大不相同。

復卦與剝卦互爲反對，俗語常說「由剝而復」，「剝極必復」，消蝕殆盡之後新的契機又將開始，並逐漸走向復原。剝卦上九的陽爻正象徵此消蝕殆盡，復卦初九承接此陽爻，正象徵此復原的轉機。剝卦與復卦的承續，動態的展現了易經積極練達的宇宙觀。

卦爻辭解讀

復：亨。出入无疾，朋來无咎。反復其道，七日來復。利有攸往。

語譯：復卦。亨通。出外入內沒有疾病，朋友往來沒有咎難。在大道上反覆往返，七天完成一個循環。利於有所前往。

解讀：

復卦，處於往返回復的過程或契機中。復，往返回復。先要有往，然後才有來；先要有出，然後才有入。卦辭「出入」、「來」、「往」等都與「復」有關，「反復」、「來復」就更不用說。整段卦辭句句不離「復」字。出入往來通達，正是「復」之所以可能的條件，故「復」為「亨」。

「出入无疾」顯示身體健康，往來行動無虞。「朋來无咎」顯示賓客往來酬酢無礙。「反復其道」指空間上的往返奔走。「七日來復」指時間上的循環，此「七」或與卦畫有關，一卦六爻，過六為七，剝盡而復，所以說「七日來復」。「七日來復」的重點在說天道循環，而不在「六」或「七」。「反復其道」與「七日來復」合看，有往返奔走，循環不已的意思。可與乾卦「君子終日乾乾」呼應，充分顯示易經喜動不喜靜的旨趣。

身體健康，酬酢無礙，努力不懈，有此條件足以向外發展，所以占斷「利有攸往」。賁卦說「小利有攸往」，剝卦說「不利有攸往」，本卦說「利有攸往」，在此可作綜合比較。「有攸往」即有所前往，有行動的目標，有努力的方向，所以要有所前往，向外發展。賁卦重在外表裝飾，此雖不能是發展進取的核心因素，但小有幫助，所以說「小利有攸往」。剝卦處在剝蝕狀態下，主體虛弱且受外界打擊侵蝕，自顧不暇，當然不宜向外發展，所以說「不利有攸往」。

初九‧不遠復，无祗[1]悔。元吉。

語譯：走不遠就復返，不至於悔恨。最吉祥。

解讀：

「祗」通抵，抵達。「不遠復，无祗悔」暗示「往則有悔」，「遠則有悔」。所謂的遠，可以有兩個意思，可指離家園太遠，也可指離正途太遠。從斷占辭「元吉」來看，前者鼓勵安於現狀，不宜遠赴他鄉。「遠」字甚關鍵，參考卦辭「利有攸往」，即使有所往，也不宜遠。後者則有德行象徵意義，所謂「大德不踰閑，小德出入可也」（論語‧子張）此處對略略離開正道的事，雖沒有說「可也」，但只要能及早回頭，也就可以「元吉」了。

六二‧休[2]復。吉。

語譯：休息後返回。吉祥。

解讀：

「休」為休息，因為有休息而覺得舒暢美好。「休復」指前往某處，在事情處理完後，先做充分休息，然後才回來。「休」也暗示此行任務圓滿成功，所以可以好整以暇，態度從容的「復」。故而占斷為「吉」。往吉，復亦吉。

六三‧頻[3]復。厲，无咎。

語譯：憂愁著返回。處境艱辛，沒有咎難。

1　祗：讀作之，古寫作秖，抵達，至此。「祗」原意為恭敬，《說文》「祗，敬也」。此處通抵，《說文》「抵，擠也」。原意為抵制，排擠。後引申為抵達，到達。

2　休：休息，美善。《說文》「休，息止也，從人依木」。休之本意為人依傍大樹休息。因休息而覺得甜美，故引申有美好的意思。例如《詩經‧豳風‧破斧》「哀我人斯，亦孔之休。」

3　頻：通顰，皺眉，蹙額，憂慮的樣子。《說文》頻作顰，今版本寫作瀕，「瀕，水涯。人所賓附，頻蹙不前而止」；「顰，涉水顰蹙」。段玉裁注：「將涉者，或因水深。顰眉蹙頞而止」。人臨近水邊無法渡河，因而皺眉憂慮。

解讀：

「頻」爲顰，憂慮皺眉的樣子。「頻復」指前往某處，事情處理的不順心，憂心忡忡的返回。此也暗示了任務有些棘手難辦，所以占斷爲厲而无咎。「无咎」有鼓勵的意思，事雖難辦但仍需辦，辦不成也不會受到責難。

六四・中行獨復。

語譯： 中途獨自返回。

解讀：

「中行獨復」至少說了兩件事。其一，前往某處，走到一半就回來了，也就是所謂的「半途而廢」；其二，與同伴共同前往某處，卻獨自回來，也就是所謂的「離群而去」。「半途而廢」、「離群而去」是好是壞？這裡不敢說，因爲不知道要去何處，也不知道要去做什麼。如果是去險地，或是做壞事，「中行獨復」未嘗不妥，反之，若目的正當，「中行獨復」顯然不是件好事。此爻辭只是敘事，未占斷吉凶，因爲目的地的不同，「中行獨復」可以有不同的結果。

六五・敦[4]復。无悔。

語譯： 敦請使之返回。沒有懊悔。

解讀：

敦爲敦請，敦促之敦，「敦復」即被他人敦請返回。敦請返回的可能原因不外乎現在的任務沒有持續的必要，或者是家園故國有更重要的事情待處理等。不論如何，既然有人「敦復」，還是以回去爲宜，不應懊惱悔恨。所以占斷爲「无悔」。

---

4 敦：敦促。《說文》「敦，怒也。詆也」；《爾雅・釋詁》「敦，勉也」。其本義爲怒呵，斥責，引申爲督理，促使，敦促。敦又通惇，有和睦，厚重，誠懇之意。可參考臨卦上六「敦臨」。

上六‧迷復。凶，有災眚[5]。用行師，終有大敗，以其國君凶。至于十年不克征。

語譯：失迷路途無法返回。凶險，有災禍。行軍作戰，最後會大敗，對國君尤其有凶禍，以至於十年都不再能出征。

解讀：

　　「迷復」指歸來時失迷路途，無法「復」。行師作戰，若在出發進擊時失迷路途，雖是延誤軍機，仍有機會全身而退。但若是自戰場歸來時失迷路途，則有糧草斷絕，軍心渙散的危險，若再遭敵人尾隨追擊，大有可能全軍覆沒，乃至國破家亡。其凶險可知。「十年」在形容時間之長，此大軍出征迷途之凶，損失慘重，動搖國本，有相當長的時間都不能恢復。

　　仔細推敲，陷入「迷復」慘況的發生，其原因可能在出發前往的時候，就已經埋下種子。準備不周？籌畫不足？或者，根本就不該去，不能去？

復卦通解

　　復卦六爻皆在說往而復返，且多以復返為吉。初爻「不遠復」得「元吉」，也暗示往遠則不吉。二爻「休復」得吉。三爻「頻（顰）復」雖「厲」但可「无咎」。五爻「敦復」，被促請返回，也能落得個「无悔」。唯上爻「迷復」，無法返回，所以只能是「凶」。既使是四爻「中行獨復」，雖未明斷吉凶，但對半途離群而獨回的行為，也未置可否。卦辭「出入无疾，朋來无咎」更是視復返為健康且歡聚的表現。

　　有復必有本，有本才有復。就具象世界而言，家園、故鄉、祖國是本；就精神世界而言，生命的意義是本；就人倫關係而言，父母祖先是本；就道德世界而言，良知良能是本。復就是返本，

5　「眚」之字義參考訟卦九二「其邑人三百戶無眚」。

所謂「報本反始」⁶，從這個角度來看，易經以「復」爲吉的思
想，除了時間及空間範疇之外，應是蘊含有更深刻的意涵。

6　《禮記‧郊特牲》「唯社，丘乘共粢盛，所以報本反始也。」

25 · 无妄卦（天雷无妄）

☰☳无妄元亨利貞其匪正有眚不利有攸往。初九无妄往吉。六二不耕穫不菑畬則利有攸往。六三无妄之災或繫之牛行人之得邑人之災。九四可貞无咎。九五无妄之疾勿藥有喜。上九无妄行有眚无攸利。

卦名卦畫卦旨

妄，虛妄、妄誕不實。說文：「妄，亂也」。無妄即妄之反面，指實實在在而不虛妄。無妄可以有兩個面向，就心思而言，無妄指不妄想，沒有虛妄不實的空想。就行動而言，無妄指不妄作，安安分分的不亂動，甚至是不要動。

无妄卦下震上乾，乾為天，震為雷。上天以雷聲震懾萬物，自古雷聲夾帶閃電，對人類起有震懾的作用。上天獎善罰惡，對人的不當言行以天雷警示報應，告誡世人皆應循天理行事，不起妄念，不可妄作。故以天雷（☰☳下震上乾）象徵无妄。

无妄卦在說勿妄思妄作，卦爻辭多有告誡之意。然而不亂想亂動，是否就保證平安無事了呢？无妄卦爻辭對無妄之吉凶並無保證，這也是「無妄之災」這句成語的由來。

卦爻辭解讀

无妄：元亨，利貞。其匪正有眚[1]。不利有攸往。

語譯：无妄卦。最亨通，利於貞問。若不行正路則有災禍。不利於有所前往。

解讀：

无妄卦，處於謹守分際勿妄想妄作的格局或心境。無妄，不

---

1 「眚」之字義參考訟卦九二。

妄想，不妄動，此所以最是亨通，而且有助於所關心之事的處理。
這是對无妄的肯定。「匪正」就是非正，不端正，言行舉止不合規
範。處无妄之時，若輕舉妄動，有非分之想，則將導致災禍，所以
說「其匪正有眚」。處无妄之時，不宜妄行妄作，當然也就不宜往
外發展，所以說「不利有攸往」。

初九・无妄往。吉。

語譯：不妄作而往。吉祥。

解讀：

「妄往」就是妄誕輕率的前往。「无」為對此事之否定。不要
輕率地前往，就不會有事。所以占斷為「吉」。

「无妄往。吉」也有人斷句作「无妄。往吉」，[2]但如此則與
卦辭「不利有攸往」有明顯的衝突。故不採此說。

六二・不耕穫，不菑[3]畬[4]，則利有攸往。

語譯：不耕作而能收穫，不墾地而有熟田，如此則利於有所前往。

解讀：

「耕」指耕種；「穫」指收穫。「菑」為墾地；「畬」為熟
田。古代農耕工具及技術有限，加以地廣人稀，故多採休耕、輪耕
方式，以休養田力。第一年墾地，稱菑田；第二年稱新田，第三年
稱畬田。新田及畬田，或是播種，或是整治、休耕，輪流使用。[5]

不耕而穫，不菑而畬，這是癡心妄想，天下沒有這個理。
「則」表示有條件，若附合條件則如何如何。如果真的有這麼一個

---

2 例如程頤注此：「以无妄而往，何所不吉」，以往為吉。如此斷句應是受《小象傳》
的影響。《小象傳》「无妄之往，得志也」，將「无妄往」解釋為「无妄之往」。

3 菑，讀作資，指荒地或初耕的田。《說文》「菑，不耕田也」。引申為開墾荒地。
《尚書・大誥》「厥父菑，厥子乃弗肯播」。以「菑」與「播」形容父、子關係，可
見「菑」之後需若干時日，才能成為可播種的熟田。

4 畬，讀作魚，開墾過的熟田。《說文》「畬，三歲治田也」；《爾雅・釋地》「田一
歲曰菑，二歲曰新田，三歲曰畬」。熟田可以播種五穀。

5 參考楊寬《西周史》上冊，頁249-253。

不耕而穫的地方，則不妨前往。由於條件之不可能，「則利有攸往」之「則」有反諷意味。如果沒有不勞而獲的地方可去，那還是以不輕舉妄動爲上策。

六三・无妄之災。或繫之牛，行人之得，邑人之災。

語譯：未妄作而有災禍。好像邑人繫好的牛走失了，過路人平白得牛，邑人無故受災。

解讀：

「无妄」即規規矩矩，未嘗妄作。此說雖「无妄」仍得之有「災」，但不宜說此災是無妄的，或說因爲無妄而得此災，只能說無妄不能保證無災。有些災禍是環境使然，不會因爲當事人的判斷或行動而能避免，是謂「无妄之災」。

有人無緣無故而受災，也有人無緣無故而受福，此皆命運之安排，所謂得失有命。爻辭後半段對此「无妄之災」舉了一個例子：邑人規規矩矩的把牛繫好，暫時離開辦事。牛卻莫名其妙的鬆開了所繫的繩子，不知走向何方。有人無妄失牛，就有人無妄得牛，此皆無可奈何之事。

九四・可貞。无咎。

語譯：可以貞問。沒有咎難。

解讀：

在无妄卦之下，「可貞」當是「无妄可貞」的省略。可貞與利貞都是對所貞問之事表示肯定，但程度略有不同，可貞指所問之事可期待。[6]若不妄想，不妄動，所問之事合於規矩，雖然不能說就一定有助益，但至少是無礙的，是被允許的，也不會受到責難。所以占斷爲「無咎」。

6　參考坤卦六三「含章。可貞。」

九五‧无妄之疾。勿藥有喜。

語譯：未妄作而得疾病。不需用藥，會好轉。

解讀：

「无妄之疾」的語法正如「无妄之災」，宜以相似的方式解讀。有時飲食起居作息雖是規規矩矩，但仍得疾病。不能說因「无妄」而得此疾，只能說「无妄」不能保證無疾。「有喜」就是有好消息，病情得以好轉。不需用藥就會好轉的疾病，應該就是小病。以此「无妄之疾」指命中當得的小恙，不用藥自然會好。其中安慰之意甚濃厚。

必須要強調的是，古人對於疾病的觀念與現代人有所差別。今人理解疾病來自外部感染或內部器官失調，古人則認為疾病可能與鬼神有關。有時人因為鬼神的召喚或懲罰而得病乃至死亡。例如書經‧金縢記載：周武王病重時，周公即祝告天上的祖先，希望能以自身替代武王病死升天，因為自己（姬旦）善良靈巧，多才多藝，較長孫（武王姬發）更能夠事奉鬼神。[7]多一些對古人疾病觀的認識，或有助於進一步理解「妄」與「疾」的關係，疾病可能是因行為問題而遭致鬼神降禍而得。

上九‧无妄行。有眚，无攸利。

語譯：勿妄自行動。行動則有災禍，無有所利。

解讀：

「无妄行有眚」可解讀為「无妄行行有眚」，「行」字因重疊而被省略（缺漏），如同履卦之卦名卦辭「履：履虎尾」，被漏寫作「履：虎尾」[8]。如此則「无妄行。有眚」即「无妄行。行有眚」。這樣的解讀或可以讓文意更完整。「行」指行動。處於「无

7　《尚書‧金縢》「以旦代某之身。予仁若考能，多材多藝，能事鬼神。乃元孫不若旦多材多藝，不能事鬼神。」

8　參考履卦卦辭解讀及相關註釋。

妄」之時，一動不如一靜，不宜妄作妄爲。因爲處於「有眚」的環境，行動則有眚災。「无攸利」是針對「无妄行」而說，而不是針對「有眚」。一動不如一靜，雖說動則「有眚」，但靜也只是「无攸利」而已，並不因此得利。

「无妄行有眚」帛書易經作「无孟（妄）之行有省（眚）」此或可作爲斷句的參考。

无妄卦通解

无妄，不妄作。妄作包括妄念、妄言及妄動。无妄可以只是描述性的，指沒有妄作，也可以是規範性的，指不要去妄作，甚至不要有作爲。

卦辭「其匪正有眚」點出了全卦的宗旨：若「妄」則有眚災。但「无妄」是否可得吉？爻辭顯示並非如此。初爻「无妄往」固然得吉。三爻「无妄之災」，五爻「无妄之疾」顯示，「无妄」仍可能得災或得疾，這應是古人經驗觀察的結果。上爻「无攸利」說明了不妄作妄爲，也只是少眚災而已，未必就能得利。

二、四爻雖不見「无妄」二字，但仍宜從「无妄」的觀點解讀。二爻「不耕穫，不菑畬」以反面烘托的方式指出妄念之虛幻不實，「則」字甚是關鍵。類似筆法也出現在蒙卦卦辭「瀆則不告」。四爻最特別，只有占斷，不見敘事。基於以卦旨涵攝六爻的原則，[9]此爻預設以「无妄」作爲敘事辭，應是合理的推斷。依此，「无妄」則「可貞」，得「无咎」。

的確，人生的許多處境，適宜低調保守，動不如靜。謹守分寸敬愼行事的結果，雖然不能夠保證有什麼進展，但至少可以保住現有局面，降低惡化的可能。

9　參考本書第四章，第四節〈本書之易經詮釋觀點〉之相關討論。

26・大畜卦（山天大畜）

☷大畜利貞不家食吉利涉大川。初九有厲利巳。九二輿說輹。九三良馬逐利艱貞曰閑輿衛利有攸往。六四童牛之牿元吉。六五豶豕之牙吉。上九何天之衢亨。

卦名卦畫卦旨

　　畜爲畜養。六十四卦有小畜卦及大畜卦，小畜在說小民之畜養，即庶眾平民之畜養，所畜養之格局爲小。大畜則在說大人之畜養，即王公貴族之畜養，所畜養之格局爲大。培育人才，畜養人才，並收爲己用，是畜養之大者。培養自己的德行能力，使能爲君王所用，也是畜養之大者。

　　大畜卦下乾上艮，艮爲山，乾爲天。山在外，天在內，天之雲氣爲眾山所圍蓄。山與天俱甚廣大高遠，眾山蓄天足可形容所蓄之大。故以山天（☷下乾上艮）象徵所蓄之格局高大遠闊。

　　大畜卦在說養賢畜能，其爻辭多敘述牛、馬、豬等之牧養，使之壯大成長。比之於人，即是畜養人才，求賢納能。

卦爻辭解讀

大畜：利貞。不家食，吉。利涉大川。

語譯：大畜卦。利於貞問。不吃家傳爵祿則吉祥。利於渡涉大河川。

解讀：

　　大畜卦，處於養賢畜能的情境中。大畜，所畜者大。畜養人才爲畜養之大者，君王求賢訪能尤其爲大中之大。「不家食」就是不

「食舊德」¹，不在家吃祖先遺留的老米飯，毅然離開家園，求取自己的功名事業。此「吉」是有條件的吉，當國家在大畜人才的時候，要選擇離開舒適安逸的老家，遠赴朝廷，爭取為君王服務的機會，如此才能致「吉」。離開家園外出奮鬥，當然也必須面對一些難關及挑戰，但只要有決心，一定可以克服。所以占斷為「利涉大川」。

初九‧有厲。利巳²。
語譯：環境艱困。有利的情勢已結束。
解讀：

　　「巳」通已³，「已」為停止。「利巳」就是不再有利，不再有好處。用更口語的方式說，就是：好日子已經過完了，要過苦日子了。所以占斷為「有厲」。配合卦辭「不家食」或許更能掌握此爻辭的意思。守著老家的生活日漸艱難，因為原有的利益已不再能維持了。這時候若能離開家園，外出奮鬥，不失為一條明路。

九二‧輿說輹⁴。
語譯：大車輪軸脫落。

1　參考訟卦六三之爻辭。
2　巳：通已，在此讀作已。已：完成，停止，終了。例如「死而後已，不亦遠乎」（論語‧泰伯）；「風雨如晦，雞鳴不已」（詩經‧鄭風）。「利巳」也有文本作「利已」，或「利己」。今文「已」、「巳」、「己」三字字形近似。小篆「已」、「巳」亦形似，但「己」則有異，所以在漢隸定時不可能巳己不分，將「己」寫作「巳」。
3　古代巳通已，《釋名‧釋天》「巳，已也，陽氣畢布已也」；《說文》有巳無已，「巳，已也。四月，陽气巳出，陰气巳藏」。段玉裁注：「巳者，言萬物之巳盡也……漢人巳午與巳然無二音。其義則異而同也」。按，段玉裁考證，漢代人巳午之巳及巳然之巳讀音相同。巳為地支第六，在夏曆為四月，已進入夏天。所以說「陽气巳出，陰气巳藏」。此處之巳，都作已經之已。就「萬物之巳盡」來說，「巳」、「已」是不分的，就地支來說，只用「巳」不用「已」，所以段玉裁說「其義則異而同也」。
4　輹：讀作復，位於車身之下，車軸之上，用以繫縛車軸的凹形木塊。《說文》「輹，車軸縛也。从車復聲」。輹配上革帶有類似今日車軸承的效果。

解讀：

「輹」是古代車輛用以繫縛車軸的裝置。「說」爲脫，「輿說輹」指車輛的輪軸與車身脫落，對車子而言，這是很嚴重損壞。爲什麼有這樣的損壞呢？可能是因爲跋涉的路途太遠，車軸與車輹繫繩之間因過度磨損而斷裂脫落。

對比小畜九二「輿說輻」，同樣是車輛故障，「說輻」是因爲承載過重；「說輹」是因爲路途太遠。何以要出遠門？卦辭「不家食」或許提供了一個線索。

九三・良馬逐。利艱貞。曰[5]閑[6]輿衛。利有攸往。

語譯： 追逐好馬。利於貞問艱難之事。嫻熟練習駕車及防衛之戰技。利於有所前往。

解讀：

「良馬逐」即追逐、馴服、訓練體質良好的馬。「曰」爲發語詞[7]，「閑」爲嫻熟。「輿」爲駕車，車戰多用於攻擊。「衛」爲防衛，如佈陣守城等。「閑輿衛」就是熟習攻擊及防衛的戰技。古代貴族文武合一，有志於君王麾下効力者，必先要有馴服良馬，駕御戰車，防衛守城等本領。然後才有能力擔當艱難的任務，前往報効時，也較有機會受君王所重用。所以占斷爲「利艱貞」，「利有攸往」。「利艱貞」與「利有攸往」是針對「良馬逐」與「閑輿衛」合說的。不應以「良馬逐。利艱貞」爲一組，「閑輿衛。利有攸往」作另一組。

5　曰通粵，爲發語詞，用于句首以起下文。《尚書・虞書》篇章常見以「曰若稽古」開始，「曰若」也寫作「粵若」。《說文》「粵，審慎之詞。」

6　閑通嫻或嫻，嫻熟，熟習，因練習而嫻熟。《爾雅・釋詁》「閑，習也」。例如《詩經・秦風・駟鐵》「遊于北園，四馬既閑」；《說文》「嫻，雅也。從女閑聲」，段玉裁注：「嫻雅，今所謂嫻習也」。

7　也有學者主張「曰」應作「日」，如此「日閑」就可解釋爲「每日練習」。例如程頤釋注爲「當自日常閑習其車輿與其防衛」。朱熹更明言：「日，當爲日月之日」。楷書之「曰」與「日」的確形近而易訛，但甲骨，金文及小篆，此二字之字形明顯有差別，隸定時不可能會弄錯。仍以不改爲宜。改或不改，意思極相似。

六四・童牛之牿⁸。元吉。

語譯：小牛角上綁著橫木。最吉祥。

解讀：

「童牛之牿」指圈養小牛時，在初生的牛角上綁著橫木，使小牛不能互相傷害，以保護牛，也保護養牛的人。此藉「童牛之牿」以描述畜養牲口的工作。童牛雖小，馴服豢養終成大牛，以供祭祀或拉車⁹。牲畜繁衍興旺最是吉祥之兆，所以為「元吉」。人之馴養小牛，也可比擬育才養賢。

六五・豶¹⁰豕¹¹之牙。吉。

語譯：處理閹豬的獠牙。吉祥。

解讀：

「豕」為豬之通稱。古人將野豬馴養在家中屋內，故「家」字從「宀」從「豕」。野豬有獠牙，公豬尤其長，具殺傷力。野豬經長期馴化成為家豬是人為選擇配種的結果，長期選獠牙短的豬繁殖，使家豬之獠牙逐漸退化。遠古時的家豬外貌或應較現代更接近野豬。

「豶豕」即閹豬，為了使豬性情溫順生長快速，小公豬在生下來數週後就要進行閹割。去勢之公豬，長成後似母豬，獠牙不多露，不具攻擊殺傷力。

除了閹割去勢之外，小豬在剛出生不久，就要把一部分尖牙

8　牿：讀作酷，牿通梏，古寫作告，綁在牛角上使其不能觸人的橫木。牿之本義為關牛馬的圈欄，《說文》「牿，牛馬牢也」；「告，牛觸人，角箸橫木，所以告人也」。

9　西周時尚無以牛耕田的技術，耕田多賴人力「耦耕」。參考楊寬《西周史》上冊，頁247-249。

10　豶：讀作墳，閹豬，去勢之豬。豬去其勢可使性情溫順，其牙不觸人。《說文》「豶，羠豕也」。此處「豶」也可作動詞使用，指去勢或去牙。《爾雅》「豕，子豬。豶，豶」，以豶為子豬，小豬。

11　豕：讀作使，豬類之通稱。《玉篇》「豕，豬豨之總名」，豨為野豬；豬為豕之一種，《說文》「豬，豕而三毛叢居者」，可能就是現代的家豬。家豬為野豬經人類長期馴化並選擇淘汰而成。「家」字從「宀」從「豕」，即於屋頂（宀）下畜養豕之會意。

剪掉。否則一窩小豬會在搶食母乳時咬傷母豬，或互咬受傷。「豶豕之牙」不只是靜態的說閹豬不具獠牙，而是用短短四字表達了古代養豬的關鍵動作，閹割及剪牙。這些關鍵動作，即使是現代的養豬戶，仍奉行不渝。閹割及剪牙可致使牲畜興旺，所以占斷為「吉」。

此處之「吉」與六四之「元吉」相較，蓄養牛所得的福佑顯然要高於蓄養豬。這也反應出祭祀獻牲時的等級，牛羊豬三牲，牛的等較高，用於諸侯之祭獻。羊豬的等級略低，用於大夫或士之祭獻。[12]

上九・何[13]天之衢。亨。

語譯：承荷通天的大道。亨通。

解讀：

「何」通荷，承受，承擔與接受。「何天之衢」就是承受一條通「天」大道。人不可能通往天，此當然是以「天」比喻人間之最高位置，也就承受一條通往「天子」的大道，得以有機會接近權力核心，為君王效力。此道路暢通無阻，所以說「亨」。

大畜卦通解

傳統多以「君畜臣，臣畜德」說大畜。中庸曰：「為政在人」[14]，治理國家要有成效，必須要用適當的人。人才的選拔，從儒家的觀點，自是以「仁德」為首要。[15]但若不以儒家為唯一的解釋，臣所畜之德，也就未必一定是指仁德了，只要是能為君王所用

---

12 《大戴禮記・曾子天圓》「……序五牲之先後貴賤。諸侯之祭，牲牛，曰太牢；大夫之祭，牲羊，曰少牢；士之祭，牲特豕，曰饋食。……」，特豕指全豬。

13 何：通荷，字義可參考噬嗑卦上九「何校滅耳」。受恩惠利祿也稱作荷，例如《詩經・商頌・長發》「何天之休」；《左傳・昭公三年》「猶荷其祿，況以禮終始乎」。

14 《中庸》「故為政在人，取人以身，修身以道，修道以仁。」

15 同上。

的才能，都可以說是德。

　　大畜卦在說蓄養人才，可以是君主積蓄人才，也可以是君子自養其才，全篇都不離此宗旨，卦辭「不家食」尤其是貫串全篇的關鍵字詞。「不家食」的家，指大夫之家，也就是貴族之家。貴族子弟「不家食」的可能情況有二，一是在老家沒有機會[16]，被迫離家另謀出路；一是響應君王的召喚，藉此建立功業。爻辭對此二者都有著墨。

　　初爻「利已」正是在說留在老家沒有機會，所以要離開家園，外出另尋報效君王之路。二爻「輿說輹」在形容報效君王之路遙遠坎坷，走到輪軸脫落。三爻「良馬逐」、「閑輿衛」正是形容自身不斷充實本領，好為君王所用。四爻「童牛之牿」及五爻「豶豕之牙」以最精簡的語言，描述蓄養牲畜的工作。可以想像此雖是小吏的工作，但已為君王所用，有了進身之階。孔子在為魯國國君所重用之前，便曾擔任過管理牛羊的小吏，[17]此可作為參考。上爻「何天之衢」顯示直達君王的道路已然通暢，報效君王已是自己應承擔的責任。上爻與二爻相對應，二爻路途坎坷，上爻直達天聽，由二爻而上爻，也足以顯示三、四、五爻自蓄其德的努力並沒有白費。

---

16 例如家族沒落，或偏房庶出等。
17 《孟子・萬章下》「孔子……嘗為乘田矣，曰：牛羊茁壯，長而已矣」，「乘田」即指管理牛羊的小吏。

27・頤卦（山雷頤）

☶頤貞吉觀頤自求口實。初九舍爾靈龜觀我朵頤凶。
六二顛頤拂經于丘頤征凶。六三拂頤貞凶十年勿用无攸
利。六四顛頤吉虎視耽耽其欲逐逐无咎。六五拂經居貞吉
不可涉大川。上九由頤属吉利涉大川。

卦名卦畫卦旨

　　頤，口頰，面頰，尤指下巴。說文：「頤，顄也」；「顄，頤
也」。「顄」今作「頷」，即下巴。口頰關係到進食，進食關係到
調養，爾雅・釋詁：「頤，養也」，此頤即「頤養天年」之頤。
　　頤卦下震上艮，艮爲山，爲靜止，震爲震動。人之進食咀嚼
時，上顎不動如山，下巴則上下震動，故以山雷（☶下震上艮）象
徵頤卦。又頤卦六爻之初、上下二陽爻如上下顎，中間四陰爻像牙
齒，六爻合看，正如口頰及上下牙齒。[1]
　　頤卦在說進食及頤養。由口頰延伸到進食，再由進食延伸到給
養，這些都是有關聯的。頤卦卦爻辭多與進食有關。進食是動物本
能，身體需要營養補給，但人類的進食有額外的要求，在食物的品
質上要求美味可口，在進食的行爲上則有一定的禮節需要遵守。禮
記便說飲食是禮的開始，[2]飲食與禮節有密切的關係。

卦爻辭解讀

頤：貞吉。觀頤，自求口實。
語譯：頤卦。所問之事吉。觀看人嘴巴，不如自求口腹充實。

1　此可參看噬嗑卦，噬嗑卦☲下震上離，形似口中咬一物，故爲咬合之象。
2　《禮記・禮運》「夫禮之初，始諸飲食。」

解讀：

　　頤卦，處於頤養進食的態勢或環境。頤，頤養。「頤」指口頰，「觀頤」就是看人嘴巴在動，看人吃東西，或者說，看別人在吃什麼。與其看別人吃東西不如「自求口實」，想辦法自己吃飽。與其羨慕別人，不如求之於己。

　　人不能不吃東西，進食給養是好事，所以將「頤」占斷為「貞吉」。

初九・舍爾靈龜，觀我朵[3]頤。凶。

語譯：捨棄你難得的龜鱉，看著我嘴巴嚼動。凶險。

解讀：

　　「靈龜」為長命寶龜。古代以龜甲占卜，並相信活得越久、長得越大的龜，用來占卜則越是靈驗。古人又以為靈龜是玄黿[4]的後代，所謂「玄黿生靈龜」[5]，黿為大鱉。鱉與龜原本是不同的物種。鱉殼軟，龜殼硬，殼硬才能灼卜，鱉則只能食用。但古人或因外形相似而不予細分，所以才會有「黿生龜」的說法。

　　此處「靈龜」實有寶物及美食雙重意義。所以莊子筆下有三千歲的神龜，死後之龜甲極其貴重，楚王以錦絹竹箱珍藏在廟堂。[6]黿龜亦為美食，左傳記載，楚國以黿為禮，獻給鄭靈公。鄭國公子子公聽到了就「食指動」，認為「必嘗異味」。[7]「食指大動」之典故蓋出於此，黿鱉肉之味美可知。

3　朵：下垂。朵原意為花木下垂貌。古寫作朵，《說文》「朵，樹木垂朵朵也」，後引申作為數量詞，指花之一朵朵。此處以「朵頤」形容下巴下垂上合，上下嚼動。

4　黿，讀作元，大鱉。《說文》「黿，大鱉也」，鼉即鱉之古寫。今稱癩頭黿或斑鱉。

5　《淮南子・墬形訓》「介潭生先龍，先龍生玄黿，玄黿生靈龜，靈龜生庶龜，凡介者生於庶龜。」

6　《莊子・秋水》「楚有神龜，死已三千歲矣，王巾笥而藏之廟堂之上。」

7　《左傳・宣公四年》「楚人獻黿於鄭靈公。公子宋與子家將見。子公之食指動，以示子家，曰：『他日我如此，必嘗異味』。及入，宰夫將解黿，相視而笑」。按，公子宋字子公，與子家皆為鄭公之子。

「朵頤」指下巴上下嚼動，以形容正在享用美食。「舍爾靈龜，觀我朵頤」就是你自己有龜鱉美食不用，卻貪看我嘴裡的東西。以此譬喻身懷寶物不知珍惜，卻垂涎別人口中之物。此為人品低下者之貪婪醜態，不識珍寶，只依物欲，尤其是口腹之欲所驅使。此下場堪慮，故占斷為「凶」。

六二·顛頤。拂經[8]于丘頤。征[9]凶。

語譯：顛倒搶食。拍拂頸脖於口頰隆起如丘之時。出征遠行有凶險。

解讀：

「顛」為顛倒，「頤」為頤養進食。古代進食極重視禮儀順序，「顛頤」指顛倒用餐進食的禮儀順序，尊者未動，卑者搶食。

「經」疑為「頸」之古寫。「經」古寫作「巠」，經為巠字加糸旁分化而出，西周金文「經」仍寫作𝚿（巠），例如毛公鼎及大盂鼎銘文[10]。「巠」原意為水脈，[11]水流細長，凡以巠為聲符者多為細長之物，如經、徑、莖、頸、脛等。說文：「頸，頭莖也。從頁巠聲」。古代文字簡單，「經」、「頸」同為巠聲，在分化前或皆作「巠」。

「拂」為拂擊，「拂經」西周文字應作「拂巠」，即「拂頸」，在篆及隸的傳抄轉化中，巠被加了糸偏旁而成「經」。以此，「拂經」就是擊拍頸脖，以示懲戒。

「丘頤」形容兩頰隆起如丘，何以隆起？當然是因搶吃食物，來不及咀嚼吞嚥所造成。此等不遵禮儀偷吃搶食的行為，大都

8　經，疑當為頸。「經」古寫作「巠」，經為巠字加旁分化而出。《說文》「頸，頭莖也。從頁巠聲」。古代文字簡單，經、頸或皆作巠。西周文字應作「拂巠」。

9　「征」之字義可參考小畜上九。

10　毛公鼎銘文：「余唯肇巠（經）先王命」；大盂鼎銘文：「敬擁德巠（經）」（原文作「苟雝德巠」）。

11　巠：經之初文，原指水脈，血脈等細長之物，如織布機上的經絲等。《說文》「巠，水脈也。從川在一下」；「經，織也。從糸巠聲」。

發生在幼童，或缺乏管教的青少年，在家受到父母長輩寵溺所致。若離家遠行在異地客居或征戰，必定遭人嫌棄，乃至惹禍上身。所以占斷爲「征凶」。

六三・拂頤。貞凶。十年勿用。无攸利。
語譯：拂擊面頰。所問之事凶。十年不宜有作爲。無有所利。
解讀：

「拂頤」，直接拍擊面頰，也就是所謂的打嘴巴，打耳光。自古至今，打嘴巴都是嚴厲的懲戒，也是一種羞辱。若被尊長甚或敵人打嘴巴，恐怕是凶多吉少。此所以占斷爲「貞凶」。

被打嘴巴，必定有被打嘴巴的原因，若因此而受嫌棄，可能長年不受重用，或被迫沉潛以避風頭，對日後發展多有不利。所以占斷爲「十年勿用」，「无攸利」。

六四・顛頤。吉。虎視耽耽，其欲逐逐。无咎。
語譯：顛倒搶食。吉祥。老虎般地注視。對欲望追求迫切。沒有咎難。
解讀：

參考六二，「顛頤」的意思既然是「顛倒用餐進食的禮儀順序」，何以得「吉」？只能說此「顛頤」是尊長寵愛的結果，是尊長示意或默許而作的安排。受人寵愛是一種福氣，所以「顛頤」不但不受斥責，反可得「吉」。

「虎視耽耽」是一句現在仍常用的成語，語意三千年來未改變。「逐逐」是形容追趕急躁的樣子。虎視耽耽的盯住食物，急躁的想滿足口腹之欲，甚至違禮搶食。不過這些都沒有關係，只要是得受尊長的寵愛，搶食的行爲或可被默許而不受斥責。所以占斷爲「无咎」。反推之，「顛頤」而可「无咎」，自可顯示出其甚受寵愛，是故眼下爲「吉」。

六五‧拂經。居貞吉，不可涉大川。

語譯：拂擊頸脖。問居住之事則吉。不宜渡涉大河川。

解讀：

「拂經」的意思如同六二之說明，是尊長給予的薄懲，是對不守規矩的小小告誡。遭尊長「拂經」之懲，必有違逆尊長的言行，不為尊長所接受。此時應該閉門思過，設法補救，不可負氣出走，出外涉險。所以占斷為「居貞吉，不可涉大川。」

上九‧由頤。厲吉。利涉大川。

語譯：順序進食。嚴厲而吉祥，利於渡涉大河川。

解讀：

「由」為從由，「由頤」就是遵從進食的禮儀，順序進食。此與「顛頤」正好相反。古代的宴會飲酒進食，有極為繁瑣的禮儀規定，「由頤」顯示對此禮儀規定的嚴格遵循。此循規蹈矩帶給宴席上一起進食的尊長大人良好的印象，有助於往後的發展。此所以占斷為「厲吉」，厲而吉，言語行為的要求雖然嚴厲，但所得之結果為「吉」。

能得到尊長大人的肯定，就能得到更多的力量與支持，也就利於從事積極冒險，突破現狀的事業。所以說「利涉大川」。

頤卦通解

頤卦之卦爻辭通篇不離口頰及進食。卦辭「觀頤」及「口實」明確顯示「頤」與口頰及進食有關。初爻「觀我朵頤」具體的用「朵頤」將面頰與進食連結起來。三爻「拂頤」以頤為口頰，拂擊口頰。二爻、四爻之「顛頤」，以及上爻之「由頤」，皆是以頤為進食，並自「禮」的觀點，來描述因進食的守禮與否，所產生的種種不同際遇，十分生動有趣。「夫禮之初，始諸飲食」（禮記‧禮運），爻辭藉「頤」說「禮」，對二者的關係作了極大的發揮。

　　二爻至上爻的爻辭貫串合看，或許更可以感受到卦爻辭作者的心意。六二與六五「拂經」，六三「拂頤」，前者拍擊頸脖，後者拍擊面頰。二者相較，後者惱怒及羞辱程度遠高過前者。所以遭拍擊面頰的結果是「十年勿用。无攸利」，長久不受重用。遭拍擊頸脖以示薄懲的，則占斷爲「征凶」、「居貞吉，不可涉大川」，此明顯要求居家反省，不宜外出闖蕩遊歷。

　　再者，六二與六五都言及「拂經」，六二之「拂經」其原因爲「顛頤」，六五雖未明言，應可推測其遭受「拂經」應是有似「顛頤」之類不合禮儀規範的行爲所致。但同是「顛頤」。六二受辱，六四得吉，此也足以顯示，得寵的人，即使言行逾越了分寸，也能夠得到原諒，甚至是鼓勵。

　　六二之「顛頤」，與上九之「由頤」對照合看，更可以看出卦爻辭隱晦的含義。六二與六五都與「顛頤」有關，其占斷皆不宜外出闖蕩遊歷。六五直言「不可涉大川」，反之，上九之「由頤」則直言「利涉大川」。其對照意味甚濃，「顛頤」失禮，出門寸步難行，「由頤」合禮，守「禮」故可走遍天下。此與謙卦初六「謙謙君子。用涉大川」是同樣一個道理。

考證及討論

　　古代的宴會飲酒進食，有極爲繁瑣的禮儀規定。以下就論語及禮記之記載，舉例說明之。在此之前，首先要有這樣的概念：古代不設置桌椅，飲宴多是席地而坐，酒食飯菜置於几上，而且是各人吃各人席前的食物。不似現代，圍桌垂足而食。

　　君子進食，在食物及食器的擺設上，及進食的順序上，有一定的規矩。禮記・曲禮上記載：設宴時，食物置於席前，帶骨的肉放左側，整塊的肉放右側。燒烤在外側，醬醋放內側。左邊放麵飯

主食，右邊放羹湯。[12]在進食的順序上，客人先辭讓一番，主人堅請一番，然後入坐。動用時，主人先夾一些食物出來，放在几上，以祭先人，稱爲「祭食」。主人祭什麼，眾人就先吃什麼。一般菜肴祭食完後，吃一些主食，然後主人邀請客人吃肉。先吃整塊的熟肉，再吃帶骨的熟肉。如果主人沒有吃完，客人不可以先漱口表示不吃了。[13]

　　論語‧鄉黨也記載了孔子在受領國君賜食，以及陪伴國君進食時的規矩。國君若賞賜食物，受領後必擺正端坐先嘗一口，以謝君恩。國君若賞賜生肉，必煮熟後獻祭祖先，然後才食用。國君若賞賜活牲，必先圈養起來，以待日後用以祭祀。如果陪國君進食，要在國君祭食的時候，先國君嘗一下食物，以確定食物沒有問題。[14]

　　從這些記載中可以感受到當時貴族階級飲食禮儀的細瑣嚴格，也就更能體會「顛頤」、「由頤」所象徵的意義。

---

12 《禮說‧曲禮上》「凡進食之禮，左殽右胾，食居人之左，羹居人之右。膾炙處外，醯醬處內。」

13 《禮說‧曲禮上》「客若降等執食興辭，主人興辭於客，然後客坐。主人延客祭：祭食，祭所先進。殽之序，遍祭之。三飯，主人延客食胾，然後辯殽。主人未辯，客不虛口。」

14 《論語‧鄉黨》「君賜食，必正席先嘗之；君賜腥，必熟而薦之；君賜生，必畜之。侍食於君，君祭，先飯。」

28 · 大過卦（澤風大過）

☱☴大過棟橈利有攸往亨。初六藉用白茅无咎。九二枯楊生稊老夫得其女妻无不利。九三棟橈凶。九四棟隆吉有它吝。九五枯楊生華老婦得其士夫无咎无譽。上六過涉滅頂凶无咎。

卦名卦畫卦旨

　　過，超過，說文：「過，度也」。原意爲從甲到乙，如度過、越過等，引申爲因越過而錯過，例如超過、過失等。大過當指大爲超過，因太超過而反常。

　　大過卦下巽上兌，兌爲澤，巽爲風，爲木。樹木在水澤之下，是爲雨水太超過，陸地成澤國而淹沒樹木。故以澤風（☱下巽上兌）象徵大過。

　　大過卦在說事情太超過，違背常理。其卦爻辭多述及反常之事，尤其是水澤太過所導致的一些現象。

卦爻辭解讀

大過：棟[1]橈[2]。利有攸往。亨。

語譯：大過卦。棟木彎翹。利於有所前往。亨通。

解讀：

　　大過卦，處於大爲超過有違常理的格局。大過，大爲超過。「棟」爲棟木，一般指形成屋脊的大橫木。「橈」爲彎曲，「棟橈」指屋頂大木柱的兩頭彎曲翹起。「棟」是一棟房屋中最長最粗

1　棟：屋之最高處。《說文》「棟，極也」；《釋名》「棟，中也。居屋之中也」。棟爲房屋正中，最高大的梁柱。
2　橈：讀作撓，彎曲。《說文》「曲木。从木堯聲。」

大，也是最重要的結構體。棟木彎曲，房屋的結構便遭到嚴重的破壞而不堪居住。然而棟木何以會彎曲？木柱彎曲最可能的原因就是泡水。棟木位於房屋中央最高處，何以會浸泡到水？應當是雨水太過，大水泛濫成災所致。此以，「棟橈」在形容水澤太過，淹沒屋頂。古代一般庶眾採半穴居[3]，房屋低矮，易遭受大水淹沒。

若目前居住的家園房舍爲大水所淹沒，必被迫離開家園，另尋吉地，遷往他處。指引辭「利有攸往」大有化危機爲轉機之意，因「棟橈」而離開，因離開而另有所往。「亨」字尤其有鼓勵的意思。

初六‧藉[4]用白茅。无咎。

語譯：用白色茅草墊放。沒有咎難。

解讀：

「藉」爲墊放祭品的席子。古人用蘆葦編席，鋪在地上以置放祭品。當物質缺乏時，連葦席也沒有，但不想把祭品直接放在地上，臨時就用一把潔白的茅草花替代葦席，以示祭祀的誠敬。「藉用白茅」一來顯示物資的缺乏，二來形容祭祀之誠。物質缺乏時仍然誠心祭祀，雖然不合規矩，但鬼神應不會怪罪，所以占斷爲「无咎」。

物資何以缺乏？物資缺乏時何以仍需誠敬祭祀？放在大過卦的脈絡裡，或許可以這樣理解：因爲水澤太過而成災，災後自然物資缺乏。古人在面對自然災害時，毫無其他辦法，只能藉著祭祀，與鬼神溝通以祈福。

---

3 參考需卦之〈考證及討論〉。「棟」一般指人字形房屋之屋頂大橫木柱，但在遠古半穴居時，未必有人字形房屋結構，或可設想爲房屋中央支撐屋頂的豎木。

4 藉：席子，襯墊，尤指祭禮時，墊放祭品之祭藉。《說文》「藉，祭藉也」。古人一般用蘆葦之莖稈編席，以墊放祭品。《儀禮‧士虞禮》「藉用葦席」。

九二‧枯楊生稊[5]，老夫得其女妻。无不利。

語譯：枯乾的楊樹長出嫩芽，老男人娶此女子爲妻。沒有不利之處。

解讀：

「枯楊生稊」完全以詩人比興的筆法，藉此而喻彼。枯槁的楊木原本了無生機，今日卻忽然冒出了嫩芽。但重點不在此，而在其所比擬的「老夫得其女妻」。此雖未明說其女之「少」，但既以「枯楊」象徵「老夫」，則「生稊」必象徵娶少妻而生子無疑。老夫少妻不合常理，太超過。

古人多短壽，年老之人娶了年輕女子，若生下後代，很可能子女尚未成年便老病死去，孤兒寡妻之事足堪憂慮。但此畢竟是「老夫」自家的選擇，後果自己承擔，旁人無可置喙，所以占斷爲「无不利」。不要想太多，依照自己的意思去做，沒有大不了的事會發生。

九三‧棟橈。凶。

語譯：棟柱彎翹。凶險。

解讀：

「棟橈」一詞在卦辭中已出現過，在此應作相同的理解。「棟橈」就是大水淹沒屋棟，棟木彎曲，兩頭翹起，因而使房屋的結構遭到嚴重的破壞。對於住在裡面的人而言，這是極凶險的。所占斷爲「凶」。

九四‧棟隆。吉，有它[6]吝。

語譯：棟柱高大。吉祥，有意外之困窘。

5　稊：讀作題，或寫作荑，植物的嫩芽。《說文》「稊，稊秵也」。稊原指一種似小米的植物，引申爲植物如米粒般的嫩芽。小米又稱稊米，《莊子‧秋水》「計中國之在海內，不似稊米之在太倉乎？」

6　「它」之字義可參考比卦初六「有它吉」。

解讀：

「隆」為高大隆起，「棟隆」即指棟木的位置高起，以此說宮室之高大。「棟隆」與「棟橈」相對，「棟橈」指房屋淹沒，棟木泡水彎曲變形；「棟隆」指房屋高大，不致於遭水淹及，故能挺立無礙。此所以占斷為「吉」。

「它」是其它的它，也是蛇的初文。「它吝」之「它」在此語帶雙關，既指其它的事，也指蟲蛇等令人厭惡之物。「棟隆」雖然在大水來時保住了房屋的安全，但並不表示其它方面也都安然無恙，蟲蛇等物也會自來。這些其它的意外或事故也會給人壓力，使人陷入窘迫之境。所以占斷為「有它吝」。「吉有它吝」在說，結果雖吉，但不是一路順心，過程中仍有其它困擾。

九五・枯楊生華，老婦得其士[7]夫。无咎无譽。

語譯：枯乾的楊樹生出花朵，老婦人得此男子為夫。沒有咎責，也沒有讚譽。

解讀：

「華」為花的古寫，「枯楊生華」與九二「枯楊生稊」相對應，都是在形容生命雖然枯槁，但卻意外出現生機。「華」多用以象徵女性，開花而後能結果，正如女性能生育，此以「枯楊生華」形容老婦出嫁。

男女婚嫁而後成為夫婦，「士」在形容「夫」之地位。古代天子分封諸侯，諸侯任命大夫及士。士的地位雖低於大夫，但仍屬貴族階級。[8]士能任職執事，平時任官吏，戰時為士卒。此處之「士夫」顯示「老婦」所得之夫，非一般平民，而是可以任公職的青壯人士。

7　士為可服公職者，《說文》「士，事也」，段玉裁注「白虎通曰：士者，事也。任事之稱也。」

8　《禮記・王制》「諸侯之上大夫卿，下大夫，上士中士下士，凡五等。」之為指派。

　　枯萎的楊樹卻開花了，依理無法結出果實。女子年老了，就算能嫁壯夫，依理也不能生育。但男婚女嫁本來就是人倫大事，也是人情之常。女子年紀再大，既使不能生育，仍有婚姻的願望及權利。正如「老夫得其女妻」，旁人無可置喙。「老婦得其士夫」雖不合常理，但仍在人情之中。別人也不必對此指點批評，不用讚賞，也不需咎責。所以占斷「无咎无譽」。

上六・過涉滅頂。凶，无咎。

語譯：涉水過河，水淹沒頭頂。凶險，但無可咎責。

解讀：

　　涉水渡河，水深滅頂，其凶險可知，故占斷為「凶」。然而問題在，為什麼要過河？為什麼會水深滅頂？更重要的是，為什麼水深滅頂還要過河？

　　卦爻辭常見「涉大川」，古代涉大川是有危險的，大川大險，小川小險。然而為了往外發展，有時不惜冒險，也必須要走出。例如大水淹沒家園，必須躲避水患。過涉河川，當然是要找水淺的地方，但若雨澤太過，河水暴漲，原來小心便可渡涉的河溪，變成會有滅頂的危險。遇到這樣的情形，雖然凶險，但無可咎責，所以占斷為「无咎」。

　　從「无咎」二字也可以知道，此「過涉」是應冒險而冒險，應過涉而過涉，不是無知兒戲，此「滅頂」是突發狀況，不得已而遭此禍，不是故意在水深的地方渡河。

大過卦通解

　　大過卦的卦爻辭在說大為超過而被視為反常之事。反常之事又可分為兩類，一是違反自然之常理，另一是違反人間之常理。卦爻辭中，前者以雨澤太過為代表，後者以老來婚嫁為代表。

　　卦辭以「棟橈」這個現像，突顯出雨澤過盛而成災的處境。

若能對此處境有所理解，就不難體會三爻之「棟橈」及四爻之「棟隆」。上爻「過涉滅頂」更動態描述在大水成災時，原可以輕易渡涉的溪流，現在水深滅頂。

比較要注意的是初爻的「藉用白茅」，此以極簡的方式，描述誠心而簡樸的祭祀。卦爻辭在災難後常見與祭祀有關的描述，例如隨卦「王用亨于西山」及同人卦「同人于郊」。卦爻辭中，凡有關祭祀的描述多強調薄祭，例如損卦之「二簋可用享」，萃卦六二、升卦九二及既濟九五之「用禴」、「禴祭」等。

人事上的反常，分別以二爻的「枯楊生稊」及五爻的「枯楊生華」譬喻年邁長者起心動念。古代男女婚配的首要目的是生兒育女，延續血脈，子孫祭祀不輟。男子適婚在二十到三十歲之間，女子則在十五到二十之間。[9] 過了適婚年齡後的娶嫁，在生育後代方面多少有些妨礙，年齡越大，越是困難。此是自然律則，古代因醫療能力有限，尤其如此。二爻及五爻以此為「大過」，應是就生理現象而說的。

從人倫上來說，儒家以夫婦之道為人倫之始，所謂：「有男女然後有夫婦，有夫婦然後有父子，有父子後有君臣，有君臣後有上下，有上下後禮儀有所錯」（序卦傳）。夫婦之所此為人倫之始，其實又以能生育後代為首要。至於夫婦之間的恩愛與陪伴，反倒是其次。

「老夫得其女妻」或「老婦得其士夫」都是在青春已逝時，去做少年夫妻之事，有人或以此為「老而不尊」。尤其「老婦」已難生育，卻仍愛戀「士夫」，這已完全於人倫脫節，為衛道之士所

---

9 《禮記·曲禮上》「（男子）二十曰弱，冠。三十曰壯，有室」；《禮記·內則》「（女子）十有五年而笄，二十而嫁」。以此或有「男三十而有室，女二十而有夫」的說法。《孔子家語·本命解》將此解釋為「男子二十而冠，有為人父之端；女子十五許嫁，有適人之道」。即以三十為男子適婚之上限，二十為女子適婚之上限。男子適婚年齡為二十至三十，女子則為十五至二十。

不容。小象傳便評論：「老婦士夫，亦可醜也」。但易經作者顯然不採此觀點。其占斷辭「无咎无譽」，對老婦及士夫並不帶批判色彩。這多多少少也顯示了易經的某些價值觀，與後世「存天理，去人欲」的儒學是有差異的。

29‧習坎卦（坎爲水）

☵習坎有孚維心亨行有尚。初六習坎入于坎窞凶。九二坎有險求小得。六三來之坎坎險且枕入于坎窞勿用。六四樽酒簋貳用缶納約自牖終无咎。九五坎不盈祇既平无咎。上六係用徽纆寘于叢棘三歲不得凶。

卦名卦畫卦旨

　　習坎卦，常逕稱坎卦。坎，陷坑。說文：「坎，陷也。從土欠聲」[1]，釋「坎」爲地面凹陷的坑洞。地面高低不平也稱爲坎，例如坎坷，田坎。坎爲八經卦之一，其具體象徵就是水。地面低窪凹陷處必可積水，水中陷坑易溺人。上古時代無橋，舟船也不發達，渡涉河川多有危險，大江大河往往稱爲天險，故易經中以坎說險。「習」爲反覆，「習」加於「坎」之前，以強調坑陷及危險之反覆出現。[2]

　　習坎卦下坎上坎，坎爲水，爲險。坎卦在說險難，其卦爻辭多言險難，險境未必是自然天險，更多的險難來自人間構陷。以「習坎」爲名，在強調險難接連，如流水之不間斷。

卦爻辭解讀

習坎：有孚維[3]心。亨，行有尚。
語譯：習坎卦。有信念，維繫於心中。亨通，行動則有獎賞。

1　《康熙字典‧坎》引《說文》曰：「陷也，險也」，「險也」二字不知所引何本？《釋名‧釋天》「於易爲坎。坎，險也」，此以險釋坎應是易學傳統對「坎」的解釋，坎有險德。以險釋坎首見於《象傳》。
2　《象傳》「習坎，重險也。」
3　維：用以繫物的大繩，引申爲連結維繫。維又通唯，順從貌，例如唯唯諾諾。依坎卦之處境，「維」較宜理解爲繫。「維心」即「維繫於心」。

解讀：

　　習坎卦，處於重重危險的情境中。坎爲險，習坎即重重危險。「孚」爲信，「維」爲維繫，「有孚維心」指將信念維繫在心。險難之時，唯有心繫信念，方能得「亨」。「尙」通賞，處於坎卦之時，應有所行動，所以說「行有尙」。

初六・習[4]坎，入于坎窞[5]。凶。

語譯：反覆有坎陷，掉入陷坑及更深的陷坑。凶險。

解讀：

　　「習」爲反覆，「坎」爲陷坑。「窞」爲坑中之坑。「習坎」在形容環境之險惡，陷阱一個接著一個。「入于坎窞」在形容陷入之深。陷入深坑中，成爲他人的獵物，其下場凶險可知。所以占斷爲「凶」。

九二・坎有險。求小得。

語譯：坎陷中有危險。若求助則小有所得。

解讀：

　　「求小得」指有求則有小得。由此可見此坎雖有險，但並非嚴重難救，即使不幸陷入其中，若求人協助則可脫險。

六三・來之坎坎，險且枕[6]，入于坎窞。勿用。

語譯：來與去都有坎陷，危險且沉沒，掉入陷坑及更深的陷坑。不要有作爲。

4　習：反覆。原義爲小鳥反覆地試飛，《說文》「習，數飛也」，引申爲反覆練習，鑽研。此處作爲卦名的一部分，坎卦又稱習坎卦。

5　窞：讀作旦，深坑，坑中之坑。《說文》「窞，坎中小坎也。從穴從臽，臽亦聲」；「臽，小阱也。从人在臼上」。阱即陷坑，陷阱。

6　枕通沈，沉入水中。沈，古寫作冘，今寫作沉。枕、沈皆以冘爲聲符，原爲冘字孳乳而出。

解讀：

「之」爲往，「來之」即來往；「枕」爲沉，沉顯示此坎陷在水中。往來涉水，水中有一個接一個又險又深的陷坑。若強行涉水，就容易陷入水中深坑而沉沒。所以占斷爲「勿用」，不要有作爲。更針對性的來說，不要往來走動，因爲「來之坎坎」，其中多凶險。

六四・樽酒簋[7]貳，用缶[8]，納約[9]自牖。終无咎。

語譯：一樽酒，二盤食物，用瓦盆盛著，以繩束繫自窗戶送入。終究沒有咎難。

解讀：

「樽」爲酒器；「簋」爲食器，「樽酒簋貳」用現代口語來說就是一壺酒兩碗飯菜。「納」爲納入，「約」爲約束，束繫。「納約自牖」的「牖」是關鍵，酒水飯菜爲何要從窗戶而不是從門送進去？而且是用繩索垂送進去？可想而知，收受此酒食的人，必定是身陷地牢之中，只有天窗沒有門戶，而且行動不得自由。

雖然身陷囹圄，但仍有親友能送來酒食，可見防範不嚴，刑罰尚留餘地，終有可爲。所以占斷爲「終无咎」。

九五・坎不盈，祗[10]既平。无咎。

語譯：坎陷之處尚未填滿，土堆已經鏟平。沒有咎難。

解讀：

「祗」通坻，指高出水面的小塊土地。水中有坑陷甚是危險，想鏟下高處之土以填補此坑洞，不料土堆已經鏟平了，坑陷之

---

7 簋：讀作鬼，裝米飯（黍稷）的食器，也是祭器。《說文》「簋，黍稷方器也」。但出土古文物多作圓形。

8 缶：讀作否定之否，陶瓦罐。「缶」之字義可參考比卦初六「有孚盈缶」。

9 約：纏束。《說文》「約，纏束也」。引申有約束，信誓等義，如約定，合約，盟約等。

10 祗：讀作低，原義爲短衣，在此通坻。坻指水中小塊高地。《說文》「坻，小渚也」；《爾雅・釋水》「小渚曰沚，小沚曰坻」。

處仍未塡滿。雖然不能塡滿，但應是有改善，至少沒有壞處。所以占斷爲「无咎」。

此以鏟土塡坑爲譬喻，描述對危難的預先防範。即使力有未逮，也是有益而無害。

上六・係用徽纆[11]，寘于叢棘，三歲不得。凶。

語譯：用粗繩綑綁，置放在茂密的棘樹叢中，三年不得釋放。凶險。

解讀：

「係」爲繫，「徽纆」爲粗繩，「寘」爲置之古寫。「叢棘」喻指牢獄之災，蓋古代於囚禁人犯之處遍種棘樹叢，以防犯人越獄逃逸。[12]此爻辭在敘述身遭囚禁之苦難。「係用徽纆」指被綑綁押送至大牢，「寘于叢棘」指置身於牢獄中，「三歲不得」形容刑期之長，不見盡期。此爲階下囚長期受制於人之象，其處境之凶險可知。故占斷爲「凶」。

≡≡ 習坎卦通解 ≡≡

坎爲水，但習坎卦主要在說險，六爻爻辭皆涉及險難，卦辭則強調要有信心脫險。

卦辭「行有尙」指出面臨險境時要有所行動。初六「入于坎窞」，九二「坎有險」，六三「來之坎坎」，連三爻皆直言坎陷之險。六三「險且枕」及九五「祗既平」說明此坎陷與水有關。九二「求小得」及九五的「坎」與「祗」，也指出了身處險境的兩種化解方式：向外求助，或及早移除。六四「納約自牖」及上六「寘于

---

11 徽：三股細繩所糾之粗繩。《說文》「徽，三糾繩也」。纆，讀作墨，繩索。《說文》作纆，「纆，索也」，段玉裁注：「三股曰徽。兩股曰纆」。徽纆泛指粗繩，可用以拘繫罪犯。

12 例如魯哀公八年，邾隱公無道，吳王派太宰嚭（子餘）討伐，並將其囚於樓臺，四面以棘樹圍堵。《左傳》記載：「邾子又無道，吳子使大宰子餘討之，囚諸樓臺栫之以棘。」

叢棘」說的是另一種險難：牢獄之災，或說行動受制於人之災。不過兩爻之程度輕重有分，六四「樽酒簋貳」顯示處境仍有迴旋餘地；上六「三歲不得」則直言受制於人不得自由的情況要持續好一段時間。

綜合以上，坎陷是天然險阻，牢獄是人間險難，身處險境一靠信心「有孚維心」，二靠行動「行有尚」，三靠外援「求小得」，四靠自己努力，鏟「祗」以平「坎」。

30 · 離卦（離爲火）

☲離利貞亨畜牝牛吉。初九履錯然敬之无咎。六二黃離元吉。九三日昃之離不鼓缶而歌則大耋之嗟凶。九四突如其來如焚如死如棄如。六五出涕沱若戚嗟若吉。上九王用出征有嘉折首獲匪其醜无咎。

卦名卦畫卦旨

　　離，古寫作离，離字亦通麗、罹、羅、鸝，因而有不同的含意。說文：「離，黃倉庚也」；「离，山神獸也」。倉庚即黃鶯，又稱黃離（黃鸝），山神獸即山神作獸形，應是想像中的山魈鬼魅之類。「離」之本義應指某類禽獸，但在易經中，離有專屬意義，離是火的象徵。

　　離爲八經卦之一，其具體象徵就是火。可以用火來概括離字的諸多涵義，例如火可以照明，而火之光照附麗於被照之物，故離火爲麗；大火焚燒造成災難，故離火爲罹。離字今日多用作分離之離，但作爲卦名之離並無此義。

　　離卦下離上離，離爲火，爲光。離卦在說火光及火災，其卦爻辭多言及火、光照及火焚之災。

卦爻辭解讀

離：利貞，亨。畜牝牛吉。
語譯：離卦。利於貞問，亨通。畜養母牛則吉。
解讀：
　　離卦，處於火光熾熱明亮的情境中。離爲火，爲明。處離卦之時，利於占筮問事，人神亨通。母牛可以生養繁衍後代，生生不息，正如薪火之傳遞不息，故占斷爲「畜牝牛吉」。古代的牛多用

於拉車及祭祀。畜牛用以祭祀，祭祀所以致吉。有關離卦與「畜牝牛」的關係將做進一步考證及討論於後。

初九・履錯[1]然。敬[2]之。无咎。

語譯：腳步聲相交錯，敬慎警戒。沒有咎難。

解讀：

「履」為步履，「錯」為交錯。「履錯然」在形容腳步急促交錯之聲。「敬」通警，聽到外面有腳步聲交錯，可知必有事故。故敬慎警戒，以備突發狀況的發生。對異常的現象能敬慎戒備，方可緊急應變，化險為夷，故占斷為「无咎」。此「无咎」是有條件的，在「敬之」的前提下，才能「无咎」。

六二・黃離。元吉。

語譯：黃色火光。最吉祥。

解讀：

離為火光，黃離就是黃光。古代以黃色為尊貴，為吉祥。坤卦六五也說「黃裳。元吉。」

黃離也可以理解為黃鶯，或稱黃鸝，古代稱為倉庚。不論是黃光或黃鸝，在古代應該都是一種祥瑞，吉祥的徵兆。所以占斷為「元吉」。

1　錯：交錯。錯之本義為用金屬塗飾，鑲嵌。《說文》「錯，金涂也」，錯通逪，足跡交錯。《說文》「逪，迹逪也」，例如《詩經・小雅・楚茨》「獻醻交錯，禮儀卒度。」

2　敬：嚴肅，慎重，警戒。《說文》「敬，肅也」。敬通警，例如《詩經・大雅・常武》「既敬既戒、惠此南國」。以敬為偏旁的字，如驚、警、儆、憼等，多有肅慎戒備的意思，皆是自「敬」分化而出。

九三‧日昃[3]之離。不鼓缶[4]而歌，則大耋[5]之嗟。凶。

語譯：日落夕照之光。若不敲打瓦盆高歌，則將有衰老悽涼之嘆，凶險。

解讀：

　　「日昃」即太陽西斜，黃昏時分。此時長日將盡，有如人之晚年。「缶」為瓦罐，在此為類似陶瓦盆罐的粗糙樂器。「耋」泛指古稀之年的老人。「不鼓缶而歌，則大耋之嗟」也就是說「不大耋之嗟，則鼓缶而歌」，二句在邏輯上等同。[6]風燭殘年之人見太陽即將殞落，對景傷情，難免有日暮悽涼大限將至之嘆。要想避免過度感懷傷逝，唯有暢情高歌自我排遣而已。

　　此以「日昃之離」譬喻風燭殘年垂死光景。死亡是凶事，故占斷為「凶」。人生由青而壯，由壯而老，由老而死，此皆是無可奈何之事。死亡固然是凶，但人只要是活著，就應該樂天知命，積極面對，發揮生命中的美好。若能明白此義，斷占辭雖為「凶」，仍可從凶險中找到出路，例如「鼓缶而歌」。

九四‧突如[7]，其來如，焚如，死如，棄如。

語譯：突然啊，就這樣來了啊，焚燒了啊，死去了啊，捨棄了啊。

解讀：

　　「如」是語尾助詞，相當於「啊」，用以強調前面那個字。「突」、「其來」、「焚」、「死」、「棄」五個字詞連用，相當有層次的描述大火瞬間來到所帶來的災難。此爻雖無斷占辭，但由「焚」，「死」，「棄」也可猜想到，此是凶非吉。

3　昃：讀作仄，太陽西下。《說文》「昃，日在西方時側也。」
4　缶：陶瓦製的打擊樂器。《詩經‧陳風‧宛丘》「坎其擊缶，宛丘之道」。「缶」之字義可參考比卦初六「有孚盈缶」。
5　耋：讀作跌，七、八十的歲的老年人，或泛指老人。《說文》「耋，年八十曰耋」；《爾雅‧釋言》「耋，老也。」
6　依命題邏輯，若P則Q＝若～Q則～P。
7　如為語助詞，參考屯卦六二「屯如」。

「突如其來」如今是常用的成語，表示突然的，意料之外的來到。其中「如」字也是當虛字用，而不作「如此」、「似這樣」等解釋。

六五・出涕沱[8]若[9]，戚嗟若。吉。

語譯：涕淚湧出如雨啊，悲戚嗟嘆如此啊。吉祥。

解讀：

「若」是語尾助詞，類似「突如」之「如」，用以強調前面那個字所描述的情境。「涕」爲眼淚，「沱」爲滂沱，「沱若」在形容雨勢盛大的樣子。「出涕沱若」就是說淚出如雨下。

此爻與九四合看會更清楚。在大火之後，有人死去，有物拋棄，但仍有人存活下來。只有活下來的人才能哭泣與悲嘆。此所以占斷爲「吉」，實爲大難不死之吉。

上九・王用[10]出征，有嘉[11]。折首[12]，獲匪其醜[13]。无咎。

語譯：君王用兵出征，有值得贊頌的戰績。殺敵斬首，並俘獲眾多異族。沒有咎難。

解讀：

「用」爲施行，「嘉」爲美善。「折首」即斬首。「匪」爲非，「醜」爲同類，「匪其醜」就是非我族類，也就是異族敵人的

---

8 沱：滂沱，形容水勢之大。《詩經》「月離于畢、俾滂沱矣」（小雅・漸漸之石）；「寤寐無爲、涕泗滂沱」（陳風・澤陂）。沱之原意指江水之支流。《說文》「沱，江別流也。」

9 若：語尾助詞，用法類似「如」，可參考乾卦九三「君子終日乾乾，夕惕若。」

10 用：實施。《說文》「用，可施行也」。用之字義可參考蒙卦六「利用刑人」。

11 嘉：美善，即值得贊賞之事。《說文》「嘉，美也」；《爾雅》「嘉，善也」。

12 折首，即殺敵斬首，爲西周時常用的語詞。折首常與執訊連用，折首指對敵人斬首處死，執訊指生俘敵人並聽斷其辭。例如兮甲盤銘文：「折首執訊」；虢季子白盤銘文：「折首五百，執訊五十……獻俘于王。」

13 醜：同類，眾多。《爾雅・釋詁》「醜，眾也」。醜本義爲醜惡，《說文》「醜，可惡也」，段玉裁注：「凡云醜類也者，皆謂醜即儔之假借字。儔者，今俗之儔類字也」。是以「醜」假借爲「儔」，儔指同類，伴侶。「匪其醜」即非其類，非我族類，也就是異族，敵人。

意思。由「獲匪其醜」來看，此次君王的出征，應是征伐夷狄異族，並且殺敵獲俘無數，戰功可嘉。

「用」也有使用，運用的意思。若從離卦的宗旨來看，「用」也可以指用火於兵，此次出征所以戰功可嘉，應當是用火攻之故。

斷占辭「无咎」顯示，此出征雖有值得讚頌的戰績，但當事人也非一路順利，只是沒有敗績，不受咎責而已。

離卦通解

離為火，離卦卦爻辭不脫火、火光及因火所產生的聯想。卦辭「畜牝牛」關係到火的性質及牛的在祭祀上的聯想，算是比較曲折的。爻辭就比較直接了當。初爻「履錯然」是突發狀況下的緊急處置聲，火災應是此突發狀況的一個合理推測，所以後面有「敬之」。二爻「黃離」不論是指黃光或黃鳥，應該都是祥瑞之兆。三爻以日光為離，藉日暮之光說暮年光景。四、五、上爻都與大火有關，四爻「焚如，死如，棄如」明白在說大火突然來襲的慘狀。五爻「出涕沱若，戚嗟若」在形容在大火後倖存者的悲痛。上爻「王用出征，有嘉」，雖未明言，但在離卦情境下，也可以解讀為用火征伐，所以戰功有嘉。

九四、六五、上九三爻雖說各述其事，但三爻合讀當是更具趣味。今以離火為線索，將此三爻貫串合讀，似在說一場以火突襲異族的戰爭：異族營地突遭大火來襲，人死物棄，紛紛逃命。倖存者涕泗縱橫，悲號不已。最後點明這是王師征伐，此戰役殺敵獲俘，得勝而還。

考證及討論

離與牝牛的關係，有必要在此做進一步的探索。易經八卦，

基本上以離爲火[14]，並以此爲基礎，比附推演出相關的象徵意義，如火炎、光明、明辨等。離卦上離下離，是爲純離。有如火之相繼傳遞，光明之延續，大象傳說：「明兩作，離，大人以繼明照于四方」，就是從這個思路去解釋離卦。說卦傳將八卦比附八種動物，並以坤爲牛，離爲雉。[15]也就是說，在說卦傳編撰的年代，離卦之符號☲或☲與牛之間並沒有建立關係。倒是在左傳‧昭公五年記載魯國莊叔（叔孫得臣）以周易爲其子占筮，得明夷之謙，請卜官楚丘解卦，楚丘占斷之內容中有「純離爲牛，世亂讒勝，勝將適離，故日其名日牛」[16]。是以離卦爲牛，並以此推斷莊叔之庶子豎牛將來會作亂並離開魯國。但我們不敢肯定楚丘是依當時的易學以離爲牛？或者以離爲牛是楚丘依離卦卦辭「畜牝牛吉」逆推的結果？

據文獻所載，牛爲人所用的年代甚是久遠。呂氏春秋‧勿躬篇記載：「王冰作服牛」；世本‧作篇說：「胲作服牛。相土作乘馬」。今人考證，「王冰」或「胲」爲同一人，即王亥，[17]爲商始祖契之六世孫。其生存年代，依竹書紀年，約當在夏少康至泄時期。「服牛」指馴服牛，使人能畜牧放養，以供食用、祭祀、拉車、耕田等。在易經成書之前，牛已用於拉車，睽卦六三「見輿曳，其牛掣」清楚描述以牛拉車，牛卻不動的情景。但牛用於耕田卻是比較後期，可能在春秋以後，鐵製農具出現後才有可能[18]。商

---

14 離卦的象徵意義頗爲複雜多樣，例如《象傳》以麗釋離，以離爲附麗，所以說：「離，麗也；日月麗乎天，百穀草木麗乎土」；《繫辭傳》則以羅釋離，以離爲羅網，所以說：「（包犧氏）作結繩而爲罔罟，以佃以漁，蓋取諸離」。以下討論基本上仍朝以離爲火的思路。

15 《說卦傳》「乾爲馬。坤爲牛。震爲龍。巽爲雞。坎爲豕。離爲雉。艮爲狗。兌爲羊。」

16 《左傳‧昭公五年》「初，穆子之生也，莊叔以周易筮之，遇明夷之謙，以示卜楚丘，日……於人爲言，敗言爲讒，故日有攸往。主人有言，言必讒也。純離爲牛，世亂讒勝，勝將適離，故日其名日牛……」。

17 參考王國維《殷卜辭中所見先公先王考》。關於王亥，在旅卦會有比較詳細的考證。

18 參考楊寬《西周史》上冊，頁249。

及西周時仍採耦耕[19]，即兩人一組，以人力犁田。

　　牛因爲體形龐大，在祭祀獻牲上有其殊地位。甲骨卜辭顯示，商朝祭祀規模盛大，武丁時，祭先公王亥，曾分別用三十，四十，乃至五十頭牛。[20]周時祭祀較簡，但仍以牛爲尊。大戴禮記・曾子天圓記載：「諸侯之祭，牲牛，日太牢；大夫之祭，牲羊，日少牢」。以牛祭祀之等級顯然較羊、豬爲高。牛又以公牛爲尊，稱「特」，或「特牛」[21]。禮記・效特牲指出：「郊特牲，而社稷大牢」，天子郊祭時，用更高等級的特牛，而不只是牛（太牢）。

　　在牛的毛色方面，禮記・檀弓上指出：「夏后氏尚黑⋯⋯牲用玄。殷人尚白⋯⋯牲用白。周人尚赤⋯⋯牲用騂」；「夏后氏，牲尚黑，殷白牡，周騂剛」。夏朝年代久遠，事跡不可考，商甲骨卜辭多有以「白牛」，「白牡」祭祀的敘述。[22]周代則崇尚以騂牛祭祀，這在詩經及尚書中都可以找到證據。[23]。騂剛[24]即是毛色火紅[25]的公牛，在周代是爲祭獻活牲之最高等級。

　　在對祭禮與牛的關係有所認識之後，或可對論語・雍也孔子稱贊仲弓（冉雍）「犁牛之子騂且角」[26]的語意做進一層的理解。「騂且角」指火紅色的公牛，公牛才有漂亮的角。犁通犂，爲黑

---

19 《周禮・冬官考工記》「二耜爲耦」，耜爲翻土的農具。耦耕也有專家認爲未必限定是兩人一組，而是人力耕種的集體勞動。參考趙世超《周代國野關係研究》，頁79-89。

20 參考胡厚宣，胡振宇《殷商史》，頁28-29。

21 《說文》「特，朴特，牛父也」，牛父即成年之公牛。

22 例如：「燎白牛於唐」（乙編 3336）；「用白牛祖乙」（乙編 5540）。甲骨卜辭中，較少提及其他顏色牛用於祭祀。

23 例如《詩經・小雅・信南山》「祭以清酒，從以騂牡，享于祖考」；《詩經・大雅・旱麓》「清酒既載，騂牡既備。以享以祀，以介景福」；《尚書・洛誥》「祭歲，文王騂牛一，武王騂牛一。」

24 剛通犅，公牛。《說文》「犅，特牛也」。牡、特、剛，皆指公牛。

25 「騂」用以指牛馬牲畜的顏色，歷代注家有赤色，赤黃色等說法。應是指赤中帶黃，有如火焰之色，此處以火紅色形容之。

26 《論語・雍也》「子謂仲弓曰：『犁牛之子騂且角，雖欲勿用，山川其舍諸？』」，以犁牛喻仲弓出身低賤。

色,「犂牛之子」即黑牛所生的小牛,理當為黑色。孔子以一般的犂牛(黑牛)卻能生出能用以祭祀山川的騂牛(火紅色),以讚譽仲弓出身微賤卻品德高尚。其背後不言而喻的是:常理只有母騂牛才能生出小公騂牛,此所以顯示孔子對仲弓的驚訝與讚嘆。也因為是「騂且角」,特別適合於進獻鬼神,所以接著才說「雖欲勿用,山川其舍諸?」[27]

　　回頭再來檢視離卦卦辭「畜牝牛」。首先離為火,火象徵著傳承。古代沒有火柴、打火機等器物,火苗的延續是很重要的。其次,火色赤,周人尚赤,在祭祀祈福時,進獻以「騂剛」,即火紅色的公牛,是最為尊貴的犧牲,也應是最能致吉。但是公牛不會生小牛,要想得到火紅色的公牛,最合理的方法就是畜養火紅色的母牛。離卦之所以關係到「畜牝牛」,一來藉牝牛可以繁畜後代,有如離火之接續。二來「離」所象徵的赤色與祭祀用的騂牛有關,畜騂牝牛可得騂剛。故占斷為「畜牝牛吉」。今日讀「畜牝牛吉」,當然不能僵化在周代的觀念,以畜養母牛為吉,但至少可以從中讀到繁衍接續及虔誠祭祀這兩個意義。

---

27 同上。

31 · 咸卦（澤山咸）

咸亨利貞取女吉。初六咸其拇。六二咸其腓凶居吉。九三咸其股執其隨往吝。九四貞吉悔亡憧憧往來朋從爾思。九五咸其脢无悔。上六咸其輔頰舌。

卦名卦畫卦旨

　　咸，咸通感，感應。[1]咸字原意為普遍，全部，說文：「咸，皆也。悉也」。但作為卦名時，則借用作感。說文：「感，動人心也。从心咸聲」。上古時，感與咸諧聲，感字乃是自咸字分化而出，六十四卦卦名年代久遠，故仍使用古字未變。感有感應、感化、感動等義，其中感應應當是最基礎的概念。我與外物相通，對外物有所感受而相應，有感應之後才能進一步有所動、有所化。

　　咸卦下艮上兌，兌為澤，艮為山。原本山為高而澤在低，咸卦卦象卻顯示澤在山之上。澤水在高處，勢必往山下流，是以澤與山之水相通而相應。故此以澤山（☱下艮上兌）象徵感，感應。

　　咸卦在說感應，其爻辭從身體之感，到心意之感，到言語之感，皆因感應而動。卦辭「取女吉」顯示此感應也關係到男女之間的情愛。

卦爻辭解讀

咸：亨。利貞。取女吉。

語譯：咸卦。亨通。利於貞問。娶新婦吉祥。

解讀：

　　咸卦，處於感通相應的情境中。咸，感應。處咸卦之時，人

1　《彖傳》「咸，感也。」

神感通相應，故「亨」，並利於占筮問事。物與物相感應而生種種變化，但易經主要在說人間的感應。人間感應又以男女之情最爲原始，最爲基本，也最爲豐富。所謂「窈窕淑女，君子好逑」，男子感應女子的賢淑美好而求娶，所以占斷「取女吉」。

初六・咸其拇[2]。

語譯：腳拇指有感應。

解讀：

「拇」爲拇指，在此指腳拇指。人的行動要靠腳足，腳拇指在腳的最末端，腳拇指有所感應，象徵著向外走動的念頭正在醞釀，尚未萌發。所以也沒有占斷辭，無所謂吉或凶。

六二・咸其腓[3]。凶，居吉。

語譯：小腿有感應。凶險，居家則吉祥。

解讀：

「腓」爲小腿肚，在腳拇指上方，大腿下方。小腿肚有感應，表示向外走動的念頭正在加強。但是是否要受此感應的支配而付諸行動呢？不！不要輕舉妄動，要按耐住！妄動則有凶。占斷辭「凶，居吉」顯示，此凶非凶，妄動才有凶，安居則吉。

---

2 拇：足之大指。拇原爲手或足之大指。《說文》「拇，將指也」，將指即大指。此處參考其後之腓、股等順序，應是腳足之大拇指。

3 腓：讀作肥，脛後肌肉突出之處，俗稱爲「腿肚」。《說文》「腓，脛腨也。从肉非聲」。小腿稱作脛，小腿肚稱作腓。《莊子・天下》以「腓無胈，脛無毛」描述大禹操勞天下。

九三・咸其股[4]，執[5]其隨[6]。往吝。

語譯：大腿有感應，下肢被執持。前往有困窘。

解讀：

「股」爲大腿，「隨」通腿，指人的下肢，包括大腿、小腿、膝蓋、腳趾掌等。「腿」古寫作骽，古代與「隨」讀音相似，[7]故可通假。

「咸其股」，表示想要出走的力道再增強。「執其隨」顯示有人拉扯腿腳，阻止其自由行動。此象徵意欲前往，但遭到阻礙；或者說不宜前往，應該要阻止。故占斷爲「往吝」。

九四・貞吉，悔亡。憧憧[8]往來，朋從爾思。

語譯：所問之事吉，懊惱結束。心思往來搖擺不定，朋友相從相聚。

解讀：

「憧憧」在形容一個人神思恍惚不定，也是在形容所見之形影搖曳不定。「朋」指朋友，「從爾」就是「跟著你」。「思」爲語尾助詞，這在詩經中是十分常見的語法。[9]「憧憧往來，朋從爾思」語意雖然隱晦，但也十分有詩意。若從情詩的角度讀之，此正是在說男女愛戀，相思成疾之苦。少男少女情思昏昏，雖身在

4　股：大腿。《說文》「股，髀也」；「髀，股也」，段玉裁注：「股外曰髀。髀上曰髖。肉部曰股、髀也」。股與脛的分界在膝，膝上爲股，膝下爲脛。人有二股，二股相接之處亦可稱股，即俗稱之屁股。

5　「執」之字義可參考師卦六五「利執言」。

6　隨：隨爲腿，腿古寫作骽，古代隨、腿讀音近似，可通假。《說文》無「骽」也無「腿」，此二字當是後出。《王力古漢語字典》及《漢字源流字典》皆以隨爲腿。前者並引俞樾《群經平議》曰：「竊疑隨乃骽之假字。古無骽字，故以隨爲之」。漢賈誼《新書・容經・跪容》「拜以磬折之容，隨前以舉，項衡以下」，俞樾《諸子平議》曰：「言拜之時前骽必前以舉，其項必衡以下也，益知隨之爲腿假字矣。」

7　隨通隋，「隋」《康熙字典》引《集韻》作「杜果切，並音惰」。又說「古音妥」。「腿」，原寫作「骽」，妥爲聲符，腿爲骽之俗寫。故古代隨、隋、腿皆讀作妥。

8　憧：心意不定。《說文》「憧，意不定也」。憧憧在形容心思恍惚，神情不定。引申爲形容景象搖曳不定的樣子。

9　例如：《詩經・周南・漢廣》「南有喬木，不可休息。漢有游女，不可求思。漢之廣矣，不可泳思。江之永矣，不可方思。」

家中，卻好像看到愛慕的對象在眼前走來去，旁邊還跟隨著他的朋友。

此雖未明說「咸（感）」，但已強烈暗示其感在心，咸其心。以情思作喻，一旦心志已決，必當排除萬難，付諸行動，萬死無悔。此已非他人可以阻擋，只能給予祝福，所以說「貞吉，悔亡」。悔亡指原先的懊惱不再，雨過天青。

九五‧咸其脢[10]。无悔。

語譯：肩背有感應。沒有懊悔。

解讀：

「脢」指肩背脊一帶，「咸其脢」即肩背脊有感應，所感應的部位已經超過心。心為心願之所寄，感應在心之上，可謂心意已決，沒有懊悔。所以占斷為「无悔」。

上六‧咸其輔[11]頰舌。

語譯：上顎、面頰、舌頭有感應。

解讀：

「輔」為上顎，「頰」為面頰，「輔頰舌」泛指說話的器官，也就是今日常說的「口舌」。「咸其輔頰舌」可理解為因有感應而言語，或以言語相互感應。

═ 咸卦通解 ═

咸卦卦爻辭在說感應，尤其是男女之間的感應，有感應而思有所行動。卦辭「取女吉」點出了咸卦與男女之間的情愛有關。男子

---

10 脢：讀作梅，肩夾肉，背脊肉，肩背一帶。肩夾今作肩胛，背脊今作裡脊。《說文》「脢，背肉也」，段玉裁注：「子夏易傳云：在脊曰脢。馬云：脢、背也。鄭云：脢、背脊肉也。虞云：夾脊肉也」。《康熙字典》總結「諸說不同，大體皆在心上」。以此，「脢」之字義，雖無定說，但大體指肩背一帶的肉，或肩背一帶。

11 輔：面頰，上顎。《說文》「輔，人頰車也」。古稱上顎為輔，下顎為車。《左傳‧僖公五年》「諺所謂輔車相依，脣亡齒寒者，其虞虢之謂也。」

有感於對女子的思慕，而有娶婦的念頭，並付諸行動。六爻爻辭則
皆以身體部位爲象徵，從下到上，有順序的對外界感應，更具體的
說，男女之間的感應。初六「咸其拇」是爲感應之始，始自足下。
六二「咸其腓」感應已上升至小腿。九三「咸其股」感應再上升到
大腿。九四雖未明言，但以「憧憧」二字暗示心有所感。九五「咸
其脢」再上升至肩背。上六「咸其輔頰舌」感應上升至頭部。由初
至上，由腳足至頭口，順序井然，絲毫不亂。

　　值得注意的是，咸卦六爻分成上下兩個部分。初六及上九未言
吉凶。六二「凶，居吉」，九三「往吝」，其斷占辭明顯在說一動
不如一靜，對所感應之事採勸阻的態度。上卦九四「悔亡」，九五
「无悔」，其斷占辭明顯在鼓勵行動，對所感應之事採肯定的態
度。其中緣由，或可以從兩種觀點來解釋。

(一)從爻辭文義解釋：

　　下三爻在心之下，爲無心之感。此類感應只是一時的衝動，
帶有動物本能的性質，是未經思索的。所以要先勸阻，待三思而後
行。上三爻則爲有心之感，心已有所屬，心意已決。故對此類感
應，只能予以祝福。

(二)從上下經卦解釋：

　　咸卦䷞下艮上兌，艮☶爲山，爲止；兌☱爲澤，爲悅。此爲
易經八卦的古老象徵[12]。咸卦下卦爲艮，艮爲阻擋[13]，所以下三爻
多爲勸阻。上卦爲兌，兌爲喜悅[14]，所以上三爻多持肯定。

　　回頭再來看初六及上九，雖未言及吉凶悔吝，但不論從爻辭
趨勢來看，或從上下卦象徵來看，初六應是暗含勸阻；上九則暗含
肯定，對心意已決之事，不妨在言語上打動對方。

─────────────────────────────

12 《說卦傳》「艮，止也；兌，說也」，說通悅。
13 更多有關艮的喻義，可參閱艮卦之解讀。
14 更多有關兌的喻義，可參閱兌卦之解讀。

32 · 恒卦（雷風恆）

䷟恒亨无咎利貞利有攸往。初六浚恒貞凶无攸利。九二悔亡。九三不恒其德或承之羞貞吝。九四田无禽。六五恒其德貞婦人吉夫子凶。上六振恒凶。

卦名卦畫卦旨

　　「恒」今寫作「恆」，恆常，恆久。說文：「恒，常也」。長久維持不變可謂之恆，此不變並非靜止不變，而是指運作的模式或規則久久維持不變。尤其是指心志之長久維持，此恆乃「持之以恆」的恆，「恆心毅力」的恆。

　　恒卦下巽上震，震爲雷，巽爲風，雷與風並作。雷風並作爲天地變色之兆，論語及禮記均有「迅雷風烈必變」[1]之說。雷風並作是爲上天之示警，君子逢此，必定改變態度，端正神色，以敬天之怒。必變即恆變，對雷風並作，恆須端正神色以應之。以雷風（䷟下巽上震）爲恆，顯然是在說心志之恆，而非外界環境之恆常不變。

　　恒卦在說恆常，尤其指人之心志或行爲的長久維持。恒卦之爻辭顯示，持恆未必是好事，事有當恆之事，也有不當恆之事。

卦爻辭解讀

恒：亨，无咎，利貞，利有攸往。
語譯：恒卦。亨通，沒有咎難，利於貞問，利於有所前往。
解讀：
　　恒卦，處於恆久如常的態勢或格局。恆可指人事處境之恆

1　見《論語‧鄉黨》記孔子言行「迅雷風烈，必變」；《禮記‧玉藻》「君子之居恒當戶，寢恒東首。若有疾風迅雷甚雨，則必變，雖夜必興，衣服冠而坐。」

常，也可以是行事風格之持恆。處事以恆，人神亨通，不用擔心咎難。此有助益於占筮問事，亦有助益於興事前往。所以占斷為「亨，无咎，利貞，利有攸往。」

初六・浚[2]恒。貞凶，无攸利。

語譯：深切且恆久。所問之事凶，無有所利。

解讀：

「浚」為深挖，「浚恒」即深挖不竭，既深且久。例如追根刨底，見好不收，不知所當止之類。若以此處事，恐怕多半沒有好結果。所以占斷為「貞凶，无攸利。」

九二・悔亡。

語譯：懊惱結束。

解讀：

此爻無敘事辭。不過既然是在恒卦之下，「悔亡」當可視為「恒。悔亡」的省略。處事以恆，不因困難或挫折而變，只要盡心盡力，不論成與不成，悔恨終將不再。

九三・不恒其德，或承之羞[3]。貞吝。

語譯：不能恆久保持其德能，或只能去端捧饈餚飯菜。所問之事困窘。

解讀：

「德」為得，尤其指修練而得之於己者，包括內在的品格、作風或能力等。「不恒其德」指人之品格、作風或能力未能維持不變。

2　浚：浚通濬，疏濬，深挖。《說文》「浚，抒也」。抒為挖取，舀出，指深挖以疏通水道。《春秋經・莊公九年》「冬，浚洙。」

3　羞通饈，為饈之初文，原義指進獻食物。《說文》「羞，進獻也。從羊，羊，所進也。从丑，丑亦聲」。羞上為羊，下為丑，丑為聲符，亦為義符。丑與醜上古音韻近似或相同，或可通假。就此，羞亦與醜通假，《說文》「醜，可惡也」，所以羞又引申有羞辱，厭惡的意思。例如。《孟子・公孫丑上》「羞惡之心，義之端也」；《史記・廉頗藺相如列傳》「吾羞，不忍為之下」。

　　「或」為疑詞，有此可能但非必然。「承」為承受，「羞」指饌膳，「承之羞」就是充當廚役，此可參考否卦爻辭「苞承」、「苞羞」的解讀。人若「不恒其德」，就成不了大事，出路有限，或許只能到廚房端盤子。所以占斷為「貞吝」。

　　論語中有一段記載，與此爻大有關係。孔子說：「南人有言曰：『人而無恆，不可以作巫醫』，善夫！『不恆其德，或承之羞。』」緊接著又說：「不占而已矣」。這段話是孔子讀過易經，運用易經，以及孔子曾以易經占筮的最直接證據。「不占而已矣」正指出依「不恆其德，或承之羞」這段話，不用占筮也可以知道「人而無恆，不可以作巫醫」。人若是不能持之以恆的努力，就學不好巫醫之術，也就不能幫人施法治病。此將「不恆其德」的恆，與「人而無恆」的恆，皆作「恆心毅力」來解釋。同樣的道理，人若是不能持之以恆，也學不好烹割之術，只能充當廚役端奉食物。

　　傳統多將「承之羞」解釋為「承受羞辱」。「羞」上為羊，下為丑，古代羞、丑讀音相諧，[4]丑通醜。以此，「承之羞」亦可解釋為「承之醜」。唯若以「羞」為「醜」以解釋論語此句固然可通，但放在易經恆卦就有些問題。此將於恆卦通解時再討論。

九四・田无禽。

語譯：田[5]野沒有禽獸。

解讀：

　　「田」為土地，為田獵。師卦六五「田有禽」，此處「田无禽」，即田野沒有禽獸，或田獵沒有收穫。「田无禽」是「恆」的負面教材，在一塊土地上，持之以恆的田獵，趕盡殺絕，最終必落得「田无禽」。

4　同上。
5　「田」之字義可參考乾卦九二「見龍在田」，及師卦六五「田有禽」。

六五・恒其德。貞婦人吉，夫子凶。

語譯：恆久保持其德能。貞問婦人之事吉祥，貞問男子之事凶險。

解讀：

「恒其德」與九三之「不恒其德」正形成強烈對比。「恒其德」即在說人之品格、作風或能力恆常不變。「貞婦人吉，夫子凶」爲「貞婦人吉，貞夫子凶」[6]之省略。婦人與夫子對稱，當是指夫婦，已婚之女子及男子，或家中之女主人與男主人。

若問婦人之事，「恒其德」是好事；若問夫子之事，「恒其德」是壞事；何以如此？應是古代對婦女及男子的期望有所不同。婦人宜從一而終，在家中操持家務，是家庭穩定的力量，所以貴在持恆不變。[7]男子在外治民事君，奔走公務，必須要因時制宜，通權達變，不能恆守常規。此所以占斷爲「貞婦人吉，夫子凶。」

再從「德」的角度來看，此「德」不宜單純地視爲道德，只能視爲是修練之所得。人之修練所以增進其德，此內在之「得」只可進不能退，「恒其德」可理解爲恆守其「得」而不退。「恒其德」只能是君子的一個底線。對君子的要求，不應只是「恒其德」，更應是「君子終日乾乾」[8]，時時進德修業，日有所進。從這個觀點來看「恒其德」與「夫子凶」之間，或許能有更深一層的連繫，君子若不日有所進，則可能有「凶」。

---

6 傳統易學多釋「貞」爲「正」，有些學者爲了強調「貞」的道德性，將「恒其德貞婦人吉夫子凶」句讀爲「恒其德貞。婦人吉。夫子凶。」然後給予一些甚爲曲折的解釋。本書不採此說。貞XX吉是卦爻辭常見的語法。例如：師卦「貞丈人吉」，困卦「貞大人吉」。

7 此可參考坤卦用九「利永貞」，坤道之爲用，宜長久如一，勿輕言變動。

8 乾卦九三「君子終日乾乾，夕惕若。厲，无咎。」

上六・振[9]恒。凶。

語譯：反覆變動恆久不定。凶險。

解讀：

「振」爲揮動，「振恒」指反覆揮動，恆久不已。也就是長時間的，持續的，處於反覆變動之中。這不是一個好現象，所以占斷爲「凶」。

恒卦通解

恆指恆常，長久維持，恒卦的卦爻辭皆以此爲宗旨。初爻「浚恒」、上爻「振恒」、三爻「不恒其德」、五爻「恒其德」明顯在說「恒」。二爻及四爻爻辭雖不見「恒」字，但仍應自「恒」的語境中推敲其含義。

三爻「不恒其德」得一「吝」字，五爻「恒其德」卻見「凶」字，此頗堪玩味。首先，易經不以「恆」爲德行，事有當恆者，有不當恆者，不可一概而論。其次易經之「德」未必有道德意義，主要仍是指自身所擁有的品格或能力，所以「恒其德」未必是好事。

初爻以「浚恒」爲凶，上爻以「振恒」爲凶，四爻因恆導至「田无禽」，此皆可證明易經對「恆」的態度，應是貶多於褒。因「恆」而得「吉」者，僅限婦人。如果說易經的主旨是在說「變」[10]，「恆」與「變」之間，易經應是更推崇「變」。

回頭再看孔子所引用的「不恆其德，或承之羞」與其前句「人而無恆，不可以作巫醫」在脈絡上的呼應，「無恆」固然可以解釋成「不持之以恆」，但也可以理解爲不能恆守其德能。以此言

9　振：揮動。振通震，震動。振之本義爲賑濟，救濟。《說文》「振，舉救也。從手辰聲。一曰奮也」，奮指鳥之振羽展翅，引申有揮動，來回震動的意思。例如《楚辭・漁父》「新沐者必彈冠，新浴者必振衣」；《莊子・齊物論》「疾雷破山風振海而不能驚」。

10　《易經》書名，英文多翻譯爲「Book of Changes」。

之，「不恆其德」固然不可作巫醫，但並不是說「恆其德」就更有機會成爲君子。孔子也說「君子不器」，與其專精守一，不如通時達變，或許更可能符合君子的要求。

　　從這個層面來看，「恆其德」並非是對君子之要求，但可以是對巫醫或庖人的要求，因爲技術必須維持在一定的水準，所以說「不恆其德」只能做廚房僕役。今若將「不恆其德，或承之羞」解釋爲君子以「不恆其德」爲醜、爲恥，雖然文義可通，但卻不易與五爻「恆其德」作融貫解釋。所以若單就卦爻辭本義探討，以「饈」釋「羞」應是更能符合恒卦通篇之義。

33 · 遯卦（天山遯）

☰ 遯亨小利貞。初六遯尾厲勿用有攸往。六二執之用黃牛之革莫之勝說。九三係遯有疾厲畜臣妾吉。九四好遯君子吉小人否。九五嘉遯貞吉。上九肥遯无不利。

卦名卦畫卦旨

　　遯，同遁，為遁之本字。[1]說文：「遯，逃也。从辵从豚」，段玉裁注：「从辵。豚聲」。古代遯與豚同聲，可通假。西周金文有豚無遯，遯當是其後加辵為意符，自豚分化而出。豚為小豬，說文：「豚，小豕也。从象省，象形。从又持肉，以給祠祀」。古人祭祀、饋贈等，多用小豬。例如論語·陽貨：「陽貨欲見孔子，孔子不見，歸孔子豚」；禮記·禮器：「羔豚而祭，百官皆足。」

　　遯卦下艮上乾，乾為天，艮為山，山在天之下，是為天邊之山。人於近處觀山，但覺有山，而未必能感受山在蒼穹之下。唯有遠處觀山，山形逶迤於天邊，而有山在天之下的遠闊。以天山（☰下艮上乾）喻遯，是為遁逃至天邊極遠處，隱逸而不見。然此只是以位置之遠比喻心境之遠。人間之遁隱，遁於山野是隱，遁於市井亦是隱。

　　遯卦之旨在說遁隱，低調離開。說得狼狽一點，就是遁逃，逃離現場，使人不知去向。唯其爻辭多作雙關語，藉豚說遯，小豬為人所畜養，無法遁逃，正是遯之反面。

1　《說文》「遁，遷也。一曰逃也」，段玉裁注：「此字古音同循。遷延之意。……以遁同遯。蓋淺人所增」。此說遁本意為遷延，今之遁本應寫作遯，以遁為遯是後人所增之意。

▰▰▰卦爻辭解讀▰▰▰

遯：亨。小利貞。

語譯：遯卦。亨通。小有利於貞問。

解讀：

　　遯卦，處於遁隱逃離的情境中。遯，遁離現場，脫身事外。處遯之時，必是正道難行，有志難伸之時。此時選擇遠離紛爭，雖非理想狀況，但明哲保身也不失爲可通之路，小有助益於眼前局面的處理。所以占斷爲「亨，小利貞。」

初六・遯尾。厲。勿用有攸往。

語譯：小豬的尾巴。艱困。不要有所前往。

解讀：

　　「遯」爲豚，「遯尾」即豚尾，小豬之尾。小豬要遁逃時，往往被捉到尾巴。小豬之尾正是小豬遁逃的障礙。藉豚說遯，豚尾使小豬遁逃困難，無法奔逃它處，所以占斷爲「厲。勿用有攸往」，「勿用」在此與其說是不施行，不如說是無法施行。

六二・執之用黃牛之革，莫之勝說[2]。

語譯：用黃牛皮繩捕捉捆綁，無法掙脫。

解讀：

　　「執」爲捉拿，「說」爲脫。「莫之勝」就是不能成功。既然是用皮革綑綁，使之不能掙脫，被綑綁的東西必定是有力氣的活物。此處雖未明言所執何物，但參考其上下兩爻，應是小豬無疑。「莫之勝說」既在說使小豬不能遁逃。

2　「說」在此作「脫」，說與脫皆以兌爲聲符，可通假，初文或皆作兌。金文不見「脫」，應是後起字。

九三・係遯。有疾厲，畜臣[3]妾[4]吉。

語譯：繫住小豬。疾病會嚴重，畜養奴婢吉祥。

解讀：

「係」爲繫，「遯」爲豚，爲遁，一字雙關。「係遯」指繫縛小豬，使之不能遁逃。「疾」爲疾病，「臣」爲男奴，「妾」爲女奴。古代臣、妾並稱，爲男女奴僕，視同犬馬貨物，爲主人所畜養，沒有人身自由。[5]

「係遯」從繫縛與遁逃之間展開一些聯想，有些東西最好早點脫離，越繫越糟，例如疾病，所以占斷「有疾厲」。當然，也有些東西仍需看緊一點，以防脫逃，例如奴僕，所以占斷「畜臣妾吉」。現代當然已不允許蓄養奴婢，但人與人之間仍然有上下主從之分。「畜臣妾」可理解爲召募下屬，提攜人才等。

九四・好[6]遯。君子吉，小人否。

語譯：完好的小豬／完好的遁退。君子吉祥，平民小人則時運不濟。

解讀：

「好」指完好。「好遯」一語雙關，既指完好的小豬，也指完好的遁退。器物以無破損爲好，動物以肢體健全爲好。好的小豬用以宗廟祭祀，爲貴族君子祈福，平民小人則爲了幫主人畜養小豬，終日辛勞。所以占斷「君子吉，小人否。」

---

3 臣：男性奴隸。今多以事君者爲臣。《說文》「臣，事君者也。象屈服之形」。臣之本義爲奴隸，古代之戰俘或罪犯多轉爲家奴，不得自由。後引申爲事君者，爲國君之臣，或家臣。

4 妾：女性奴隸。今多以側室爲妾。本義爲有罪的女子，女奴。《說文》「妾，有罪女子給事之得接於君者。」

5 古代貴族家中畜有奴僕，即此所謂之「臣妾」。奴僕歸主人所有，可供主人任意處置。奴僕若逃跑，視同牛馬走失，主人有權追回。《尚書・費誓》「馬牛其風，臣妾逋逃。」

6 好：完好。本義爲女子美。《說文》「好，美也」，段玉裁注：「好本謂女子。引申爲凡美之稱」。適宜的，沒有缺陷破損的也稱之好。例如《詩經・緇衣》「緇衣之好兮，敝，予又改造兮。」

　　另一方面，人以順利合意為好，君子有一定的身家地位，在順利完好全身而退之後，仍有家可食，無後顧之憂，可藉遯退避凶以致吉。平民小人無財無勢，就算是能完好的遯退，也可能是落魄江湖，前途蹇塞。

九五‧嘉[7]遯。貞吉。

語譯：受讚賞的小豬／讚賞中遯退。所問之事吉。

解讀：

　　「嘉」為讚賞。「嘉遯」一語雙關，既指受讚賞的小豬，也指在讚譽中遯退。受讚賞的小豬必是經過挑選脫穎而出者，用以進獻祭祀，以示誠敬。所以占斷為「吉」。

　　另一方面，在讚譽中隱退者，人雖離開，名聲猶在，此為遯隱之理想狀況。所以占斷為「吉」。

上九‧肥[8]遯。无不利。

語譯：肥胖的小豬／厚實的遯退。沒有不利之處。

解讀：

　　「肥」指肥厚。「肥遯」一語雙關，既指肥胖的小豬，也指在豐厚中遯退。肥胖指肉多，超過正常，小豬過於肥胖雖未必值得讚賞，但也沒有什麼不好。所以占斷為「无不利」。

　　另一方面，能在豐厚的報酬中隱退者，顯然是事先有所安排，或與當權者之間有某種程度的妥協，其節操或有可議之處。但人總得為自己打算，這也沒有什麼不好。所以占斷為「无不利」。

7　嘉：美善、嘉許。《說文》「嘉，美也」；《爾雅》「嘉，善也」。美與善意思相近，但略有不同。善與惡相對，有值得肯定的意思。《論語‧八佾》「盡美矣，未盡善也」。嘉的原意為美好，引申有嘉許、褒揚的意思。例如《左傳‧昭公三年》「晉侯嘉焉，授之以策。」

8　肥：豐厚。肥本指脂肪多，《說文》「肥，多肉也」。引申以豐盛、富裕為肥，《博雅》「肥，盛也。」

遯卦通解

遯，可以理解爲遁隱、遁退、遁避、甚或遁逃。總之，是低調的離開現場。卦爻辭皆不脫此義。

六爻爻辭多作雙關語，以「豚」象徵「遯」，這是因爲古代豚、遯讀音相同的緣故。依造字由簡入繁的原則，當初很可能皆以豚爲遯，後來豚字加偏旁分化而出遯字。易經成書甚早，當時豚、遯仍未做區分。明白此理，才能從爻辭文句中尋索出一些暗藏的趣味。

初爻「遯（豚）尾」，二爻「執之用黃牛之革」，及三爻「系遯（豚）」，此下三爻連讀可共說一事：小豬想要逃走，被捉住尾巴，用皮繩綑綁縛繫住，使逃脫不得。此明顯以小豬爲喻，在說一個遁逃失敗的例子。並以脫逃失敗引申出「厲。勿用有攸往」；「有疾厲，畜臣妾吉」等結論。

上三爻分別以「好遯（豚）」、「嘉遯（豚）」、「肥遯（豚）」譬喻遯隱的三種境界。「好」指健康的，完好的；「嘉」指美善的，嘉許的；「肥」指肉多的，肥厚的。從「豚」的觀點解讀，好豚、嘉豚、肥豚在說三種等級的小豬，其中自然以嘉豚爲最佳，好豚及肥豚各有所長。故「嘉豚」直接言吉。四爻及上爻也皆爲有條件的吉或利。

從「遯」的觀點解讀，上三爻分別在說三種境界的遯隱，其中自然以嘉遯爲最理想，節操、名聲及自身安頓皆能兼顧。好遯則但求平安無事；肥遯則可能招致閒言閒語。故「嘉遯」直接言吉。四爻及上爻則爲有條件的吉或利。

34 · 大壯卦（雷天大壯）

≣大壯利貞。初九壯于趾征凶有孚。九二貞吉。九三小人用壯君子用罔貞厲羝羊觸藩羸其角。九四貞吉悔亡藩決不羸壯于大輿之輹。六五喪羊于易无悔。上六羝羊觸藩不能退不能遂无攸利艱則吉。

卦名卦畫卦旨

　　壯，強壯。說文：「壯，大也」。人與萬物皆是自幼小逐漸長大，長到強盛之年則謂之壯。例如「及其壯也，血氣方剛，戒之在鬥」（論語）；「物壯則老」（老子）；「三十曰壯，有室」（禮記·曲禮上）。大壯正是強壯之甚，指人物血氣強盛，最是健壯有力之時。有力者多剛強，喜歡以力量解決問題。

　　大壯卦下乾上震，震為雷，乾為天，雷作於天之上。雷作於頂頭之天，其聲勢必壯盛有力，使人震懾。故以雷天（≣下乾上震）象徵大壯之剛強有力。

　　大壯卦在說剛強壯盛，其爻辭多涉及羊，是以躁動好鬥之公羊比喻剛強壯盛。大壯卦與遯卦互為反對，遯卦以豚喻遯，大壯卦以羊喻大壯。一豬一羊，一退一進，甚具對比趣味。

卦爻辭解讀

大壯：利貞。

語譯：大壯卦。利於貞問。

解讀：

　　大壯卦，處於剛強壯盛的態勢。大壯，大為壯盛。大壯是能力的展現，也是一種行事風格。行事剛強有力，有助益於所問之事。所以占斷為「利貞」。

初九・壯于趾[1]。征凶。有孚。

語譯：腳趾強壯。遠征有凶險。有信兆。

解讀：

「趾」爲腳足。「壯于趾」指所強壯之處在腳足，其他處則未必強壯。腳足強壯適合遠行，但其他條件是否能配合？只因腳足強壯就冒然出遠門這件事有潛在的凶險，所以占斷爲「征凶」。若只因「壯于趾」而冒然遠行，此爲有凶險的可信徵兆。

九二・貞吉。

語譯：所問之事吉。

解讀：

此爻無敘事辭。在大壯卦之下，「貞吉」可視爲「大壯，貞吉」的省略。正如卦辭之「利貞」，行事剛強有力，所問之事必可得吉。所以占斷爲「貞吉」。

九三・小人用壯，君子用罔[2]。貞厲。羝[3]羊觸藩[4]，羸[5]其角。

語譯：平民小人用強硬的方式，君子用網羅的方式。所問之事艱辛。公羊觸撞籬笆，羊角被纏住。

解讀：

「壯」指剛強有力，「罔」爲網，以網罟羅致，不用蠻力。斷占辭「貞厲」是個關鍵點。如果一切順利，何必用強？何必用網？

---

1 「趾」之字義可參考噬嗑卦初九「屨校滅趾」。
2 罔：通網，古寫作网，羅網。《說文》「网，庖犧所結繩以漁」。《經典釋文・繫辭下》「取獸曰罔，取魚曰罟」。例如《詩經・大雅・瞻卬》「天之降罔，維其優矣。」
3 羝：讀作低，公羊，尤其是公山羊。《說文》「羝，牡羊也。从羊氐聲。」
4 藩：籬笆，藩籬。《說文》「藩，屏也。」
5 羸：讀作雷，瘦弱、疲睏。又通縲，纏繞，引申爲困住。《說文》「羸，瘦也」，段玉裁注：「又假借爲纍字。易：羸其角、羸其瓶。或作纍」。纍，或寫作縲，《說文》「纍，綴得理也。一曰大索也」，例如《論語・公冶長》「子謂公冶長：可妻也。雖在縲絏之中，非其罪也。」

就是因爲所問之事艱辛，所以才有「用壯」、「用罔」的必要。

「用壯」就是以力迫使，「用罔」則是以智服人。君子、小人身分不同，格局不同，處理棘手問題的方法當然也有差異。小人見識有限，思慮較淺，遇事多直接訴諸行動，以蠻力處理。君子則深謀遠慮，能分析利害，善以言語折服對方，使之向己。所以說「小人用壯，君子用罔。」

爻辭後半截「羝羊觸藩，羸其角」正是以公羊爲喻，說一個「小人用壯」的例子。「羝羊」指公山羊，公山羊生性好鬥，尤其是發情期時，常以羊角劇烈撞擊來爭鬥。「觸藩」指公羊觸撞藩籬。藩籬爲竹條或木條編製的圍欄，「羸」通縲，爲纏繞。羊角撞擊時，圍欄固然會有些破損，但羊角也會被纏住或卡住，進退不得。所以說「羸其角」。從此例中也可以得知，「小人用壯」的下場堪虞。

從另一個角度來看，古代易經占筮爲貴族行爲，多持貴族立場發言。「小人用壯，君子用罔」也可以理解爲君子對小人「用壯」，對君子「用罔」。小人不明事理，故不妨直接以命令強迫。君子則自恃身分，不宜用強，但可用言語打動。

九四・貞吉，悔亡。藩決不羸，壯于大輿之輹[6]。
語譯：所問之事吉，懊惱結束。籬笆被撞斷，羊角沒有被纏住，強力衝撞大車之輪軸。
解讀：

此爻雖未提及「羝羊」，但實暗藏「羝羊」。公羊以角觸撞藩籬，雖有可能落入被纏卡住的窘境，但也有可能衝出藩籬，突破圈養範圍的限制。「藩決」指藩籬被衝破決裂，「不羸」指不被藩籬纏住。公羊衝撞之勢甚壯，在衝破藩籬之後仍不停止，故再撞道旁

---

6 「輹」之字義參考大畜卦九二「輿說輹」。

大車。「輹」指大車車軸與車廂連結的部位。羊在大車車輹處表現出甚壯之勢，所以說「壯于大輿之輹」。

由「藩決不羸」可知，此雖是用蠻力，但的確產生效果，得以突圍。故占斷爲「貞吉，悔亡」。原有懊惱悔恨之事有所突破，所關心之事有好的結果。

以上是從羊的角度來看。若從牧羊人的角度，羊突破藩籬逃脫，而且撞壞了大車。爲了防止此事，或許可以用更牢固藩籬來解決。不過，以壯治壯，甚至以暴治暴，恐怕終非了局。人終究不是羊，應該有更好的方法防止「用壯」所帶來的破壞，例如「用罔」。

六五 · 喪羊于易。无悔。

語譯：在有易國喪失羊群。沒有懊悔。

解讀：

「易」爲有易國，是上古時代易水流域的一個部落國，大約在今河北保定一帶。「喪羊于易」在說先商時代，商王亥在有易國的遭遇，相關的文字記載在正史已經失傳，但在諸如山海經、楚辭·天問、竹書紀年等仍留下一些線索。[7]近人王國維著殷卜辭中所見先公先王考[8]從甲骨卜辭中考證王亥其人，顧頡剛著周易卦爻辭中的故事[9]，對王亥「喪羊于易」的事跡作了一些還原。由於王亥的故事在旅卦爻辭中有較完整的呈現，相關的說明及討論請參閱旅卦之解讀。

「喪羊于易」就字面解釋，就是在有易國喪失了羊群。喪失羊群是令人懊惱的事，今占斷爲「无悔」，當是失彼而得此，雖有失

7　參考旅卦解讀之相關考證。
8　王國維《殷卜辭中所見先公先王考》，收錄於《觀堂集林》，北京：中華書局，1959年。
9　顧頡剛〈周易卦爻辭中的故事〉，收錄於《古史辨》第三冊，上海：上海古籍，1982年（重印）。

卻得遂其志，故而「无悔」。

上六・羝羊觸藩，不能退，不能遂[10]。无攸利，艱則吉。

語譯：公羊觸撞籬笆，不能後退，也不能前進。無有所利，艱困時仍可致吉。

解讀：

此處再次出現「羝羊觸藩」，其文意與九三相同。「不能退，不能遂」指「羝羊觸藩」後所遭遇之進退兩難的處境。「遂」與「退」相對，「不能退」指「藩」「羸其角」，羊角為籬笆所纏困，故不得後退；「不能遂」指「藩」不「決」，籬笆不被衝破，不能再前進，故不能遂行其心志。

面臨奮力頂撞卻進退不得的窘境，當然是不利的，所以占斷為「无有利」，應當盡可能地避免。但是一旦已經陷入了此「不能退，不能遂」的局面之中，又該怎麼辦？不妨再更努力，以突破困境。也就是說，在艱困之中，不妨「羝羊觸藩」奮力一搏，或有可能有好的結果。所以占斷為「艱則吉」[11]，在艱困時仍能致吉。

在此，「无攸利，艱則吉」的占斷給了「羝羊觸藩」十分豐富的意義。「羝羊觸藩」既是原因，也是出路。人之自恃強壯，逞強鬥狠，往往使自己陷入進退兩難的局面，這是不好的，有害無利，應盡量避免。但是，當處境艱難，進退不得時，也不能坐以待斃，任憑別人處置。此時唯有奮力一搏，才有突破困局，避凶趨吉的可能。

---

10 遂：前往，完成。遂古寫作遺，《說文》「遂（遺），亡也」。亡為失，為滅，為結束。引申為完成，或前進。前者如《老子》「功遂身退天之道」；後者如《呂氏春秋・四月紀》「命太尉，贊傑俊，遂賢良，舉長大」。另如《論語・八佾》「成事不說，遂事不諫，既往不咎」，「成」、「遂」、「往」意思相近。

11 「艱則吉」的語法可參考大有卦初九「艱則无咎」。

大壯卦通解

　　壯爲剛強壯盛，過壯則易躁動，結果導致喜以蠻力服人。因爲公山羊性喜以角互鬥，故又以羊象徵大壯之躁動好鬥。大壯卦卦辭甚是簡略，只說強壯有利問事。六爻爻辭則以羊喻壯，涵義十分豐富。其中初爻、三爻在說壯。三爻、四爻、五爻、上爻轉而說羊。

　　初爻「壯其趾」在說欲用強，先壯其足。初爻象徵在事態之初，若以羊爲喻，羊欲以角衝撞，必先強壯其足趾。二爻雖未提及羊或壯，仍宜在大壯的格局下解讀，以壯爲吉。五爻引王亥「喪羊于易」的故事，雖有損而無悔，與羊有關，但似與大壯無關。

　　三爻、四爻及上爻皆藉「羝羊觸藩」以說大壯，唯重點略有不同。三爻以「羸其角」點出蠻力用強的問題，並以小人及君子爲喻，指出對單純的，低階的問題不妨用強力；對細膩的，上層的問題則應以智取。四爻雖然沒有出現「羝羊觸藩」，其語境卻不脫「羝羊觸藩」的脈絡。不同的是，這裡的羊能「藩決不羸」，以大壯突破困境。從某種角度來看，甚至造成對方的一些損害。上爻藉「羝羊觸藩」說出一個用強不成，進退不得的窘境。一方面警告不要強用蠻力以免陷入困境；另一方面也鼓勵身處困境時，只有奮力一搏才能有所突破。

35・晉卦（火地晉）

䷢晉康侯用錫馬蕃庶晝日三接。初六晉如摧如貞吉罔孚裕无咎。六二晉如愁如貞吉受茲介福于其王母。六三眾允悔亡。九四晉如鼫鼠貞厲。六五悔亡失得勿恤往吉无不利。上九晉其角維用伐邑厲吉无咎貞吝。

卦名卦畫卦旨

　　晉，晉升，進展。說文：「晉，進也。日出萬物進」。「晉」為會意字，上半為臸（至之古寫）之簡化，下半為日。晉之原義與日出上升有關，引申而有晉升，上進之意。唯先秦古籍晉字多作國名或地名，以晉為進是易經較特殊的用法，[1]日後遂成慣例。

　　晉卦下坤上離，離為火，為光，坤為地。火光出於地平面之上，是為日昇之象。日出而上升，光照大地而萬物生長奮進，故以火地（䷢下坤上離）象徵晉卦。

　　晉卦在說晉升，進展。其卦爻辭多說加官晉爵之事，唯在晉升之中，有喜、有愁、有得、有失，有美好的一面，也有醜陋的一面。

卦爻辭解讀

晉：康侯用錫馬蕃庶[2]，晝日三接。

語譯：晉卦。康侯以（天子）所賜的馬繁殖眾多後代。一日內有三次接見。

解讀：

　　晉卦，處於向上提升的態勢或格局。晉，晉升，加官晉爵。

1　《象傳・晉》「晉，進也。」
2　蕃庶指生養眾多。蕃通繁，《說文》「蕃，草茂也」。庶為眾，《說文》「庶，屋下眾也」。庶眾指生養繁衍眾多。例如《國語・周語》「民之蕃庶，于是乎生。」

「康侯」即康叔，名封，為周武王之幼弟。後受封於衛，為衛國開國之君。「侯」是爵位；「錫」為賜，賞賜；「蕃」為繁；「庶」為眾。上給予下為賜，此處既然說「賜馬」，當然是在上位的周王賜馬給在下位的康侯。「康侯用錫馬蕃庶」在說康侯悉心照料天子所賜之馬，並繁衍眾多後代，以報答周王賞賜之恩。「晝日三接」指周王頻繁接見，一天多達三次，此顯所受王恩之重。易經慣以「三」象徵「多」，[3] 三次即多次。

表現良好並受上級重視者，若得晉升，也是在情理之中，指日可待。此爻雖無斷占辭，依理所得非吉則利。

初六‧晉如[4]，摧[5]如。貞吉。罔[6]孚，裕无咎。

語譯：晉升啊，挫敗啊。所問之事吉。沒有確定信息，心寬裕則沒有咎難。

解讀：

「如」為語助詞；「摧」為挫折。「晉如，摧如」在形容晉升之成或不成。「罔」為無，「孚」為信而不疑，「罔孚」就是不能確信，對晉升之成或不成，還沒有確實可信的消息。

雖然沒有確定，但有晉升的機會總是好事，所以占斷為「貞吉」。但若患得患失之心過重，汲汲營營，求之心切，恐怕舉止言行失措，反為不美。此時不妨放寬心情，安心待命，故占斷為「裕无咎」，心若寬裕則無咎。

3　例如訟卦上九「終朝三褫之」；師卦九二「王三錫命」。
4　「如」為語助詞，參考屯卦六二「屯如」。
5　摧：摧折，排擠，挫敗。《說文》「摧，擠也。一曰捆也。一曰折也」，擠指排擠；折指摧折，挫折。例如《楚辭‧憂苦》「折銳摧矜。」
6　罔：罔通亡，無，沒有。罔，网，網三字同源。原皆作网。网下加亡字為聲符，即成罔，又寫作罔，左側再加糸為意符，遂成網。罔因為以亡為聲符，故又通亡，引申為失去，沒有。例如《詩經‧小雅‧蓼莪》「欲報之德，昊天罔極。」

六二・晉如，愁如。貞吉。受茲介⁷福，于其王母。

語譯：晉升啊，愁苦啊。所問之事吉。蒙受此大福佑，乃是王母所賜。

解讀：

「介」爲獨特，「受茲介福」指受此晉升乃是特殊賞賜。「王母」即王之后妃。綜合全句並參考卦辭，此晉升應指晉爵。王公之子得獲殊榮，蒙周王授予爵位及封國，此皆因受王母寵愛所致，故將此福歸之於王母所予。晉爵受封而有國，固然是吉慶之事，但開國諸事艱難，遠赴異地就國，周遭盡是荒野或夷狄異族。⁸就王公貴族之子而言，作爲開國之君的生活，遠不如在王宮中來得安逸。「晉如，愁如」正是在說受晉爵者的心情。雖然因晉升而發愁，但晉升總是好事，所以占斷爲「貞吉」。

六三・眾允⁹。悔亡。

語譯：眾人認爲允當。懊惱結束。

解讀：

「允」爲允當，「眾允」指眾人皆謂此晉升之事允當。「眾」當然是指對此事有置喙餘地之王公大臣等人。「眾允」也暗示此事已成定局，先前當事人若因此事而有患得患失之心，如今此煩惱已除。所以占斷爲「悔亡」。

7 「介」之原字義可參考豫卦六二「介于石」。「介」在此可理解爲獨特，例如《尚書・秦誓》「如有一介臣」。《詩經・小雅・楚茨》「報以介福，萬壽無疆」之「介福」可理解爲「此獨特之福」。另如《韓非子・外儲說左下》「夫介異於人臣，而獨忠於主。」

8 可參考屯卦及泰卦之〈考證與討論〉。

9 允：允諾，允當。《說文》「允，信也」。允原意義爲確實，甲骨卜文多用「允」表示確實應驗，例如「貞：今夕雨。允雨」（甲骨文合集＃29955）。《詩經・周頌・時邁》「允王維后」、「允王保之」之「允」也作確實解釋。允爲信，信指如實兌現，由此再引申出允諾，允許，允當等義。

九四・晉如鼫[10]鼠。貞厲。

語譯：有如大鼠般的前進。所問之事危厲。

解讀：

「鼫鼠」即碩鼠。「晉」為進，像大老鼠般的暗地鬼祟猥瑣前進，此以形容「過街老鼠，人人喊打」的處境。雖是前進，但為人所厭惡，下場堪虞。所以占斷為「貞厲」。

六五・悔亡。失得勿恤[11]。往吉，无不利。

語譯：懊惱結束。或得或失不要憂慮。前往則吉祥，沒有不利之處。

解讀：

「恤」為憂慮；晉升為得，反之為失。「失得勿恤」指雖有晉升之機會，但或得或失都不要在意，這是一種修養，也是一種境界。有此機會並有此修養者，有煩惱也應結束，再往前走會有好結果，所以占斷為「悔亡」，「往吉，无不利。」

由斷占辭中也可以看出易經作者對「失得勿恤」的推崇，只要能做到「失得勿恤」，得之固然有好處，若失，也能有失的打算。有此境界，不論想要做什麼，都是無往不利。

上九・晉其角。維[12]用伐[13]邑。厲，吉，无咎。貞吝。

語譯：進展到了頂角。唯獨可用於攻伐小的邑國。艱辛，吉祥，沒有咎難。所問之事困窘。

---

10 鼫：讀作石，碩鼠，大老鼠。《經典釋文・晉》「鼫音石子夏傳作碩鼠」。或說，鼫為古鼠之一種，指大飛鼠或五技鼠。《說文》「鼫，五技鼠也。能飛，不能過屋；能緣，不能窮木；能游，不能渡谷；能穴，不能掩身；能走，不能先人。從鼠石聲。」

11 「恤」之字義參考泰卦九三「勿恤其孚」。

12 維：通唯，維、唯、惟古寫皆作隹。唯，唯獨。例如《論語・為政》「父母唯其疾之憂」。維之字義另可參考坎卦卦辭「有孚維心」。

13 伐：打擊，討伐。《說文》「伐，擊也」。伐與征常連用為「征伐」，但古代征與伐字義有別。「征」是正行，上伐下的才能用「征」，否則只是「伐」。《孟子・盡心下》「征者上伐下也，敵國不相征也。」

解讀：

「角」指頂角，「晉其角」就是晉升到了頂點。「維」通唯，唯獨。「伐」為進擊，「邑」指邑國，只有一個城邑的小國或附庸國。「伐邑」可以與謙卦上九「征邑國」相對比。「征」指上伐下，天子征伐不服從的諸侯；「伐」指敵對雙方的爭戰，正當性比較不是必要因素。「伐邑」指對國境外的小國發動攻伐爭戰，也就是向外擴充吞併。「晉其角」與「伐邑」對比，前者指在內部發展已屆瓶頸，後者指向外求發展。

此處，「晉其角」在說現況，「維用伐邑」在說後續的發展。斷占辭「厲，吉，无咎。貞吝」在說四種相關的可能結果。「伐邑」涉及軍旅，艱辛而不得安逸，所以說「厲」；伐邑若得勝則有功，雖「厲」而可得「吉」；投身軍旅總是在為君王效力，值得獎勵，所以說「无咎」；之所以想要參與攻伐爭戰，實是因為「晉其角」，前途困窘之故，所以說「貞吝」。

晉卦通解

晉為晉升，指官位、爵位、地位的提升。卦爻辭皆在說加官晉爵等晉升之事。卦辭用「晝日三接」形容康叔受周王寵信之厚，故有晉爵為侯之事。初爻「晉如，摧如」在說晉與不晉尚未定案，宜自求心寬以面對。二爻「晉如，愁如」形容晉爵受封的心情。從此責任重大，開疆闢土，以屏藩周，不如在宮中安逸。卦辭與初爻、二爻合讀，可作為康叔晉爵受封的緣由及心情轉折的描述。

三至上爻分別敘述與晉升有關的可種情況。三爻雖未見「晉」字，但「眾允」應指晉升之事為公允。四爻「晉如鼫鼠」以進為晉，以大鼠前進為喻，說晉升背後可能暗藏之齟齬。五爻「失得勿恤」在說晉升之成與不成，都應順受其正，不要過於牽掛。上爻「晉其角」形容內部晉升已到盡頭，要進一步求發展唯有向外努力。

晉升，社會地位提升，就常理來說，是值得慶幸的事，一般人總會對此有強烈的期望。但易經作者藉初爻的「裕无咎」，及五爻的「失得勿恤」，在傳遞一個訊息，就是要以平常心來面對。這個平常心又可以有兩種解讀，一是從個人修養的角度，如孟子所說「不動心」，「養吾浩然之氣」之類。[14]另一是從世事變幻無常，福禍難料的角度，如老子所說「寵辱若驚」，「禍兮福之所倚，福兮禍之所伏」之類。[15]前者有儒家精神，強調持志養氣，堅定自己的信念，不受外在的得失榮辱的影響。後者較具道家思想傾向，世事福禍難料，不如順其自然，正所謂「塞翁失馬，焉知非福。」

考證及討論

「康侯」僅是個爵位的名稱？還是一個虛擬人物？或是在歷史上確有其人？此攸關易經成書之年代及作者問題，實有進一步考證之必要。

史書記載，周武王有同母兄弟共十人[16]，武王滅商取得天下，隨即分封諸侯，除長兄伯邑考已死，少弟康叔、冉季二人年幼未封之外，其餘六弟皆有封國。武王崩後，平王即位，周公輔政。此時天下未定，在殷商舊地，商王子武庚及武王弟管叔、蔡叔聯手作亂。周公東征，敉平亂事，誅殺武庚、管叔，流放蔡叔，將殷遺民之一部分遷至今洛陽一帶，並築洛邑，以作為安定東方的根據地，是為成周。[17]又將幼弟康叔封在衛地，即原殷墟舊地朝歌一帶，建立衛國，以作為北方的屏障。

康叔，名封，原食邑在京畿之內的康地，故稱為康叔。周公輔

---

14 參看《孟子·公孫丑上》「公孫丑問曰：夫子加齊之卿相，得行道焉，雖由此霸王不異矣。如此，則動心否乎？」章節。

15 分別參看《老子》第十三章及第五十八章。

16 《史記·管蔡世家》「武王同母兄弟十人。母曰太姒，文王正妃也。其長子曰伯邑考，次曰武王發，次曰管叔鮮，次曰周公旦，次曰蔡叔度，次曰曹叔振鐸，次曰成叔武，次曰霍叔處，次曰康叔封，次曰冉季載。冉季載最少。」

17 參考《史記·周本紀》相關記載。

政時，對這位幼弟十分愛護，不但另封康叔於衛，賦以監管殷商遺民，安定北方疆土的重任，而且時常教誨。在他赴衛地就國時，周公仍諄諄告誡，作康誥、酒誥、梓材等篇，[18]再三叮嚀他要明德慎罰，勤政愛民。康叔治理衛國很有成效，於是周公又推舉康叔為周國之大司寇，輔佐成王。[19]

康叔是衛國開國之君，是否因是國君就可以稱康侯了呢？答案是否定的，西周分封受爵，爵位名號公、侯、伯、子、男等，有嚴格的規定，不容僭越。衛國國君之爵位為伯，故稱衛伯，不能稱衛侯。直到約百五十年後，周夷王時，衛國以厚禮賄賂周夷王，才晉爵為侯。[20]到東周時，王綱解紐，禮壞樂崩，各國國君紛紛自稱為「公」，也就不再理會周天子正式授封的爵位了。

雖然說在周夷王之前，衛國國君稱伯，但康叔是個例外。康叔一則是周武王同母幼弟，為開國之勳貴。再則在周之王庭為卿大夫，受周天子重用。其身分地位自然又較衛君為高。所以周天子授予侯的爵位而被稱為康侯，是一個合理的推測。

歷代流傳的西周早期銅器，康侯方鼎，上刻有銘文「康侯丰作寶尊」等字樣，被認為是西周早期有「康侯」存在的有力證明。近代出土文物中有康侯簋[21]，有銘文「令康侯啚[22]於衛」為康侯即康叔提出了更明確的證據。至此，康侯即康叔遂成定論。

但若卦辭「康侯用錫馬蕃庶」之「康侯」即康叔，將會對傳統易學造成極大的影響。因為傳統易學主張易經為周文王所著。文王

---

18 此三篇收錄於《尚書》。
19 《史記·管蔡世家》「封康叔為衛君，是為衛康叔。封季載於冉。冉季、康叔皆有馴行，於是周公舉康叔為周司寇，冉季為周司空，以佐成王治，皆有令名於天下。」
20 《史記·衛康叔世家》「康叔卒，子康伯代立……貞伯卒，子頃侯立。頃侯厚賂周夷王，夷王命衛為侯。」
21 康侯簋，又名沫司徒送簋，1931年出土於中國河南省濬縣辛村衛國墓地，現收藏於倫敦大英博物館。
22 啚通鄙，為鄙之初文，指采邑或邊邑。《周禮·天官·大宰》「以八則治都鄙」，鄭玄注：「都之所居曰鄙。公卿大夫之采邑。」

在世時康叔尚是幼童，不可能封侯，更不可能「用錫馬蕃庶」，所以此「康侯」就不可以是「康叔」。否則文王演周易並繫卦爻辭的說法就站不住腳，不攻自破。

為此，傳統易學必須將「康侯」解釋為侯的美稱，例如王弼注：「康者，美之名也」；程頤注：「康侯者，治安之侯也」；朱熹注：「康侯，安國之侯也」，以解決「文王繫卦辭」與「卦辭中出現康侯」二者之間所產生的矛盾。若不拘泥以「易歷三聖」為定則，以康叔為康侯實更能言之有物，且符合卦爻辭敘事寓意之旨。

36‧明夷卦（地火明夷）

䷣明夷利艱貞。初九明夷于飛垂其翼君子于行三日不食有攸往主人有言。六二明夷夷于左股用拯馬壯吉。九三明夷于南狩得其大首不可疾貞。六四入于左腹獲明夷之心于出門庭。六五箕子之明夷利貞。上六不明晦初登于天後入于地。

卦名卦畫卦旨

　　夷，通痍，創傷。說文：「痍，傷也」。夷本意為平，說文：「夷，平也」，所以剷平稱為夷平，誅滅亦稱夷，例如「夷三族」[1]。以此，明夷就是光明受到傷害，光明被夷平，光明殞滅，一片漆黑。

　　明夷卦下離上坤，坤為地，離為火，為明。火光沒入地下，此為日落之象。太陽西沉，沒入地中，大地一片漆黑。故此以地火（䷣下離上坤）象徵明夷卦。

　　明夷卦在說昏暗不明。太陽沒落為天地昏暗，君王暴虐為人間昏暗。明夷卦之卦爻辭多涉及商紂王之事，以商紂之時局比喻天下之晦暗。在最晦暗艱難之時，宜韜光養晦自保，以待太陽升起，光明再現。

卦爻辭解讀

明夷：利艱貞。
語譯：明夷卦。利於貞問艱難之事。

1　《史記‧李斯列傳》「斯出獄，與其中子俱執，……遂父子相哭，而夷三族。」

解讀：

　　明夷卦，處於晦暗艱難的情境中。明夷，光明殞滅，光明殞滅可以指外在環境，也可以是人事遭遇。明夷之時，正是艱難之時。自知處境之艱難，可有助益於處理艱困之事。所以占斷爲「利艱貞」。

初九・明夷于²飛，垂其翼。君子于行，三日不食。有攸往。主人有言。

語譯：在昏暗中飛過，垂下沉重的翅膀。君子在奔走，三天沒有進食。有所前往。主人有閒言閒語。

解讀：

　　「于」爲往，「于飛」³即往飛，飛過去。「于行」即往行，在路上奔走。「明夷于飛，垂其翼」有如詩歌般地，以黑暗中長途疲憊飛行的鳥，來比喻君子落難，忍飢挨餓，在路上長途奔走的處境。爲什麼「于行」？爲什麼「三日不食」？最合理的解釋就是在逃亡之中，後有追兵，不得休息，而且只能選擇遠離人煙的荒山野徑，以避追捕。

　　「有言」指有所埋怨或爭論。⁴雖然主人收留，暫時得以安身，但主人的態度並不是很友善。從「三日不食」，「主人有言」中，也可以感受到君子在路途中的困厄遭遇。在如此昏暗艱困的處境下，君子爲什麼仍選擇長途奔走呢？當然是欲有所往，不願坐以待斃。所以占斷爲「有攸往」。

2　于：前往。例如《尚書・大誥》「民獻有十夫，予翼，以于」；《詩經・周南・桃夭》「之子于歸，宜其室家」。于又通於，作介繫詞，爲在，爲至。于古寫作亏，《說文》「亏，於也。象气之舒亏」，段玉裁注：「于、於二字在周時爲古今字。」

3　「于飛」在《詩經》中是常見連詞，例如「黃鳥于飛」（周南・葛覃）；「燕燕于飛，差池其羽」（邶風・燕燕）；「雄雉于飛，泄泄其羽」（邶風・雄雉）；「倉庚于飛，熠燿其羽」（豳風・東山）；「鴻雁于飛，肅肅其羽」（小雅・鴻雁）；「鴛鴦于飛，畢之羅之」（小雅・鴛鴦）；「鳳凰于飛，翽翽其羽」（大雅・卷阿）。大體皆作往來飛過解釋。

4　參看需卦九二「小有言」，及訟卦初六「小有言」的解讀。

六二·明夷，夷于⁵左股。用拯⁶馬壯。吉。

語譯：在昏暗中，傷到左腿股。用以拯救的馬甚為健壯。吉祥。

解讀：

　　「夷」通痍；「于」通於；「夷于左股」即「傷於左股」。黑暗中為什麼受傷？這是一個問題。傷到大腿是否不良於行，這是另一個問題。兩個問題合在一起，不禁使人浮現出暗夜中遭人追殺並負傷逃亡的驚險畫面。「拯」為拯救，在負傷逃亡的危急時刻，幸賴有壯馬來救援，得以脫身走。故占斷為「吉」。

九三·明夷于南狩⁷，得其大首。不可疾貞。

語譯：在昏暗中往南方狩獵，獲得大獵物。不宜貞問疾病之事。

解讀：

　　「明夷于南狩，得其大首」語意晦澀，背後原本應有相當的故事性或譬喻性，在當時可能家喻戶曉，可惜今已失傳，只能從字面上推敲。「明夷于南狩」的句法與「明夷于飛」相同，「于」為往。「狩」可以是狩獵，也可是巡狩，或藉狩獵以喻天子巡狩。狩獵在古代是貴族專屬的娛樂活動，兼具軍事演習功能，⁸巡狩指巡視四方國土及各諸侯國，兼有征討不服者的意思。「明夷」指日落之後的暗夜，也可以是指時局昏亂的時候。「明夷于南狩」字面上的意思就是在暗夜中往南方狩獵作樂，或藉此譬喻帝王在朝政昏

5　「于」之字義參考初九「明夷于飛」。此處以「于」為「於」。

6　拯：上舉，救援。古寫作丞或抍，《說文》「抍，上舉也。从手升聲。易曰：抍馬壯，吉」。拯（丞）之本義為救助，救援。例如《孟子·梁惠王下》「民以為將拯己於水火之中也，簞食壺漿，以迎王師」。人遭危時雙手上舉以待援，故引申為上舉。

7　狩：巡狩，圍狩。古代天子田獵為狩，尤其指在冬天，放火燒田以驅趕野獸之田獵。《爾雅·釋天》「冬獵為狩」，「火田為狩」。天子視察四方諸侯所守也稱為狩，或巡狩。《孟子·梁惠王下》「天子適諸侯曰巡狩。巡狩者巡所守也」，《禮記·王制》「天子五年一巡守」，《逸周書·職方解》「王將巡狩，則戒于四方」。巡狩不只是單純的視察，而且有相當的武力為後盾，以討伐不服者。《國語·魯語下》「昔禹致群臣於會稽之山，防風氏後至，禹殺而戮之」。防風氏為部落首領，禹巡狩至會稽，之所以能殺防風氏，必是在武力上足以處理此事。

8　參看師卦有關田獵之考証。

亂時仍蓄意遠行，大張旗鼓，耀武揚威。「得其大首」就是獵得大
型猛獸的頭首，或是用以形容動用武力征伐蠻夷並擒獲其首領。總
之，是在形容「南狩」的收穫。重點是，這樣大型的武裝巡視或田
獵活動是在「明夷」的處境下進行的，但這樣恰當嗎？

「疾」為疾病[9]。「不可疾貞」即「不利疾貞」的加強語
氣。[10]「貞」為問，「不可疾貞」即此疾不可問，不要問，不堪
問。暗指此病難以治愈，或已入膏肓，不堪聞問。

由此亦可知「明夷于南狩，得其大首」用以比喻在局勢晦暗之
時，不知危亡將至，仍是好大喜功，企圖做一些勞民傷財之事。此
正如人在病中，猶不知多加保重，反而夜夜笙歌，只有加速死亡而
已。所以占斷為「不可疾貞」。

六四・入于左腹，獲明夷之心。于出門庭。

語譯：深入左腹胸腔，獲得一顆昏暗的心。往外走出家門庭院。

解讀：

「明夷之心」用以形容人心之暗淡無光，其心黯然沮喪至
極。心臟的位置在人之左胸腹，「入于左腹」以獲心，是對剖腹取
心之寫實描述，此無庸置疑。「入于左腹，獲明夷之心」正在說比
干進諫，紂王不聽，反而怒殺比干，剖腹取心的史事。[11]比干對紂
王之不仁已是黯然心死，所以形容比干之心為「明夷之心」。

「于出門庭」就是離家出走。此爻辭分上下兩截，前段在說
比干之遭遇，後段「于出門庭」雖語焉不詳，但合理推斷，應是指
微子自王室出走的史事。紂王無道，天下昏暗，比干強諫遭剖心之

9　卦爻辭中，疾字出現九次，皆宜作疾病解釋。
10　此語法類似否卦卦辭「不利君子貞」，此或可作參考。
11　《史記・宋微子世家》「……乃直言諫紂。紂怒曰：『吾聞聖人之心有七竅，信有諸
　　乎？』乃遂殺王子比干，剖視其心。」

禍，微子諫奏不被接受，又怕紂王加害，於是逃出商國。[12]

六五・箕子之明夷。利貞。

語譯：箕子之心智（假裝）昏亂。利於貞問。

解讀：

箕子是商紂王的族親[13]，也是一個有學問有見識的賢人。武王滅商之後，曾向箕子請教安邦治國之策，箕子不忍說商國的壞話，遂假託上天賜夏禹的寶典以說九類治國大法，稱爲洪範九疇，爲尙書之洪範篇。[14]

箕子在紂王無道，朝政昏亂之時，因諫奏而被囚。於是披頭散髮，假裝發瘋，又被貶爲奴。[15]箕子之心智假裝昏亂，其實是把明智隱藏來，以求自保。所以在商朝滅亡的時候，仍能留住性命，以待明主來訪。

「箕子之明夷」正是說箕子之韜光避禍，深藏其明。在惡劣的環境下，先保住性命，以待來時再圖發展。所以占斷爲「利貞」。

上六・不明，晦。初登于天，後入于地。

語譯：沒有光明，一片晦暗。開始時如登天上，後來卻掉入地中。

解讀：

「初登于天，後入于地」很明顯的在比喻一個人的身分地位，從極尊貴跌落至極低賤。尊貴莫過於帝王，低賤莫過於罪犯。從帝王到罪犯的這個變化，又與晦暗不明有關。這很容易讓人聯想到商紂王的遭遇。從周人的角度來看，紂王是一個典型的暴君，在紂王的統治下，光明隕滅，天地閉而賢人隱。周武王的革命，也使

---

12 《史記・宋微子世家》「微子曰：『……人臣三諫不聽，則其義可以去矣』。於是太師、少師乃勸微子去，遂行。」

13 《史記・宋微子世家》「箕子者，紂親戚也」。也有人說是紂王叔父或兄長。例如馬融、王肅以爲是紂之諸父。服虔、杜預以爲是紂之庶兄。

14 《尙書・洪範》「武王勝殷，殺受，立武庚，以箕子歸。作洪範。」；「天乃錫禹洪範九疇，彝倫攸敍。」

15 《史記・宋微子世家》「紂爲淫洗，箕子諫，不聽。……乃被髮詳狂而爲奴。」

商紂王自高高在上的人間的帝王，轉而成爲十惡不赦的罪犯。終落得兵敗城破，自焚而死。[16]

此以紂王之事入爻辭，雖未占斷爲「凶」，其凶不言而喻。

䷣ 明夷卦通解 ䷣

明夷爲光明隕滅。就自然界而言，是日落入夜，大地黑暗；就人間而言，指倒行逆施，天下昏暗；就個人而言，指暗昧不明，心智昏亂。明夷卦之卦爻辭皆不離此三義。除此之外，明夷卦之爻辭有兩個特色：多爲敘事之辭，少有占斷之辭，此其一。敘事之辭多關係到殷周之際，紂王無道，群臣遭難之事，此其二。

孔子說：「殷有三仁焉」，三仁指商紂王的三位王室成員，微子、箕子、及比干，其遭遇分別爲「微子去之，箕子爲之奴，比干諫而死」[17]。這些遭遇又都與勸諫紂王有關，三人都因紂王的倒行逆施而有所諫言，結果一個逃走，一個發配爲奴，一個被誅殺，這些也都與明夷爻辭大有關聯。六爻中雖有四爻無斷占辭，仍不妨從紂王與三仁的事跡中，推斷吉凶。

初爻「君子于行，三日不食」，與二爻「夷于左股。用拯馬壯」，很明顯的在說一個追殺與逃亡的故事。至於是一件事或件事？逃亡的人是誰？在此無從判斷。三爻「明夷于南狩」，若以狩爲巡狩，此南巡之人應以紂王較合理。四爻「入于左腹，獲明夷之心」在說比干，「于出門庭」在說微子。五爻「箕子之明夷」很明確的在說箕子。上爻「初登于天，後入于地」則在說紂王。

再從明夷的角度來檢視爻辭。初爻「明夷于飛」及二爻「明夷，夷于左股」顯然以日落後之暗夜爲明夷。三爻「明夷于南狩」

---

16 《史記·殷本紀》「紂兵敗。紂走入，登鹿臺，衣其寶玉衣，赴火而死。周武王遂斬紂頭，縣之白旗。」

17 《論語·微子》「微子去之，箕子爲之奴，比干諫而死。孔子曰：『殷有三仁焉。』」

明夷是爲暗夜，也可以是用暗夜來比喻時局的昏暗。四爻「獲明夷之心」以明夷來比喻比干內心的灰暗。五爻「箕子之明夷」以明夷來比喻箕子之裝瘋賣傻。最後，上爻「不明，晦」以不明及晦暗，取代「明夷」二字，以說紂王倒行逆施所造成的世道晦暗。六爻爻辭分別從自然的，人間的，及內心的角度，對明夷的涵義做了極大的發揮。

　　回頭再來檢視初爻及二爻中，有關此遭追殺而逃亡的人是誰的問題，傳統上有兩種說法：一指文王，二指箕子。因爲象傳在解釋卦畫卦辭時，有提到文王與箕子。[18]但是箕子佯狂爲奴，應該不會有追殺逃亡的問題。周文王雖被囚羑里，但據史記的記載，是以美女、良馬、奇珍、異獸等進獻紂王，以求寬宥。紂王收賄赦放文王，並賜弓矢斧鉞等，[19]所以也沒有追殺逃亡的問題。比較可能的是微子，因爲微子是逃出商國的。不過在亂世之中，遭到追殺而逃亡應該是貴族君子之間常見的遭遇，也未必一定要鎖定在某人某事上。此提出微子之說，也只是在綜合明夷卦與商紂王的關係，以豐富其趣味性。

考證及討論

(一)箕子之明夷

　　有關微子、箕子、比干諫奏紂王的苦難事跡，被寫入爻辭之中，對傳統易學在信念上是有些尷尬的。傳統易學多有主張易經卦爻辭是周文王所著，而且撰寫於被困羑里之時。[20]但「微子去之，箕子爲之奴，比干諫而死」之事，發生於西伯囚羑里之後，所以引發一些討論。例如孔穎達就主張卦爻辭爲文王及周公所作，之所以

---

18 《象傳》〈明夷〉「內文明而外柔順，以蒙大難，文王以之。利艱貞，晦其明也，內難而能正其志，箕子以之。」
19 《史記‧周本紀》「乃赦西伯，賜之弓矢斧鉞，使西伯得征伐。」
20 《史記‧周本紀》「西伯蓋即位五十年。其囚羑里，蓋益易之八卦爲六十四卦。」；
　　《史記‧太史公自序》「昔西伯拘羑里，演周易。」

說是文王而不提周公，是因爲文王早有此意，周公只是藉文辭說出來而已，父統子業，所以只以文王爲代表。[21]

　　漢儒將「箕子」解釋爲「荄茲」，[22]以避開「箕子之明夷」的事件發生在「西伯拘羑里演周易」之後的尷尬。古代荄與箕讀音相同，[23]故以「荄茲」解釋「箕子」。說文：「荄，艸根也」，荄茲指草木之根滋繁茂盛。以「荄茲」釋「箕子」其說雖近怪誕，但也不得不佩服古人爲了維護「文王演周易」的信念，所費的一番苦心。

(二)明夷于南狩

　　《左傳》中記載有君臣論及商紂王伐東夷之事，並因此事造成殷商的滅亡。一次在魯召公四年，楚王盟會諸侯。楚大夫椒舉勸楚靈王盟會時勿侈汰驕縱，因此諫言：「商紂爲黎之蒐，東夷叛之」[24]，商紂王在黎地狩獵觀兵，耀武揚威，結果引起東夷叛亂。另一次在魯召公十一年。周景王問周大夫萇弘，各諸侯國的吉凶如何。萇弘斷言楚國有凶，並引史爲證：「桀克有緡，以喪其國，紂克東夷，而隕其身」[25]，紂王雖征服東夷，卻導致自身滅亡。此可見紂王曾征伐東夷，並因此導致喪國隕身的事跡在周王朝時代是廣爲流傳的。但是商王朝是如何記載此事？東夷又位處何處？

　　甲骨卜辭資料顯示，商王朝在康丁、武乙時期就有征伐夷方的記錄。夷方，又稱人方[26]，也就是周人所稱的東夷。商帝辛（紂

---

21 《周易正義·卷首》「文王本有此意，周公述而成之，故繫之文王」；「所以只言三聖，不數周公者，以父統子業故也」。

22 《漢書·儒林傳》「蜀人趙賓好小數書，後爲易，飾易文，以爲箕子明夷，陰陽氣亡箕子；箕子者，萬物方荄茲也。」

23 《漢書·儒林傳》顏師古注：「荄茲，言其根荄方滋茂也。荄音該，又音皆。古皆荄與箕音同。」

24 《左傳·召公四年》「夏桀爲仍之會，有緡叛之。商紂爲黎之蒐，東夷叛之。周幽爲大室之盟，戎狄叛之。」

25 《左傳·召公十一年》「桀克有緡，以喪其國。紂克東夷，而隕其身。楚小位下，而亟暴於二王，能無咎乎。」

26 甲骨文字「夷」與「人」形似，可能爲同一字。夷方又隸定爲人方。

王）就曾多次征夷方，[27]其中以在位第十年的那一次資料最豐富，史稱「十祀征夷方」。依據甲骨卜辭所拼湊整理的資料，帝辛十年（約公元前1066年）九月，帝辛在大邑商（商王畿）祭告祖先，征伐夷方，大軍往南往東，經商（商邱）、亳等地，商軍進至淮水流域的攸國，與攸侯喜合兵，並展開淮夷方國的征伐，擊敗夷方軍。其後又在攸國進行大規模的田狩，帝辛十一年五月，返回王畿，前後費時達250天。[28]

　　那麼此次出征夷方的具體方位大約在那裡？從攸國的位置[29]來看，應該是在淮河流域。商人所稱的夷方，其實包括了鳥夷及淮夷。鳥夷在商之東，淮夷在商之東南。學者各方考證，多認為此次伐夷方應是指淮夷，地點在淮水流域。[30]

　　藉以上考證，回頭再讀九三爻辭「明夷于南狩，得其大首」，「南狩」二字當有所指，帝辛「十祀征夷方」的赫赫武功，看在周人眼裡，便成了「紂克東夷，而隕其身」。淮水流域，就位於中原的商國而言，可以說是在南。對當時遠處西陲的周國而言，只能說是在東了。

---

27 參考黃歷鴻等〈殷王帝辛四征夷方考釋〉，《殷都學刊》，2000年第一期，2000.03，16-21頁。

28 參考羅琨《商代戰爭與軍制》，頁299-326。

29 約在今徐州東南宿遷一帶。參考譚其驤主編《中國歷史地圖集第一冊》，北京：中國地圖出版社，1982年。

30 例如郭沫若，陳夢家等。參考羅琨〈卜辭十祀征夷方方位的探討〉，收錄於《甲骨文與殷商史》（新四輯），上海：上海古籍出版社，2014年。羅琨並總結：「……所以帝辛十祀征夷方戰場在淮水流域說，也更能符合當時的歷史大勢。」

37‧家人卦（風火家人）

☲☴家人利女貞。初九閑有家悔亡。六二无攸遂在中饋貞
吉。九三家人嗃嗃悔厲吉婦子嘻嘻終吝。六四富家大吉。
九五王假有家勿恤吉。上九有孚威如終吉。

卦名卦畫卦旨

　　家人即家人，此語詞之含義古今並無變動。不過，家的規模則
古今有別。現代多是以小家庭爲主，但中國古代爲大家庭制度，三
代同堂甚或五代同堂，叔伯兄弟子姪乃至奴僕都同屬一家人。西周
及春秋時期普遍實行封建制度，諸侯有國，大夫有家。大夫之家有
封邑，封邑內有家廟，並蓄有家臣、家丁等。大夫之家其實是就是
一個具體而微的城邦，[1]家人的概念可以涵蓋至整個家族。

　　家人卦下離上巽，巽爲風，離爲火，火上有風。其實風不可
見，可見者只有火上之煙，故此風實爲火上有煙之象。熟食是人類
的特徵，有人家之處必定需要生火以料理食物，因而有炊煙。炊煙
正是家人生活的具體寫照，故以風火（☲下離上巽）象徵家人卦。

　　家人卦在說家與家人，其卦辭多與家人及治家有關。家人相處
爲人倫關係的開始，大家庭也是社會的一個縮影。家人卦，從小處
看在說父母子女，從大處看是在說一個小的城邦。

卦爻辭解讀

家人：利女貞。
語譯：家人卦。利於女子貞問。

1　嚴格來說，人口聚集處爲邑，若封地內有許多城邑，有宗廟的稱都邑。《左傳‧莊公
　　二十八年》「凡邑，有宗廟先君之主曰都，無曰邑，邑曰築，都曰城」。參看泰卦
　　〈考證與討論〉。

解讀：

　　家人卦，處於家門及家庭生活的情境中。家人，在「家」這個範圍內共同生活的「人」。古代男女之別的觀念甚重，所謂男主外而女主內，內與外即以「家」爲界線作區分，在家中爲內，出家門爲外。家及家人正是婦女生活的重心，工作的場所，也是才能有所發揮的地方。所以占斷爲「利女貞」，利於女子貞問，也就是說，利於問女子之事。

初九・閑[2]有家。悔亡。

語譯：以規矩防範治家。懊惱結束。

解讀：

　　「閑」爲柵欄，用以防備保護。「閑有家」就是家中設有規範，謹守門戶家規，以防外賊內鬼。謹守門戶爲治家之根本，若做不到，閒雜人等亂出亂入，日久必生悔恨之事。反之，若能堅持，則懊惱消亡。所以占斷爲「悔亡」。

六二・无攸遂[3]，在中饋[4]。貞吉。

語譯：無所去處，在家中主持飲食之事。所問之事吉。

解讀：

　　「遂」爲往；「饋」爲供應食物。「中饋」指家中提供膳食的主要場所，也就是廚房之類。「无攸遂，在中饋」在形容家中婦女整日在廚房爲張羅一家人的飲食操勞，不得鬆懈安逸，也無他處可去。此正是在描述女主人持家有方，家事井然有序，家人各司其職，是爲家道興旺的景像。所以占斷爲「利貞」。

2　閑：柵欄，引申爲防範，戒備。《說文》「閑，闌也。从門中有木」。闌今寫作欄。
3　遂：前往，完成。「遂」之字義可參看大壯卦上六「不能退，不能遂。」
4　饋：食物，提供食物。《說文》「饋，餉也」，餉爲糧食。例如：《周禮・天官》「凡王之饋，食用六穀，膳用六牲」；《左傳・桓公六年》「齊人饋之餼」。饋又通餽，餽贈，所以饋又被理解爲餽贈食物。但本義應指進食烹飪等飲食之事。

九三・家人嗃[5]嗃。悔，厲，吉。婦子嘻嘻。終吝。

語譯：家中有嗃嗃訓斥之聲。先懊惱，後艱辛，終吉祥。婦人小孩總是嘻笑玩耍。終究困窘。

解讀：

「嗃嗃」為喝斥聲；「嘻嘻」為嘻笑聲。「嗃嗃」與「嘻嘻」都是在形容治家的風格及家中的氣氛。中國自古有「嚴父慈母」之說，父親身為一家之主，常須深埋情感，不苟言笑，以樹立家威。古代為了維持嚴父形象，又恐怕傷害親情，有所謂「易子而教」的說法，或說「君子不教子」。孟子對此便曾提出解釋：因為有愛子之心，想教導兒子成材。教導必是教以正道，如果教正道而兒子不聽從，接著就發怒叱責。發怒叱責的結果，反而傷了父子之情。所以不如請外人來教，不要親自教。[6]從此例中或可體會「家人嗃嗃」的治家風格。若家有嚴君如此，子女、奴婢、家臣、僕役等家人常受叱責，心中難免怨恨懊惱，感覺家中生活嚴肅苛煩，但如此終究會有好的結果。所以占斷為「悔厲吉」，先悔，後厲，終吉。

如果家主人管教不嚴，任憑家人奴僕等親狎嘻笑，發生不守家規的事也不忍責罰，以致到後來出現不服管教，甚至有敗壞家風的事，使之焦頭爛額，此可想而知。所以占斷為「終吝」，家教不嚴終究會致使家門陷入狼狽窘迫的局面。

傳統「嚴父」之說，在現代未必適宜，家與家人的結構古今也大不相同。不過，傳統所謂「棒頭出孝子」，「慈母多敗兒」等教訓，也不是無的放矢，而是在長期的歷史經驗中，觀察體會出來的心得。今人讀此爻，不妨有所取捨，在家規與親情之間，嚴肅與和

---

5 嗃：讀作赫，喝斥聲。《說文》「嗃，嗃嗃，嚴酷貌。从口高聲」。嗃為擬聲詞，相當於喝、呵、訶、嗥等。

6 《孟子・離婁上》「公孫丑曰：『君子之不教子，何也？』，孟子曰：『勢不行也。教者必以正，以正不行，繼之以怒。繼之以怒，則反夷矣。』」

樂之間，悔、厲、吉、吝之間，做出適當的調合。

六四・富家。大吉。

語譯：富裕其家。大吉祥。

解讀：

「富」爲富裕，豐盛寬裕而不缺。「富家」可以理解爲富裕其家，或富裕之家。富裕不只是指財富上的寬裕，也可以是指人脈上的寬裕，前途出路上的寬裕及不受限制。「富家」必是興旺得勢之家，或是正在往興旺途中發展之家，所以占斷爲「大吉」。

九五・王假[7]有[8]家，勿恤[9]。吉。

語譯：君王來至家中，不用憂煩。吉祥。

解讀：

「假」爲至；「恤」爲憂慮。「王」爲人間最尊貴者，在人間擁有絕對的權力。君王能紆尊降貴，來到自己家中，固然足以光耀門楣。但若稍有不愼，出了些意外，也可能惹出滅門之禍。所以「王假有家」之時，一家上下總是處於緊張狀態。所幸事順利，不用擔心，所以說「勿恤」。也因爲「勿恤」，所以占斷爲「吉」。

上九・有孚威如。終吉。

語譯：言必有信，甚具威嚴。終究吉祥。

解讀：

「孚」爲信，「有孚威如」即言行威嚴而有信，說到做到，不容質疑。此處雖未提「家人」，但此威此信仍宜理解爲與治家有

---

7 假：讀作格，假通格，爲至，到臨。《說文》「假，非眞也。从人叚聲。一曰至也」。假通叚，《說文》「叚，至也。从彳叚聲」。假與叚皆以叚爲聲符，應是自叚分化而出。

8 「有」在此作前綴詞使用，並無具體意義。古文中常見此語法，例如《尚書・召誥》「我不可不監于有夏，亦不可不監于有殷」；《詩經・小雅・六月》「有嚴有翼，共武之服」。

9 「恤」之字義參考泰卦九三「勿恤其孚」。

關。家族之長「有孚威如」的治家風格，雖可能使家人望而生畏，難以親近，但終究可維繫家族的凝聚力，使家族持續興旺。所以占斷爲「終吉」。

家人卦通解

家人卦之爻辭在說家人及治家。讀家人卦，必須先對古代的大家庭制度略有認識，貴族之家其實就是具體而微的城邦，男主人就是一家的君長。家人除了妻妾子女之外，還包括祖孫、叔姪、奴僕、家臣、家丁等。若能理解這一點，就可以對爻辭中有關婦人及親情的觀點做一些善意的調整，而不會覺得難以接受。

卦辭「利女貞」點明了家人家事與婦女有關。初爻「閑有家」說明治家從防範宵小做起。二爻「在中饋」描述女主人持家有方，家事井然有序。三爻「嗃嗃」與「嘻嘻」相對應，並從悔、厲、吉、吝等占斷中，可以看出「嗃嗃」終吉，「嘻嘻」終吝。四爻「富家」直接說家族之富，五爻藉「王假有家」說家族之貴。上爻「有孚威如」說大家族長主持家規之威嚴。

六爻合讀，可以將爻辭中所描述的家，視爲一個大家庭的典型。由四爻及五爻所示，可知此家指富貴之家、大夫世家，而非平民庶眾之家。從初爻「閑有家」，三爻「嗃嗃」及上爻「有孚威如」來看，嚴謹、嚴肅、威嚴等，是易經所讚賞的治家風格，所以致吉、悔亡。從相反面可推知，以鬆懈的、嘻笑的、柔軟的方式治家，其家族發展有限，甚或可能導至凶禍。

古代貴族之家，關起門來就是一個小的王國，治家與治國是相通的，所謂「齊家治國平天下」[10]應該不只是修身治國的理論而已，也是自經驗中推論的結果。所以朝廷的威儀禮節，在家中只是

---

10 《禮記・大學》「古之欲明明德於天下者，先治其國；欲治其國者，先齊其家」；「家齊而后國治，國治而后天下平」。

換一種方式，但精神是類似的。

　　至於親情的部分，卦爻辭中除了「婦子嘻嘻」外，皆忽略未提，而這僅有的一句，也是負面的。回到孟子的觀點，管教與親情是有矛盾的，易經觀點顯然更重視管教。至於親情，就只能回到人的本性之中了。

38 · 睽卦（火澤睽）

䷥睽小事吉。初九悔亡喪馬勿逐自復見惡人无咎。九二遇主于巷无咎。六三見輿曳其牛掣其人天且劓无初有終。九四睽孤遇元夫交孚厲无咎。六五悔亡厥宗噬膚往何咎。上九睽孤見豕負塗載鬼一車先張之弧後說之弧匪寇婚媾往遇雨則吉。

卦名卦畫卦旨

睽，睽異。睽原指兩眼斜視或翻白眼，說文：「睽，目不相聽也」；玉篇：「目少精也」。「目不相聽」指兩眼視線不集中，不往同一個地方看；「目少精」即眼睛張大，黑少白多。引申有瞪大眼睛，張目注視的意思，如「眾目睽睽」。遇到怪異之事而張目注視乃至目瞪口呆瞠目結舌，亦可謂之睽，如「睽疑」。又引申以事物相隔相違為睽，如「睽隔」、「睽違」。

睽卦下兌上離，離為火，兌為澤。火性向上而澤水向下，兩者之習性相違不合，澤上見火更屬怪異，故以火澤（䷥下兌上離）象徵睽卦。

睽卦在說睽隔與驚奇，因相違不合而相隔，因相隔少見而怪異，因怪異而驚奇。睽卦之爻辭多敘及驚奇之事，有怪事、怪遇、怪景及鬼怪夢境等。

卦爻辭解讀

睽：小事吉。

語譯：睽卦。小事吉祥。

解讀：

睽卦，處於怪異驚訝的情境中。睽，睽異，睽隔與訝異。睽

是一種處境，也是一種感受。所訝異之事，若爲小事，則無妨於大局，反可增添一些變化，是件好事，所以占斷爲「小事吉」。反之，若在大局上睽異，恐怕就會有困難或挑戰等待處理了。

初九・悔亡。喪馬勿逐[1]，自復。見惡人[2]无咎。

語譯：懊惱結束。丟失之馬勿追逐，自己會返回。即使遇見惡人也無咎災。

解讀：

「喪」爲喪失；「逐」爲追逐尋找。馬是重要的財產，所馴養的馬不見了，當然會懊惱著急，想要去尋找。但也許不用去找，馬自己就走回來了，懊惱也就結束了。所以占斷「悔亡」。

失去的馬何以又會自己走回來？因爲生活中本來就充滿了驚奇。「喪馬勿逐，自復」正是在敘述一種情境，也是一種豁達心態。有些事情發生時固然令人懊惱，但其實未必有大礙，若放任不刻意去處理，往往會有些意外的驚喜，問題自然也就解決了。若認眞盤算對付，反而是庸人自擾。

若持此豁達的態度，不只面對不如意之事如此，即使遇見惡人惡事，也不用太在意，事情自然可解決，不會因此受到傷害。所以占斷爲「見惡人无咎」。

以上視「喪馬勿逐自復」爲敘事辭，「悔亡」及「見惡人无咎」爲斷占辭。若將「見惡人」視爲敘事辭的一部分，一方面難與「喪馬勿逐自復」建立關係，另一方面也難以與「无咎」連結。

1　逐：追求，尋找。例如「逐水草而居」。古代追、逐意思接近，可互通。《說文》「逐，追也」；「追，逐也」。逐與追都有追求的意思。例如：《國語・晉語》「麋麀逐遠，遠人入服」；《論語・微子》「往者不可諫，來者猶可追」。

2　惡人：品行不良之人，使人厭惡之人。《說文》「惡，過也。从心亞聲」。段玉裁注：「人有過曰惡。有過而人憎之亦曰惡。」

九二‧遇[3]主于巷[4]。无咎。

語譯：巷子裡遇到主人。沒有咎難。

解讀：

「遇」指非約定的相逢；「主」指一家之長或一國之君；「巷」為里舍間的小通道。王家宮院或豪門大族，在門牆之內，除了獨立的亭臺樓閣之外，也有眾多廳堂房舍等相互連綿。在成排房舍之間有正道相連，也有窄巷可供穿梭。主人通常由正門正道進出，奴僕雜役等則走偏門小巷。

「遇主于巷」指平日在小巷穿梭的僕役，不期然在巷內遇見平常走正道的主人。對僕役來說，這是一種驚訝，也是潛在一些危機，或許就看到一些不該看的事情，或許就衝撞到主人而遭受斥責。不過斷占辭「无咎」顯示，此事雖屬意料之外，但並無大礙。

六三‧見輿曳，其牛掣，其人天[5]且劓[6]。无初有終。

語譯：見人趕牛拉車，拉車的牛拖住車不前進，趕車的人曾遭剃髮割鼻。起初不好，但終有好結果。

解讀：

「曳」為牽引拖曳；「掣」為牽制阻止。「天」指剃髮之刑；「劓」為割鼻之刑。「天且劓」即形容一個曾遭剃髮割鼻之刑，以致容貌怪異的受刑人。

---

3 遇：不期而會。沒有事先約定而偶然相見。《禮記‧曲禮下》「諸侯未及期相見曰遇」。

4 巷：房舍中的小通道。《說文》寫作𨛁，「𨛁（巷），里中道」。巷即鄰里間或是宅院中的小通道，尤其是宮中的小道。古代稱奄人為巷伯，掌王后之命，因其居於宮巷，故稱為「巷伯」。《左傳‧襄公九年》「令司宮、巷伯儆宮」，杜預注：「司宮，奄臣；巷伯，寺人」。《詩經‧小雅》有〈巷伯〉篇，鄭玄箋：「巷伯，奄官」。司宮、奄臣、巷伯、寺人皆指奄人。

5 天：剃髮黥額之刑，又稱髡刑。髡，讀作昆，古代剃去頭髮的刑罰。《說文》「髡，剃髮也」。古人蓄長髮，剃髮也是一種刑罰。《漢書‧刑法志》「當黥者，髡鉗為城旦舂」。指罪當黥面者，剃髮，戴頸圈，從事築城舂米等苦力。

6 劓：讀作易，割鼻之刑。《說文》「劓，刖鼻也」。劓為古代五刑之一，五刑指墨、劓、刖、宮、大辟。即黥面、割鼻、斬腳、宮刑及死刑。

「見輿曳，其牛掣，其人天且劓」呈現出一幅奇特的畫面。看見一個無髮無鼻容貌怪異的人，正在奮力拉車向前，原本應該拉車的牛，卻拖住車子，任憑拉扯不願前進。

在此畫面中，有受刑人，有牛，有車。受刑人象徵有缺陷的，遭不祥待遇的人，此人想使車向前進，供此人使喚的牛卻阻止前進。事與願違，有缺陷的人遇到不順心的事。所以占斷為「无初」，開始時不順利。但何以「有終」？此莫非鼓勵之詞？有缺陷的人遇到不順心的事，只要堅持下去，終會有好的結果。

九四‧睽孤遇元夫[7]，交孚。厲，无咎。

語譯：睽隔孤居之（婦）人遇見元配夫君，交相互信不疑。處境艱辛，沒有咎難。

解讀：

「睽孤」[8]指與世睽隔而且孤獨一人。「元夫」指元配丈夫。從「睽孤」、「元夫」的對比，以及「遇」所帶來的語義中，也可以理解到「睽孤」之人為婦人。此人與元配夫君已然離異，不在一起，今日卻偶然相遇。「交孚」指互相信任，夫妻雖已離異，但彼此仍互信不疑。

夫妻何以離異？前妻何以離群獨居？何以又偶遇？何以仍交相信任？爻辭只提供了一幅圖畫，這其中的故事卻已然失傳。斷占辭「厲无咎」或許透露了一些線索。當事人雖然處境艱辛，但沒有再受到傷害。

7　「元」為長，為始，其字義可參考乾卦「元亨」；「夫」為男子，其字義可參考蒙卦六三「見金夫」；及隨卦六二「失丈夫」。「夫」也指妻之夫君，例如大過九五「老婦得其士夫」。為此處既然稱元夫，當是指夫妻之夫。古代稱正妃為元妃，稱長子為元子。例如《左傳‧隱公元年》「惠公元妃孟子」，杜預注：「言元妃，明始適夫人也」。又如《左傳‧哀公九年》「微子啓，帝乙之元子也」。以此，稱婦人之原配丈夫為元夫，甚符古代用語慣例。

8　睽孤的解釋各家說法或有差異，例如王弼以為是「無應獨處」；程頤解釋為「睽離孤處」；高亨《周易古經今注》則認為「睽孤者，即今之所謂遺腹子也」。

　　古代社會夫妻關係其實位在父母婆媳關係之下，婦人先得是公婆之媳，然後才是丈夫之妻。現代社會夫妻離異多因當事雙方爭執反目或情感不合，但古代婦女之離異常因是公婆不容。<u>禮記‧內則</u>記載：若夫妻感情和睦，但父母不喜歡，應休妻。夫妻不和，但父母讚許媳婦，則遵行夫妻之禮，即使父母亡後，也不能嫌棄。[9]古詩孔雀東南飛正是一個夫婦雖恩愛但因婆婆不喜而休妻的例子。若能對古代婦女的身分，先得是媳婦，然後才是妻子的處境有所了解，或許能對「交孚」及「厲无咎」有更深的體會。

六五‧悔亡。厥[10]宗噬膚[11]，往何咎。

語譯：懊惱結束。族人在宗廟吃肉，前往有何咎難？

解讀：

　　「宗」指宗廟或宗族之人；「噬膚」指吃肥豬肉。[12]古代宗廟為祭祀之所，祭祀時多以活牲放血，再用全牲祭獻，祭祀後再宰割分送宗親共食。[13]今有族人於宗廟祭祀，分享豬肉，此為自己應得之分，前往分食料無大礙，所以說「往何咎」。祭祀祈福謝神，得鬼神庇佑，煩惱消亡。所以占斷為「悔亡」。

上九‧睽孤見豕[14]負塗，載鬼一車。先張之弧，後說之弧，匪寇婚媾。往遇雨則吉。

語譯：睽隔孤居之人，見有豬背上滿是汙泥，另有一車滿載著鬼怪。先拉開弓欲射，後又放下弓，原來這不是賊寇，而是迎娶的隊伍。前往若遇到有雨則吉祥。

9　《禮記‧內則》「子甚宜其妻，父母不說，出。子不宜其妻，父母曰：『是善事我』，子行夫婦之禮焉，沒身不衰。」

10　厥為其，參看大有六五「厥孚交如威如」。

11　「膚」之字義可參看噬嗑六二「噬膚滅鼻」。

12　同上。

13　參看小畜卦及觀卦之〈考證與討論〉。

14　「豕」之字義可參考大畜六五「豶豕之牙」。

解讀：

「睽孤」指與世隔絕的孤獨人；「豕」爲豬；「塗」爲泥；「弧」爲弓弧；「說」爲脫。此爻爻辭爲易經三百八十四爻中字數最多，敘述最是曲折離奇者。其中有人，有鬼，有豬，有車，十分熱鬧。「先張之弧，後說之弧」有緊張懸疑氣氛，「匪寇婚媾」在屯卦及賁卦也出現過，是爲眞相大白的結果，原來睽孤者遇到的，不是豬，也不是鬼，而是一支迎親的隊伍。

全段敘述跳脫現實生活，有如夢境中或酒醉時的虛幻迷離。此時潑水淋雨或許可以清醒，所以占斷「往遇雨則吉」，遇雨則清醒，清醒則吉。或說，所遇之物「豕負塗」，「鬼一車」都是汙穢不祥之物，前往時藉雨洗淨汙穢，所以得吉。

睽卦通解

「睽」爲張目注視，驚訝之狀。六爻爻辭皆與驚訝有關，遇到怪事，瞠目結舌。初爻「喪馬」能「自復」，二爻「遇主于巷」，都明顯有驚訝意味。五爻「厥宗噬膚」之所以驚奇或驚喜，可能與當時的祭祀、風俗或喜慶有關，此點已難追究。三爻、四爻及上爻所描述的罕見景像，其背後似乎都另有故事。三爻關係到受刑人的苦難遭遇；四爻關係到離異但仍相關愛且互信的夫妻；上爻則迷離曲折有如幻境，可以說是古代怪誕小說之極短篇。

六爻之中又有四爻明顯的與「遇」有關。二爻「遇主于巷」；三爻「見輿曳」；四爻「遇元夫」；上爻「見豕負塗」，遇爲偶遇，見爲親見。遇則見，見必遇。初爻及五爻雖未明說「遇」與「見」，但「自復」顯然是遇見失去的馬，「厥宗噬膚」正顯示遇見一個好機會。睽爲相隔，遇爲相見。要先相隔，然後才有相遇。時常在一起的人，是不會發生有「偶遇」、「相逢」這類的感受。睽卦中多敘及「遇」，要遇見才會有驚訝。

睽卦多占斷爲无咎。初爻、二爻直言「无咎」；四爻雖厲而

「无咎」；五爻「往何咎」；三爻「无初有終」也是暗含无咎。睽卦因爲睽隔而偶遇，因偶遇而驚奇。其多占斷爲无咎，也是有意顯示：世事雖有驚奇訝異之時，但不用太擔心，不會有大問題。

考證及討論

　　睽卦三爻及上爻爻辭有如夢境，或許與古代之夢占有關。據周禮記載：天官宗伯之下設有太卜，太卜掌管卜占、筮占及夢占。卜占有三兆之法，筮占有三易之法，夢占有三夢之法。[15]並「贊三兆、三易、三夢之占，以觀國家之吉凶，以詔救政」。據此，夢占的重要性，可與龜卜、蓍筮並列，爲推算吉凶的三個重要方式之一。

　　太卜之下設有占夢之官，占夢官以日月星辰占六夢之吉凶，六夢指正夢、噩夢、思夢、寤夢、喜夢、懼夢。占夢官不但要能回答周王有關夢的問題，還要蒐集群臣的吉夢，在歲末時獻給周王。[16]左傳、國語中記載有相當多夢占相關的記錄。例如左傳‧昭公三十一年記載：是年十二月初一出現有日蝕。當晚，晉國趙簡子夢見童子赤身裸體婉轉唱歌。一大早就問史墨，爲何在日蝕的時候做這樣的夢？史墨依天象及夢境推算，六年後的十二月，吳國會攻入楚國都城郢，但終究不能滅楚。入郢都之日會在庚辰，至庚午日時，太陽會有變化，火會勝金，所以終不能滅楚云云。[17]結果六年

---

15 《周禮‧春官宗伯》「大卜：掌三兆之法……。掌三易之法……。掌三夢之法，一曰致夢，二曰觭夢，三曰咸陟。……以八命者贊三兆、三易、三夢之占，以觀國家之吉凶，以詔救政」。三夢之法，據鄭玄注，三法都在探究作此夢的原因，說明爲何得此夢。「致夢」爲夏之法，「觭夢」爲殷之法，「咸陟」爲周之法。

16 《周禮‧春官宗伯》「占夢：掌其歲時，觀天地之會，辨陰陽之氣。以日月星辰占六夢之吉凶。一曰正夢，二曰噩夢，三曰思夢，四曰寤夢，五曰喜夢，六曰懼夢。季冬，聘王夢，獻吉夢于王，王拜而受之。」

17 《左傳‧昭三十一年》「十二月，辛亥，朔，日有食之。是夜也，趙簡子夢童子嬴而轉以歌。且占諸史墨曰：吾夢如是，今而日食，何也？對曰：六年，及此月也，吳其入郢乎？終亦弗克。入郢必以庚辰，日月在辰尾，庚午之日，日始有謫，火勝金，故弗克。」

後吳軍闔閭伐楚，攻入楚都時，果然又有日蝕[18]，後因秦國發兵援楚，楚國終免亡國。

　　從夢占在古代的重要性來看，易經爻辭在編纂過程中，若出現有夢境也是可以理解的。睽卦三爻之所以占斷為「无初有終」，以及上爻之所以占斷為「往遇雨則吉」，未嘗不可能是依夢占方式推斷的結果。

39・蹇卦（水山蹇）

䷦蹇利西南不利東北利見大人貞吉。初六往蹇來譽。六二王臣蹇蹇匪躬之故。九三往蹇來反。六四往蹇來連。九五大蹇，朋來。上六往蹇來碩吉利見大人。

卦名卦畫卦旨

蹇，讀作簡，蹇塞難行，行走困難。說文：「蹇，跛也」，跛者行走困難，引申為行路之艱難。此難指欲朝目的前進，但前進之路卻有重重險阻，以致於路途艱難之難。

蹇卦下艮上坎，坎為水，艮為山，水積於山之上。水性往下流，水若積於高山之上，必因水路蹇塞不通所致，故以水山（䷦下艮上坎）象徵蹇塞難行。

蹇卦在說前進之路應行而難行。當有任務要完成時，即使路途艱難，成敗難測，仍需全力以赴。蹇卦六爻爻辭皆有「蹇」字，且多有「來」字。蹇為往，來為返，一往一返，不計成敗，不畏難艱難而行，此為意志貫徹的表現。

卦爻辭解讀

蹇：利西南，不利東北。利見大人。貞吉。

語譯：蹇卦。利於往西南發展，不利於往東北發展。利於拜見長官大人，所問之事吉。

解讀：

蹇卦，處於前途蹇塞難行而強行的態勢或格局。蹇，蹇塞難行，前途艱難是處境，難行而強行是面臨此處境的態度。「利西南，不利東北」指難行之時宜注意方向，未必就是說宜往西南不宜

往東北。[1]若有心推行某事而遇有窒礙，不妨拜見長官大人，請求支持以疏通難行之處，所以「利見大人。貞吉」。若得大人相助，所求所問之事，即使路途艱難，也能有好的結果。

初六・往蹇，來譽。

語譯：前往時路途艱難，歸來時得到贊譽。

解讀：

　　此「往」與「來」對舉。目的既定，去時不計艱難，完成任務，方得以載譽歸來。「來譽」暗示此行目的不是為了個人私利，所以能得他人讚譽，也暗示此行收穫超出預期。

六二・王臣蹇蹇，匪躬[2]之故。

語譯：君王的臣子不顧艱難來回奔走，不是為了自己的緣故。

解讀：

　　「蹇蹇」形容國事艱難，蹇之又蹇。「躬」為自身，「匪躬」即為公不為私。公僕為國事不顧艱難，蹇蹇往來奔走。只因職責之所在，雖辛勞而無怨悔。此爻雖無斷占辭，但厲而无悔之象已表露無疑。

九三・往蹇，來反[3]。

語譯：前往時路途艱難，歸來時反求於己。

解讀：

　　「反」為反轉，反思。[4]「往蹇」原本往外而有所求，「來反」指歸來後反轉而向內求。此內求可以有兩種意思，求之於內

1　此在〈考證及討論〉將做進一步說明。另可參考坤卦辭「利西南」之解讀。
2　「躬」之字義參考蒙卦六三「不有躬」。
3　反：反轉，反思，反回根本。《說文》「反，覆也」。反原義為翻覆，翻轉，顛倒，反轉。引申為反回、反本、反回自身，省察自己的思想行為是否恰當。例如《孟子》「自反而縮，雖千萬人，吾往矣」；「反求諸己而已矣」（公孫丑上）；「反身而誠，樂莫大焉」（盡心上）。
4　有學者釋「反」為返，「來反」即歸來。例如《易程傳》「反，還歸也」。但如此「來」與「反」同義，形同贅字。

部；或是求之於內心，也就是有所反思。不論是哪一種意思，「來反」二字已經暗示，前往的路途艱辛而且不很成功，任務進行得並不順利。

六四・往蹇，來連[5]。

語譯：前往時路途艱難，歸來時有所連繫。

解讀：

「連」爲相連，連合。歸來後連繫夥伴，連合行動，以克服困難。同樣地，「來連」二字也暗示，此次前往並未圓滿解決問題，但有希望，所以要尋求合作夥伴，共同繼續努力。

九五・大蹇，朋來。

語譯：路途大爲艱難，朋友前來相助。

解讀：

「大」形容「蹇」之大，「大蹇」雖未明說「往」，仍宜視爲「往而大蹇」，否則「蹇」就沒有意義了。在前行的路途萬分艱難的時候，有朋友來。朋友來當然是有助於排除困難，解決問題。

上六・往蹇，來碩。吉。利見大人。

語譯：前往時路途艱難，歸來時成果豐碩。吉祥。利於拜見長官大人。

解讀：

「來碩」顯示去程雖然艱辛，但此行成果豐碩。所以占斷爲「吉」。「大人」應有所指，此行成果之所以成果豐碩，或有大人相助，事後須拜見致謝；或此爲大人交辦，任務完成後稟報大人。

------

5 連：連絡，連合。《說文》「連，員連也。从辵从車」，段玉裁注：「負車，各本作負連。今正。連即古文輦也」。連通輦，本義爲挽車，引申爲牽連，進而爲連續，連合。例如《孟子・離婁上》「故善戰者服上刑，連諸侯者次之。」

蹇卦通解

「蹇」為蹇塞難行，雖難行但應行。六爻爻辭皆不離「蹇」字，尤其初爻、三爻、四爻、上爻皆以「往蹇」開始，此在蹇難中仍必須前往的意思至為明顯。初爻「來譽」及二爻「匪躬之故」也點出了此雖「蹇」而「往」，不是為了自己，而是因為家國之事。

六爻雖然都是在說蹇塞而往，但遭遇各有不同，且甚有次序，或可以連讀，使意思更加連貫。初爻「來譽」，歸來後得到讚譽，可知此行大有突破，超乎預期。二爻「王臣蹇蹇」描述為後續之事反覆奔走。三爻「來反」顯示一味外求遭到困難，須反求於內。四爻「來連」顯示內求的出路是尋求合作夥伴，以增強實力，濟助自身之不足。五爻「朋來」更是明顯說出「來連」所得的好結果，朋伴前來加入，實力大增。因而上爻「來碩」總結不懼前途艱難而強行，終於得到豐碩的成果。

「蹇」在字面上的意思是路途艱難，其實是象徵任務艱鉅。雖知任務艱難，但必須要堅守不拔，克服萬難，最終才能完成任務，享受豐碩的成果。卦爻辭有如在說一個勵志故事。全卦除上爻為吉之外，皆未言及吉凶悔吝。此也暗示雖有重要任務要完成，但成敗不知，前途未卜，不能斷言吉凶。必須等到上爻水落石出，大功告成時，才能占斷為「吉」。

考證及討論

卦辭說「利西南，不利東北」。有關方位之說，除了此處之外，另見坤卦卦辭有「利西南，得朋。東北，喪朋」，以及解卦卦辭有「利西南」。除了這三個地方外，易經卦爻辭都沒有提到其他任何方位。考察此三處，皆是以「西南」為有利。

如果參考易經的著作背景，易經成書於西周初期，作者可能是周王室成員或與當時的史官，此應是現代普遍為大家所接受的說

法。所以易經卦爻辭多持周國立場，從周國的觀點來敘述。殷周之際，周國位於歧山之下，豐、鎬一代。在地理位置上，西方爲周，東方及東北方爲殷。若就都城來論，周文王都豐邑，大約在今咸陽一帶；商紂王都殷，別都朝歌，大約在今河南安陽一帶。周王在西南方，商王在東北方。武王伐紂，在牧野誓師時，提到的庸，蜀、羌、髳、微、盧、彭、濮等盟國，也都位在西南。基本上，武王伐紂就是一場西南對東北的戰爭，而且就兩國國力而言，是一場以小搏大，相當艱難的戰爭。武王君臣在艱難的環境中，仍不斷努力，往返奔走，連絡西南盟邦，終而獲得豐碩的成果。從這個角度來解讀爻辭中的「王臣蹇蹇」、「來連」、「朋來」、「來碩」等，也就格外有歷史意義了。所以卦辭屢次提及「利西南」，「不利東北」應是當時的經驗事實。脫離那個時代，只能解釋爲：在艱難時，要善選有結盟之利的方向，避開有敵意的方向。

40 · 解卦（雷水解）

䷧解利西南无所往其來復吉有攸往夙吉。初六无咎。九二田獲三狐得黃矢貞吉。六三負且乘致寇至貞吝。九四解而拇朋至斯孚。六五君子維有解吉有孚于小人。上六公用射隼于高墉之上獲之无不利。

卦名卦畫卦旨

　　解，紓解，緩解。說文：「解，判也。從刀判牛角」。是以「解」為會意字，以刀分斷牛角為解。即支解之解，又引申為分解之解。因之有分散、解開、解除的意思，並孳乳出懈字，「解」即「懈」之古寫。說文：「懈，怠也。從心解聲」。解因此有紓解，使之鬆懈的意思。

　　解卦下坎上震，震為雷，坎為水，為雨，雷雨並作。中國北方地多乾旱，農作需仰仗雨水，雷雨並作時旱象得以緩解，故以雷水（䷧下坎上震）象徵紓解鬆緩。

　　解卦卦旨在說紓解，其卦爻辭多與鬆解、解放、解脫、解除有關。

卦爻辭解讀

解：利西南。无所往，其來復吉。有攸往，夙[1]吉。

語譯：解卦。利於往西南發展。若無所前往，七日後吉祥。若有所前往，早些動身則吉祥。

1　夙：早，早晨。古寫作𩂣，《說文》「𩇨，早敬也。從丮，持事雖夕不休，早敬者也」。原意為早起勞作，以示恭敬。引申有早晨，及早等義。例如：《詩經·衛風》「夙興夜寐，靡有朝矣」（氓）；「大夫夙退，無使君勞」（碩人）。

解讀：

解卦，處於紓解鬆緩的狀態。解，緩解。「利西南」只是在強調緩解的方向性，未必一定要往西南才得緩解。[2]「來復」指往返，或指第七日，[3]也可以指一段時間，一個周期。總之，一來一復回到原點。「夙」爲早，「夙吉」就是及早爲吉，若早則吉。

卦辭既說「无所往」，又說「有攸往」，看似矛盾，其實不然。簡單的說，解卦占斷爲「吉」，因爲事態在緩解中。所以：若無所前往，則等待一段時間就會轉「吉」；若是有所前往，則以及早開始爲「吉」。

初六・无咎。
語譯：沒有咎難。
解讀：

此爻雖然沒有敘事辭，但仍應在解卦情境下解讀。因爲事態在緩解中，所以占斷爲「无咎」。

九二・田獲三狐，得黃矢。貞吉。
語譯：田獵得三隻狐狸，並得金黃色箭鏃。所問之事吉。
解讀：

「三」表示多；「黃矢」即銅箭鏃，此在上古時代爲貴重之物。[4]古代貴族放鬆心情時多以田獵取樂，孟子即以田獵爲喻，勸齊宣王與民同樂。[5]此以田獵之事代表鬆懈。「三狐」、「黃矢」皆在形容田獵收穫之豐盛。所以占斷爲「貞吉」。

2　參考蹇卦卦辭解讀及〈考證及討論〉。
3　參考復卦卦辭「七日來復」之解讀。
4　參考噬嗑九四「得金矢」之解讀。
5　《孟子・梁惠王下》「今王田獵於此，百姓聞王車馬之音，見羽旄之美，舉欣欣然有喜色……此無他，與民同樂也。」

六三‧負且乘，致寇至。貞吝。

語譯：背著包袱乘車，招來強盜。貞問之事困窘。

解讀：

　　「負」爲背負；「乘」爲乘車。古代貴族乘車，奴僕背包袱。「負且乘」顯示一個畫面，有人坐在車上卻肩背包袱。此形跡甚是可疑，容易遭人搶奪，所以說「致寇至」。有關於「負且乘」與「致寇至」之間的關聯，繫辭傳引孔子的話提出兩個解釋並作道德引申。[6] (一)小人背包袱，君子乘車，此爲常態。今小人卻乘君子的坐車，這就是「上慢下暴」，所以強盜想來強奪。(二)貴重的東西沒藏好，等於是教誘別人來搶。

　　若先拋開此道德引申及君子小人上下之分，回歸文本：坐在車上就應該把東西放在妥當的位置，若因爲怕別人來偷或搶，就緊緊背著抱著，反而是明顯的在告訴歹人，此爲貴重物品，因而遭歹人覬覦。此動作將導致前景堪虞，所以占斷爲「貞吝」。

九四‧解而[7]拇，朋至斯孚。

語譯：解放你的腳拇指，朋友來到，守此信約。

解讀：

　　「拇」爲足拇指；「而」爲爾。行走時腳拇指必定要用力，反之，腳拇指若鬆解，即表示停留。「解而拇」就是請你在此歇腳留步。「斯」爲此；「孚」爲信；朋友守信約將來此相會，請在此歇腳等候。

六五‧君子維有解。吉。有孚于小人。

語譯：君子捆繫得到解脫。吉祥。有信驗於平民小人。

6　《繫辭傳》「負也者，小人之事也。乘也者，君子之器也。小人而乘君子之器，盜思奪之矣！上慢下暴，盜思伐之矣！慢藏誨盜，冶容誨淫，易曰：負且乘，致寇至。盜之招也。」

7　而：通爾，你，汝。例如：《詩‧大雅‧桑柔》「予豈不知而作」；《尚書‧洪範》「而康而色」；《左傳‧襄公十四年》「是而子殺余之弟也」。

解讀：

「維」為粗繩，引申為捆綁，君子指貴族，小人指平民或奴僕。「孚」為驗信；「于」通於，其後接對象。「有孚于小人」指「君子維有解」這件事，會應驗在「小人」身上。也就是說，會有平民小人來鬆解君子所受之綑綁。君子之困因而得解救，所以占斷為「吉」。

上六・公用射隼[8]于高墉之上，獲之。无不利。

語譯：國公射鷲鷹在城牆高處，射獲到了。沒有不利之處。

解讀：

「公」為公卿大人；「隼」是一種似鷹的猛禽，又稱為鷲。隼停留在城牆高處，鳥雀紛紛逃避。「高墉」顯示此處為城邑，此城邑必是此「公」所屬之城邑。「公用射隼」有公卿大人在治理範圍內為民除害的意思。「獲之」顯示此除害之舉成功，興利必先除弊，所以占斷為「无不利」。

解卦通解

解卦說緩解。卦爻辭皆與紓解、緩解、解除有關。卦辭「无所往」、「有攸往」皆為吉，此正是情況緩解的現象。初爻「无咎」說緩解則遠離咎災；二爻「田獵三狐」說藉遊樂以紓憂；三爻「負且乘」舉例說明一味緊張不紓解反易遭禍；四爻「解而拇」以鬆腳比喻歇足等待，朋友將依約而至。五爻「君子有解」直接用解字表達鬆解。上爻以「公用射隼」以比喻為民除害，威脅得以緩解。

六爻爻辭雖然都在說「解」，但各自獨立，彼此不相連繫。緩解的反面是緊張，有緊張才有緩解。從緊張面來看，三爻在說緊張之害；四爻、五爻及上爻其實都是自緊張中解放，尤其是五爻及上爻，藉人為的努力使自緊張中解放，並以此為吉、為利。

---

8 隼：讀作損或準，一種凶狠的鳥，似鷹而小。古代或稱鷲，《說文》「鷲，擊殺鳥也」。《禮記・月令・季夏》「鷹隼蚤鷲」指鷹與隼及早開始擊殺，是為凶兆。隼引申有陰鷲、兇狠等義。

41・損卦（山澤損）

䷨損有孚元吉无咎可貞利有攸往曷之用二簋可用享。初九已事遄往无咎酌損之。九二利貞征凶弗損益之。六三三人行則損一人一人行則得其友。六四損其疾使遄有喜无咎。六五或益之十朋之龜弗克違元吉。上九弗損益之无咎貞吉利有攸往得臣无家。

卦名卦畫卦旨

　　損，減損。說文：「損，減也」，損失、損傷、損壞皆謂之損。減損可以從兩方面來看，一是從事物本身的角度，一個是從擁有的角度。前者如木頭被蟲蛀而有所損壞，這是事物本身的減損。後者如投資失利而損失一筆錢，這是所擁有之物的減損，是權益的減損，所損失的錢並非消失，而是移轉到他處。

　　損卦，下兌上艮，艮為山，兌為澤。湖澤位於山腳之下，山中土石受風雨沖刷而下，山漸頹而澤漸淺，是為減損之象。故以山澤（䷨下兌上艮）象徵損卦。

　　損卦在說減損，此減損多以人所擁有之物的減損為主，這類的減損雖有損但亦有得，有人減損就有人獲益。即使對減損者自身而言，減損此項，卻可能有益於彼項。損卦雖然在說減損，但損此益彼，損彼益此，有損必有益，故其爻辭雖論減損，但也涉及獲益。損與益的關係，將會在益卦中做更多的討論。

=== 卦爻辭解讀 ===

損：有孚，元吉，无咎。可貞。利有攸往。曷之用，二簋¹可用享²。

語譯：損卦。有信念，最吉祥，沒有咎難。可以貞問。利於有所前往。施用於何事？二盤黍米可用以祭獻。

解讀：

損卦，處於減損狀態，損此以益彼。損，減損。減損是一種處境，也是一種傾向。減損意味著資源減少，甚而導致不足。處於減損的環境下，何以能致吉，不會有咎災，所問事也可以進行？此足以表明易經對減損所持的積極樂觀態度。處減損之時，不妨外出尋求機會，所以占斷為「利有攸往」。

「曷」通何，「曷之用」在自問當環境拮据時怎麼辦？「簋」為盛米飯之食器；「享」為祭獻及受用³。今以米飯而不以牛、羊、豬等活牲祭獻鬼神，可見得祭獻之薄。

在減損之時提到祭祀，可以有兩個意思。一是減損之時適宜祭祀鬼神，以求福佑。另者，在減損之時，祭祀宜薄，只要心誠便可使鬼神受用。「有孚」即有信，誠心誠意的相信所祭的鬼神，鬼神自會降福，所以說「元吉」；鬼神也不會怪罪，所以說「无咎」。

初九・巳⁴事遄⁵往。无咎，酌⁶損之。

語譯：已完成之事仍快速前往。沒有咎難，斟酌減損之。

1　「簋」之字義參看坎卦六四「樽酒簋貳」。
2　享：即將食物烹熟並高舉以進獻鬼神。享通饗，以食物獻神，或神來食所獻之食物，都可謂「享」，參看本書第五章之〈其他常用字〉節。
3　人所祭獻之物，為鬼神所受用。下位者所貢獻之物，為上位者所受用。
4　「巳」在此作「已」，「巳」之字義可參考大畜卦初九「利巳」。
5　遄：讀作船，往來迅速。《說文》「遄，往來數也。從辵耑聲」；《爾雅》「遄，速也。」《詩經・大雅・相鼠》「人而無禮，胡不遄死。」
6　酌：參酌，衡量。《說文》「酌，盛酒行觴也。從酉勺聲」。酌之本義為斟酒，斟酒以獻。由斟酌選取，引申為參酌、考慮、衡量。例如《國語・周語上》「而後王斟酌焉，是以事行而不悖。」

解讀：

「巳」通已，[7]「巳事」指已了之事。明知事情已經來不及，但仍快速的前往，這顯示對某一場合應到而未到之過錯的補救。有過失則盡可能的補救，以減損咎難。所謂亡羊補牢，爲時未晚，所以占斷爲「无咎」。繫辭傳說：「无咎者，善補過也」也就正是這個意思。

雖然說是可以補救，但對本人多多少少會有些負面的影響，所以說「酌損之」，此事對於晚到者的利益或評價終究會有一些許減損。

九二・利貞。征[8]凶。弗損，益之。

語譯：利於貞問。出征遠行有凶險。不要減損，要增益。

解讀：

「弗損益之」的語意甚含混，雖是在說不減反增，但誰損誰益，以及損益何物，都沒有明指，可以有很大的解釋空間。唯「益之」表示此益必有對象，「弗損」及「益之」連說，正表示此處所謂之損與益應是針對同一人或同一事。原本應遭減損之某人或某事，今不但不被減損，反予以增益，所以說「弗損益之」。

至於誰損誰益以及損益何物的問題，或許可以從卦辭中找出一些線索。卦辭「二簋可用享」指出，處於「損」之時，可減損祭祀所進獻之祭品。此處「弗損益之」或可朝此方向理解，指進獻之物不減反增。當然進獻的對象未必定是鬼神，更有可能是大夫對國君，或諸侯對天子，下位者對上位者。

進獻不減反增，當然是爲了贏得上級的好感。能得到上級的支持，大有利於所關心之事，此所以占斷爲「利貞」。進獻給上級的愈多，自己所擁有的也就愈少，在資源減少的情況下，不適合處理

7　參考大畜卦初九「利巳」的解釋。

8　「征」之字義參考小畜上九「君子征凶」；及謙卦上六「征邑國」。

遠方的事務，此所以占斷爲「征凶」。

六三‧三人行，則損一人。一人行，則得其友[9]。

語譯：三人一起出行，則減損一人。一人獨自出行，則得友伴。

解讀：

　　本段爻辭文字很簡單，但涵義卻甚玄妙。三人損一人，一人得其友，都是在說二人恰恰好。「二」可以理解爲一男一女，也可以理解爲一陰一陽。繫辭傳對此有一段精闢的發揮：天地間陰陽二氣密切相交，萬物得以變化而轉醇，男女雌雄精血交媾，萬物得以變化而出生。所以「三人行則損一人，一人行則得其友」就是在說陰陽調合爲一。[10]

　　如果不作義理發揮，僅從字面上解釋，至少可以做如下理解：進行一件事，同伴不宜太多，但至少要有一個。若獨自一人，自然會有友伴來相附。後者鼓勵之意甚濃。

六四‧損其疾，使遄[11]**有喜**[12]**。无咎。**

語譯：減損其病情，使趕快好起來。沒有咎災。

解讀：

　　減損未必是壞事，有時反而是好事，例如疾病。醫生診斷病人，知病情減輕中，已無大礙，很快就會有康復的喜訊。所以占斷爲「无咎」。

9　友：朋友。《說文》「友，同志爲友。從二又。相交友也」。卦爻辭中多用朋字，友字僅在此唯一出現。今日朋友合稱，古代友與朋的意思略有差異。友指志同道合的人相交往，純粹爲感情的因素。朋字的意思較複雜，原意指五貝一串，兩串爲朋，引申有同類聚合的意思，如朋比、朋黨等。朋除了是友之外，也有同黨的意思，未必只是情感因素。鄭玄說「同門曰朋，同志曰友」（周禮注疏），此或可供參考。

10　《繫辭傳》「天地絪縕，萬物化醇，男女構精，萬物化生，易曰：三人行，則損一人；一人行，則得其友。言致一也。」

11　遄之字義參看初九「已事遄往。」

12　「喜」在此指病情無礙的喜訊。《說文》「喜，樂也」。喜字在卦爻辭中多指病情好轉之喜。例如无妄九五「勿藥有喜」；兌卦九四「介疾有喜」。

六五‧或益之十朋[13]之龜，弗克違。元吉。

語譯：或助益價值十朋的寶龜，不能違拒。最吉祥。

解讀：

「或」爲疑詞，在問「益之十朋之龜」有可能嗎？後面的「不克違」表示對所提的這個要求是不能違抗的，是不能說不的。此明顯在說這個「或」其實是客套話，是上級命令的委婉表達。

「十朋」在說貴重，「十朋之龜」指貴重的寶龜。古代龜用以占卜，大寶龜尤其有神祕的能力，能通鬼神。尙書‧大誥即記載，周公以文王留下來的大寶龜占卜，以明上天之命。[14]此展現出古代有寶龜能知天命的思想，一般人不宜擁有寶龜，若捕獲寶龜，應進獻給君王。

莊子‧外物有宋元公命漁人余且獻白龜的故事，可爲參考：宋國國君宋元公因夢而得知有神龜被漁人余且補獲，宋元公命余且獻龜。得龜之後，在殺龜及活龜之間猶疑不定，於是問卜決疑，得到的神諭是「殺龜以卜，吉」。於是殺此大白龜，並以此龜占卜七十二次，沒有不靈驗的。[15]此例正可說明「或益之十朋之龜，弗克違」的情境。下位者得到大寶龜，國君來索取，此不得違抗。國君得寶龜可知國運天命，獻龜者可得獎賞。各有其得，所以占斷爲「元吉」。

上九‧弗損益之。无咎，貞吉。利有攸往，得臣[16]无家。

語譯：不要減損，要增益。沒有咎難。所問之事吉。利於有所前

---

13 朋：價值衡量單位。古代以貝爲幣，朋字在甲骨文之字形爲兩串並列的貝幣。《詩經‧小雅‧菁菁者莪》「既見君子，錫我百朋」，鄭玄箋：「古者貨貝，五貝爲朋」。近代王國維〈說玨朋〉考證有「五貝爲系，二系爲朋」的說法，是以十貝爲朋。依此，十朋就是百貝。

14 《尙書‧大誥》「用寧王遺我大寶龜，紹天明。」

15 《莊子‧外物》「君曰：『漁何得？』對曰：『且之網，得白龜焉，其圓五尺』。君曰：『獻若之龜』。龜至，君再欲殺之，再欲活之，心疑，卜之，曰：『殺龜以卜，吉』。乃刳龜，七十二鑽而無遺筴。」

16 「臣」之字義可參考遯卦九三「畜臣妾吉」。

往。得到臣僕，但未成爲世家。

解讀：

「弗損益之」在九二中也出現過，文意雖然相同，但施受對象可以調整。九二係自施予者的觀點，此處應是以受益者的觀點，指受益者所受之物不但沒有減損，反而有所增益。這樣說的原因，主要是參考爻辭後段的「得臣无家」。

「臣」爲臣僕，臣民。自古君臣對稱，一爲主，一爲僕。天子之臣爲王臣，國君之臣爲國臣，大夫之臣爲家臣。「得臣」應是「弗損益之」的結果，上位者賜予下位者，在下位者有所得。「得臣」即下位者得臣得民。即天子賜臣民予諸侯，國君賜臣民予大夫之類。

「得臣无家」即「得臣无得家」的省略，「无」是「有」的反面，「得臣无家」即有受賜而得臣，無受賜而得家。家爲大夫世襲之家，古代大夫階級以上有世襲的封邑，以供家人長久居住、祭祀及生活日用等。大夫以下的士人則無世襲的爵位及封邑，不得爲世家。

「弗損益之」與「得臣无家」合讀，即在說下位者受天子或國君的賞賜，不減反增，得到眾多臣僕，但是還沒有受封得世襲的田邑，不能成爲世家。也就是說還有努力的空間。因爲「得臣」，所以占斷爲「貞吉」；因爲想要受封成世家還有待進一步建立功業，所以占斷爲「利有攸往」。

損卦通解

損卦主要在說減損，物資分配有損必有益，損此則益彼，故爻辭多有益字。卦辭「二簋可用享」指祭品之減損。初爻「酌損之」指個人略有損失。三爻「損一人」與「得友」並列，或損或得，多則當減損，少則當增益，以使之恰當。

損卦中，損字除了指物資的減少，也指情勢的減緩。四爻

「損其疾」所減損者疾病，是爲情勢的減損。五爻「益之十朋之龜」，益人以寶物，雖說是形勢所迫不得不如此，但受益者理當會有所回報。

　　二爻及上爻都說「弗損益之」，皆可理解爲物資授受的不減反增，但觀點有所不同。二爻爲下位者進獻給上位者的不減反增，上爻則爲上位者賜與給下位者的不減反增。

　　從「弗損益之」的解說中可明顯的看出，損與益，隨著對象的認定，在解釋上可以有很大的彈性。同樣是損，當事人可以是減損者，也可以是受益者。卦爻辭用於占筮，對解卦者而言，解釋的彈性是非常重要的。

　　傳統易學受象傳的影響，多強調損卦爲「損下益上」[17]，或藉此引申出「損己益國」，「損私益公」之類的道德教訓。但本書沒有採取這樣的觀點解讀，主要是因爲爻辭中並沒有顯示出這層意思，而且這樣的前提，會在爻辭解讀的彈性上，帶來一些不必要的限制。

---

17 《象傳》「損，損下益上，其道上行」；「益，損上益下，民說无疆」。

42 · 益卦（風雷益）

䷩益利有攸往利涉大川。初九利用爲大作元吉无咎。六二或益之十朋之龜弗克違永貞吉王用亨于帝吉。六三益之用凶事无咎有孚中行告公用圭。六四中行告公從利用爲依遷國。九五有孚惠心勿問元吉有孚惠我德。上九莫益之或擊之立心勿恒凶。

卦名卦畫卦旨

益，增益，助益。說文：「益，饒也」，段玉裁注：「饒，飽也。凡有餘曰饒」。益通溢，水增則滿，水滿則益（溢），水益則挹注他處，故引申爲增益、助益。

益卦下震上巽，巽爲風，震爲雷。風助雷勢，雷增風威，風烈則雷迅，雷激而風怒，狂風迅雷恆相助益。故以風雷（䷩下震上巽）象徵增益。

益卦在說增益與助益，益卦上下顛倒是爲損卦，損與益互爲反對，損此益彼，損彼益此，損益相關。益卦之卦爻辭雖多涉及助益之事，但助益中亦不離損害，俗話說「治一經，損一經」，有益必有損，損卦與益卦宜合讀。

卦爻辭解讀

益：利有攸往，利涉大川。

語譯：益卦。利於有所前往，利於渡涉大河川。

解讀：

益卦，處於增益狀態。益，增益，資源增加，損彼而益此。益是處境，也是行事風格。在資源富饒有餘的環境下，不妨開創新局，向外發展，甚至冒險進取，突破限制。所以說「利有攸往，利

涉大川。」

　　對比損卦及益卦的卦辭，損卦及益卦皆「利有攸往」，但只有益卦「利涉大川」。不論資源的增或減，尋求機會，向外發展是必要的；但若要冒險進取，突破限制，開創新局，還是要在資源富裕時進行比較妥當。

初九・利用爲大作[1]。元吉，无咎。
語譯：利於進行重大建設。最吉祥，沒有咎難。

解讀：

　　「作」爲興作，「大作」尤其指築城邑、建宮室等大工程的起造。有實力能進行重大建設，正顯示處境富饒，資源充裕，所以占斷爲「元吉」。也唯有在富饒之時才適合進行重大建設，所以占斷爲「无咎」。「元吉」針對「爲大作」的結果而說。「无咎」針對「爲大作」的決定而說。

六二・或益之十朋之龜，弗克違。永貞吉。王用亨[2]于帝。吉。
語譯：或助益價值十朋的寶龜，不能違拒。貞問長久之事吉祥。君王用以祭獻上帝。吉祥。

解讀：

　　「或益之十朋之龜，弗克違」與損卦六五所述完全相同，文意也應相同，但施與受的觀點有異，此處宜自從受益方來解讀。「亨」在此爲享，進獻祭祀；「帝」指天帝或上帝，爲最高主宰神。古代只有天子（王）才能祭祀天帝，諸侯則祭祀社稷土地。[3]

---

1 作：作爲，興起，從事活動。《說文》「作，起也」。作有開荒、築邑、興建等義。例如《詩經・大雅》「既伐于崇，作邑于豐。」（文王有聲）；「作廟翼翼」（緜）。作之初文爲乍，中方鼎銘文「乍乃采」即指建築采邑。
2 「亨」在此作「享」，其字義可參考大有九三「公用亨于天子」，以及本書第五章之〈其他常用字〉節。
3 可參考觀卦之〈考證及討論〉。

君王受諸侯或臣民所獻之大寶龜，並用以祭祀，進獻上帝，所以說「王用亨于帝」。

獲龜獻龜者可得王侯長遠的關照，寶龜問事多靈驗，所以說「永貞吉」。君王祭獻上帝以求天下太平，長治久安。此所以占斷爲「吉」。

六三・益之用凶事。无咎。有孚，中行告公用圭[4]。
語譯：助益資源以處理凶禍不祥之事。沒有咎難。有信念，中途手持玉圭以稟告國公。
解讀：

「凶事」指不幸之事，古代當國家面臨死亡、凶年、天災、內亂、兵災等凶事，有一定的處理規範，稱爲凶禮，包括喪禮、荒禮、弔禮、禬禮及恤禮等。[5]例如遇饑荒、瘟疾等凶年時，實施薄祭、節用、薄征等措施，[6]此爲荒禮。地方遇有天災時派人前往弔慰，並提供物資援助，此爲弔禮。其他如盟邦有災亂時，以禬禮及恤禮施行救助並慰問等。一旦國內或鄰國發生不幸的事，應盡力施以援手，損有餘而補不足，雖有損而「无咎」。

「中行告公用圭」應在說另一件事。「公」指國公，爲人臣之極，爵位之最高等。「告公」即稟報最高長官。「有孚」表示所稟報之事可驗證；「中行」即中途，不是一個正式的場合；「用圭」即敬持玉圭，以形容對此事之愼重。在一個非正式的場合，極鄭重其事地向最高長官報告，這充分表露出此事的重要性及急迫性。但

4　圭，玉器，也是禮器。古代王侯於貴族朝聘、祭祀等正式場合時，手持玉圭。《說文》「圭，瑞玉也。上圜下方。」
5　《周禮・春官宗伯》「以凶禮哀邦國之憂：以喪禮哀死亡，以荒禮哀凶札，以弔禮哀禍災，以禬禮哀圍敗，以恤禮哀寇亂。」
6　《禮記・曲禮下》「歲凶，年穀不登，君膳不祭肺，馬不食穀，馳道不除，祭事不縣。大夫不食粱，士飲酒不樂」；《周禮・地官司徒》「以荒政十有二聚萬民：一日散利，二日薄征，三日緩刑，四日弛力，五日舍禁，六日去幾，七日省禮，八日殺哀，九日蕃樂，十日多婚，十有一日索鬼神，十有二日除盜賊」。

是究竟是什麼事？若依爻辭前半段來看，應是指對凶事的處理方式。但也可能與四爻有關，將於六四爻辭解讀中一併說明。

六四・中行告公從。利用爲依遷國。

語譯：中途稟告國公，國公依從。有利於以此遷徙邦國。

解讀：

「中行告公」也在六三中出現，文意相同。「從」指「告公」而「公從」，稟告之事爲國公所依從。稟告何事？由後句可知此事係與「遷國」有關。古代地廣人稀，國家也小，一個城邑就可以是一個國家。「遷國」可以指舉國遷徙他處，也可以指遷移都城。例如周族原活動於邰，公劉時遷至豳[7]，古公時又遷至歧山下的周原，此是前者。文王時遷都至豐，武王時又遷都至鎬，此是後者。

縱觀全文，應指有下屬在路途中對最高長官提出遷國的建議，長官接受了這個意見，並依此遷國。若參看六三爻辭「中行告公用圭」，此處的「告公」或許也有「告公用圭」的意思。因爲遷國是大事，雖在路途中，仍須敬愼稟奏。

「遷國」這樣的大事，在「中行」提出，而且「公從」，其情況的偶發以及建議的貼切可想而知。國公想必早有此意，「中行告公」只是臨門一腳，增強了國公「遷國」的決心，故而「公從」。

九五・有孚惠[8]心。勿問元吉。有孚惠我德[9]。

語譯：有信念嘉惠我的心志。不需問，最吉祥。有信念嘉惠我的德能。

解讀：

「惠」爲施惠或受惠；「心」爲心志。有人施惠予我，我心受

7　可參考屯卦之〈考證與討論〉。

8　惠：給人財物，施惠，受惠。《孟子・滕文公上》「分人以財謂之惠」。《說文》「惠，仁也」，因爲有仁愛之心，所以願施惠予他人。

9　德：古寫作悳，德爲內在的性質、秉賦或能力。對人而言，修練而有得於內爲德。韓愈《原道》「足乎己而無待於外之謂德。」

此惠而心志有所增益，所以說「惠心」。「有孚」指有可驗信之徵兆或事理，以此為信念可嘉惠我的心志。「德」為德能，「有孚惠我德」即有信念使我受惠而增強我的德行能力。

參考「有孚惠我德」，「有孚惠心」應是「有孚惠我心」的省略，如此語意更完整。受惠而增益自己的心志及德行，這不用懷疑，絕對是好事，所以占斷為「勿問元吉」。

上九・莫益之，或擊之，立心勿恒。凶。

語譯：不要助益對方，或者想打擊對方，所立的心意不恆定。凶險。

解讀：

「莫益之」及「或擊之」顯示有施方與受方。從施予的觀點，本來要助益對方的，結果不但不增益，而且還考慮打擊對方。從接受的觀點，本來要受益的，結果不但不受益，反而有可能被打擊。「勿」為不，「勿恒」與「或」對應，表示還沒有下定決心。

若自施予方的觀點來看，「莫益之，或擊之」顯示施予者對受益者的不滿或無奈，不想再施予，甚至想打擊對方。占斷辭「凶」應來自「立心勿恒」。既然對想打擊對方，就應早定決心，猶豫不決反易生大禍。

若自受益方的觀點來看，「莫益之，或擊之」顯示原來的恩惠不再，甚至轉為嫌棄，而遭受懲罰，這都不是好事，所以占斷為「凶」。不過，「立心勿恒」也顯示了此事施予方尚未決定，或許還有轉圜的空間。

上爻往往顯示事態發展的極致。增益到了頭，再也沒有法增加了，只能轉而減損，甚或去傷害。受益的一方，如何避免陷入此險境，這是一個需要謹慎思考的問題。

益卦通解

益卦在說益，益指資財的增加，也指力量的增強。益又涉及資財的授受，人助我則人損我益，我助人則我損人益。卦爻辭皆與增

益、助益或損益有關。

　　卦辭「利有攸往，利涉大川」乃就受益的結果論之，得助受益者有餘力向外發展。初爻「利用爲大作」異曲同工，也是在得「益」的處境下加強建設。二爻「益之十朋之龜」事關損益，有人得龜，有人捨龜，損彼而益此。三爻「益之用凶事」，對他人的不幸大力施予援手，是標準的損我益人的例子。四爻「利用爲依遷國」此增益不在資財，而在心志的增強。同樣地，五爻「惠心」、「惠我德」也是在人的心志上，因有所得而增益。上爻「莫益之或擊之」由助益轉變爲危害。益極則損，物極必反，此正是易經卦爻辭反覆呈現的道理。

　　三爻與四爻都提到「中行告公」，若將三爻與四爻合看，似乎有些故事性。首先，國內有凶事，所以要「益之用凶事」。古代地廣人稀，大地富饒，社會單純，最大的凶事往往就是水旱天災，或敵寇的入侵與掠奪。在部落時代，對於氏族或國家的領導階層，舉族舉國遷徙是逃離天災或躲避敵寇的合理手段之一。「中行告公用圭」與「中行告公從」合看，在爲凶事奔走的路途中，有人非常敬愼地手持玉圭向領導人稟呈意見，建議「遷國」。而這樣舉國遷徙的大事，領導人也就接受了。所以接下來會因「遷國」而有「有攸往」、「涉大川」的過程，是可想而知的。然而秉持國政的王公大人，對這樣的大事，爲何在路途中只因有人臨時議奏就草率應允了呢？極可能是因爲國公早有此意，所以有人奏請，就順勢依從。「中行告公」只是增益國公遷國的心志罷了。

　　損卦六五及益卦六二皆說「或益之十朋之龜，弗克違」，但損卦從減損者（獻龜者）的觀點，益卦則從受益者（受龜者）的觀點。此再次說明損與益的互補性，以及卦爻辭在解釋上的彈性。相同的文句，相同的文意，不同的當事人，就可以有不同的吉凶悔吝。

考證及討論

　　有關「告公從」及「利用爲依遷國」的背景，或可以從歷史觀點做進一步考證。易經既然成書於西周早期，卦爻辭多持周國立場，從周國的觀點來敘述。[10]歷史文獻顯示，先周時期，周國祖先的確有多次的遷國，遷國的原因多是因爲戎狄異族的侵擾。據史記‧周本紀記載，周族祖先后稷原是農官，在舜帝時封國在邰[11]。到夏朝晚期，周族人因爲不堪異族的侵擾，離開了邰地，遊走於戎狄之間，並於公劉時遷徙到豳地[12]。傳國至古公亶父時，仍因戎狄的緣故，再遷族人於岐下，即今陝西寶雞東部一帶。有關公劉遷豳的過程，[13]詩經‧大雅‧公劉即以詩歌描繪贊頌。有關古公遷岐的原因及過程，史記有記載[14]，孟子也有重點描述[15]。兩者所述遷徙的原因大略相同，即不堪戎狄一再的武力騷擾、掠奪財貨、侵佔土地，爲了避免戰亂傷民，只好另遷國於岐下。

　　爻辭中所說的「凶事」、「公」、「遷國」等，參照以上史實，尤其是古公遷國於岐下的事跡，確實有相當程度的吻合。「公」很可能就是古公，只是那位「中行告公用圭」的人物，已經不可考了。

---

10 可參考解卦之〈考證及討論〉。
11 約在今陝西武功縣一帶，另說在今太原一帶。
12 豳約在今陝西郴縣，枸邑縣一帶。
13 可參考屯卦之〈考證及討論〉
14 《史記‧周本紀》「古公亶父復修后稷、公劉之業，積德行義，國人皆戴之。薰育戎狄攻之，欲得財物，予之。已復攻，欲得地與民。民皆怒，欲戰。古公曰：『有民立君，將以利之。今戎狄所爲攻戰，以吾地與民。民之在我，與其在彼，何異。民欲以我故戰，殺人父子而君之，予不忍爲』。乃與私屬遂去豳，度漆、沮，踰梁山，止於岐下。」
15 《孟子‧梁惠王下》「昔者大王居邠，狄人侵之。事之以皮幣，不得免焉；事之以犬馬，不得免焉；事之以珠玉，不得免焉。乃屬其耆老而告之曰：『狄人之所欲者，吾土地也。吾聞之也：君子不以其所以養人者害人。二三子何患乎無君？我將去之』。去邠，踰梁山，邑于岐山之下居焉」。按，大王即古公，追諡大王；邠即豳。

43 · 夬卦（澤天夬）

夬揚于王庭孚號有厲告自邑不利即戎利有攸往。初九壯于前趾往不勝爲咎。九二惕號莫夜有戎勿恤。九三壯于頄有凶君子夬夬獨行遇雨若濡有慍无咎。九四臀无膚其行次且牽羊悔亡聞言不信。九五莧陸夬夬中行无咎。上六无號終有凶。

卦名卦畫卦旨

　　夬，讀作怪，爲決的古寫[1]。說文：「夬，分決也」；「決，行流也。從水從夬」。夬（決）之原意爲水之分決流出，例如決堤、潰決。決爲塞之反面，水決之則行，水塞之則止。水之潰決，分流而行，快速決斷，永不回頭。現代中文以夬字爲偏旁的字很多，當是以夬爲聲符之形聲字，例決、缺、快、訣、跌等，這些字皆以夬爲聲符，上古時與夬之讀音相諧，很可能都是由夬字分化而出，其原意多與分開、決斷有關。

　　夬卦下乾上兌，兌爲澤，乾爲天。澤水在天之上，以形容其高，高處之澤易潰決，一旦潰決，水勢必斷然下衝而出。故以澤天（䷪下乾上兌）形容決斷。

　　夬卦說決斷，而且是關鍵時刻的決斷，有行動力的決斷，如水之決潰。決斷需要剛強及勇氣，才不至於優柔寡斷。決斷之後也必須要能堅持，並付諸行動。決斷有可能是關鍵時刻下的理智決定，也有可能是情感衝動下的冒然行動，夬卦之卦爻辭兩者皆有涉及，包括關鍵時刻的奔走呼號及莽撞行動等。夬卦與噬嗑卦皆與斷有關，但性質不同。噬嗑以咬斷比喻司法裁斷，是反覆思考後的判決

1　《象傳》「夬，決也」；「夬」之字義可參考履卦九五「夬履。貞厲」。

裁定。夬卦之決斷有果決、堅持、衝動的意思，是關鍵時刻的決心
與斷然行動。

卦爻辭解讀

夬：揚于王庭，孚[2]號有厲，告自邑。不利即[3]戎，利有
攸往。

語譯：夬卦。呼號之聲傳揚到君王的宮庭。以手引聚呼號，有危
難，呼告來自城邑。不利於立即興兵，利於有所前往。

解讀：

夬卦，處於關鍵時刻斷然行動的態勢。夬，果決行動。
「孚」通捊，以手引聚，「孚號」即以手聚攏聲音以呼號。「有
厲」在此不作斷占辭，而是呼號的內容。古代的通訊方式不似今日
有種種方便，全需靠人的奔走來傳遞消息。城邑若遭敵國興兵犯境
或受到賊寇攻擊，除了自身盡力抵抗之外，還需要遣人通報王庭以
求援助。「孚號有厲」正是在形容來自城邑的使者飛報緊急軍情，
不待進入王庭，便先攏手呼喊。呼喊的聲音飄揚充斥於宮殿庭院，
所以說「揚于王庭」。

君王在接到此告急時，如何處理？最重要的是掌握實際情
況，及早派人前往調停或觀察，但不宜就此率爾用兵。故占斷為
「利有攸往」，「不利即戎」。此處「即」為就；「戎」為兵戎。

初九‧壯于前趾，往不勝為。咎。

語譯：前腳趾健壯，前往卻不能勝任有為。有咎難。

2　孚：通捊，以手引聚。《說文》「捊，引取也。从手孚聲」，引取即引聚，段玉裁
　　注：「引使聚也」。《禮記‧禮運》「人情以為田」，鄭玄注：「田，人所捊治
　　也」，孔穎達正義：「捊，謂以手捊聚，即耕種耘鋤也。」

3　即：靠近。古寫作卽，《說文》「卽，即食也。从皀卪聲」。即本義為就食，引申為
　　就，靠近。例如《詩經‧衛風‧氓》「匪來貿絲，來即我謀」；《孟子‧滕文公上》
　　「即位而哭」。

解讀：

「壯于前趾」象徵勇往直前，可惜雖勇於任事，卻力不能勝，不能有所作爲。此正是所謂志大才疏之輩。貿然承擔大任，卻無力完成，如此必生後患，或受咎責，或有咎災。所以占斷爲「咎」。

九二・惕號，莫[4]夜有戎，勿恤。

語譯：警惕呼號，暮夜時將有敵兵，不必擔憂。

解讀：

「莫」爲暮，「莫夜有戎」是「惕號」的內容，呼號警告同伴，在日落時可能會有敵兵來襲。聽到這樣的警告，當然就要小心提防，但也不用因此而太憂慮，所以說「勿恤」。

九三・壯于頄[5]。有凶。君子夬[6]夬獨行，遇雨，若濡，有慍。无咎。

語譯：壯悍顯露在臉顴。有凶險。君子快步獨自行走，遇到下雨，弄濕衣服，有怒色。沒有咎難。

解讀：

「頄」爲顴骨，「壯于頄」即面頰肌肉緊繃，也就是咬緊牙根，面露強悍之色。「夬」通趹，快步走，「夬夬獨行」形容人在衝動的時候，不能須臾等待，一個人便快步前行，要去解決憤恨之事。然而在行進中途「遇雨若濡」，下雨淋濕了衣服，也澆息了部分怒火。心情冷靜之後，雖然有怒色，但已經不到會闖禍生事的程度，所以說「有慍。无咎。」

4　莫：通暮，爲暮之古寫。《說文》「莫，日且冥也。从日在茻中」。日沒入草莽中爲莫（暮），今以莫爲沒，爲否定詞，是爲引申義。

5　頄：讀作逵，顴骨，面頰，古寫爲頯。《說文》「頯，權也。从頁聲」，段玉裁注：「權者今之顴字」；《玉篇》「頄，面顴也」。

6　夬：通趹，讀作決，快步走，疾行。《說文》「趹，馬行貌。从足，決省聲」。趹原義爲馬奔跑時後蹄抉地騰空。引申爲奔跑、疾走。

　　此爻前段說「有凶」，後段說「无咎」，其中明顯有些轉折，「遇雨若濡」就是這個轉折。前、後段綜合來看，其實在說一個情境：有貴族子弟，因某事惱怒，不等隨從伺候，一個人就匆匆出門，去尋找對方。這個情況的確容易「有凶」。好在途中遇雨，淋雨固然弄濕了衣服，但頭腦也清醒了，理性也恢復了。雖仍生氣，已然「无咎」。

九四・臀无膚[7]，其行次且[8]。牽羊悔亡，聞言不信。

語譯：臀部沒有肉，行走有困難。牽頭羊則懊惱結束。聽到閒言，卻不相信。

解讀：

　　「膚」為帶皮的肉；「次且」即趑趄，為行走困難的樣子。「臀无膚，其行次且」在形容一個腿有缺陷的人。這個人在姤卦的爻辭中也有出現，似乎有所指涉，將在歸妹卦時再詳細討論。

　　「牽羊」應與古代某些習俗有關。古代羊、祥同聲，羊用於祭祀祈福，牽羊或許與祈福有關。並且由祈福延伸而有謝罪，祈求原諒的意思。史記記載：武王克殷後，紂王庶兄微子赤裸上身，反縛雙手，左牽羊，右持茅，下跪膝行以迎接武王。[9]左傳記載：魯宣公十二年，楚莊王圍攻鄭國，三月破城，鄭襄公「肉袒牽羊」，赤裸上身，牽著羊，以迎接楚軍進城。[10]「肉袒」象徵任君鞭打，「牽羊」則有獻上祭品以求寬宥的含意。「牽羊」以求寬恕，若能得對方諒解，懊悔之事即可勾消。所以說「牽羊悔亡」。請求寬恕時必定會說一些好聽的話，「聞言不信」正在強調所聽的話不要輕信。「牽羊」及「聞言不信」也顯示此「臀无膚」之人的言行

7　「膚」之字義可參看噬嗑卦六二「噬膚滅鼻」。

8　次且：今寫作趑趄，讀作咨居，為行走困難，想前進又不敢前進的樣子。趑趄為雙聲詞，《說文》「趑，趑趄，行不進也」；「趄，趑趄也」。

9　《史記・宋微子世家》「周武王伐紂克殷，微子乃持其祭器造於軍門，肉袒面縛，左牽羊，右把茅，膝行而前以告。」

10　《左傳・宣公十二年》「鄭伯肉袒牽羊以逆。」

有問題。

　　綜合以上，可以對爻辭作如下理解：有一跛足之人，牽頭羊來請罪，此舉使懊惱結束。但請罪時所說的話，不可輕易相信。唯故事到此尚未結束，此神祕跛足人將會在其他卦中出現。

九五・莧[11]陸[12]夬夬中行。无咎。

語譯：山羊放足跳躍疾走在道中。沒有咎難

解讀：

　　「莧」應作「莧」，爲細角山羊，山羊象徵逞強鬥狠[13]。「陸」通跿，爲跳躍，「莧陸」即「莧跿」，在描述山羊跳躍。[14]「夬夬」同九三之「夬夬」，爲快步奔走的樣子。「莧陸夬夬中行」正是在形容在道途中像山羊般的放任自由跳躍奔走。此正是無慮無憂果決而行之象，所以占斷爲「无咎」。

上六・无號。終有凶。

語譯：沒有呼號。終會有凶禍。

解讀：

　　卦辭說「孚號」，九二說「惕號」，此處說「无號」。「號」是戒備警告，「无號」不是不需警戒，而是應警戒而不警戒。長久的懈怠終究會帶來有災禍，所以占斷爲「終有凶」。

▓▓ 夬卦通解 ▓▓

　　夬爲決，關鍵時刻的決斷，也包括了一時的衝動，卦爻辭多與

---

11 莧：應作莧，讀作環，細角山羊。《說文》「莧，山羊細角者。从兔足，苜聲」。莧與莧字型極近似，「莧」之下半爲「見」，「莧」則爲「寬」之下半。「莧」與「莧」之差別在下半右側無點或有點。《說文》「莧，莧荣也。从艸見聲。」

12 陸：通跿，跿，讀作陸，跳躍，翹足。《玉篇》「跿，翹跿也」。《莊子・馬蹄》「翹尾而跿」，今本多作「翹尾而陸」。

13 參考大壯之卦讀。

14 傳統釋「莧陸」爲易柔脆的莧草或馬齒莧，例如王弼《周易注》「莧陸，草之柔脆者也。決之至易」；程頤《易程傳》「莧陸，今所謂馬齒莧是也，脆而易折」。以「莧跿」釋「莧陸」可參考高亨《周易古經今注》。

關鍵時刻有關。決、缺、趹等字皆以夬為聲符,都是從夬字演化出來的。在西周時,極可能皆寫作夬,並不區分。此所以夬卦爻辭中出現有趹、缺的意涵及聯想。

卦辭「孚號有厲」明顯為存亡關頭的緊急告稟。初爻「壯于前趾」為臨事衝動,自不量力。二爻「惕號」為關鍵時刻的警戒。三爻「壯于頄」,近似初爻的臨事衝動,「夬夬獨行」以夬為趹,以形容衝動,其後「遇雨若濡」又冷靜下來。四爻以夬說缺,「其行次且」在說身體上的缺陷,「聞言不信」在說人格上的缺陷。五爻「夬夬中行」仍以夬說趹,又以山羊象徵衝動好鬥。上爻「无號」與二爻呼應,在關鍵時刻應警戒而未警戒。

綜合上述,夬卦卦爻辭中,初爻及三爻關係到事情發生需要決斷時,在情緒上的衝動。卦辭及二爻、上爻關係到事情發生時的警戒及等待決斷。三爻、四爻及五爻又分別以「缺」及「趹」說「夬」。

「夬」也出現在履卦九五「夬履」,此也作決斷之決,但重點放在斷,以夬為斷。[15]

---

15 參看履卦九五「夬履。貞厲。」

44・姤卦（天風姤）

☰姤女壯勿用取女。初六繫于金柅貞吉有攸往見凶羸豕孚蹢躅。九二包有魚无咎不利賓。九三臀无膚其行次且厲无大咎。九四包无魚起凶。九五以杞包瓜含章有隕自天。上九姤其角吝无咎。

▰▰▰ 卦名卦畫卦旨 ▰▰▰

　　姤，通逅、媾、遘，邂逅。說文：「逅，邂逅，不期而遇也」；「媾，重婚也」。「重婚（婚）」即兩家相互聯姻通婚，親上加親。姤字本身在先秦文獻中並不多見，可能是易經專用字，與相遇及婚姻有關。

　　姤卦下巽上乾，乾爲天，巽爲風。風遍吹於天下，無所不遇。人所遇之風，亦只是偶遇，無法期約。俗話「哪陣風把您吹來的？」雖是調侃之詞，亦足以說明風吹與邂逅的關係，故以天風（☰下巽上乾）象徵姤卦。

　　姤卦在說邂逅，尤其是男女邂逅，適婚男女的相遇相見。此似現代的相親，或以婚姻爲前提的初見。但邂逅又有偶然的成分，在相親的過程中，男女當事人是否會「不期而遇」——事先沒有正式約定而偶遇？從古代的禮教及婚姻過程來看這是極有可能的。兩家聯姻是雙方家長的事，準新郎新娘依禮應當相互迴避，但是，誰又經得起一窺未來伴侶的誘惑呢？隔簾窺看，乃至安排一個看似偶然的邂逅，是可以想像的。姤卦卦爻辭不脫男女婚嫁提親，看似雜亂無章，其實極富故事性，邂逅總是一個故事的結尾，另一個故事的開端。

卦爻辭解讀

姤：女壯。勿用取女。

語譯：姤卦。女方強壯。不要娶新婦。

解讀：

　　姤卦，處於偶然相遇的情境中。姤，男女邂逅。「女壯」與其說是女子強壯，不如說是女方名門高第，家業顯赫。古代婚姻講求門當戶對，若家世懸殊，勉強高攀，日後新婦進門，恐怕性情驕縱難以管教。所謂「齊大非偶」[1]，所以占斷為「勿用取女」。

　　「女壯」不只是卦辭，也是解讀姤卦爻辭的鑰匙。

初六・繫于金柅[2]。貞吉。有攸往見凶。羸[3]豕孚蹢躅[4]。

語譯：繫綁在煞車銅塊上。所問之事吉。有所前往會遇見凶禍。被繫牽的豬浮躁踟躕掙扎不前。

解讀：

　　「柅」為煞車塊，「金柅」即金屬製的煞車塊。「羸」通縲，纏繞受困；「豕」為豬；「羸豕」指被繩繫的豬。「孚」通浮，輕浮不定；「蹢躅」為徘徊不前。「繫于金柅」與「羸豕孚蹢躅」合看，描繪出一幅圖像，有豬被繩繫在馬車煞車銅塊上，隱約察覺前有凶險而浮躁掙扎，不願前進。

　　此圖像之象徵意義十分豐富。有煞車銅塊的車，必是可奔馳

1　《左傳・桓公六年》「齊侯欲以文姜妻鄭大子忽，大子忽辭。人問其故，大子曰：『人各有耦，齊大，非吾耦也。』」
2　柅：阻止車輪轉動的木塊，煞車器。王弼《周易注》「柅者，制動之主」。柅本指一種樹木，《說文》「柅，木也。實如棃」。柅之聲符「尼」有阻止的意思，例如《孟子・梁惠王下》「行或使之，止或尼之」。柅字或自「尼」分化而出。正如「泥」出自「尼」，泥也有停止的意思，例如《論語・子張》「致遠恐泥，是以君子不為也。」
3　羸：通縲，纏繞，引申為困住。字義可參看大壯九三「羝羊觸藩，羸其角。」
4　蹢躅為雙聲聯綿詞，讀作知蜀，又寫作跐躅，或躊躇，舉棋不定徘徊不前的樣子。《玉篇》「蹢躅，行不進也」。蹢，古寫作蠈，《說文》「蹢，住足也」。蹢之本意為獸蹄，也讀作蹄，例如《詩經・小雅・漸漸之石》「有豕白蹢，烝涉彼矣」。躅之本意為足跡，但多作蹢躅連詞使用，《說文》「躅，蹢躅也。從足蜀聲。」

的馬車。車是向前走的，被繫牽在馬車上，勢必被逼迫隨車前往某
處。「羸豕」是一個比喻，象徵一個明知前途堪虞卻無力反抗的
人。此人被迫跟隨前往，但內心極不情願，掙扎不前。

　　至於繫縛何人？前往何處？為何事？這裡並沒有明說。但占斷
辭「貞吉」顯示，此「繫于金柅」之舉原是一件致吉之事。但占斷
辭又說「有攸往見凶」，顯示此前往將遇凶禍，也顯示此被迫前往
之人的心情。

九二・包有魚。无咎。不利賓。

語譯：庖廚內有魚。沒有咎難。不利於為賓客。

解讀：

　　「包」為庖[5]，「包有魚」即宴席上有魚。為何宴席上有魚
不利賓客呢？因為這顯示主人的待客之道。古人第一等待客之道
為牛，其次為羊、豬，再其次為魚。[6]「包有魚」暗示沒有宰殺
牛、羊、豬以招待上賓。

　　雖然如此，以魚招待也算是主人的一番心意，略可自我安
慰，所以占斷為「无咎」。

九三・臀无膚，其行次且。厲，无大咎。

語譯：臀部沒有肉，行走有困難。危厲，沒有大的咎難。

解讀：

　　「臀无膚，其行次且」也出現在夬卦九四，文字完全相同，
文意也應相同。在夬卦九四中，此指一個身體及品格上有缺陷的
人。這個人物象徵，在此也可以適用。見到這樣的不體面的人物出
現，雖然處境危厲，但料不會有大的咎難。所以占斷為「厲，无大
咎。」

5　李鼎祚《周易集解・姤》「或以包為庖廚也」；另可參看蒙卦九二「苞蒙」之解讀。
6　此在〈考證及討論〉將做進一步說明。

九四‧包无魚。起凶。

語譯：庖廚內沒有魚。興起凶險。

解讀：

「包无魚」相對於「包有魚」，廚房沒有準備魚。宴席上沒有魚，當然就更不會殺豬宰羊。只以一些粗糧老菜葉招待賓客，這是做主人的怠慢。對賓客而言，若主人存心冷淡，可能就暗藏不測。所以占斷爲「起凶」，局勢中有凶險正在蘊釀。

九五‧以杞[7]包瓜，含章[8]，有隕自天。

語譯：以杞柳條包著寶瓜，蘊含光采，有隕石自天而降。

解讀：

「杞」爲杞柳，用以編織器物。「章」通彰，光明有文采。以杞柳條編織的籃子包著蘊含光采的瓜，此瓜應是貴重寶物，非一般瓜果。「有隕自天」以隕石比喻瓜之出處，隕石自天而降。人間以帝王爲天子，此瓜應是君王所賜，所以說「自天」。

上九‧姤其角。吝。无咎。

語譯：相邂逅在角落中。困窘。沒有咎難。

解讀：

「姤」爲逅，不期而遇。「姤其角」指不是在大庭廣眾下，而是在某個角落中相遇。相遇的場合有些尷尬，有些侷促，但無大礙。所以占斷爲「吝，无咎。」

「吝」若與「姤其角」合讀，也有惋惜、遺憾的意思。爲此次的短暫邂逅而遺憾。

7　杞：杞柳，生長在水邊及濕地的一種柳樹。杞柳枝條柔韌，可用以編織托盤、籃子、籮筐等。《孟子‧告子上》「以人性爲仁義，猶以杞柳爲桮棬。」

8　「章」之字義可看坤卦六三「含章。可貞」。章通彰，爲彰顯，光大。《說文》「彰，文彰也」。例如《禮記‧緇衣》「故君民者，章好以示民俗。」

姤卦通解

　　姤爲邂逅，姤卦之卦爻辭看似雜亂無章，其實有很強的故事性。涉及男女婚嫁之前的邂逅，也就是男女當事人的第一次見面的經過。卦辭及六爻爻辭就像七塊拼圖，以拼成一個男方因爲兩家聯姻之事而赴女方家爲賓客的故事。要拼出這個故事的全貌，首先得從卦爻辭中找出一些關鍵字詞作爲重要線索。

　　卦辭「女壯。勿用取女」提供了第一個也是最關鍵的線索，指出這件事關係兩姓婚嫁，敍述者持男方觀點，而且是男方高攀女方。五爻「有隕自天」提供了第二個線索，這兩家的婚姻與王室有關，天子賜贈一些禮物，這也顯示出女家身分的高貴。初爻「羸豕孚蹢躅」提供了第三個線索，準新郎此行是被男方家長強迫押去的，心不甘情不願。二爻「包有魚」、三爻「其行次且」、四爻「庖无魚」提供了第四個線索，作爲主人的女方，對男方此次來訪極爲冷淡，有意待慢。上爻「姤其角」提供了第五個線索，一對準新人終於偶遇相見，爲日後的婚姻留下伏筆。

　　依以上五個線索，可以把卦爻組合並依卦爻辭順序重新整合詮釋如下：兩家貴族，雙方家長有意聯姻。女方家世顯赫[9]，男方有意高攀。男方家長帶著適婚少年去女方家作客，少年不願去，但爲家長所逼，拖拉掙扎者，像隻要送往屠宰的小豬。[10]

　　女方有意輕慢男方的拜訪，在迎賓的宴席上，沒有殺豬宰羊，只端出了魚[11]。負責招呼接待的人也很不體面，是個走路一拐一拐的跛子。[12]接下來的待遇更差，連魚都沒有了[13]，只是一些醃菜野蔬。

9　卦辭「女壯。」
10　初爻「繫于金柅」、「羸豕孚蹢躅」。
11　二爻「包有魚。」
12　三爻「臀無膚。其行次且。」
13　四爻「包無魚。」

但男方也不是一無所獲，末了收到了以杞柳為籃所包覆的寶瓜，據說是天子所賜。[14]少年男子最後在亭園角落遇見了未來婚娶的對象，又覺得有些惋惜不捨。[15]

卦爻辭涉及兩家聯姻的敘述，在易經中除了姤卦之外，主要還有賁卦、漸卦及歸妹卦。其中姤卦、漸卦及歸妹卦之卦爻辭彼此互有關聯，故事性極強。並可能與殷周之際的史實有關，此將於歸妹卦再作整合說明。

欲對姤卦之卦爻辭有更深的感受，必須對周初的婚姻習俗制度，及飲食宴會禮節等略有認識。以下對當時的祭祀及宴客之禮作必要考證，有關婚姻娶嫁的程序，也會在漸卦中整理。

考證及討論

有關古代祭祀及宴客的等級，大體區分為大牢、少牢、特牛、特牲、炙魚、菜蔬等。視天子、公卿、大夫、士人、庶民等身分，使用不同的等級，不得僭越。大牢，或稱太牢，指用牛、羊、豬三牲；少牢指羊及豬；[16]特牛單用牛；特牲單用羊或豬。基本上，用於祭祀的等級要較用於宴客的高一級。

國語記載：天子祭祀聚集四方珍饈，稱之為會，舉行國宴則以大牢，即宰殺牛、羊、豬三牲。諸侯公卿用大牢祭祀，國宴則以特牛，即宰殺牛。大夫用少牢祭祀，殺羊或殺豬宴賓客。士人以羊或豬祭祀，平日只能吃魚。一般平民則以魚祭祀，平日只食用菜蔬。[17]所以說，公卿大夫之家以魚宴客是以士之禮待客，而非以大夫之禮。以菜蔬待客更是視之為平民，完全不顧貴族體面。

---

14 五爻「以杞包瓜。含章。有隕自天。」
15 上爻「姤其角。吝。」
16 有關太牢、少牢，另說以牛為太牢，以羊為少牢。《大戴禮記‧曾子天圓》「諸侯之祭，牲牛，曰太牢；大夫之祭，牲羊，曰少牢；士之祭，牲特豕，曰饋食。」
17 《國語‧楚語下》引楚大夫觀射父語：「祀加于舉。天子舉以大牢，祀以會；諸侯舉以特牛，祀以太牢；卿舉以少牢，祀以特牛；大夫舉以特牲，祀以少牢；士食魚炙，祀以特牲；庶人食菜，祀以魚。上下有序則民不慢。」

　　戰國策記載齊人馮諼在孟嘗君門下為食客，開始時，奴僕待慢，只供應粗食。馮諼彈鋏而歌「食無魚」，孟嘗君才指示給馮諼以客禮待之，提供魚。[18]此或可為餐桌之上有魚、無魚來區分身分地位的佐證。

---

18 《戰國策・齊策》「左右以君賤之也，食以草具。居有頃，倚柱彈其劍，歌曰：『長鋏歸來乎！食無魚』。左右以告，孟嘗君曰：『食之，比門下之客。』」

45 · 萃卦（澤地萃）

☷萃亨王假有廟利見大人亨利貞用大牲吉利有攸往。初六有孚不終乃亂乃萃若號一握爲笑勿恤往无咎。六二引吉无咎孚乃利用禴。六三萃如嗟如无攸利往无咎小吝。九四大吉无咎。九五萃有位无咎匪孚元永貞悔亡。上六齎咨涕洟无咎。

卦名卦畫卦旨

　　萃，萃聚。說文：「萃，艸貌。從艸卒聲」。萃字原意爲草叢生的樣子，引申爲聚集、收集，例如萃聚、萃取、人文薈萃。

　　萃卦下坤上兌，兌爲澤，坤爲地，爲地上之澤。湖澤地勢低窪，地面之水往下而流入湖澤之中，湖澤必能聚水蓄水無疑。故以澤地（☷下坤上兌），象徵萃卦之聚蓄。

　　萃卦在說聚蓄，藉聚斂以積蓄。聚斂未必是貶意，國家向人民徵稅，上位者要求下位者進獻，自古皆然，徵稅及納獻就是一種聚斂。國家（政府）必須藉由各種徵收以聚斂財物人力，然後才有能力聘養官吏，組織軍隊，處理公眾事務，致力公共建設等。此外，平常也要有足夠的積蓄，才足以應付災變。[1]西周行封建制度，諸侯有封國，大夫有封邑，各自向其臣民聚斂。所得之財物人力，除了貴族日用之外，也用於公共事物如祭祀、衛戍、教化等，並須向上級宗主進獻納貢。

　　有聚斂者必有繳交者。廣義來說，繳交未必就只是民眾繳納租稅田賦之類。大夫對國君、國君對天子、天子對天帝之貢、獻、薦

1　《禮記・王制》「國無九年之蓄曰不足，無六年之蓄曰急，無三年之蓄曰國非其國也。」

等，也可以算是某種型式的繳交與聚斂。萃卦之卦爻辭，多涉及聚斂、進獻與祭祀。

萃：亨[2]，王假[3]有廟[4]。利見大人。亨，利貞。用大牲[5]吉，利有攸往。

語譯：萃卦。享祀，君王來到宗廟。利於拜見長官大人。亨通，利於貞問。以大牲祭祀吉祥，利於有所前往。

解讀：

　　萃卦，處於聚斂或進獻的情境中。萃爲萃聚，有人聚斂必有人進獻，有聚斂而後能有積蓄。「假」讀作格，爲到臨；「廟」爲宗廟，是祭祀祖先的地方。君王來到宗廟，必是祭祀先王先公。「大牲」指牛，君王祭祀必用牛。「用大牲吉」即王侯至宗廟祭祀之事「吉」，「大牲」象徵祭獻之物，也代表祭祀的等級。諸侯祭獻之物來自向大夫聚斂，天子祭獻之物來自向諸侯聚斂。大夫進獻有利於見國君，諸侯進獻有利於見天子，所以說「利見大人」。四方進獻的財物必須前往京城或都邑，所以說「利有攸往」。

　　卦辭中有二「亨」字，先秦「享」、「亨」不分，皆作「亯」，後世易經文本之所以區分作「享」或「亨」，完全是漢人隸古所認定的結果。前一個「亨」疑應定作「享」。享通饗，指進獻食物以使鬼神受用。君王至大廟以享先王先公，所以說「享」。後一個「亨」與「利貞」合說，是卦辭中常見的語詞。萃聚以祭

2　亨在此疑應作享，先秦時亨與享爲同一字，籀文皆作「亯」，篆文皆作「亯」。之所以區分爲「亨」或「享」，應是漢人隸古定的結果。「亨」及「享」之字義可參考本書第五章之〈其他常用字〉節。

3　假：通格，爲來至。「假」之字義參看家人卦九五「王假有家」。

4　廟：供奉祭祀祖先的處所。《說文》「廟，尊先祖貌也」，段玉裁注：「古者廟以祀先祖。凡神不爲廟也。爲神立廟者，始三代以後」。

5　大牲指牛。李鼎祚《周易集解》引鄭玄曰：「大牲，牛也」。大牲用於盛大的祭祀，《左傳·僖公十九年》「小事不用大牲」。

祀，祭祀以通鬼神，通鬼神以利問事。所以說「亨，利貞。」

**初六・有孚不終。乃[6]亂乃萃。若號，一握[7]爲笑。勿恤。往
无咎。**

語譯：所信之事不能至終。在混亂中聚斂。像在哭號，輕握著手又
轉爲笑。不必擔憂。前往沒有咎難。

解讀：

「有孚」即有可信之事兆或約定，此約定終不可信，所以說
「有孚不終」。「乃亂乃萃」在形容上級聚斂強行徵收時的一片混
亂。「一握」指徵收者的一個示好的小動作，被徵收者正如同被拔
毛的鵝，拔時疼得想哭，小小示好又破涕爲笑。

此爻可自徵收者的立場來看：違背信諾強行徵收之事，甚是棘
手，或許會遭到抗拒，但終會順利完成，不必太憂慮，所以說「勿
恤」。可放心前往，不會受到責難，所以占斷爲「往无咎」。「勿
恤。往无咎」也可以從被徵收者的立場來看，此次前往繳納之事無
需憂慮，不會受到責難。

六二・引吉。无咎。孚乃利用禴[8]。

語譯：召引致吉。沒有咎難。虔誠有助益於舉行薄祭。

解讀：

「引」爲召喚引導，「引吉」即引導勸說，使之爲吉。
「孚」爲相信，內心虔誠相信，獻祭雖薄也能祭祀祈福。由「用
禴」來反推，此萃聚是爲了行祭祀之禮，並以此開導繳納者，此祭
祀可致吉。「禴」爲薄祭，薄祭之祭品減省，也暗示聚斂的程度相
對較輕。因爲聚斂程度較輕，所以占斷「无咎」。

──────────────────────────

6　乃：乃此，於是，這個。承上起下之詞。
7　握：屈指成拳曰握，握持。《說文》「握，搤持也」，搤通扼，滿手曰搤。一握
　　指輕執持手以示親密，也可以理解爲極短的時間。
8　禴：禴祭，禴祭爲薄祭。參看觀卦〈考證及討論〉。

六三‧萃如嗟如。无攸利。往无咎，小吝。

語譯：聚斂啊，嘆息啊。無有所利。前往沒有咎難，小有困窘。

解讀：

「萃如嗟如」在形容徵收聚斂的窘迫，徵收者「萃如」，徵收的過程「嗟如」。無奈物資短缺，徵收成績不理想，所以說「无攸利」。初六說「往无咎」，此處也說「往无咎」，意思想同，都指前往徵收或繳納不會受到責難。不同的是這次占斷為「小吝」，稍有困窘。這也呼應了前半段的「萃如嗟如。无攸利。」

九四‧大吉。无咎。

語譯：大為吉祥。沒有咎難。

解讀：

「大吉」暗示萃而大吉。雖是聚斂，但萃之有道。聚斂的任務圓滿完成，有足夠的財力物資可供祭祀、建設、護民等。所以占斷為「大吉」。徵斂的方式合情合理，付出的一方也沒有怨言，沒有責難。所以占斷為「无咎」。

小象傳對此爻辭有另一番解釋，小象傳說：「大吉無咎，位不當也」。意思是說，本來得此爻應是「大吉」，但四為陰位，今陽爻居陰位，所在之位不是當得之位，所以結果僅只落得個「无咎」，雖大吉而僅無咎。以此調和「大吉」與「无咎」之間的矛盾，並藉此提出道德啟發——若在道德上有「不當」之處，則原本應得之「大吉」，會退化為「无咎」。但這樣的爻象解釋，可以說是有目的性，有選擇性的發揮。因為九四之爻象，也可以解釋為有應[9]或承剛[10]，而有應或承剛都是朝好方向發展的爻象。但為了解釋「大吉」退化為「无咎」，所以選擇以九四不當位來說爻象。此可作為小象傳解釋爻辭的一個範例。

9　九四與初六有應。《小象傳》中，有應通常是朝正向發展。

10　九四有六三相承。《小象傳》以承剛為順，通常是朝正向發展。例如蒙卦上九「利用御寇，上下順也」；漸卦九三「利用御寇，順相保也」。

九五‧萃有位。无咎。匪孚。元永貞[11]**。悔亡。**

語譯：有名位並藉聚斂保有名位。沒有咎難。不依信約。長久貞固之事自此開始。懊悔消亡。

解讀：

「位」指名位，即身分、地位，「有位」即有其名位並保有其名位，包括爵位或官位。聚斂不是搶奪，必須要有名分，聚斂之所得，也須進獻給上級，以期上級永保其福佑。有位，且依約定之慣例聚斂，並滿足上級之聚斂，有其正當性，不會受責難，故占斷為「无咎」。

但有些聚斂並非依禮法的約定，而是額外的分派。「匪孚」指不依信約，正是此類的聚斂。「元」為初始；「永貞」指長久貞固，「元永貞」指長久貞固之事自此始，或說，問長久之事此為始。有位之人為保有其位，不依信約，開派新的納捐。對聚斂者而言，希望長久如此，所以說「永貞」。「悔亡」指不做會懊悔，做了懊悔消亡，此亦可見，此額外之新聚斂關係到聚斂者本身之名位存續，所以占斷為「悔亡」。

上六‧齎咨涕洟[12]**。无咎。**

語譯：哀聲嘆氣眼淚鼻涕直流。沒有咎難。

解讀：

「齎」讀作及，「齎咨」為嘆息聲，相當於咨嗟。「涕」為眼淚，「洟」為鼻涕。「涕洟」即形容傷痛的樣子。為何嘆息？為何傷痛？當然是因為被過度徵斂而難以忍受。雖然傷痛，不過，一旦繳足了份額就不會受咎責。所以占斷為「无咎」。

---

11 「元永貞」也在比卦卦辭中出現。參看比卦卦辭「原筮，元永貞」之解讀。
12 自目出為涕，自鼻出為洟，涕洟猶言痛哭流涕。《說文》「涕，泣也」；「洟，鼻液也」。

萃卦通解

萃為聚蓄。萃卦卦爻辭在說徵收聚斂之事。聚斂有聚斂者及被聚斂者，有主動及被迫，有常態及額外。卦爻辭皆有涉及。上級向下級聚斂之所得，未必都是是自家享用，其中很大的一個用途就是轉而進獻更上級。由庶民而大夫，由大夫而國君，而天子，而天地鬼神。層層進獻。所以萃卦多涉及祭祀，聚斂以薦獻天地鬼神。聚斂的另一個目的是儲蓄以備不時之需，不過萃卦對此著墨甚少。

卦辭「王假有廟」，「用大牲吉」，明顯在說藉聚斂以祭祀鬼神。初爻「乃亂乃萃」、「號」、「笑」正在形容聚斂時徵斂者與納獻者的互動情狀。二爻「孚乃利用禴」暗示上位者祭祀祈福時，若可減省祭品，就可不用向下級強徵暴斂。三爻「萃如嗟如」在說徵斂的成績不理想，徵斂者與納獻者同聲嘆息。四爻無敘事辭，唯「大吉。无咎」足以顯示，合理的聚斂可以致吉且不受咎責。五爻「萃有位」說明徵斂的源頭來自在上位者，下位者藉上級的威權而聚斂，也藉聚斂之所得進獻以自保。易經上爻往往在說一個處境的極致，上爻「齎咨涕洟」正在說萃聚的極致，為徵斂至極之痛哭流洟。

比較有趣的是初爻「有孚不終」，及五爻「匪孚」，將聚斂與不守信約結合。不守信約的臨時加徵分派，才是徵斂者最難處理的，也是最令納獻者痛恨的。

就聚斂及被聚斂而言，六爻除上爻外，大多持聚斂者的觀點。易經多言君子之事，多從貴族的觀點看世界，貴族正是聚斂者，或執行聚斂工作的徵收者。不過貴族之上還有更高階的貴族，所以君子也會是進獻者，被聚斂者。萃卦雖在說聚斂，但六爻之占斷皆為「无咎」，以聚斂為正當的意思甚明顯。即使在今日，各國國民也都有向政府繳稅的義務，這與古代的聚斂，方式雖不同，但意義上古今相貫。依事先約定，合理的聚斂，完全是文明社會所必

要的。對比古今，現代社會做買賣，賺價差，收租金，放貸生息等生財之道，何嘗不也是一種聚歛？此類聚歛，放在萃卦爻辭中，將會解讀出更豐富的現代意義。

考證及討論

有關於古代的徵歛制度，孟子・滕文公上有一段話頗可參考：「夏后氏五十而貢，殷人七十而助，周人百畝而徹，其實皆什一也。徹者，徹也；助者，藉也」。這裡明確說出貢、助、徹三種以公權力徵歛萃聚的方式。有關此三種方式的說明，傳統注疏甚含混且有爭議處。焦循孟子正義雖作了一翻整理，但乃未能清爽。[13]今試依先秦文獻並參考現代學者意見澄清如下：

(一)貢

貢指下對上的進獻。說文：「貢，獻功也。從貝工聲。從下獻上之稱」。貢指事先定好額度，每隔一段期間，下級須向上級繳納提供一定數量的糧食、物資、土產、珍寶及至人力等。所以庶眾向國君納貢，諸侯向天子納貢，如此層層向上貢獻。在古代尤其以把物品進獻給天子稱之為「貢」。尚書即有禹貢篇，相當詳細的敘述夏禹所建立的邦國諸侯納貢制度，禹貢篇成書年代及可信度雖有爭議，但若視之為周人對夏代的認識及追記應屬可信。[14]史記・夏本紀也有類似的記載，太史公並總結曰：「自虞夏時，貢賦備矣。」

周禮・天官冢宰指出：大宰職掌徵召諸侯進貢給周天子的物類共分九種，稱為九貢，分別是祭祀用品、禮賓用品、製器原料、皮帛、木材、金玉、布疋、玩賞物件及當地土產等。[15]

---

13 參看焦循《孟子正義》，北京：中華書局，1987年，頁334-338。
14 《尚書・禹貢》成書年代歷來多有爭論，有西周說、春秋說、戰國說、秦漢說等，多數學者認為是戰國時代著作。
15 《周禮・天官冢宰》「以九貢致邦國之用：一曰祀貢，二曰嬪貢，三曰器貢，四曰幣貢，五曰材貢，六曰貨貢，七曰服貢，八曰游貢，九曰物貢。」

　　左傳‧昭公十三年也記載：春秋平丘會盟時，鄭國子產對於鄭國貢賦額度之多寡有所爭議，說：「昔天子班貢，輕重以列，列尊貢重，周之制也」。此可見自夏至周，貢賦是一直都存在的一種徵斂的方式。

　　貢賦之法最大的特色是就事先定好徵斂的額度。以農作物為例，即所謂「貢者校數歲之中以為常」，[16]即依若干年收成之均數，預先訂定額度，納貢者不論收成好壞都必須依額度繳納。

(二)助

　　助為借助，即借民力以助耕公田。例如古代文獻中所說的井田制度，據孟子‧滕文公上所述：「方里而井，井九百畝，其中為公田。八家皆私百畝，同養公田。公事畢，然後敢治私事，所以別野人也」。此將古代井田制度做了相當完整的說明。穀梁傳‧宣公十五年也說：「古者三百步為里，名曰井田。井田者，九百畝，公田居一」。井田制是否曾真實施行，或僅止是治國的理想，此事尚有爭議。不過，古代確實有公田、私田之分。詩經‧小雅‧大田：「雨我公田，遂及我私」即為明證。貴族有田地，人民有勞動力，貴族將田地分給人民耕種，公田收成歸貴族，私田收成歸耕者，此即以助為賦。

　　孟子說：「助者，藉也」，藉通借，亦通籍，借助即藉助。西周有藉田之制，並行藉田之禮（藉禮），禮記‧祭義載：「天子為藉千畝」；「諸侯為藉百畝」，即徵用千畝或百畝之田，由君主於其上，率臣民一同耕種，親耕以勸農，並有相關的種種儀式，稱為藉禮。在千畝田地上，天子象徵性耕翻一回田土，隨行臣工象徵性耕翻三回，後由庶民完成千畝之耕。[17]此田即為公田，公田日後之

---

16 《孟子‧滕文公上》「龍子曰：治地莫善於助，莫不善於貢。貢者校數歲之中以為常。」
17 《國語‧周語》「王耕一墢，班三之，庶民終于千畝。」

收成即歸貴族所有。天子如此，諸侯如此，大夫亦如此，只是規模之大小不同而已。楊寬著有籍禮新探[18]，對藉（籍）田，藉（籍）禮之考證及說明甚詳。楊寬認為，藉禮來自遠古原始公社氏族聚落，由族長或長老帶頭進行的集體耕作。[19]

以助為賦稅的最大特色就是以力為賦，庶民只管出力耕種公田，賦稅也只限於公田的收成，私田的收成則歸己有。當然，如何公平分配公田與私田，並監督農民努力耕種公田，是助法必須克服的難題。

(三)徹

孟子說：「徹者，徹也」，前一徹字為專有名詞，指稅賦之制，後一徹字為形容詞，指此制為通行之法。[20]此法之主要內容，孟子亦明白指出即收成之十中取一，即所謂「周人百畝而徹，其實皆什一也。」

以徹為賦稅的最大特色就是按一定的比例徵歛農穫，也就是按田畝收成賦稅。雖說以十中取一為通則，但並非就一成不變，統治者極可能因應需要而調整徵歛的成數。例如論語記載：魯哀公問有若，收成不好賦稅不足，怎麼辦？有若建議用「徹」之法，十中取一。哀公卻埋怨十中取二都不足，何況十中取一。[21]此可見春秋時已逐漸棄用原有的藉田之法，而改用按田畝賦稅之法。

那麼，這個轉變是何時開始的呢？文獻上可找出兩個線索：一是國語·周語有「宣王即位，不籍千畝」之說；二是春秋·魯宣公十五年記載魯國「初稅畝」。周宣王即位時（公元前828年），西周經厲王奔彘之亂，國內秩序已無力實施藉禮，藉田制度也面臨考

---

18 收錄於楊寬《西周史》（上），頁288-303。
19 同上。
20 《說文》「徹，通也」，段王裁引鄭玄語曰：「徹，通也。為天下通法也」。
21 《論語·顏淵》「哀公問於有若曰：『年饑，用不足，如之何？』有若對曰：『盍徹乎』。曰『二，吾猶不足，如之何其徹也？』對曰：『百姓足，君孰與不足？百姓不足，君孰與足？』」朱熹注：「周法什一而稅謂之徹，徹，通也，為天下之通法。」

驗，所以宣王「不籍千畝」。魯國「初稅畝」，公羊傳曰：「初稅
畝。初者何？始也。稅畝者何？履畝而稅也」；穀梁傳曰：「初者
始也。古者什一，藉而不稅。初稅畝，非正也」。二傳意思相通，
皆以魯宣公十五年（公元前594年），魯國開始計「畝」徵稅，即
以每畝的收成數抽稅。在此之前，則徵斂以藉田（公田），不以畝
稅，每以說「藉而不稅」。此可見自周宣王「不籍千畝」，至魯宣
公「初稅畝」，歷經兩百年的演變，藉法逐漸轉變，終而徹底崩潰
了。

　　從以上分析，再看孟子夏貢、殷助、周徹的說法，可能需要
略作調整。雖說貢法夏代便有，助法自殷代開始，但有周一代應是
貢、助、徹三種方式都有實施的，西周時以貢及助為主，春秋以後
逐漸採徹法，但也非必是十中取一，稅率似有漸加重的趨勢。

　　再進一步分析，易經卦爻辭既然形成於周初，敘事辭多述殷
周之事，萃卦中的聚斂，主要應是指貢與助（藉）。但助法之賦稅
僅在公田收成，並無加徵或催收等問題，所以卦爻辭中所述之聚
斂，應是就貢賦而說，也就是最古老，最直接，也最粗暴的聚斂方
式。這種聚斂方式，可用於任何上對下的關係，不單是貴族向庶眾
要求貢獻，天子也向諸侯國，國君也向大夫家要求貢獻。所聚斂之
物，也不限於農作收成，一切財貨、人丁、勞役等，也一概可為徵
斂的對象。

　　在這樣的理解之下，回頭再讀萃卦爻辭應能有更多的體會。例
如初爻「乃亂乃萃。若號，一握為笑。勿恤。往无咎」更像是大貴
族對小貴族要求更多的貢獻時的情境，所以才會有「一握為笑」、
「往无咎」等，在語境中顯示出貴族之間的情誼，以及前往進貢時
的心情。

46・升卦（地風升）

䷭升元亨用見大人勿恤南征吉。初六允升大吉。九二孚乃利用禴无咎。九三升虛邑。六四王用亨于岐山吉无咎。六五貞吉升階。上六冥升利于不息之貞。

卦名卦畫卦旨

升，升高，上升。升通昇，說文：「昇，日上也。从日升聲。古只用升」。上古以升爲昇，昇字爲後出。例如詩經：「升彼虛矣，以望楚矣」（鄘風・定之方中）；「如月之恒，如日之升」（小雅・天保）。

升卦，易經帛書本作登卦。升通登，[1]也可解釋爲收成，例如論語・陽貨說：「新穀既升」；禮記說：「年穀不登」。所以升又有收成的意思，五穀豐登即五穀豐收。

升卦下巽上坤，坤爲地，巽爲風，爲木。樹木埋在地下，必生長向上升高，以此喻上升之意義甚是明顯，故以地風（䷭下巽上坤）象徵升卦。

升卦在說往上升高，升高可以是身體之登高，也可以是地位之晉升或官位的升遷，升卦爻辭這幾種意思都有。古代在上位者坐在較高處俯視臣民，中外皆然，身體位置的高，就象徵身分地位的高。宇宙中位置最高的爲天帝，所以升卦又與祭祀有關。

升卦與晉卦都與向上晉升有關。就人事上來說，晉與升都有加官進祿，提高地位的意思。就空間上來說，升是上升，是垂直上下的移動；晉是前進，是水平前後的移動。

---

1 《儀禮・喪服》「衰三升」，鄭玄注：「升字當爲登。登，成也。」

卦爻辭解讀

升：元亨。用見大人，勿恤。南征吉。

語譯：升卦。最亨通。用以拜見長官大人。不必擔憂。往南出行則
吉。

解讀：

升卦，處於登高上升的態勢或格局。升為上升，升至最高處可
以通天，所以說「元亨」。大人在上，欲見大人必須升階向前，所
以說「用見大人」。見大人宜保持平常心，不用過分憂慮。所以占
斷為「勿恤」。

易經中往南或西南多得利，如蹇卦及解卦之卦辭都說「利西
南」，明夷卦九三「明夷于南狩，得其大首」。此蓋與當時商、周
的地理形勢有關，未必適用於今日。[2]「南征吉」不妨理解為適
合出遠門，出遠門或向外發展要選對方向。

初六・允升。大吉。

語譯：允當而升。大為吉祥。

解讀：

「允」為允當，字義如同晉卦六三「眾允」之允。高升，而
且為允當之升，故占斷為「大吉」。

九二・孚乃利用禴。无咎。

語譯：虔誠就適宜舉行薄祭。沒有咎難。

解讀：

「孚乃利用禴」也出現在萃卦六二，文句相同，文義亦應相
同。唯此在升卦之下，應就升的處境解讀，此升亦可理解為「新

2　可參考蹇卦卦辭解讀及〈考證與討論〉。

穀既升」³之升，指農作物的收成。⁴要期待好收成就得要進獻天地鬼神，這正是先民純樸的宇宙觀。易經主張薄祭⁵，此又得一例證。

九三・升虛⁶邑。

語譯：登上高處的城邑。

解讀：

「虛」通墟，爲大土丘。古代爲防水患並利防守，都邑多築於地勢較高處。此處「升」即登高，往上走。

六四・王用亨于岐山。吉，无咎。

語譯：君王在岐山進行祭獻。吉祥，沒有咎難。

解讀：

此「亨」爲享，指進獻並受用。⁷「王用亨于西山」也在隨卦上六出現。古公亶父，周文王的祖父，爲避戎狄之患，遷族人於岐山之下。⁸岐下正是周文王的發祥地。文王在世時爲西伯，武王追謚西伯爲文王，公季爲王季，古公爲太王。⁹依易經成書之可能年代推估，「王用亨于岐山」可以指太王、王季、文王或武王，¹⁰登岐山以祭祀。

---

3 《論語・陽貨》宰我問三年之喪：「舊穀既沒，新穀既升，鑽燧改火，期可已矣。」
4 若此將「升」解釋爲晉升或升遷，恐與禘祭不合，禘祭爲天子之祭。天子爲人間之最高位，無位可升。
5 可參考觀卦之〈考證與討論〉。
6 虛：通墟，高地，大土山。《說文》「虛，大丘也。崑崙丘謂之崑崙虛。古者九夫爲井，四井爲邑，四邑爲丘。丘謂之虛」。段玉裁注：「按，虛者，今之墟字。……虛本謂大丘，大則空曠，故引申之爲空虛。如魯少皥之虛，衛顓頊之虛，陳大皥之虛，鄭祝融之虛，皆本帝都。故謂之虛」。虛之本義爲高地，例如《詩經》「升彼虛矣，以望楚矣。」
7 參考萃卦卦辭「亨王假有廟」的解讀。
8 《史記・周本紀》「遂去豳，度漆、沮，踰梁山，止於岐下。豳人舉國扶老攜弱，盡復歸古公於岐下。」
9 《史記・周本紀》「西伯崩，太子發立，是爲武王……謚（西伯）爲文王。改法度，制正朔矣。追尊古公爲太王，公季爲王季：蓋王瑞自太王興。」
10 參考隨卦上六「王用亨于西山」，此王極有可能是文王，登岐山以祭獻祈福。

　　斷占辭「吉，无咎」顯示，周王此次登高祭祀，過程圓滿，天降吉祥。「吉」指結果致吉，「無咎」指過程圓滿，無可咎責。

六五‧貞吉。升階[11]。

語譯：所問之事吉。登上臺階。

解讀：

　　「升階」就是登階，登上臺階，象徵地位往上升。所以說「貞吉」。

上六‧冥升。利于不息之貞。

語譯：幽暗中進升。利於貞問需長久進行之事。

解讀：

　　「冥」為幽暗，在此不是指光線上的暗，而是指不為人知的暗。「冥升」即是暗中努力，悄然進升。暗中努力，不驚動他人，此有利於持久進行，所以說「利于不息之貞」，「不息」指不停止。

升卦通解

　　升為登，人事升遷是升，登高往上是升，農作收成登場也是升。升卦卦爻辭這些涵意都有涉及到。升遷及收成都是值得祭祀祈福之事。古人築土設壇以為祭場，祭祀必登高處以通鬼神，所以升卦卦爻辭又多與祭祀有關。

　　升卦卦辭以「用見大人」來襯托升遷。初爻「允升」直接指人事之升遷。二爻以升為登，「孚乃利用禴」為祈禱收成而祭祀。三爻「升虛邑」、四爻「王用亨于岐山」及五爻「升階」都在說登高。其中四爻又與祭祀相關，五爻又以登階象徵高升。上爻「冥

---

11 階：臺階，引申為等級，上進。《說文》「階，陛也」；「陛，升高階也」。《玉篇》「陛，天子階也」。古代建築上位者必坐於高處。

升」則指暗中努力於晉升之事。

　　晉升是好事，收成是好事，祭祀也是祈求好事。升卦占斷多言
「吉」或「无咎」，且無負面之辭，可以算得是吉卦。

考證及討論

　　升卦九二與萃卦六二皆有「孚乃利用禴」，文字重複。此現
象也出現在泰卦初九與否卦初六重複出現「拔茅茹以其彙征吉」；
另損卦六五及益卦六二重複出現「或益之十朋之龜」。升卦與萃卦
互爲反卦，泰卦與否卦互爲反對，損卦及益卦也是互爲反卦。這
也顯示易經作者在編撰爻辭時，已經注意到了卦畫的對反關係，或
說，已經先確立了易經六十四卦的卦序的一些原則。六十四卦兩兩
一組，共有三十六組，每一組非覆即變，[12] 有些卦的義旨在單獨看
該卦時並不完全展現，必須成對的看才能有所體會，例如乾卦與坤
卦，師卦與比卦，泰卦與否卦，損卦及益卦，漸卦與歸妹卦等。成
對的來看六十四卦，更能體會易經編排的苦心及其中的趣味。

　　升卦與萃卦合看，以升爲收成的意向更加突顯。有收成才可聚
斂，好的收成帶來順利的聚斂，若遇災荒欠收，不但聚斂不成，反
而要開倉賑糧了。

---

12 《周易正義》「二二相偶，非覆即變」。覆指上下顛倒，又稱綜卦或反卦。變指陰陽
　互變，又稱錯卦或對卦。

47・困卦（澤水困）

䷮困亨貞大人吉无咎有言不信。初六臀困于株木入于幽谷三歲不覿。九二困于酒食朱紱方來利用享祀征凶无咎。六三困于石據于蒺藜入于其宮不見其妻凶。九四來徐徐困于金車吝有終。九五劓刖困于赤紱乃徐有說利用祭祀。上六困于葛藟于臲卼曰動悔有悔征吉。

卦名卦畫卦旨

　　困，困難，困境。說文：「困，故廬也」，故廬即從前的廬屋。上古人類居室簡陋，一般庶眾都是半穴居，堀地為豎穴，中立木柱，上覆茅蘆為頂，四周蘆葦抹泥為牆，是為廬屋。廬屋中之木柱為屋牆所圍困，不得伸展。此為困之本義。引申為無法擺脫的艱苦環境或心境，如困苦、困厄、困擾、困窘等。[1]

　　困卦下坎上兌，兌為澤，坎為水。水為澤所困，不得宣泄，故以澤水（䷮下坎上兌）象徵困卦。

　　困卦在說困境，困境是一種束縛，使人無法自由施展。人可能受困於外在的環境，也可為自己的心境所困，更可能是環境與心境彼此糾纏而無法擺脫，這些都是困境。困卦卦爻辭涉及各式困境的描述，並巧妙的暗示，唯有信仰及行動，才是解脫困境之道。

卦爻辭解讀

困：亨。貞大人吉。无咎。有言不信。
語譯：困卦。亨通。問長官大人則吉。沒有咎難。有閒言不要相信。

1　《康熙字典・困》引《六書本義》「木在口中，木不得申也，借為窮困，病困之義。」

解讀：

困卦，處於困境之中。困爲困境，無路可走，無計可施，陷在艱難而且無力擺脫的環境中。「亨」指困而亨，處人間困境，應獻享祭祀祈以求開通。也可以求助長官大人，借助大人之力開脫，所以說「貞大人吉」。「貞大人」就是問大人，求教於大人有助於脫困致吉。斷占辭「无咎」安慰之意甚濃，雖困而無咎，處境雖然困窘，但也不至於更糟。「有言」之「言」爲閒言，小道消息，非正式談話。人於困窘之時，急於脫困，對各種小道消息總是特別敏感，結果往往陷入更深的困境。「有言不信」正是對處於困境者的深刻告誡。

初六·臀困于株[2]木。入于幽谷，三歲不覿[3]。

語譯：臀部困坐在斷木幹上。進入幽暗山谷中，三年不見人跡。

解讀：

「株木」爲樹根形成的天然木樁，「臀困于株木」在形容困坐在樹林之中。「幽谷」正形容此森林之茂密，不見天日。「三年」在形容所困時間之長，「不覿」在說明此林罕見人煙。既然說「困于」，此必非出於自願，可能是避難或遭人放逐，不得不遠離人群。

九二·困于酒食，朱紱[4]方來。利用享祀。征凶，无咎。

語譯：受困在酒食飲宴之中，穿朱紅官服的人剛剛來。利於進獻祭

2　株：樹樁，露出地面之上的樹根幹。《說文》「株，木根也」，徐鍇繫傳曰：「在土曰根，在土上曰株。」

3　覿：讀作迪，看見，見面。《說文新附》「覿，見也」。例如：《論語·鄉黨》「私覿，愉愉如也。」

4　紱：讀作服，用以蔽護膝蓋的大巾，又寫作芾、韍或韨。《說文》「韍，蠻夷衣。一曰蔽膝」。芾古寫作市，《說文》「市，韠也。上古衣蔽前而已，市以象之。天子朱市，諸侯赤市，大夫蔥衡。从巾，象連帶之形」。朱紱泛指官服或仕途，《詩經》作朱芾或赤芾，例如「朱芾斯黃，室家君王」（小雅·斯干）；「彼其之子，三百赤芾」（曹風·候人），鄭玄箋：「大夫以上，赤芾乘軒」。軒爲有車廂的車輛。

祀。遠行有凶險，沒有咎難。

解讀：

　　「困于酒食」即困於酒食應酬，不勝負荷。「朱紱」指穿朱紅命服的官員。「朱紱方來」說明了之所以「困於酒食」，是為了招待這些權貴們。以酒食應酬權貴，必有所圖，有所圖不忘祭祀祈福，所以「利用享祀」。應酬權貴，祭獻鬼神，表示大事未定。大事未定時不宜出遠門辦事，所以占斷為「征凶」；要安心等待結果，所以占斷為「无咎」。

六三・困于石，據⁵于蒺藜⁶。入于其宮⁷，不見其妻。凶。

語譯：受困在大石堆中。倚靠在蒺藜上。進入自家屋內，見不到妻子。凶險。

解讀：

　　「據」為依靠；「蒺藜」為草本植物，莖柔軟貼地，果實有刺。「困于石」象徵四面受阻，堅如石壁。「據于蒺藜」象徵所依憑者低矮無力，而且傷人。「宮」為房舍，「不見其妻」顯示此宮指家居之所。

　　在外四處碰壁，堅硬如石，尋求依靠又柔弱帶刺，回到家裡發現主持中饋的妻子不見了。此內外交困，可謂困境之甚，而且暗藏凶險。所以占斷「凶」。

九四・來徐徐，困于金車。吝。有終。

語譯：徐緩而來，受困在金車中。困窘，終有好結果。

5　據：依靠，憑藉。《說文》「據，杖持也。」
6　蒺藜為草本植物之名，可入藥。莖柔軟匍匐於地，果實有刺。《晉書・五行志》「蒺藜有刺，不可踐而行。」
7　宮：房室的通稱。《說文》「宮，室也」；《爾雅・釋宮》「宮謂之室，室謂之宮」。

解讀：

　　車是君子代步的工具，也是身分的象徵。「金車」尤其象徵乘車者身分的高貴。[8]「來徐徐」形容金車行進受困，行進遲緩的樣子。行進遲緩造成時間上的窘迫，但終會達到目的地。所以占斷爲「吝。有終。」

九五・劓刖，困于赤紱，乃徐有説。利用祭祀。

語譯：削鼻砍腳，受困於穿大紅官服的人，此需徐緩處理才能脱困。利於進行祭祀。

解讀：

　　「劓」爲割鼻之刑，「刖」爲斷足之刑。劓刖合用，泛指獲此罪或受此肉刑者。古代人權並無法律予以充分保障，國君乃至大夫，對封邑內的臣民奴僕有生殺之權，更何況削鼻截足。「困于赤紱」正說明所以獲「劓刖」之罪刑，很可能是得罪了長官大人，爲長官大人所困。

　　「說」爲脱，要擺脱「劓刖」之罰，不妨徐緩進行。進行何事？當然是賄賂左右，上下打點，此所以說「利用祭祀」。一方面祭祀以祈福，另一方面藉祭祀以暗示進獻財物，進獻財物給大人以供大人祭祀。

上六・困于葛藟[9]，于臲卼[10]。曰動悔有悔。征吉。

語譯：受困於藤蔓糾纏中。處於惶惶不安中。此若有行動又懊悔，則會有所悔恨。遠行吉祥。

8　「金」在卦爻辭中常用以形容貴重，例如蒙卦六三「見金夫」；噬嗑卦九四「得金矢」；鼎卦六五「金鉉」。

9　藟：讀作壘，藤葛類蔓草名。葛藟用以比喻糾纏不清的關係。

10　臲卼，讀作鎳兀，又寫作陧阢或阢陧，爲聯綿詞，形容惶惶不安，動搖不安。《博雅》「卼，危也。臲卼，同阢陧」。《尚書・秦誓》「邦之杌陧，曰由一人。」

解讀：

「葛藟」藤葛類蔓草名，藤葛蔓草相互糾纏；「臲卼」讀作鎳兀，形容惶惶不安的樣子。「困于葛藟，于臲卼」即指為事態糾纏不清所困，內心惶惶不安。

「曰」為發語詞，用於句首以起下文。[11]「動悔」之「動」指採取行動，「悔」指對所採取之行動懊悔。「動悔有悔」指若「動悔」則「有悔」，若對所採取之行動懊悔則會有所悔恨，此為對事態糾葛心意不定時的警告。若為事態糾纏所苦時，必須採取行動，而且心意要堅定。此時適合出遠門，離開糾纏的事情。所以占斷為「征吉」。

困卦通解

困卦在說困境，卦爻辭皆與受困有關。包括環境上的及心靈上的困境，以及受困時的自處之道。

六爻爻辭正是在敘述六種不同的困境，並配合多樣化的象徵。初爻「困于株木」以幽谷象徵遠離人群，此為時局所困，自絕於社會。二爻「困于酒食」以酒食象徵應酬，此為應酬所困，終朝每日送往迎來，日夜飲宴。三爻「困于石」以石、蒺藜、妻子等象徵四處碰壁，無所依靠，內外交困，是為絕境之困。四爻「困于金車」以行道受阻象徵宦途不順，是為有志難伸之困。五爻「困于赤紱」有受刑之虞，以此暗指幕後的權貴，此受困於權勢。上爻「困于葛藟」以藤蔓象徵事情糾纏，此受困於心思混亂不能決斷。卦辭「亨。貞大人吉」顯示，處於困境時宜向外求助，或溝通鬼神以祈福，或求教人間權貴、長官大人，以尋脫困之道。

困卦雖因困窘而身心受限，不得自由施展，但未必就是凶。不同的困境，必有對應之脫困或處困之道，此中頗堪玩味。例如二爻

---

11 例如《尚書・堯典》「曰若稽古帝堯」。參看大畜九三「曰閑輿衛」。

占斷爲「征凶」，上爻占斷爲「征吉」，同是困境，二爻「困于酒食」不得脫身於酬酢中，正是活躍得意之時，自應穩固現有資源，不宜遠離妄動。上爻「困于葛藟」諸事糾纏不清，必須斷然採取行動，遠離是非糾纏之所。前者征凶，後者征吉，皆是因爲困境之不同而有所差異。

　　困卦與屯卦、蹇卦都在說艱難，但處境有大差異。屯卦說萬事起頭之難，初生之苗、待乳之獸、草創之國，都易遭摧折，此所以難。蹇卦在說路途艱難，雖有目標、有方法、有出路，但非披荊斬棘不能克服，此所以難。困卦在說身受束縛困坐愁城之難，無法可施、無路可走、一籌莫展，此所以難。

48 · 井卦（水風井）

䷯井改邑不改井无喪无得往來井井汔至亦未繘井羸其瓶凶。初六井泥不食舊井无禽。九二井谷射鮒甕敝漏。九三井渫不食爲我心惻可用汲王明並受其福。六四井甃无咎。九五井冽寒泉食。上六井收勿幕有孚元吉。

卦名卦畫卦旨

　　井，水井。井是象形字，中空部分爲人工開鑿以取地下水的深坑，爲避免人墜入其中，四周設有護欄。說文：「井，八家一井」，此以井爲中心，井之四周有八戶人家共用，八應是來自井字圖象之暗示，並非定制，只是以此「八」說明一井爲多家所共用。不論如何，在古代，井作爲公共建設的意思是很明顯的。井供眾人使用，其開鑿、維護及使用，皆事關公眾。

　　井卦下巽上坎，坎爲水，巽爲風、爲木。以木盛水，木下而水上，此爲臨井以木桶汲水向上之象，故以水風（䷯下巽上坎）象徵井卦。

　　井卦在藉井以說公眾事務，其卦爻辭皆與井有關。井之建造、維護及使用，可以說是古代公眾事務的縮影。井的發明，對人類文明的發展有極大的影響，井也是最古老的公共工程，可追溯至堯、舜、大禹的時代。早期人類的生活，必須濱水而居，或在湖澤之畔，或在溪河沿岸處。但湖澤河川等水流匯集之處，必也是較低窪之處，易爲洪水所吞沒。洪水來時，水岸邊災情之速之猛，也是可以想像得到的，古人濱水而居必常受水患之苦。傳說中禹的父親，鯀，奉堯之命治理洪水。鯀以圍堵的方式築堤治水，但遭失

敗，禹改以疏導的方式，廣開溝渠[1]，乃得成功。傳說中，井就是輔佐大禹治水的伯益所發明的。[2]井及溝渠的發明，使得人群可以居住在離水岸較遠地方，因而大有益於遠離水患。

⬛ 卦爻辭解讀 ⬛

井：改邑不改井。无喪无得。往來井井。汔[3]至亦未繘[4]井，羸[5]其瓶。凶。

語譯：井卦。城邑可以遷，水井不能移。井供水，但本身沒有失去也沒有獲得。人在井邊往來井然有序。井已乾涸堵塞，也無人用繩汲水，井邊的瓶甕相互纏繞不堪使用。凶險。

解讀：

　　井卦，以井代表與公眾事務有關的處境。卦辭可分前段與後段兩部分，前段說井的特性，後半部在說一個失修的廢井。

　　城邑可以搬遷，井卻不能移動，所以說「改邑不改井」。井水不因有人汲取而變少，也不因為無人汲取而增加，所以說「无喪无得」。井為眾人所共用，井邊汲水要有一定的秩序，所以說「往來井井」。以上三點都是對「井」之特色的描述：人來遷就井，井水不可度量，井是公眾事物。

　　「汔」為乾涸；「至」通窒，閉塞不通；「繘」為汲井的繩索[6]，「汔至亦未繘井」在形容井眼不通，井水枯乾，也沒有人整修，已不堪使用。「羸」通縲，為纏繞，「羸其瓶」指井繩與井邊

1　《論語・泰伯》「卑宮室，而盡力乎溝洫。禹，吾無間然矣。」
2　《呂氏・勿躬》「伯益作井。」
3　汔：讀作乞，水乾涸。《說文》「汔，水涸也。或曰泣下。从水气聲。」
4　繘：讀作橘，本義是汲井的繩索。《說文》「繘，綆也。从糸矞聲」。繘又通矞，以錐穿物。《說文》「矞，以錐有所穿也。从矛从冏」。參考高亨《周易古經今注》，頁184。
5　「羸」之字義可參看大壯卦九三「羝羊觸藩。羸其角。」
6　「繘井」可以指以繩汲井水；也可以理解為「矞井」，即以錐穿井，使堵塞之井通暢。井若不通即無法以繩汲水，兩種解釋雖異但結論相通。

盛水的瓶甕相互纏繞，此皆顯示井及汲水的器具皆已破敗，長久無人使用。井是鄰里的水源，井的破敗廢棄，象徵原來住在井邊的居民已然離去。何以離去？此中必有不祥，所以占斷爲「凶」。

初六・井泥不食，舊井无禽[7]。

語譯：井有淤泥，井水不能食用，廢棄之舊井鳥獸不來。

解讀：

「井泥」指井底的汙泥；「不食」指井水不堪人之食用。「禽」泛指野生的鳥獸動物。此井不但無水可供人飲用，連鳥獸也不來，可見汙穢乾涸之甚。爲澈底廢棄無用之舊井。

九二・井谷射[8]鮒[9]。甕敝漏。

語譯：井底可以看到小魚。水甕破漏。

解讀：

「鮒」爲小魚，「射鮒」傳統以「射」爲「注」[10]，「射鮒」即注小魚於井內，井底養魚。唯「射」也可理解爲一種以中的爲目的之遊戲，「射鮒」當然不可能是以弓矢射小魚，但可以是以井底小魚爲對象的遊戲，例如猜小魚的數目或觀看其游向等，也是一個合理的解釋。總之，至少井邊已有人，而且人可以看到井底的小魚。[11]「井谷射鮒」及「甕敝漏」皆在形容此井雖有水，但仍

---

7 禽，飛禽走獸。《說文》「禽，走獸總名」。禽之原意爲走獸，引申爲鳥、獸的總稱。

8 射：古寫作躲。《說文》「躲，弓弩發於身而中於遠也。从矢从身」。本義爲引弓射矢。射爲古代六藝之一，也是一種競技遊戲，例如《論語・八佾》「君子無所爭，必也射乎」。自此引申，稱各種以中的爲目的之遊戲爲射，例如如投壺、射覆等。《禮記・投壺》「投壺之禮，主人奉矢，司射奉中，使人執壺。」

9 鮒：讀作付，小魚，活動於水中的小生物。《說文》「鮒，魚名。从魚付聲」。《莊子・外物》「周顧視車轍中，有鮒魚焉」，鮒可藏於車轍之中，其小可知。《爾雅翼》「鮒似鯉色黑而體促肚大而脊隆今謂之鯽魚」；《周易正義》引《子夏傳》「井中蝦蟆，呼爲鮒魚也」，此備一說。

10 程頤《易程傳》「射，注也。如谷之下流，注於鮒也。」

11 《春秋・隱公》「五年春，公矢魚于棠」，《左傳》釋此爲「陳魚而觀之」，矢魚可理解爲射魚，此或可解釋射鮒與觀鮒之間的關係。

無人使用，也不堪使用。

九三・井渫[12]不食，爲我心惻[13]，可用汲。王明，並受其福。

語譯：井已淘清，但無人飲用，爲此我內心悲傷，可以來汲水了。我王英明，並願我王受到福佑。

解讀：

「渫」爲清理，「井渫」指井已清通。井底有泥或井眼閉塞，所以要疏通清理。廢井在淘清汙泥之後，就有井水可供食用，這本來是一件好事，但人們卻仍不肯接受。「井渫不食」即在描述這種做了好事卻不被欣賞不被接受的情境。「渫井」之人雖然和大家說明「可用汲」，無奈眾人仍是「不食」，渫井人受此委曲而傷心，所以說「爲我心惻」。

碰到這種情況應如何處理？稟呈上級不失爲一個合理的方式。「王明並受其福」指此將事稟報君王，使君王明白井水已可食用，並將此成就歸功於君王的福佑。

整治廢井不是什麼國家大事，以此稟告君王，只能說上古時代小國寡民的事跡。但若從象徵意義來看，廢井象徵廢臣，「井渫不食」也正象徵一個廢臣改過自新後卻仍不爲君王所接受。故藉此表明心跡，所以說「王明，並受其福。」

六四・井甃[14]。无咎。

語譯：井壁砌上磚石。沒有咎難。

解讀：

「甃」指磚砌的井壁，井壁及井垣砌上磚石可使井的構造更堅實，並使井水更清潔。此使事情更好，自然沒有咎難，所以占斷

---

12 渫：讀作泄，排泄，除去汙穢，淘去泥汙。《說文》「渫，除去也。」
13 惻：悲痛。《說文》「惻，痛也。」
14 甃：讀作宙，磚砌的井壁；以磚砌井。《說文》「甃，井壁也。從瓦秋聲」。《莊子·秋水》「吾跳梁乎井幹之上，入休乎缺甃之崖」，缺甃之崖即有磚塊缺漏的井壁。

爲「无咎」。

九五・井洌[15]。寒泉食。

語譯：井水清洌。好喝如清涼泉水。

解讀：

「洌」形容水之清冷。「寒泉食」用以形容井水如泉水般的清涼。水質之改善當與水井整治之成效有關。

上六・井收勿幕[16]。有孚。元吉。

語譯：井口汲水收繩，但不要蓋上井蓋。有信兆。最吉祥。

解讀：

「幕」爲遮蓋，井口爲防止雜物掉落井中，設有井蓋。「勿幕」即汲水收繩後不要蓋上井蓋。爲什麼不要蓋？因爲後面還有人排隊等著汲水。此象徵井邊往來興旺，汲水的人絡繹不絕。此正是興旺的徵兆，所以占斷爲「元吉」。

井卦通解

井是非常具體的人造物，井的建造及使用也是極古老的公共事務。井卦之卦爻辭即緊扣著井本身及其整治與使用。井卦可以說是六十四卦中，最爲寫實的一篇。

首先，卦辭以「改邑不改井。无喪无得。往來井井」敘述井之爲物的具體特性，並以「汔至亦未繘井，羸其瓶」描繪一座無人用的廢井。接著六爻依序訴說一座舊井由澈底荒廢，經數次整修，直到爲眾人所愛用的過程。

初爻「井泥不食，舊井无禽」正是描述一座汙泥混濁，鳥獸不至的廢井。二爻「井谷射鮒」顯示井底的汙泥已略清除，水質已

---

15 洌，水清冷。《說文》「洌，水清也」。洌通冽，段玉裁注：「毛詩有洌無冽，『洌彼下泉』，傳云：洌，寒也。」

16 幕：遮罩，覆蓋。《說文》「幕，帷在上曰幕」。幕原義爲覆蓋在帷帳之上的布。引申爲遮蓋。《周禮・天官冢宰》「幕人：掌帷、幕、幄、帟、綬之事。」

經可以養活小魚，但仍不堪供人飲用。三爻「井渫不食」、「可用汲」說明此井再繼續整治，井水已經可以供人飲用，但眾人仍然心存疑慮。四爻「井甃」更進一步將井壁及井垣砌上磚石。五爻「井冽」說明治井的成效，井水清涼甘甜，勝似泉水。上爻「井收勿幕」顯示眾人到井邊依序汲水，人群又重新聚集在井邊。

　　回到卦辭「改邑不改井」，井是不能移動的，但人會移動。一口好井的水，會引人聚集而成為小邑。井水一旦汙穢或乾枯，人也就會逐漸離去而不成邑。人的離去更導至井的失修惡化，終成為廢井與空巷。此時若有人發願修井，開始時或許不能受到肯定，但只要井水恢復清冽，邑人終究會回來，重新聚集在井邊。井卦卦爻辭就是在敘述人以井為中心的聚散過程，並以此引申出多樣的象徵意義。

49・革卦（澤火革）

☱革巳日乃孚元亨利貞悔亡。初九鞏用黃牛之革。六二巳日乃革之征吉无咎。九三征凶貞屬革言三就有孚。九四悔亡有孚改命吉。九五大人虎變未占有孚。上六君子豹變小人革面征凶居貞吉。

卦名卦畫卦旨

　　革，皮革，變革。說文：「革，獸皮治去其毛」。革之原意爲皮革之革，獸皮去其毛，其外觀及性質有根本的改變而成爲皮革，故引申爲變革之革，革命之革。變革不只是改變，而且是劇烈的、本質上的改變。

　　革卦下離上兌，兌爲澤，離爲火，火在水澤之中。澤中之火，無法長久，必將會有根本性的改變。故以澤火（☱下離上兌）象徵革卦。

　　革卦主要在說變革，其卦爻辭雖也涉及皮革，但以變革爲主，尤其是大的變革，如改朝換代的變革，天命更替的變革。

卦爻辭解讀

革：巳日[1]乃孚。元亨。利貞。悔亡。

語譯：革卦。巳日乃得信驗。最亨通。利於貞問。懊惱消亡。

解讀：

　　革卦，處於變革的態勢或格局。革爲變革，變革是時機，也

1　巳：地支排名第六。巳日即第六日。「巳」也有版本作「已」（如王弼本），或「己」（如今人陳鼓應，趙建偉《周易注譯與研究》）。己爲天干排名第六，古代以天干地支計時日，「巳日」與「己日」皆爲第六日。王弼《周易注》「故革之爲道，即日不孚，巳日乃孚也」以巳日對應即日，指改革不能立即有成效，須等巳然之日，此說亦通。

是處境。「巳」爲地支第六，天干地支在商代便已用來紀年及時、日，[2]「巳日」即子日後第六日，爲某特定之日。「巳日乃孚」在說變革之時機將在某特定之日乃得如實兌現。一但實現，即天人通達，利於進行所關心之事，先前的悔恨不再，所以說「元亨」，「利貞」，「悔亡」。

初九・鞏[3]用黃牛之革。

語譯：用黃牛製的皮革繩綑牢。

解讀：

「鞏」指皮革捆綁，「革」明顯指皮革。皮革非常堅韌，以皮革爲繩捆綁鞏固，正象徵防止變革。但當時機成熟的時候，再嚴密的防堵，也不能阻止變革的發生。

六二・巳日乃革之。征[4]吉。无咎。

語譯：到巳日乃進行變革。出征遠行吉祥。沒有咎難。

解讀：

「巳日乃革之」與卦辭「巳日乃孚」在說同一件事：將在某特定之日實現變革。特定之日暗示此變革之發動經過愼密籌畫，並非倉促舉事。此變革涉及到外部，必須有遠行或出征，所以說「征吉」。而且此變革的時機已成熟，非進行不可，所以說「无咎」，革則無咎。

2　《甲骨文合集》#37986甲骨便刻有天干地支之組合對照。
3　鞏：用皮革捆物，使堅固，鞏固。《說文》「鞏，以韋束也」；《爾雅・釋詁》「鞏，固也」。
4　「征」之字義可參看小畜卦上九「君子征凶」。

九三‧征凶。貞厲。革言[5]三就[6]。有孚。

語譯：出征遠行有凶險。所問之事艱辛。變革三次乃有成就。要有信心。

解讀：

「言」為「焉」，是虛字；「三」代表多數。「革言三就」指變革多次才有所成。「三就」顯示發動變革並非一次就能夠成功，中間也曾歷經多次失敗。這也顯示了此變革面對巨大挑戰，必須付出代價，甚或有凶險，所以說「征凶」，「貞厲」；但一定要有信心，所以說「有孚」。

變革不是一蹴可及，變革必須付出價，變革需要承擔外在的凶險，但並不是說因此就不用變革。「征凶。貞厲」在此與其說是占斷之辭，不如說是處變革之時的心理建設。

九四‧悔亡。有孚。改命吉。

語譯：懊惱消亡。有信念。改變天命吉祥。

解讀：

「命」指天命。在孔子之前[7]，天命為帝王所專屬，得天命即得天下。尚書中即常以「命」為天命，天子乃受命於天。例如紂王說：「我生不有命在天」（西伯戡黎）；周公告誡召公：「殷既墜厥命，我有周既受」（君奭）。「改命」即改天命，也就是改朝換代，是為變革之極大者。

得此爻者，適合進行重大的變革，所以說「改命吉」。要有信

5　「言」在此為虛字，相當於「焉」。例如《詩經》「采采芣苢，薄言采之」（周南‧芣苢）；「薄言往愬，逢彼之怒」（邶風‧柏舟）；「宜言飲酒，與子偕老」（鄭風‧女曰雞鳴）。

6　就：成就，靠近，趨向。《爾雅‧釋詁》「就，成也」；《說文》「就，高也。從京從尤」，段玉裁注：「京者高也。高則異於凡」。本義指置於高處，不同於一般，即有所成就。引申為就位，趨近等。例如《孟子》「由水之就下」（梁惠王上）；「所就三，所去三」（告子下）。

7　孔子「五十而知天命」（論語‧為政），此賦予「天命」以新的意義，每個人都可以有自己的天命：上天給予自己的使命。

心才能進行重大的變革，所以說「有孚」。改革成功則懊惱消亡，所以占斷「悔亡」。

九五・大人虎變。未占有孚。

語譯：長官大人變革如虎，不用占問便有信驗。

解讀：

「虎變」指其變革如虎。老虎威猛，斑紋燦爛華麗。「大人虎變」即指在高位者，其變革如老虎般的燦爛威猛，聲勢極其浩大，威儀極其顯赫。使在下位者心悅誠服，衷心支持此變革，所以說「未占有孚」，「占」指占筮，「孚」指對大人變革的信心。

上六・君子豹變，小人革面。征凶，居貞吉。

語譯：君子變革如豹，平民小人改換面目。出征遠行有凶險，貞問居住之事則吉。

解讀：

「豹變」指其變革如豹。豹之體型較虎爲小，行動輕靈迅速。君子泛指貴族子弟，在統治階層中，位階應在大人之下。「君子豹變」一方面以豹來形容變革之快速，一方面也在說明變革之規模較小。可理解爲就所管轄的範圍中，對上級的大變革迅速予以配合回應。

「小人」指庶眾，「革面」指外型改變，也暗示內心未必有變。「小人革面」在說明一般民眾的改變只是被動的配合。當高層之統治者有所變革時，下層的管理者迅速呼應，一般民眾被動配合。

君子、小人一起面臨變革，此爲變革之大者。處於大變動之時，不宜遠行，適合居家勿外出。所以占斷爲「征凶，居貞吉。」

═ 革卦通解 ═

革爲變革，去故而就新。革卦之卦爻辭皆在說變革，改朝換代

尤其是變革之最。商湯革夏命，武王革殷命，此爲古代最重大的兩次變革。革卦雖未必與此有關，但語多涉及國家統治階層的變革，宜朝此方向解讀。

　　卦辭「巳日乃孚」指出大的變革必須有相當的籌畫與等待，此與二爻「巳日乃革之」合看，語意更爲完整。初爻「鞏用黃牛之革」表面上說皮革，也是藉皮革之強韌暗示高壓束縛與革命之間的關係。三爻「革言三就」說革命非一蹴可及，必須持續努力。四爻「改命吉」更是明白說革命，改命即革命。五爻、上爻宜合讀，「大人虎變」、「君子豹變」，「小人革面」正在說三個階層的人，在改朝換代等大的變革中所扮演的角色。「大人」指王公等國家的領導人；「君子」爲屬於統治階級的國家官吏或封邑領主；「小人」則爲一般庶眾。大人發動變革，引領風潮；君子呼應變革，迅速跟隨；小人則被動配合，無力也無需表示意見。

　　革卦多見「孚」及「征」，孚爲信，改革需要信念及信心，征爲遠行，在此更有遠征、征討的意思。二爻「征吉」，三爻「征凶」，蓋改革之道大有可能須動用武力，也不保證就一帆風順，其中凶險實不可預測。由此也可以感受到，革卦所論之變革，爲由上而下之變革，也可以說是以武力爲後盾的變革。

50．鼎卦（火風鼎）

䷱鼎元吉亨。初六鼎顛趾利出否得妾以其子无咎。九二鼎有實我仇有疾不我能即吉。九三鼎耳革其行塞雉膏不食方雨虧悔終吉。九四鼎折足覆公餗其形渥凶。六五鼎黃耳金鉉利貞。上九鼎玉鉉大吉无不利。

卦名卦畫卦旨

　　鼎，鼎器。《說文》「鼎，三足兩耳，和五味之寶器也。昔禹收九牧之金，鑄鼎荊山之下，入山林川澤，螭魅蝄蜽，莫能逢之，以協承天休」。鼎一方面作爲烹飪食具，另一方面又作爲傳國的象徵。傳說大禹收天下九州之銅金，鑄造九鼎，用之烹煮食物以祭獻上帝，是以鼎作爲君王之祭祀及傳國的象徵。昔日楚莊王詢問周鼎之輕重，[1]識者以爲此透露楚有覬覦周室天下之心。

　　鼎卦下巽上離，離爲火，巽爲風，爲木。木燃火於下，是爲以鼎烹飪之象，故以火風（䷱下巽上離）象徵鼎卦。鼎卦之六爻正好構成一個鼎的圖案，初爻象鼎之足，二、三、四爻象鼎之腹，五爻象鼎之耳，上爻象鼎之鉉。

　　鼎卦卦旨在藉鼎以說穩重。鼎之具體造型沉穩厚重，又作爲傳國之禮器，故藉鼎以象徵厚重持國之公卿。鼎卦六爻爻辭皆不離鼎字，是以鼎的造形及使用，作多樣的象徵及比喻。

　　鼎卦與革卦互爲反對卦，正如穩重爲變革之反面。革卦象徵變革，鼎卦則象徵穩重。

1　《左傳‧宣公三年》「楚子伐陸渾之戎，遂至於雒，觀兵於周疆。定王使王孫滿勞楚子。楚子問鼎之大小輕重焉。」

⊨═ 卦爻辭解讀 ═⊨

鼎：元吉，亨。

語譯：鼎卦。最吉祥，亨通。

解讀：

　　鼎卦，以鼎器象徵宜穩重應對的處境。鼎為國之寶器，象徵國之重臣，也象徵沉穩厚重的行事風格。國之大臣，穩重則大吉，故「元吉」。以鼎烹飪食物以祭獻，天人亨通，故「亨」。

初六・鼎顛趾，利出否[2]。得妾[3]以其子。无咎。

語譯：鼎足顛倒朝上，利於出清穢物。因為子息而納妾。沒有咎難。

　　鼎原是用來烹煮食物，就像一個有腳的火鍋。在享用鍋內食物之後，必須將殘滓傾倒並加以清洗，「鼎顛趾」正是形容這個抓著鼎足傾倒殘滓的動作。「否」指食物殘滓，也指不潔穢物、汙穢之事。

　　「得妾以其子」字面上的意思指有人因得子而得妾。此亦顯示，有一女子因懷主人之子而得以使主人納之為妾。即，女子原本可能是奴婢雜役等，因接近主人而有孕，故受主人寵愛，納之為妾，地位因之而提升，雖在正妻之下，但已非奴僕。再更進一步推敲，正妻是否有子？正妻的地位是否會受到威脅？家庭中是否因此而有事端？此句若與「利出否」合看，是否暗示男主人已有出妻之意？

　　總之「出否」，「得妾」及「子」，都有改變現況展開新生活的意思。占斷辭「无咎」顯示，這樣的改變，沒有不好，不用太擔心。

2　參考否卦上九「傾否。先否，後喜。」
3　妾：側室。妾原本為有罪女子得以服侍君主，後引申為側室，非明媒正娶，地位較正妻為低。《說文》「有辠女子，給事之得接於君者，从辛从女。春秋云：女為人妾。妾，不娉也」。《孟子・離婁下》「齊人有一妻一妾而處室者」。

解讀：

九二・鼎有實。我仇[4]有疾，不我能即[5]。吉。

語譯：鼎內有食物。我配偶有疾病，不能和我一起用餐。吉祥。

解讀：

　　鼎中裝著食物，說明此為用餐之時。「仇」指伴侶、配偶，在此可理解為正妻。「即」為就，就食。「不我能即」如同說「不能即我」是古文常見語法。[6]

　　在用餐的時候，我的伴侶說身體不舒服，不能和我一起用餐，此原本是令人憂心之事，何以占斷為「吉」？合理的解釋是：因為這是一對怨偶。夫妻相處如水火對頭，和對頭人一起用餐已經成為負擔，所以能免則吉。

九三・鼎耳革，其行塞，雉[7]膏[8]不食。方雨虧悔。終吉。

語譯：鼎耳遭去除，鼎的移動受阻，吃不到肥美的山雞湯。剛才下雨，現在陰晦已去。終究吉祥。

解讀：

　　鼎中烹煮食物，有如盛滿熱湯的深鍋，必須要有鼎耳，以利搬動。如今鼎耳脫落，煮好的雞膏湯沒法子端來食用，此為令人懊惱之事。

　　「方雨」即剛才下雨，「虧」為損，「悔」通晦，「虧悔」

4　仇：通逑，匹偶，配偶，尤指怨偶。《說文》「仇，讎也」。段玉裁注：「讎猶應也。左傳曰：嘉偶曰妃，怨偶曰仇。按仇與逑古通用。辵部怨匹曰逑，即怨偶曰仇也。仇為怨匹，亦為嘉偶，如亂之為治，苦之為快也。周南君子好逑與公侯好仇義同」。《爾雅・釋詁》「仇，匹也」。今多以仇為仇敵，應是怨匹、對頭之引申。

5　即：就，靠近，如即位，即席，尤指就食。即舊寫作卽，《說文》「卽，卽食也。從皀卩聲」。徐鍇傳：「卽，就也」。即指卽食，也就是就食。

6　例如：「胡能有定，寧不我顧」（詩經・邶風・日月）；「今楚師至，晉不我救」（左傳・襄公九年）；「父母之不我愛」（孟子・萬章上）。

7　雉：野雞類的總名。《說文》「雉，有十四種」；《爾雅・釋鳥》亦列有寇雉、諸雉、鷂雉、鵽雉、鳪雉、鷩雉、海雉、山雉等。

8　「膏」之字義可參看屯卦九五「屯其膏」。

即陰暗退去，也可以說是懊悔減損。「方雨虧悔」如同說「雨過天晴」。所以占斷爲「終吉」，前段雖有「雉膏不食」的懊惱，但終究得吉。

九四・鼎折足，覆公餗[9]，其形渥[10]。凶。

語譯：鼎足折損，打翻國公的湯粥，沾汙了國公的身形。凶險。

解讀：

「公」指公卿大人。「餗」爲加料的湯粥。侍者在進獻食物給國公時，鼎足折損不穩，湯粥傾出，弄髒了國公的衣服。此引起國公之震怒與嚴懲可想而知。所以占斷爲「凶」。

對國公而言，用餐之時，鼎足無故傾倒，湯汁流出，弄髒了衣服。此不但受驚嚇，也是一個不祥之兆。

六五・鼎黃耳，金鉉[11]。利貞。

語譯：鼎有金黃的鼎耳，金黃的鼎鉉。利於貞問。

解讀：

古代金屬十分貴重，日常生活中作爲食器的鼎多爲陶製，富貴人家的食器或祭祀用的禮器才可能爲金屬製。黃色爲銅金屬的顏色，「黃耳金鉉」一方面在形容此銅鼎的貴重，另一方面也在描述此鼎之提領部分，鼎耳鼎鉉因爲人手經常接觸摩挲而呈現亮黃色金屬光澤。至於鼎身、鼎足等，因長期煙火薰燎，只能是黑色。

鼎一方面爲食器，一方面也是禮器，於祭祀祈神之時，有莊嚴祝告之用。所以說「利貞」。

9　餗：讀作束，鼎中的食物，菜湯粥品之類。餗同鬻，《說文》「鬻，鼎實。惟葦及蒲」。參考段玉裁注，「惟葦及蒲」指鼎中之食物爲筍、蒲等菜蔬。孔穎達《周易正義》「餗，糜也。八珍之膳，鼎之實也」。糜，今俗作粥。《說文》「糜，以米和羹也。」
10　渥：讀作握。沾濡，弄髒留下厚漬。《說文》「渥，沾也」，段玉裁引《詩經毛傳》注曰：「邶風傳曰：渥，厚漬也。」
11　鉉：讀作眩，舉鼎的工具，爲棍狀或勾狀，以提鼎之兩耳。《說文》「鉉，舉鼎也。」

上九・鼎玉鉉。大吉，无不利。

語譯：鼎用玉製的鼎鉉。大爲吉祥，沒有不利之處。

解讀：

玉製的鼎鉉雖貴重但並不實用，此鼎已非日常炊煮食物之用，應爲獻祭敬神的禮器。鼎象徵傳國，貴重之鼎必屬於至尊至貴者。既尊且貴，所以說「大吉，无不利」，結果令人大爲滿意，而且過程順利，沒有不順心的事。[12]

═ 鼎卦通解 ═

鼎卦在說鼎，六爻爻辭不離鼎字。鼎，一方面爲烹飪食具的鼎，有如今日的火鍋；一方面爲祭祀禮器的鼎，有如今日的香爐。在火鍋與香爐之間，鼎又象徵政權之所在。六爻爻辭就在鼎器豐富的象徵意義之中展開。

卦辭「元吉亨」可視爲對天命所歸，政權永續之祝禱。初爻「鼎顚趾」藉著清洗鍋具，象徵出舊納新。二爻「鼎有實」，家人用餐應共食卻不共食，以此象徵夫妻失和。三爻「鼎耳革」以缺耳不能上席的一鍋雞湯，象徵好事多磨，事情多轉折。四爻「鼎折足」在關鍵場合打翻一鍋湯粥，象徵事情出了重大差錯。五爻「鼎黃耳金鉉」及六爻「鼎玉鉉」在以金及玉形容鼎器之貴重，也反應出鼎器主人的身分的尊貴。

六爻說鼎，自足到腹到耳到鉉，原則上是由下而上，順著鼎器的外型而敘述。而且前四爻明顯以鼎爲食器，上爻之鼎則已脫離實用而爲敬獻的禮器，似乎也反映出鼎之爲物，由家中食器，而用於公卿宴席，再進化爲祭祀敬天之禮器的過程。

初爻與二爻合看，「出否」、「得妾」、「我仇有疾」似乎在說一對怨偶，正妻身體有狀況，男主人因得子而納妾，此也暗示正妻之無子，凡此皆與家事有關。三爻、四爻合看，場景從家庭移至

---

12 參看大有上九「自天祐之。吉，无不利。」

正式的宴會，宴會中鼎鍋的把手斷裂，烹調好美食不能上菜；奉上鼎鍋時又被打翻，弄髒了貴客的衣裳。似在描述一個準備不周，意外連連的宴會。五爻及上爻之鼎已與飲食烹飪無必然關係，可以視之爲禮器，以金、玉突顯其貴重，玉之貴重又在金之上。玉鉉就鼎而言，不但在位置之最高處，在質料上也是最顯尊貴，可比作人間天子。總結六爻，由初至上，兩兩一對。下二爻說大夫家事、中二爻說公卿國事，上二爻說天子祭祀，將鼎的人事象徵意義做了極豐富的發揮。

考證及討論

先民製鼎烹飪有悠久的歷史。考古文物顯示，在仰韶文化之前的河南新鄭裴李崗和河北武安磁山遺址，就出土有陶鼎、陶製三足鉢等新石器時期的炊器及食器，集烹煮和盛放食物爲一體。鼎的造型，就像有腳的鍋或碗，原始的鼎，其實就是三足釜或三足鉢。以鼎爲炊具，可不需要灶臺，直接在鼎的下方加熱，煮熟食物，合釜灶爲一。可以推想得到的，當灶臺普遍之後，鼎作爲炊具的實用價值就大大的減低了。不過，在西周時期，鼎應仍是常用的炊具。

青銅工藝發明之後，以青銅製鼎是合理的趨勢。1975年在二里頭遺址出土的方格紋銅鼎，據考證係3800年前的夏代遺物，也是迄今已知最早的青銅鼎炊具。銅鼎不論在耐用性上，導熱性上，以及在造型的精美變化上，都遠勝過陶鼎。當然，在貴重的程度上，也是遠高過陶鼎。使用銅鼎而非陶鼎，自然而然地，就成了身分尊貴的象徵。在那個崇尚鬼神的時代，用造型精美、材質貴重的銅鼎，來烹煮裝盛食物，以祭獻天地鬼神，因而成爲祭祀用的禮器，也就更是理所當然了。

銅鼎的造型穩重，又多用於祭祀禮器，是以形成豐富的國家政權象徵意義。商武丁時期的司母戊方鼎，[13]高達133厘米，重達8百

---

13 司母戊方鼎爲商王祖庚或祖甲爲祭祀其母所鑄。母戊爲武丁之后妃。

餘公斤，這樣大型的青銅鼎，當然已脫離了烹煮裝盛食物的功能，也無法任意移動，只能是具象徵意義的禮器了。尚書·高宗肜日記載：高宗（武丁）在祭祀成湯時，有雉雞飛到鼎耳之上而鳴叫。有雉雞飛到鼎耳之上，足以證此鼎之大，且置在室外，應是類似司母戊方鼎之物。

春秋經記載，在魯桓公二年「夏，四月，取郜大鼎于宋，戊申納于大廟」。魯國自宋國處取得郜國之大鼎，並置於太廟中。宋國何以會有郜國之鼎，當是郜國為宋國所滅，郜大鼎本是郜國之象徵物，宋滅郜故得郜鼎，而後又被當作禮物，送給魯桓公。此例中，大鼎原是邦國的象徵，亡國後成為供他國收藏的寶器。

此事件後約一百年，在魯宣公四年，左傳記載：當時楚人獻給鄭靈公一隻大黿，鄭國公子子公與子家正好前往謁見鄭靈公，子公的食指忽然大動，子公對子家說：「每次食指似這般大動，必能嘗到奇珍異味」。果然，進去之後看到廚子正在宰殺大黿作羹，於是二人相視而笑。鄭靈公不解，問何事開懷？子家告訴鄭靈公緣由。不想鄭靈公存心搗亂，到要分食黿羹旳時候，故意不分給子公。子公大怒，便用手指沾了沾鼎內的黿羹，嘗了嘗滋味纔出去。[14]此鼎必是作為烹煮食物之鼎。自此之後，文獻中就少有以鼎為食器的記載了。

回到易經成書的年代，當時的鼎，應該是陶鼎及銅鼎並存，既是有實用價值的食器，也可用作禮器而有其象徵意義。金屬製品牢固，陶磁製品易碎，此乃常識，就此，九三「鼎耳革」及九四「鼎折足」應是陶鼎無疑。至於六五「鼎黃耳」及上九「鼎玉鉉」，則必是銅鼎了。

---

14 《左傳·宣公四年》「楚人獻黿於鄭靈公。公子宋，與子家將見。子公之食指動，以示子家，曰：他日我如此，必嘗異味。及入，宰夫將解黿，相視而笑。公問之，子家以告。及食大夫黿，召子公而弗與也。子公怒，染指於鼎，嘗之而出」。按，子公即公子宋，名宋，字子公。

51・震卦（震為雷）

䷲震亨震來虩虩笑言啞啞震驚百里不喪匕鬯。初九震來虩虩後笑言啞啞吉。六二震來厲億喪貝躋于九陵勿逐七日得。六三震蘇蘇震行无眚。九四震遂泥。六五震往來厲億无喪有事。上六震索索視矍矍征凶震不于其躬于其鄰无咎婚媾有言。

卦名卦畫卦旨

　　震，雷震，震動。說文：「震，劈歷，振物者」；爾雅：「震，動也」。劈歷今作霹靂，用以形容雷聲之急之響。古人認為響雷霹靂之聲足以振動大地，使萬物甦醒活動。動物入冬即藏伏土中，不飲不食，稱為「蟄」，二十四節氣中，在立春及雨水之後有驚蟄。大地春回之時，春雷始鳴，驚醒多眠蟄伏地下的動物，是為驚蟄。此說明雷震有驚動萬物的意思。

　　震卦下震上震，震為雷，為動。震卦卦旨在藉雷以說震動、震驚，其卦爻辭多涉及雷震，以及人在雷聲霹靂中的種種反應，尤其是雷震所帶來的驚嚇、恐懼及鎮定。震驚與鎮定是分不開的，在令人震驚的環境中，才足以顯示鎮定。

　　拜自然科學之賜，現代人對於閃電及雷擊等大自然的運作有充分的理解及掌握。但在上古時代，雷聲夾雜閃電，或劈擊房舍，或殛斃人畜，對人類的生活有相當的威脅及震懾效果。響雷霹靂好似上天的怒叱，威靈的顯現。被雷擊中意味著天譴，所謂「天打雷劈」。

　　據史記・殷本紀記載，商王武乙暴虐無道，欲與天爭。曾以革囊盛血，掛於高處，並昂首射囊，使囊破血流，稱之射天，對

天之不敬如此。後來在行獵時遭暴雷擊斃。[1]帝王尚不免爲雷所擊斃，更不用說一般人對雷震的畏懼了。這樣的畏懼，即使是在科學昌明的今日，仍然近乎本能的存在於人們心中。

卦爻辭解讀

震：亨。震來虩[2]虩，笑言啞[3]啞。震驚百里，不喪匕[4]鬯[5]。

語譯： 震卦。亨通。雷震時恐懼驚慌，但仍談笑呵呵。雷震驚動百里之廣，祭祀酌酒時不失手濺出勺中的香酒。

解讀：

震卦，處於劇變所帶來的震懾及驚嚇中。震指雷電震懾，雷震之時爲天地亨通之時，此所以「亨」。「虩虩」是形容因恐懼驚慌而瑟瑟顫抖的樣子；「啞啞」是形容呵呵笑的樣子。「震來虩虩，笑言啞啞」就是說在巨雷霹靂時，內心雖然受到驚嚇，但外表仍然維持鎮定，談笑自若。

「百里」指方圓百里之地，以形容雷聲之響，遍傳之廣。古代諸侯國之地廣不過百里，[6]所以百里也可指一個侯國。國君在主持祭典時，要將鬯酒用長柄勺舀至玉杯內，以獻給祖先及山川諸

---

1 《史記‧殷本紀》「武乙無道，爲偶人，謂之天神。與之博，令人爲行。天神不勝，乃僇辱之。爲革囊，盛血，卬而射之，命曰射天。武乙獵於河渭之間，暴雷，武乙震死。子帝太丁立。」

2 虩：讀作隙，恐懼貌。虩虩即愬愬。虩字在先秦經典中似僅見於《易經》本卦。《說文》「虩，易『履虎尾虩虩』，恐懼」，是引履卦九四爻辭以解釋虩爲恐懼。唯今本《易經》作「履虎尾愬愬」而非「履虎尾虩虩」。此亦可見「虩」與「愬」古代音義相通。其字義可參考履卦九四爻辭「愬」之注釋。

3 啞：讀作厄（參考《王力古漢語字典》），笑聲。啞啞如同今之呵呵、哈哈，以模擬笑聲。《說文》「啞，笑也。」

4 匕：勺匙之類的器具，長柄淺斗，如湯匙、飯匙等。《說文》「匕，亦所以用比取飯。」

5 鬯：讀作暢，古代祭祀宴飲用的香酒。《說文》「鬯，以秬釀鬱草，芬芳，攸服以降神也。」秬就是黑黍，鬱是一種香草，鬯爲黑黍加入鬱草所釀之香酒。

6 《孟子‧萬章下》「天子之制，地方千里，公侯皆方百里，伯七十里，子、男五十里，凡四等。不能五十里，不達於天子，附於諸侯，曰附庸。」

神等。[7]「不喪匕鬯」在形容受震驚時仍能力持穩重，不至心嚇手抖，灑出了淺勺中的香酒。

　　本卦辭用精簡如詩的方式，刻畫一國之君在天雷怒叱之時，內心雖受驚嚇，外表仍保持鎮定。即使當時在祭祀酌酒，舀酒的手也沒有一絲晃動。這才是承擔大事者臨危之時應有的氣度與格局。

初九・震來虩虩，後笑言啞啞。吉。

語譯：雷震來時恐懼驚慌，隨後談笑呵呵。吉祥。

解讀：

　　「震來虩虩，後笑言啞啞」除多一「後」字外，與卦辭相同，應可作相同解讀。初聞雷威震動有所恐懼，繼而安舒談笑不為其所驚。此形容承擔大事者之穩重，臨危不亂。所以占斷為「吉」。

六二・震來厲。億[8]喪[9]貝。躋[10]于九陵。勿逐，七日得。

語譯：雷來危厲。臆料會喪失錢財。登高在丘陵上。不要追尋，七日後失而復得。

解讀：

　　「厲」指環境艱困惡劣，常用在斷占辭，有警惕的意思，在此則指雷震所帶的危厲與示警。「億」通臆；「喪」為喪失；「貝」為錢貝，「億喪貝」就是臆料會喪失財物。「躋」為攀登；「九」為陽數之極；「九陵」即高陵。古代有登高避禍的習俗，[11]雷擊

7　可參考觀卦之〈考證及討論〉。
8　億：通臆，料度、猜測。例如《論語》「賜不受命，而貨殖焉，億則屢中」（先進）；「不逆詐，不億不信」（憲問）。
9　「喪」之字義可參考坤卦卦辭「東北喪朋」。
10　躋：讀作基，升高，攀登。《說文》「躋，登也。」
11　南朝梁吳均著《續齊諧記》記載東漢術士費長房故事：「汝南桓景隨費長房遊學累年，長房謂曰：『九月九日，汝家中當有災。宜急去，令家人各作絳囊，盛茱萸，以系臂，登高飲菊花酒，此禍可除。』景如言，齊家登山」。此雖為神話志怪，但應是古代登高避禍習俗之反應。

時上天示警，所以登上高陵避禍。因倉促離家，未曾仔細打點，懷疑有丟失財物的可能，但不用追找，自會復得。所以說「勿逐，七日得。」

本爻辭在順序上有些凌亂，「震來厲，躋于九陵」似指一事；「億喪貝，勿逐，七日得」似指另一事。唯可能因爲音韻上的美化，故而作「震來厲。億喪貝。」[12]

六三·震蘇[13]蘇，震行无眚。

語譯：雷震時失神渙散，在雷霆中行動沒有災禍。

解讀：

「蘇」通甦，昏迷後醒來稱爲蘇醒。「蘇蘇」即形容因巨雷震懾，致使驚呆失神，並從神氣渙散驚嚇中緩緩恢復。「震行无眚」與「震蘇蘇」呼應，指雷震雖具威赫，但不用太在意，一旦從驚嚇中恢復，就會發現雷震並沒有帶來災禍。

九四·震遂泥。

語譯：雷震驚嚇使之墜跌到泥地。

解讀：

遂通墜，[14]「震遂泥」即「震墜泥」，被巨雷驚嚇而墜跌。此形容人之受驚而舉止失常。唯泥地柔軟，墜跌雖難堪但不致有大礙。

---

12 依王力系統，上古音「厲」與「貝」皆歸月部，韻尾擬音皆爲「at」。顧炎武《音學五書》「震來厲十三祭，喪貝十四泰」，顧炎武將祭韻與泰韻歸入古韻第二部（支脂之微齊佳皆灰咍第二）去聲。

13 蘇：通甦，昏迷中醒過來，死而更生。《左傳·宣公八年》「晉人獲秦諜，殺諸絳市，六日而蘇」。引申爲病後休養或緩解。蘇原爲草木名，如紫蘇、扶蘇。《說文》「蘇，桂荏也。」

14 依《說文》，遂爲「从辵㒸聲」；墜爲「从土隊聲」；隊爲「从𨸏㒸聲」。依此可知古代遂、墜諧聲，可通假。例如《荀子·王制》「則大事殆乎弛，小事殆乎遂」，即以遂爲墜。

六五・震往來厲。億无喪，有事。

語譯：雷震反覆來去甚危厲。臆料沒有損失，但有事故。

解讀：

六二說「震來厲」，此處說「震往來厲」，「往來」與「來」相較，反覆之意味甚濃。「億」通臆，臆料無大喪失，但仍有事故。此語意雖清楚，具體內容卻甚隱晦。大約指使人震驚之事反覆發生，實質上雖無損失，但事之反覆必有其因，必不能因沒有損失就視之爲無事。

上六・震索索[15]，視矍矍[16]。征凶。震不于其躬，于其鄰。无咎。婚媾有言。

語譯：雷震時哆嗦顫抖，雙目驚慌四顧。出征遠行凶險。雷擊沒有打到自身，打到鄰地。沒有咎難。婚媾之事有閒言。

解讀：

「索索」在形容雷震時的心中恐懼不安，「矍矍」在形容神情不安時左右張望，四顧欲逃。「于其躬」、「于其鄰」之「于」表示此雷震有具體對象，所以就不只是雷聲威赫，而是電擊至地面，產生實質性的破壞。不過這個破壞發生在鄰地，自己並沒有受到傷害。「婚媾有言」指原訂婚媾之事有閒言雜音出現，可能會有變化。此閒言與「不于其躬，于其鄰」有何關聯？爻辭中並無具體線索。

此爻辭或可將敘事部分視作不相干的二事，乃至三事。「震索索，視矍矍」爲一事；「震不于其躬，于其鄰」及「婚媾有言」又是一事（或二事）。「震索索，視矍矍」在說遇事驚慌，疑神疑鬼，此自是不堪大任之材，故占斷爲「征凶」。「震不于其躬，于

---

15 索索，有如虩虩，愬愬，用來形容心中恐懼不安而顫抖。參考卦辭「震來虩虩」及履卦九四「履虎尾愬愬」。

16 矍：讀作決，鳥驚而飛走曰矍。矍矍用以形容雙目左右張望，神情不安之貌。《說文》「矍，隹欲逸走也」，隹爲短尾鳥之通稱。

其鄰」，其禍在鄰不在己，故占斷爲「无咎」。同姓不婚，婚媾自當是與鄰國或鄰邑爲宜。鄰邑有災難，婚媾之事可能有變，此或可解釋何以「婚媾有言。」

震卦通解

震卦說在說雷擊，雷震。卦爻辭皆有震字。卦辭「震來虩虩，笑言啞啞」描述震震之下強作鎭定。初爻爻辭與卦辭部分重複，此現象也出現在履卦之「履虎尾」，及大過卦之「棟橈」。二爻「震來厲」，三爻「震蘇蘇」，四爻「震遂泥」，五爻「震往來厲」及上爻之「震索索」、「震不于其躬，于其鄰」等，都是在描述雷霆震懾下的種種情狀。

進一步觀之，震卦之重點不在雷而在震，若不考慮卦象，單自卦爻辭來看，「震」指震動、震驚，雷震故然是震，地震何嘗不是震？就此言之，所有突如其來的劇烈變動所引起震懾與驚嚇，都可以視之爲「震」。震卦及其卦爻辭所示的情境，其實就是在說人在劇變之下的種種情狀。

所以二爻「億喪貝」在說劇變下的心思混亂、舉止失措，「勿逐七日得」則在勸戒此時勿需驚慌。三爻「震行无眚」在鼓勵劇變後仍能持續努力。五爻「億无喪，有事」一方面勸慰，另一方面也在提醒劇變後需檢點反省。上爻最富趣味，劇變發生「不于其躬，于其鄰」，自身雖未直接傷害，但「婚媾有言」，鄰人受到傷害，最終仍會波及自己。

綜觀卦辭及六爻宗旨，多在強調在人處遭劇變時，雖然心中難免驚恐，但仍需力持鎭定，勿自亂陣腳，一方面宜檢點反省，另一方面對往後的發展也要保持警戒。

52・艮卦（艮爲山）

☶艮其背不獲其身行其庭不見其人无咎。初六艮其趾无咎利永貞。六二艮其腓不拯其隨其心不快。九三艮其限列其夤厲熏心。六四艮其身无咎。六五艮其輔言有序悔亡。上九敦艮吉。

卦名卦畫卦旨

　　艮，限制。艮古寫作𥃀，[1]上目下匕。說文：「艮，很也，从匕目。匕目，猶目相匕，不相下也」。很通狠，匕通比，所以段玉裁注：「很者，不聽從也。一曰行難也。……方言曰：艮，堅也。釋名曰：艮，限也。……目相匕即目相比。謂若怒目相視也」。此說艮有狠、限、互相瞪眼等義。從字形演變來看，「艮」小篆寫作𥃀，「見」小篆寫作𥃠，金文寫作𠨞，上爲目，下爲人。「艮」或「𥃀」在甲骨及金文中未見，但「匕」金文寫作𠤗，有如金文「人」字之左右翻轉。從會意的解度來看，若「見」爲人向前看，則「艮」爲人向後看，或說，看不見前方，前方視界被遮蔽。[2]綜合以上，艮字當有回望、限制、遮蔽等義，如今常用之眼、狠、限等字，皆以艮爲聲符，也都與視覺、怒視、限制等含意有些關聯，可能都是由艮（𥃀）字分化出來的。

　　不過先秦文獻中，艮字只有在易經的脈絡中之出現，本義已不見使用。易經八卦，以艮爲山，山之形勢高大厚重，能阻擋去

1　《康熙字典・𥃀》「說文艮本字」。
2　參考高亨《周易古經今注》，頁203。以「艮」爲「見」之反的說法，首見於黃宗炎《周易象辭》卷十五：「艮反見字之體，指事而會意。人住足而立，回首以視後，其所見乃背也。凡欲回顧，必先止足。止則不動，反視則非徒止矣，此艮之象與義也。」

路，遮蔽視野，對人的行動及發展產生限制。艮與限諧聲，[3]古代字少，以艮作限是極有可能的。

艮卦下艮上艮，艮爲山，山嶺重重。山阻擋去路，遮蔽視野。艮卦卦旨即在說遮蔽、阻擋與限制。其卦辭及六爻爻辭皆有艮字，以說遮蔽、阻擋、限制。遮蔽其實就是視線上的限制，人前進的路受到阻擋而有所限制，這是外在的限制，人在受到限制之後，必須暫時靜止，並思索下一步的進退，這是內在的省思。以此，山亦象徵著停止，平靜起伏以回顧所作所爲，並有所省思。

艮卦與震卦互爲反對，雷動而山靜，震卦在說行動，艮卦在說靜止。一動一靜，一行一止。

卦爻辭解讀

艮：[艮]其背，不獲其身。行其庭[4]，不見其人。无咎。

語譯：艮卦。遮擋於背，看不到身子。走到庭院，卻見不到人。沒有咎難。

解讀：

艮卦，處於受遮擋及限制的情境中。易經卦辭安排的慣例，必是先有卦名，再繫卦辭，此卦辭似缺了一「艮」字，故予以補齊。[5]艮爲限制，艮卦象徵限制、阻止、遮擋。「艮其背」即人爲其背所遮擋。人若背對我，他的身面必爲其背所遮擋而看不見，識不得，所以說「不獲其身」。「庭」爲建築物階前的庭院，「不見其人」有預期可見卻未能見的意思，其人可能爲廊柱樹木山石等所遮掩，甚或有心藏匿於其間也未可知。

不論是背對、遮掩或藏匿，不論是無緣未能見面，或有心避不

3　限：限制、阻止。《說文》「限，阻也。一曰門榍。從阜艮聲。」
4　庭：堂階前之地，庭院，例如「八佾舞於庭」（論語‧八佾）。《說文》「庭，宮中也」，段玉裁注：「宮者，室也。室之中曰庭」，庭指房室中之堂院，中庭。
5　相同的情形有履、否、同人等卦。可參考履卦卦辭解讀。

見面，總之是在說二人互不相見。斷占辭「无咎」顯示，此二人之不相見，不是憾事，也不是壞事，相見爭如不見。

初六・艮其趾[6]。无咎，利永貞。

語譯：限制腳趾。沒有咎難。利於貞問長久之事。

解讀：

「艮」爲限制、阻止，「艮其趾」即限制或阻止腳足的行動。用現代口語來說就是禁足，不准出門。斷占辭「无咎」暗示出門可能有咎，以不出門爲宜。「永」爲長久，「利永貞」[7]亦暗示此不宜出門的處境宜持續一段時間。

六二・艮其腓[8]，不拯[9]其隨[10]，其心不快。

語譯：限制小腿，使不能舉腿腳，心裡不痛快。

解讀：

「腓」指小腿，「隨」指下肢。腓與隨的關係在咸卦中也出現過，可以參考咸卦六二及九三。腓在趾之上，「艮其腓」其限制行動的之力道又更在「艮其趾」之上。「拯」爲上舉，小腿被限制，整個下肢都不能上舉，無法邁步，所以說「不拯其隨」。行動受到如此束縛，心中必生怨恨，如以說「其心不快」。

九三・艮其限[11]，列其夤[12]，厲[13]熏心。

語譯：限制腰部，撕裂背脊，似惡疾燒心肺。

6　「趾」之字義可參考噬嗑卦初九「屨校滅趾」。
7　可參考坤卦用六「利永貞」。
8　「腓」之字義可參考咸卦六二「咸其腓」。
9　「拯」之字義可參考明夷卦六二「用拯馬壯」。
10　「隨」之字義可參考咸卦九三「執其隨」。
11　限：人之腰部。限之原義爲界限，門檻。《說文》「限，阻也。一曰門榍（門檻）。從𨸏聲」；《玉篇》「限，界也」。在此指腰部，腰部在上肢與下肢之分界。王弼注：「限，身之中也」。孔穎達《周易正義》疏：「限，身之中，人繫帶之處」。繫帶之處即指人之腰部。
12　夤：讀作寅，指背脊肉，夾脊肉。夤通䏚，《玉篇》「䏚，余眞切，脊肉也」；《王力古漢語字典》「脊骨旁的肉」。
13　厲：通癘，惡疾，引申爲猛烈。厲原義爲硬石，借假爲癘。《說文》「厲，旱石也」。段玉裁注：「凡經傳中有訓爲惡、訓爲病、訓爲鬼者，謂厲即癘之假借也」。

解讀：

「限」爲腰部，爲上下肢之界限處；「夤」通膎，指背脊。腰居上下身之樞紐，若受到限制，上下身不得轉動，用力掙扎則使背脊肌肉撕裂，痛澈心扉，所以說「厲熏心」。「厲」通癘，爲惡疾；「熏」通薰，爲燒灼薰烤。「厲熏心」在形容身心所受的痛苦。

六四・艮其身。无咎。

語譯：限制身軀。沒有咎難。

解讀：

「身」指身體之軀幹，或說頸以下，腿以上的部分。身軀是臟腑所在之處，也是心思之所在，主宰之所在。「艮其身」與其說是身軀受到限制，也可說是心思自我限制，也就是自我節制，一動不如一靜。此所以占斷爲「无咎」。

六五・艮其輔[14]，言有序。悔亡。

語譯：限制口頰，使言語有條理。懊惱消亡。

解讀：

古稱面頰爲輔，此處以面頰代表說話時所動用的口頰及脣舌等。「艮其輔」就是謹慎言語。說話不只是要謹慎，而且要有條理，要做到「言有序」。不該說的不要說，該說的說清楚，能夠做到這點，令人懊悔煩惱的麻煩事就不會出現，所以占斷爲「悔亡」。

上九・敦[15]艮。吉。

語譯：敦實的限制。吉祥。

解讀：

「敦」通惇，爲厚實。「敦艮」不是在限制或阻止某事物，而

---

14 「輔」之字義可參考咸卦上六「咸其輔，頰，舌。」
15 「敦」假借爲惇，其字義可參考臨卦上六「敦臨」。

是在形容限阻的方式很敦實。艮爲山，此限制、阻止、遮擋，就像大山給人的那樣嚴密厚實。占斷辭「吉」顯示，這樣嚴密厚的限制或阻擋，是有必要的，會有好的結果。反過來說，若不嚴實阻止，則後果堪虞。

艮卦通解

艮卦卦辭及六爻爻辭皆有「艮」字，古代艮、限讀音相若。艮卦應與限制、阻擋、遮蔽不脫關係。卦辭「艮其背」在說遮擋。初爻「艮其趾」；二爻「艮其腓」；三爻「艮其限」；四爻「艮其身」；五爻「艮其輔」，由下而上，有順序的在說阻擋與限制。上爻「敦艮」致吉，很明顯地表達出對「艮」的肯定。

限制可以是自律，自我節制，也可以是他律，受限於他人。阻擋可以是爲自然環境所阻擋，也可以是人爲的阻止。遮蔽可以是有心的自我隱藏，也可以是無心但爲物所蔽。對這些主動、被動、人爲、環境等因素，卦爻辭並不刻意區分，只是就結果來說限制與阻止，而且對此限制或阻止多持肯定的態度。

除了上爻「敦艮」得「吉」之外，卦辭「不見其人」而得「无咎」；初六「艮其趾」與六四「艮其身」而得「无咎」；六五「艮其輔」而得「悔亡」，也都很清楚地斷定若「艮」則不會惹禍上身。

但就受限制者自身而言，六二「艮其腓」則「其心不快」；九三「艮其限」則「厲熏心」，也充分表達了受限制者不得自由的苦痛。綜合二者，處艮之時，言行雖受束縛而不得舒暢，但卻也可避禍得吉。此或也是從讀艮卦中可得到的啓示。

53 · 漸卦（風山漸）

☶☴漸女歸吉利貞。初六鴻漸于干小子厲有言无咎。六二鴻漸于磐飲食衎衎吉。九三鴻漸于陸夫征不復婦孕不育凶利禦寇。六四鴻漸于木或得其桷无咎。九五鴻漸于陵婦三歲不孕終莫之勝吉。上九鴻漸于陸其羽可用爲儀吉。

卦名卦畫卦旨

　　漸，漸進。漸通趣，說文：「漸，水出丹陽黟南蠻中，東入海」，段玉裁注：「按走部有趣字，訓進也。今則皆用漸字而趣廢矣」。上古漸字原爲河川之名，並另有趣字，後逐漸習慣以「漸」代「趣」，趣字遂不再使用，漸字亦自水名演變爲漸進（趣進）之漸。說文：「趣，進也。从走斬聲」，今人皆以徐緩進展爲漸。

　　漸卦下艮上巽，巽爲風、爲木，艮爲山。山上之木緩緩生成，逐漸成林，故以風山（☶☴下艮上巽）象徵漸。古代生活步調緩慢，王公貴族訂親聚嫁尤其爲大事，需按部就班，依六禮[1]之安排，循序漸進，可以說是漸進的具體實踐。周禮同姓不婚，諸侯大婚必娶異姓國之女。異國必遠，六禮的往返就更費時日了。

　　漸卦在說漸進，漸進又以男女婚嫁之事爲代表。其卦爻辭多與男女婚嫁有關，尤其是男方迎親的過程，很含蓄的以鴻雁來象徵迎親隊伍的漸進。古代婚姻之六禮，除了納徵關係到實際的聘禮外，其他五禮如納采、納吉、請期等，男方至女方處都要以雁爲禮。

1　六禮包括納采、問名、納吉、納徵、請期、親迎六個階段。

卦爻辭解讀

漸：女歸[2]吉。利貞。

語譯：漸卦。女子出嫁吉祥。利於貞問。

解讀：

漸卦，處於循序漸進的態勢或格局。漸，漸進，按部就班，徐徐前進。「歸」指女子出嫁，男女婚嫁，兩家聯姻，這是大事，宜緩不宜急，應依禮數逐步進展。兩姓以漸往漸進的態度娶嫁聯姻比較會有好的結果，所以占斷為「女歸吉」。持正確態度則有利於處理所關心的事，所以說「利貞」。

初六・鴻漸于干[3]。小子厲，有言。无咎。

語譯：鴻雁漸漸飛近河岸水邊。年輕人處境艱困。有閒言。沒有咎難。

解讀：

「鴻」指大雁，此處以鴻雁之飛翔及停留象徵男方迎娶隊伍的行止。「干」為岸，鴻雁漸漸飛近水岸，象徵迎娶的隊伍已來到河川岸邊。

「小子」指年輕人，在此可設想為準新郎。「厲」指處境艱難，「有言」指有閒言或有怨言。「小子厲，有言」透露年輕人對此婚事的無奈與不滿。唯此安排仍有其必要性，故占斷為「无咎」。

六二・鴻漸于磐，飲食衎[4]衎。吉。

語譯：鴻雁漸漸飛到岸邊大石，進餐飲食和樂。吉祥。

2　「歸」之字義可參考泰卦六五「帝乙歸妹」。

3　干：通岸，水邊。例如《詩經・魏風・伐檀》「坎坎伐檀兮，置之河之干兮」。《說文》「岸，水厓而高者。从屵干聲」。古代干、岸同聲，「岸」應是自「干」孳乳而出。

4　衎：讀作看，行動和樂愉快的樣子。《說文》「衎，行喜貌」；《爾雅・釋詁》「衎，樂也」。例如「君子有酒，嘉賓式燕以衎。」（詩經・小雅・南有嘉魚）

解讀：

「磐」爲大石，河川岸邊多爲石地。鴻雁己飛渡河川，漸至對岸大石之處。象徵迎娶隊伍渡河成功，離開沙灘，來到岸邊大石地面。「衎衎」形容和樂的樣子，「飲食衎衎」即在說渡濟之事順利，心情稍放輕鬆，隊伍可略爲休息飲食，同伴和樂融融。此同舟共濟和樂順利之象，所以占斷爲「吉」。

九三‧鴻漸于陸[5]。夫征不復，婦孕不育。凶。利禦寇。

語譯：鴻雁漸漸飛到平地。丈夫出征遠行不再回來，妻子有孕卻不能生育。凶險。利於防禦敵寇。

解讀：

「陸」指陸地，鴻雁離岸漸漸飛到內陸。夫、婦是家庭的骨幹，「夫征不復，婦孕不育」是家庭極大的不幸，故占斷爲「凶」。「利禦寇」與其說是有利於防禦強寇，不如說是宜提高警覺，增強對敵寇的防禦。迎親的隊伍離開自己的領地，渡過河川，深入陌生國度的內陸，自是小心提防盜賊匪寇等較爲有利。

至於「鴻漸于陸」與「夫征不復」的關係則甚爲晦澀。就音韻的角度言之，「陸」與「復」、「育」合韻，[6]也使「鴻漸于陸，夫征不復，婦孕不育」有類似歌謠的效果。或許在年代久遠而隱沒的歷史事件中，曾有隊伍遠赴異國內陸卻遭劫難而覆沒且未能留下後代。其中具體緣由已難描述，只能以類似歌謠的形式流傳，並藉此不幸事件使「鴻漸于陸」與導致婚姻不祥之間產生關聯。

5　陸：高出水面的平坦土地。《說文》「陸，高平地」；《爾雅‧釋地》「高平曰陸」。

6　依王力系統，上古音將「陸」、「復」、「育」皆歸覺部，韻尾擬音皆爲「uk」。顧炎武《音學五書》將陸、復、育皆歸屋韻，即東韻之入聲字。

六四・鴻漸于木，或得其桷[7]。无咎。

語譯：鴻雁漸漸飛到樹林。或許會停在樹枝上。沒有咎難。

解讀：

　　「木」指林木，鴻雁從陸地漸漸飛至樹林中。「桷」指橫叉出的樹枝，可供飛鳥棲息，並以此譬喻隊伍行進中途暫時倚木休息。既然中途可休息，可見隊伍行進平安無大礙，所以占斷爲「无咎」。

九五・鴻漸于陵。婦三歲不孕，終莫之勝。吉。

語譯：鴻雁漸漸過到山陵。婦人三年都不能懷孕，終究不成功。吉祥。

解讀：

　　「陵」指山丘，鴻雁漸漸越過樹林飛過山丘。「終莫之勝」就是終究莫能勝任之，爲古代常見之語法。[8]在此指婦女受孕之事最後仍以失敗告終。婦人婚後三年都不受孕，終不能如願生子，此有違婚姻之初衷，但何以占斷爲「吉」？此中必有曲折。或許此婦爲惡婦，男方早有嫌棄之心，藉不孕無子不合婦道爲由，終將之離棄，故以不孕爲吉。

　　若以「鴻漸」譬喻迎娶，「婦三歲不孕，終莫之勝」顯然非迎娶當時的敘述，但或是日後的情境或詛咒。

上九・鴻漸于陸，其羽可用爲儀[9]。吉。

語譯：鴻雁漸漸飛到平地。它的羽毛可用來進行禮儀。吉祥。

───────────────────

7　桷：讀作絕，方形的椽子，引申爲平直如桷的樹枝。《說文》「桷，榱也。椽方曰桷」，椽爲承屋瓦的木條。

8　例如《孟子・公孫丑上》「行仁政而王，莫之能禦也」；「由百世之後，等百世之王，莫之能違也」。

9　儀：儀表，法度。《說文》「儀，度也」。原指容止儀表，例如《詩經》「令儀令色」（大雅・烝民）；「儀刑文王」（大雅・文王）。引申爲禮儀法度，例如《中庸》「禮儀三百，威儀三千。」

解讀：

鴻雁漸漸越過山丘，又飛到平地。此地當是目的地之所在，鴻雁至此著陸，迎娶的最終儀式就在此舉行。「其羽」指鴻雁之羽，此鴻雁之羽可用在迎娶的儀式中。迎娶任務至此大功告成，所以占斷爲「吉」。

漸卦通解

漸卦說漸近，藉著鴻雁之漸近，以說貴族迎娶隊伍之漸近。卦辭「女歸」顯示此卦與男女婚嫁有關。六爻皆有「鴻漸」二字，極有順序的敘述大雁從對岸過河，經過岸石、陸地、樹林、山丘來到另一個國度，最終化爲儀式的一部分。此明說鴻雁漸進，暗喻男方迎娶隊伍的漸進。六爻之「鴻漸」，從初爻至上爻，正是在描述此迎娶隊伍的循序而進。如此解讀的原因有五：鴻雁象徵婚嫁，此其一。符合當時的時空背景及文明制度，此其二。呼應卦辭「女歸」，此其三。足以對六爻爻辭作合理解釋，此其四。可與其後之歸妹連繫，此其五。其中第一、二點將於後續作進一步考證。

上古時代中原地廣人稀，小國林立，一個城邑就是一個國家。國與國之間常以山川等自然天險爲界。城邑與城邑之間，則是廣大的無人地帶。[10]爲了避免近親通婚，王孫公子的婚姻對象必須是異國異姓之女。可以想像的，當兩國婚姻談就，大婚之日將至時，男方家長會命新郎官去女方迎娶。[11]此時貴族公子必須整理行裝隊伍，遠赴異國。中途會經過河川、原野、樹林、山陵等，才能到達女方的城邑，並獻上作爲迎親之禮的大雁。此所以初爻「鴻漸于干」，二爻「鴻漸于磐」，三爻「鴻漸于陸」，四爻「鴻漸于木」，五爻「鴻漸于陵」及上爻「鴻漸于陸」並「羽可用爲儀」，

----

10 可參考泰卦之〈考證及討論〉。
11 可參考賁卦之〈考證及討論〉。

完整且極有順序地藉著鴻雁以說迎娶隊伍的漸進程序。初爻及二爻明顯在渡河；三爻及上爻兩次「于陸」，中間經過樹林野地及山丘，所以四爻「于木」，五爻「于陵」。

比較值得注意的是，初爻「小子厲」；三爻「夫征不復，婦孕不育」；四爻「婦三歲不孕，終莫之勝」，顯見此卦對婚嫁結果的敘述或聯想多採負面。四爻以女方不孕爲吉，尤其啓人疑竇。或許在開始的時候，正是如卦辭所說，以「女歸」爲吉，但婚後的發展卻不如人意，「終莫之勝」，極可能以亡故或離異收場。姤卦及歸妹卦也有許多類似此女方強勢或不孕的描述，[12]或許背後有個完整的故事？

考證及討論

古代貴族通婚，合兩姓之好，自男方求婚，女方允婚，至娶婦進門，其中有繁複的程序及禮儀。以下依禮記·昏義及儀禮·士昏禮略述於後：

首先，婚姻是兩個家族的事，是雙方家長的事，未來將結爲夫婦的準女婿（小子）、準媳婦（少女）只是奉命行事。再者，是男方向女方求婚，在新婦迎娶進門之前，女方家長是主人，男方是女方的賓客。所以禮記·昏義開宗明義，便說：

> 昏禮者，將合二姓之好，上以事宗廟，而下以繼後世也。故君子重之。是以昏禮納采、問名、納吉、納徵、請期，皆主人筵几於廟，而拜迎於門外，入，揖讓而升，聽命於廟，所以敬愼、重正昏禮也。

其中納采、問名、納吉、納徵、請期，再加上期至時的親

---

12 可參考姤卦及歸妹卦。

迎，便是男方求婚至娶女過程的六個階段，也就是六禮。

「納采」即是男方家長向女方家長提親；「問名」即女方家長問男方小子名字排行功名，男方問所許女子之閨名等，也就是雙方家長確認娶嫁的對象；「納吉」指男方下聘，女方允婚；「納徵」即女方收受聘禮，婚事確立；「請期」即確定迎娶日期。迎娶之前，新婦並不露面，一對新人也不見面或交談。直到迎娶之日，女婿親至女方處迎娶新婦，是為「親迎」。然後護送新婦回夫家，從此夫家成為新婦的新家，男方原來是客人，現在成為主人。

在儀禮‧士昏禮記載，在求婚嫁女的六禮中，男方除了行納徵之禮時需另備玄纁、束帛、儷皮等聘禮外，行其他五禮時，即納采、問名、納吉、請期及親迎時，男方都要以大雁為見面禮。[13]這可能是古人觀察鴻雁依季節遷徙而從不失信，在飛行時井然有序，且對配偶堅貞不渝，故以大雁為求婚配的象徵物。[14]這也說明了為何以「鴻漸」象徵迎娶隊伍的漸進。也唯有如此，才能將「鴻漸」與「女歸」作合理連結。

漸卦爻辭中，除了「鴻漸」這個主題之外，另有穿插有兩段與夫婦孕育後代有關的敘述，即九三「夫征不復，婦孕不育」及九五「婦三歲不孕，終莫之勝」。依禮記‧昏義：「合二姓之好，上以事宗廟，而下以繼後世也」，男娶女歸的最終目的還在傳宗接代，使家族血脈能夠延續，宗廟祭祀得以不斷。就此，「婦孕不育」及「三歲不孕」明顯地在說一段遺憾的，甚至是失敗的婚姻，而迎娶

---

13 《儀禮‧士昏禮》「昏禮。下達。納采，用鴈。……上北面再拜；授於楹間，南面。賓降，出。主人降，授老鴈。擯者出請。賓執鴈，請問名，主人許。賓入……主人送於門外，再拜。納吉用鴈，如納采禮。納徵，玄纁束帛，儷皮。如納吉禮。請期，用鴈。主人辭。賓許，告期，如納徵禮。期，初昏，陳三鼎於寢門外東方……主人揖入，賓執鴈從。……」

14 《白虎通‧嫁娶》「禮曰：女子十五許嫁。納采、問名、納吉、請期、親迎，以雁贄。納徵曰玄纁，故不用鴈。取其隨時而南北，不失其節，明不奪女子之時也；又是隨陽之鳥，妻從夫之義也；又取飛成行，止成列也，明嫁娶之禮，長幼有序，不相逾越也。」

正是將「鴻漸」與「不孕」、「不育」連繫起來的線索。若不將
「鴻漸」理解為迎娶的象徵，則此二段爻辭殊難理解。例如王弼便
將「夫征不復，婦孕不育」理解為男子在外另尋新歡不回家，女子
不貞，所懷的不是其夫之子，所以不能養育。[15]程頤將「不復」解
釋為「不復義理」；「婦孕不育」解釋為雖然受孕，但因不以其道
而得孕，所以不養育。[16]這或許都是為迎合小象傳：「夫征不復，
離群醜也。婦孕不育，失其道也」所作的委婉曲折之解釋。至於
「終莫之勝」，王弼解釋為三年之後，必能如願得孕。[17]程頤則以
不孕為不正，因不正所以不能勝。[18]此皆曲折勉強，支離破碎，且
不能與「鴻漸」呼應。

---

15 王弼《周易注》「夫征不復，樂於邪配，則婦亦不能執貞矣。非夫而孕，故不育
也。」

16 程頤《易程傳》「不復，謂不反顧義理。婦謂四，若以不正而合，則雖孕，而不
育，蓋非其道也。」

17 王弼《周易注》「不過三歲，必得所願矣。」

18 程頤《易程傳》「不正，豈能隔害之，故終莫之能勝，但其合有漸耳，終得其吉
也。以不正而敵中正，一時之為耳，久其能勝乎。」

54．歸妹卦（雷澤歸妹）

歸妹征凶无攸利。初九歸妹以娣跛能履征吉。九二眇
能視利幽人之貞。六三歸妹以須反歸以娣。九四歸妹愆期
遲歸有時。六五帝乙歸妹其君之袂不如其娣之袂良月幾望
吉。上六女承筐无實士刲羊无血无攸利。

卦名卦畫卦旨

歸妹，女子出嫁。說文：「歸，女嫁也」；「妹，女弟也」，
女弟即少女，指年紀較小的女性。例如詩經有「俔天之妹」（大
雅·大明）、「東宮之妹」（衛風·碩人）等。所以歸妹就是少女
出嫁。

歸妹卦下兌上震，震為雷，兌為澤，雷歸於大澤之上。科學知
識告訴我們雷必是自天而降，怎麼可能歸於大澤？但若拋開自然科
學，純粹就古人對大自然現象的體驗與想像，住在湖海大澤之濱的
人們，聽見湖海中傳來的微弱雷聲，必可感受雷歸於極遠之處。古
代諸侯同姓不婚，婚姻娶嫁必為異姓之國，諸侯之女其所歸之處必
在國境之外甚遠處，有如雷歸大澤，此以雷澤（☳下兌上震）象徵
所嫁之遠。

歸妹為嫁女，有嫁必有娶，歸妹卦就是在說男女婚嫁之事，尤
其指王公貴族之遠嫁。其卦爻辭多涉及婚姻，且為一段有缺陷的政
治婚姻。

歸妹卦與漸卦互為反對，一為嫁女，一為迎娶，都與男女婚嫁
有關。二卦宜參照合讀。

≡≡≡ 卦爻辭解讀 ≡≡≡

歸妹：征凶。无攸利。

語譯：歸妹卦。出征遠行凶險。無有所利。

解讀：

　　歸妹卦，處於聯姻結盟的關係中。「歸妹」指少女出嫁，歸妹卦在說貴族婚嫁之事，也是兩家結盟之事。古代同姓不婚，貴族女子多遠嫁異國。然而斷占辭「征凶」顯示不宜遠行，「无攸利」更直言此事有所不宜。循此或可爲歸妹卦所示的人事處境做一指引，此婚姻爲不適當的結合。

初九・歸妹以娣[1]。跛能履。征吉。

語譯：嫁女，出嫁的是妹妹。腳跛但還能行走。出征遠行吉祥。

解讀：

　　「妹」爲家中之女，「歸妹」即嫁女，「娣」爲女弟，爲女兒中年紀較小的。「跛能履」描述一個下肢有缺陷的人，在履卦六三[2]中亦出現有相同的描述。「跛能履」是否就是那個待嫁之女呢？或是另指他人？在此爻辭中難看出端倪，只是給出一個相當豐富的想像空間。占斷辭「征吉」顯示此婚姻係遠嫁，婚嫁爲吉，故以出遠門爲吉。

九二・眇能視。利幽人之貞。

語譯：視弱但仍看得見。利於問幽隱之人與事。

解讀：

　　「眇能視」指一個視力有缺陷的人，相同的描述也出現在履卦

1　娣：讀作弟，幼女，隨嫁的年少女子。古代貴族婚姻，長女出嫁，幼女陪嫁，姊妹共嫁一夫，幼爲娣，長爲姒。《說文》「娣，女弟也」；《爾雅・釋親》「女子同出，先生爲姒，後生爲娣」。
2　履卦六三「眇能視，跛能履。履虎尾，咥人。凶。武人爲于大君。」

六三[3]。「幽人」可以指視盲者或遭幽禁者，此皆與視力有關。眇而能視，是爲對視力有問題者的肯定，所以說「利幽人之貞」。

六三・歸妹以須[4]。反歸以娣。

語譯：嫁女，出嫁的是姊姊。送回，再以妹妹出嫁。

解讀：

「須」通嬃，爲女姊，也可以指身分較低下的女性[5]。「歸妹以須」參考「歸妹以娣」，就是出嫁的是姊姊。「反」指遣返，「歸以娣」即「歸妹以娣」，男方送回姊姊，迎娶妹妹。

此爻辭短短八個字，卻有很強的故事性。就字面上的意義來說，男女婚嫁，男方迎娶的對象原來以爲是小妹，後來發現是大姊，於是把大姊送回去，重新再迎娶小妹。其中緣由背景，來龍去脈，在此先不做過多的揣測，但必須指出兩點(一)「須」與「娣」是女方家族中，不同的兩個女人。(二)此爻與初爻有關，「娣」應是原來要迎娶的對象，「須」則是冒充的。

九四・歸妹愆期，遲歸有時。

語譯：嫁女之婚期延誤，雖然延遲但仍定下時日。

解讀：

「愆期」即錯過日期，也就是原訂娶嫁之日無法如期舉行。「遲歸有時」指雖然無法如期，但並未取消，只是延後，並且另定了新的娶嫁之日。婚嫁日期延後的原因何在？這裡雖未明說，但總是有個緣故。「歸妹以須。反歸以娣」很可能就是婚期延後的原因。

---

3 同上。

4 須：通嬃或媭，古代對姊的稱謂，亦用作女子名。《說文》「嬃，女字也。楚詞曰：女嬃之嬋媛。賈侍中說：楚人謂姊爲嬃。从女須聲」。段玉裁注：「楚辭之女媭。王逸、袁山松、酈道元皆言女媭，屈原之姊」。須，帛書作嬬，《說文》「嬬，弱也。一曰下妻也。从女需聲」。古代須、需、嬃、嬬爲同聲字，可通假。

5 此以須爲嬬，下妻，小妾。《說文》「嬬，弱也。一曰下妻也」，段玉裁注：「下妻猶小妻。後漢書光武紀曰：『依託爲人下妻』。周易『歸妹以須』。釋文云：『須，荀、陸作嬬。陸云：妾也。』」

六五・帝乙歸妹，其君之袂不如其娣之袂良。月幾望。吉。

語譯：商王帝乙嫁女，夫君的衣袖不如新婦的衣袖精美。月近圓。吉祥。

解讀：

「帝乙歸妹」也出現在泰卦六五。歷史文獻稱商紂王的父親爲「帝乙」[6]，「帝乙歸妹」即商王嫁女，也就是男方娶帝王之女。「君」指夫君，也就是新郎，「娣」爲女弟，也就是新娘，此「娣」與初九及六三之「娣」是否有關？還有進一步討論的必要。「袂」爲衣袖，或說是衣袖上的文彩裝飾。「其君之袂不如其娣之袂良」顯示這是不對等的婚姻，男方的門第富貴不及女方。不但如此，此在服飾上的華麗與對比，也突顯出女方所欲展現的優越感。

「月幾望」指近月圓之時，也出現在小畜卦上九[7]及中孚卦六四，月亮將圓而尚未圓，事情的發展仍有疑慮與期待。此處占斷爲「吉」，應是指男方與帝王結親，富貴臨門，所以爲吉。

上六・女承筐无實，士刲[8]羊无血。无攸利。

語譯：女子承捧著竹筐，裡面沒有東西，男士宰殺活羊，卻流不出血。無有所利。

解讀：

「女承筐无實」字面意思十分單純，但應是有其象徵意義。同樣的，「士刲羊无血」也是一個隱喻。隱喻什麼？可以有各種解釋。例如程頤就以此象徵夫婦不能奉祭祀之禮，[9]此亦可備一

6　《史記・殷本紀》「帝太丁崩，子帝乙立。帝乙立，殷益衰」；《左傳・哀公九年》「陽虎以周易筮之，遇泰之需曰：宋方吉不可與也，微子啓，帝乙之元子也」。泰之需即泰卦六五，微子啓爲紂王之庶兄。

7　參看小畜卦上九爻辭解讀。

8　刲：讀作虧，宰殺、刺殺。《說文》「刲，刺也。从刀圭聲」。刲通劌，例如《國語・楚語》「刲羊擊豕」，或作「劌羊擊豕」；《儀禮・少牢饋食禮》「司馬刲羊，司士擊豕」。

9　《易程傳》「諸侯之祭，親割牲，卿大夫皆然。割取血以祭。禮云：血祭，盛氣也。女當承事，筐筺而无實。无實則无以祭，謂不能奉祭祀也。」

說。不論如何，「无實」與「无血」在說應有而未有，白忙一場，這個的意思是十分清楚的。

或說，「筐」在此象徵可孕育生命的容器，「筐无實」即暗喻女子有子宮卻不能懷胎，「羊无血」暗喻男子之精血不能使婦人受孕。換句話說，男女雖結爲夫婦，卻無子嗣。[10]此婚姻未能完成傳宗接代的使命，所以說「无攸利」。

歸妹卦通解

歸妹就是嫁女，歸妹卦六爻的爻辭，分開來看，爲與嫁女有關的個別事件。合起來看，又好似有相當的連貫性，在敘述一個與嫁女有關的故事。初爻「歸妹以娣」，三爻「歸妹以須，反歸以娣」，及四爻「歸妹愆期，遲歸有時」就足以構成這個故事的較簡單版本：男方向女方求婚嫁，原談妥娶姊妹中較年幼者爲新婦，不料到迎娶時，女方卻送出較年長者。但男方不接受，仍要求能娶妹妹。爲了這件事，又更動了原訂的婚期，另訂出新的迎娶日期。

若加入五爻「帝乙歸妹」，這故事的情節就複雜了。「帝乙歸妹」表示男方所娶的是帝王之女，以此推論，男方必定是侯國之嫡子甚或國君本人。古代有「諸侯一聘九女」之說，[11]諸侯國之間的婚嫁，男方國爲了廣結子嗣，並鞏固政治聯姻關係，大婚時一次迎娶多位女子，女方國除了嫁出正妻之外，另伴隨有陪嫁的姪娣及臣僕，「姪」指正妻之堂姊妹，[12]「娣」指正妻之妹（族妹）。先秦文獻上不乏「妻」與「娣」關係的記載，例如「韓侯取妻……諸娣從之……」（詩經‧大雅‧韓奕）；「驪姬生奚齊，其娣生卓子」（國語‧晉語一）等。從「帝乙歸妹」的角度來解讀初爻、三爻及

---

10 焦循《易通釋》卷十三，即將此「女承筐无實」與大過九五「老婦得其士夫」及漸卦九五「婦三歲不孕」結合，曰：「是女妻而爲老婦，故婦孕不育，女承筐无實矣。」
11《公羊傳‧莊公十九年》「諸侯壹聘九女，諸侯不再娶。」
12《說文》「姪，兄之女也。」

四爻，「娣」與「須」就會另具不同的身分，從婚嫁的主角變爲配角，爲正妻之陪嫁。如此，「歸妹」之「妹」指正妻，「娣」則指正妻之妹，是陪嫁的幼女之一。而故事的情節就更延出一段曲折。帝王嫁女，諸侯娶妃，帝王原允諾以幼妹陪嫁，後卻改以較年長的姊姊陪嫁。男方對此提出異議，仍要求能許以幼妹。爲了這件事，更改婚期，另訂出新的迎娶日期。而五爻「其君之袂不如其娣之袂良」就此脈絡，夫君的服飾文彩甚至比不上陪嫁的小妹，更不用說與身爲帝王之女的正妻相比，雙方服飾精粗之差距就更不忍聞問了。

在故事的主軸確定之後，回頭再來看初爻的「跛能履」及二爻的「眇能視」。「跛能履」及「眇能視」也出現在履卦六三。此明顯在形容身有殘疾之人，放在婚嫁的脈絡裡，很可能是形容「須」，或是陪嫁的臣僕之一，但絕不會是形容「娣」。因爲不論是簡單版本或複雜版本，從初爻、三爻及四爻中不難讀出，男方在這次娶嫁中，厭惡的是「須」，中意的、在乎的是「娣」。有關「跛能履」，在履卦、夬卦、及姤卦中，又會以另一種方式出現，此容後再討論。

上爻「女承筐无實，士刲羊无血」放在故事的脈絡裡，是就此次婚姻的結果而說，新婦終究未能如願懷胎生子。古代傳宗接代是男女婚姻的重責大任，「不孝有三，無後爲大」（孟子·離婁上），不能留下子嗣的婚姻，就是失敗的婚姻。在王侯世家，正妻是否能生育尤其是重中之重，因爲嫡子是未來國家政權的接班人，宗廟祭祀的傳承者。上爻若與五爻「帝乙歸妹」連讀，指此婚嫁正是王侯之間的聯姻，而「女承筐无實，士刲羊无血」即指正妃之不孕。國君之子娶帝王之女，但未能有嫡子，使國家政權的延續產生危機，這是何等重大之事。

當然，六爻爻辭各有其義，儘可予以分別解釋。今以「帝乙歸妹」爲前提，綜合解讀歸妹卦六爻，一方面可合理化卦辭的結構，

使其意義更完整；另一方面「帝乙」的事跡於史有徵，此更能顯出爻辭在殷周之際的時代意義及想像空間。

考證及討論

歸妹卦之爻辭極其晦澀，其中曲折婉轉，欲言而又似有所隱諱。且爻辭多處又與其他卦重複或近似，在當時應是確有此說或確有其事，並非虛渺無根之談，其中或有深意。以下以「帝乙歸妹」為主軸，進行相關之考證與討論。

(一)古代國君的大婚

古代國君為了確保血脈傳承及國祚延續，極為重視國君本人或繼位者的婚姻大事。而婚姻的對象，也必是異姓王侯之女，以求門當戶對，同時，也藉著婚姻，與異國政治結盟。

春秋經‧莊公十九年記載：「秋，公子結媵陳人之婦于鄄」，公羊傳對此解釋：「媵者何？諸侯娶一國，則二國往媵之，以姪娣從。姪者何？兄之子也；娣者何？弟也。諸侯壹聘九女，諸侯不再娶。」

所謂「壹聘九女」指諸侯娶一正妃，二側妃（次妃），另有眾女陪嫁，以確保能生育子嗣。「不再娶」當是確保正妃的名分，穩固兩國的姻親關係。

側妃稱作「媵」[13]，例如春秋經‧成公八年：「春……宋公使華元來聘……冬……衛人來媵」。左傳曰：「宋華元來聘，聘共姬也。夏，宋公使公孫壽來納幣，禮也……衛人來媵共姬，禮也，凡諸侯嫁女，同姓媵之，異姓則否」。此說宋共公娶魯宣公之女，魯成公之妹伯姬為妻，使執政大夫華元來聘。伯姬諡號共姬。衛國送女子來為宋共公及共姬的媵妾。衛國與魯國同為姬姓國，此合於

---

13 媵：讀作贏，《說文》作媵，「媵，送也」。段玉裁注：「媵今之媵字。……送為媵之本義。以姪娣送女乃其一端耳。」

禮。也就是說，若納異姓國之女爲媵，則不合理。此證，先有正妃，然後有媵妾，媵妾不是正妃的陪嫁，乃正妃同姓異國之女，地位較正妃爲次，爲側室。

至於「姪」及「娣」，則是正妃的堂姊妹或庶妹，陪著正妃嫁過來，地位又在「媵」之下。公羊傳・隱公元年：「立適以長不以賢；立子以貴不以長。桓何以貴？母貴也」，漢何休註：「禮，嫡夫人無子立右媵；右媵無子立左媵；左媵無子立嫡姪娣」。是以正妃爲貴，其次右媵左媵，再次爲陪嫁之姪娣。正妃無子則立媵子爲嫡，左右媵妾亦無子則立姪、娣之子爲嫡。

不過以上皆爲漢代公羊家的理想，西周禮制未必如此，殷商時期當然更不會有此講究。唯王侯娶嫁以姪娣相從的事，除前引詩經・大雅・韓奕及國語・晉語之外，左傳中也多有記載，此或可爲帝乙歸妹時代諸侯娶女之參考。例如左傳・莊公二十八年載：「晉伐驪戎，驪戎男女以驪姬歸，生奚齊，其娣生卓子。」；左傳・襄公十九年載：「齊侯娶於魯，曰顏懿姬，無子。其姪鬷聲姬生光，以爲太子。」

(二)帝乙何人

就文獻如史記、竹書紀年之記載，帝乙指文丁之子，紂王之父。尚書亦稱紂父爲帝乙，[14]出土商青銅器亞貘卣的銘文則稱「文武帝乙」。若以「帝」爲尊號，廣義言之，以「乙」爲名號之商王皆可稱帝乙，則文丁之父武乙亦可稱帝乙。參考竹書紀年，武乙在位的時間大約於周古公亶父後期及季歷前期，帝乙在位的時間大約在文王前期。除此之外，另有天乙（成湯）、祖乙、小乙等。因離殷末周初太遠，故在此不論。

---

14 《尚書・酒誥》「自成湯咸至於帝乙，成王畏相。」

(三)周易中的帝乙歸妹

　　卦爻辭中的「帝乙歸妹」出現兩次，一在泰卦六五，一在歸妹卦六五，「帝乙」爲商王，所歸之「妹」必是商王族之女。卦爻辭多論殷末周初之事，[15]故此「歸妹」應是歸於周，也就是商周聯姻。彼時商大周小，女強男弱。故卦爻辭中，與婚嫁有關的姤卦、漸卦及歸妹卦，多論及女方之強勢。歸妹卦六五「其君之袂不如其娣之袂良」；姤卦卦辭則說：「女壯。勿用取女」。又多論及女方之不孕不育，未能有子嗣之事，歸妹卦上六「女承筐無實」；漸卦九三及九五則說：「婦孕不育」、「婦三歲不孕，終莫之勝」。綜此，或可爲周易中帝乙歸妹這段王家婚事作一整理如下：

　　1. 女方爲商帝，日干名號「乙」，男方爲周國君主。女方強大，男方弱小。

　　2. 商王女妹歸周後未能留下子嗣，是爲不幸的婚姻。

　　3. 周國君主之後須另有婚配，才能留下後代。

(四)從史料看帝乙歸妹的可能性

　　顧頡剛考證，此「帝乙」指文丁之子，商紂之父。並以詩經‧大明爲證，指武王之母莘氏太姒爲文王之繼氏，文王原配即「帝乙歸妹」之「妹」。[16]詩經‧大明記述有文王大婚相關詩句如下：

　　……

　　　　文王初載，天作之合。在洽之陽，在渭之涘。

　　　　文王嘉止，大邦有子。大邦有子，俔天之妹。

　　　　文定厥祥，親迎于渭。造舟爲梁，不顯其光。

---

15 《繫辭傳》「易之興也，其當殷之末世，周之盛德邪？當文王與紂之事邪？」
16 參考顧頡剛〈周易卦爻辭中的故事〉收錄於《古史辨》第3冊。

有命自天，命此文王。于周于京，纘女維莘。

……

　　顧頡剛所提之理由有二(1)「大邦有子，俔天之妹」顯示，文王初載之時，所娶爲「大邦」之女。殷末，周稱殷商爲大國商，自稱小邦周，[17]「俔天之妹」亦顯示女方有如來自天國，上國。(2)「于周于京，纘女維莘」在說文王第二次婚姻，另娶莘國之女，也就是後來成爲武王母親的太姒，因爲是繼室，所以說「纘[18]女」。

　　這樣的解釋有其合理性，也符合上述周易「帝乙歸妹」的條件。武王之母太姒生有十子，[19]不可能會是帝乙之女妹。「初」及「纘」字的出現，尤其易啓人疑竇。

　　不過，從先秦文獻觀點推論，這應該不是唯一的可能。詩經・大明亦敘述有王季的婚姻，相關詩句如下：

……

　　摯仲氏任，自彼殷商，來嫁于周，曰嬪于京。
　　乃及王季，維德之行。大任有身，生此文王。

……

　　此明文指出文王之母大任，來自殷商。也就是文王之父季歷娶商國之女。考察季歷所處的時代，約略晚於武乙。若季歷娶武乙之女而稱「帝乙歸妹」，也是合情理之事。此武乙之女「妹」未曾留下後代，但陪嫁的「娣」，成爲文王之母，也就是大任。「嬪」本

---

17 《尚書》「皇天上帝，改厥元子茲大國殷之命」（召誥）；「天休于寧王，興我小邦周」（大誥）。
18 纘：繼承，繼續。《說文》「纘，繼也」。例如《詩經・豳風・七月》「二之日其同，載纘武功。」
19 《史記・管蔡世家》「武王同母兄弟十人。母曰太姒，文王正妃也。」

來就有服侍的意思，地位較后妃爲低。[20]仲任固爲摯國或摯氏[21]之女，但摯國是商國之屬，摯氏仲任或因血親關係而爲帝妹之陪嫁，也屬情理之中。所以詩中特別指出大任「自彼殷商」，「來嫁」，及「曰嬪」。

在周原甲骨[22]卜辭中有「癸巳彝文武帝乙宗」等字樣，此亦可見文王與「帝乙」之間可能有血親或姻親關係，或是武乙之外孫，或是帝乙之婿。

(五)跛與眇

初爻「跛能履」及二爻「眇能視」，似在說殘疾之人，或不甚體面之人。若「帝乙歸妹」爲史事，此人與「歸妹」有何關聯？出現在歸妹卦中有何隱喻或象徵？

首先，「跛能履」及「眇能視」也出現在履卦中，履卦六三「眇能視，跛能履。履虎尾，咥人。凶。武人爲于大君」，似以此跛者象徵凶狠似虎之武人。再者，夬卦九四及姤卦九三皆出現「臀无膚，其行次且」，此明顯在形容「跛能履」者。

此人出現在履卦的原因比較可以理解，因爲履卦在說「履」。但爲何出現在夬卦及姤卦？出現在夬卦的可能是因爲以「夬」爲「缺」，「跛能履」者是個在身體上及德行上有缺失的人。[23]此人出現在姤卦而且占斷爲「厲，无大咎」，或許暗藏有更多的訊息。基本上姤卦在說男女邂姤，姤卦、漸卦及歸妹卦，從邂姤，到親迎，到大婚，正可謂之「帝乙歸妹」三部曲。姤卦之「臀无膚」，與歸妹卦之「跛能履」，應是指同一人，一個身心有缺陷

---

20 《說文》「嬪，服也」，《儀禮‧昏義》「古者天子后立六宮，三夫人，九嬪。」
21 摯通執，《逸周書‧商誓》「告爾伊舊何父□□□□幾耿肅執」，「執」即執氏（摯氏），爲殷之世家大族。參考牛鴻恩注譯《新譯逸周書》（上），臺北：三民書局，2015年，頁310。
22 周原甲骨H：11：1，據推測爲周文王祭祀帝乙之卜辭。參考許倬雲《西周史》（增訂版），臺北：聯經出版社，1990年，頁63-64。
23 參看夬卦九四「臀无膚，其行次且。牽羊悔亡，聞言不信」的解讀。

且凶狠似虎之武人。此人在商王宮庭中，並隨商王之女妹陪嫁至周室。

　　正如姤卦初六說：「繫于金柅」，漸卦初六說：「小子厲」；漸卦九五說：「婦三歲不孕」，歸妹卦上六說：「女承筐無實」。這些看似無關的，零碎的，卻又反覆出現的爻辭片斷，其實應非偶然，皆是在顯示殷末周初的一段王室婚姻事件。此事件在當時應是家喻戶曉，但因為某些緣故，被視為禁忌而終遭堙滅。只在易經中留下「帝乙歸妹」這樣的雪泥鴻爪草灰蛇線，以供後人推敲。易經卦爻辭，各卦各爻可分開解讀，各有各的意思。也可以一卦之六爻合讀，甚至兩卦合讀，多卦合讀。「帝乙歸妹」正是一個宜合泰卦、歸妹卦，乃至姤卦、漸卦、夬卦、履卦並讀的例子。

55・豐卦（雷火豐）

䷶豐亨王假之勿憂宜日中。初九遇其配主雖旬无咎往有尚。六二豐其蔀日中見斗往得疑疾有孚發若吉。九三豐其沛日中見沬折其右肱无咎。九四豐其蔀日中見斗遇其夷主吉。六五來章有慶譽吉。上六豐其屋蔀其家闚其戶闃其无人三歲不覿凶。

卦名卦畫卦旨

豐，豐大，豐富而盛大。說文：「豐，豆之豐滿者也」。豆[1]為古代裝肉品的食器，也是祭祀用的禮器。豐之原意為容量較大的豆，可以裝更多或更大塊的肉塊。以此引申，「豐」用以形容物品之多之大，例如豐富、豐盛、豐滿、豐收等。

豐卦下離上震，震為雷，離為火、為電。雷電齊作，規模盛大，故用雷火（䷶下離上震）以象徵豐卦之盛大。

豐卦在說豐富而大。大可以指物品之大，規模之大，也可指人物之大。物若大，必對他物有所遮蔽。人若大，必對他人產生壓力。豐卦之卦爻辭多涉及大人、大事、大物。物中之大莫若天，人中之大莫若王。豐卦卦爻辭多與天、王、君主有關。

卦爻辭解讀

豐。亨。王假[2]之，勿憂。宜日中。

語譯：豐卦。亨通。君王到臨，不用憂慮。宜在日中正午之時。

解讀：

豐卦，處於巨大形勢影響之下。豐，盛大，可以是事物規模

1　《說文》「豆，古食肉器也。从口，象形。」
2　「假」之字義可參看家人卦九五「王假有家」。

的大，也可以是所處格局的大。「假」爲至，「王」爲人間至尊至
貴者。「日中」則是日光最熾熱強烈的時刻。「王假之」指人間最
尊貴，最具權勢之人來到此地。能與君王接近，固然有上達天聽之
便，但若言行舉止稍有冒犯，亦可能帶來殺身之禍，所以接待應對
不可不愼。「勿憂」爲撫慰之詞，不是說此事不需多慮，可放心處
理，而是指臨大事但求謹愼盡心應對，是福不是禍，憂慮亦無濟於
事。「宜日中」則爲對時間的建議，以「日中」象徵其盛大。

初九‧遇其配主[3]。雖[4]旬无咎。往有尚[5]。

語譯：遇見女主人。在十日之內沒有咎難。前往有賞。

解讀：

「配」爲配偶，「配主」就是主人的正配，也就是女主人。
「旬」爲計日單位，十日爲旬，指最近的一段時日。[6]雖通唯，
「雖旬无咎」指近日可保「无咎」，但之後很難說。此亦暗示「遇
其配主」本應有咎責。何以遇到女主人要受到咎責？此「遇」顯然
是不期之遇，甚或是不當之遇。女主人平日深居內院，若非家人或
家僕，似以不見爲宜。

「尚」爲賞，「往有尚」若與「遇其配主」合讀，似在解釋何
以有所往。有服外事者，因有賞而往內院，卻意外「遇其配主」。

此段爻辭甚隱晦，「遇其配主」與「往有尚」，可視爲二

---

3 配：配對，配偶。《說文》「配，酒色也。从酉己聲」，段玉裁注：「（配）酒色
　也。本義如是。後人借爲妃字，而本義廢矣。妃者，匹也」。是以配爲妃。《說文》
　「妃，匹也。从女己聲」。配、妃，都有匹配，配偶的意思。配主，帛書作肥主，
　配、妃、肥一音之轉，古代可能同爲己聲。若「主」爲男主人，「配主」即男主人之
　配偶，即女主人。高亨《易周易古經今注》「配爲妃，配主即女主。」
4 雖：通唯，唯有，只有。例如《禮記‧少儀》「婦人吉事，雖有君賜，肅拜」。
　「雖」與「唯」古音同，原義爲似蜥蜴的爬蟲，《說文》「雖，似蜥蜴而大。從虫唯
　聲」。
5 尚通賞，參看泰卦九二「得尚于中行」。
6 甲骨卜辭常以旬爲單位貞問吉凶。例如「癸丑卜，爭貞，旬亡囚。」（甲骨文合集
　＃137），古无亡相通，囚爲禍。參考馬如森《甲骨金文拓本精選釋譯》，上海：上海
　大學出版社，2010年。頁8。旬亡囚相當於「旬无咎」。

事，亦可視爲一事。若視爲一事，則「往有尙」可視爲「遇其配主」之因，「雖旬无咎」則爲「遇其配主」之果。

六二‧豐其蔀[7]，日中見斗。往[8]得疑疾。有孚發若。吉。

語譯：張大遮陽草席，日中正午居然看見北斗星。過往有可疑的疾病。有信兆發顯。吉祥。

解讀：

「蔀」爲遮陽的席子，「斗」指北斗星（座）。北斗星在暗夜中雖然明亮，在白日卻爲日光所掩而不得見。「豐其蔀」在形容一張大可遮天的席子，遮住了正午的一切光亮，使得白日如暗夜，如此北斗星才有可能在日中出現，所以說「日中見斗」。天爲物所遮，白日如同暗夜，此正是日全蝕之象。古人不了解日蝕的成因，此天文異象又爲人間所罕見，在古代若有人宣稱「日中見斗」，很可能會被視爲心志不正常所見的幻象或想像。

「往」爲往昔，「疑」爲不確定。對未曾經驗過全日蝕的人，若聽有人宣稱「日中見斗」，可能會懷疑此人過往曾得不知名的怪病，才會有此奇怪的言論，所以說「往得疑疾」。「孚」爲信，「若」爲語尾助詞，「有孚發若」在說此「日中見斗」不是瘋言瘋語，而是可信徵兆的發顯，並占斷此兆爲「吉」。「往得疑疾」與「有孚發若」正是聽聞「日中見斗」時的兩種可能反應。此「吉」應是以「有孚發若」爲吉，而非以「往得疑疾」爲吉。在見到怪異的天象時，若能堅持信念，徵信其所見而不疑神疑鬼，自可爲吉。

---

7 蔀：讀作部，覆於棚架上以遮蔽陽光的草席。《說文》未收此字。王弼注：「蔀，覆暖障光明之物也」。高亨據《周禮‧考工記》考證：「蔀者蓋院中架木，上覆以席，所以蔽夏日者也。」（周易古經今注）

8 往：去，過去。《說文》「往，之也」。往與來相對，就空間而言，指由此去彼。就時間而言，指過去、往昔。例如《論語》「告諸往而知來者」（學而）；「往者不可諫，來者猶可追」（微子）。

九三・豐其沛[9]，日中見沫[10]。折其右肱。无咎。

語譯：張大遮陽幡幔，日中正午卻暗昧如夜。右臂膀遭折斷。沒有咎難。

解讀：

「沛」通旆，為幡旗；「沫」通昧，指天之昏暗未明。「豐其沛」與「豐其蔀」語意接近，大旗如幡幔，遮住了日光，使正午變成日出前的昏暗。「肱」指人的上臂，古人常以股肱喻輔助君王的重臣，今人亦常以臂膀喻得力之助手。古代以右為尊，人多習慣使用右手，「折其右肱」即折損其最得力的助手。「日中見沫」雖是日蝕所致的自然現象，但古人往往視之為災異之象，又常以天日比喻君王，天日為大幡幔所遮蔽而變暗，正是股肱之臣不保，君主因而昏庸的徵兆。

斷占辭「无咎」一方面符合自然現象，日蝕在短暫之後即回復原狀；一方面也顯示易經穩健樂觀的處世態度，不因一時之挫折而驚慌。

九四・豐其蔀，日中見斗。遇其夷主[11]。吉。

語譯：張大遮陽草席，日中正午居然看見北斗星。遇見平常主人。吉祥。

解讀：

「豐其蔀，日中見斗」在六二出現，詞句相同，意思也應相同。「夷」為平，「夷主」即平常的主人。「遇其夷主」本就是平常之事，在天文異象出現的時候，遇見平常之事，此或暗示見怪不

9　沛：通旆，讀作沛，為旍旗末端的垂飾，泛指幡旗。《說文》「旆，繼旍之旗也，沛然而垂」，沛之本義為水勢湍急的樣子，也用於形容盛大。例如「若決江河，沛然莫之能禦也」（孟子・盡心上）。
10　沫：讀作妹，通昧。王弼注：「沫，微昧之明也」。昧指天將明未明之昏暗時刻。《說文》「昧，爽旦明也。从日未聲。一曰闇也」。段玉裁以為旦應作且，並注：「且明者，將明未全明也。」
11　夷：平，平常。《說文》「夷，平也」，夷主即常主，平常的主人。

以爲怪，以平常心待之。所以占斷爲「吉」。

六五・來章[12]，有慶[13]譽。吉。

語譯：光采來到，有慶賀和讚譽。吉祥。

解讀：

「章」通彰，爲光采；「慶」爲慶賀；「譽」爲讚賞。坤卦六三說「含章」，此處說「來章」，前者指內在原就有此光采，此處指自外得此光采，所以說「來」。此光采可以是外貌，可以是服飾，可以是才華，可以是功業，當然也可以是德行。

放在豐卦的脈絡，豐爲大，此爲光采之大顯，並因大顯光采而得到慶賀和贊譽，所以占斷爲「吉」。

上六・豐其屋，蔀其家，闚其戶，闃[14]其无人，三歲不覿[15]。凶。

語譯：高大其屋舍，隱蔽其家園。在門戶外窺視，寂靜無人聲，三年不見人影。凶險。

解讀：

「屋」指具體房舍建築，「家」指居家範圍，「豐」與「蔀」在此皆作動詞。「覿」爲看見；「闃」爲寂靜，「三歲不覿」也出現在困卦初六，用以形容長久不見人跡。整段爻辭在描述一個高門大戶的人家，本應是奴僕成群，賓客盈門。如今卻幽暗隱蔽，一片死寂，不見人跡。正所謂眼見他起高樓，眼見他宴賓客，眼見他人去樓空。其中緣由雖未明言，但可想像必有災厄降臨或不幸之事。所以占斷爲「凶」。

---

12 章：通彰。指文采彰顯。《說文》「彰，文彰也」。參考坤卦六三「含章」。
13 慶：祝賀，或可祝賀之事。例如「一人有慶，兆民賴之」（尚書・呂刑）；「我覯之子，維其有章矣。維其有章矣，是以有慶矣」（詩・小雅・裳裳者華）。《說文》「慶，行賀人也」，指因祝賀而餽贈或賞賜。
14 闃：讀作去，寂靜，寂靜無人。《說文》「闃，靜也。」
15 覿：讀作迪，字義可參考困卦初六「三歲不覿」。

豐卦通解

　　豐卦在說大，可以是權勢地位的高大，也可以是事物規模的盛大。一國之中，權勢最大的是君王；一家之內，權勢最大的為主人；一天之中，日光最盛的是正午。自然界以天最為廣大，若有一物能遮天，使天下黑暗，當為大中之最。日蝕正是天為物所遮的現像。豐卦的卦爻辭也多與君王、主人、日中、日蝕等相關。卦辭「王假之」、「宜日中」，與君王及日中有關；初爻「遇其配主」及四爻「遇其夷主」，與主人有關；二爻及四爻「日中見斗」，三爻「日中見沬」，又與日中及日蝕有關。比較特別的是五爻及上爻。五爻似與「豐」較無具體關係，上爻則直接以「豐」造句，以說人事滄桑。

　　綜合言之，豐卦爻辭義旨鬆散晦澀，且多隱喻，也因此可以有很大的解釋空間。其中王與主、天與日其實是互通的，天日也常用以象徵君主。以「日中見斗」為例，若有人宣稱日中正午卻可看見北斗星，正如有人指出聖明君主已被矇蔽，朝政一片昏暗，只剩一點光明，其結果皆可能被視為有瘋病或異端。

考證及討論

　　日蝕，古寫作日食。春秋經以「日有食之」一詞記載了春秋魯隱公元年至魯哀公十四年共242年所發生的36次日蝕。在此之前，詩經、尚書、乃至甲骨卜辭，也都有提及日蝕。

　　甲骨卜辭有「癸酉貞，日夕有食，佳若？」[16]，即於癸酉日貞問：當日黃昏時出現日蝕，吉凶如何？尚書・夏書・胤征記載：

---

16 《甲骨文合集》#33694「癸酉貞，日夕又（有）食，佳若？癸酉貞，日夕又（有）食，非若？」

「季秋月朔，辰弗集于房，瞽奏鼓，嗇夫馳，庶人走」[17]。辰指日月交會（日月合宿，同時升落），房指房宿星，在深秋無月之日，太陽沒有出現在房宿星的位置，此可說是文獻上最早有關日蝕的記錄。另竹書紀年記載：「懿王元年，天再旦于鄭」。天再旦就是天亮兩次，此異象合理的解釋就是在天剛亮的時候發生日蝕。

詩經・小雅・十月對日蝕有更具體的描述：「十月之交，朔月辛卯。日有食之，亦孔之丑。日月告凶，不用其行。四國無政，不用其良。彼月而食，則維其常；此日而食，於何不臧」。依毛詩序，此為諷周幽王之詩，「十月之交，朔月辛卯」具體說出日蝕出現之日期[18]。「日月告凶，不用其行」顯示古人以日蝕、月蝕為上天對人間凶事的警告，而日蝕又較月蝕更為罕見，更為不善，所以說「彼月而食，則維其常。此日而食，於何不臧。」

日蝕是古今人類仰頭都能觀察得到的天文現象，但對此現象的成因及理解，卻因時代的不同而有很大的差異。現代人都知道，日升日落是地球自轉所致。地球繞日而行，月亮繞地球而行，日蝕則是月亮暫時遮住太陽的結果。至於北斗七星，則不論日夜恆在北方，以年為周期，繞北極星而轉。白日不見北斗星，是因為日光耀眼。所以當全日蝕天空變暗時，人眼適應黑暗時，北斗星自然會出現。所以現代人可經由推論而知，星辰在白日仍在原位置上，只要天空變暗即可見到，但古人並沒有這樣的知識。當時的宇宙觀係以日月星辰繞地而動，這樣的模型是無法推論，甚至無法想像「日中見斗」之所以可能，故「日中見斗」必是出於古人對日蝕的經

---

17 〈胤征〉篇雖被懷疑為《尚書》中之偽篇，但佐以《左傳・昭公十七年》「故夏書曰，辰不集于房，瞽奏鼓，嗇夫馳，庶人走，此月朔之謂也」；及《竹書記年》「帝仲康：五年秋九月庚戌朔日有食之，命胤侯帥師征羲和」，此段文字應有相當依據。
18 據天文學家考訂，此詩中記載的日食發生在公元前776年9月6日，周幽王六年夏曆十月一日。地點則在鎬京。

驗與觀察。古代必定有人親眼在白日得見群星，[19]再加以渲染，才會有「日中見斗」的爻辭。所以「日中見斗」、「日中見沫[20]」，正是古人對日蝕現象的描述，可能有誇大的成分，但並無神祕可言。

　　至於日蝕發生的原因及其徵兆，古人自有古人的理解。唯依詩經「此日而食，於何不臧」來看，日蝕之兆在當時本應是凶非吉。以此，二爻之吉，應是落在「有孚發若」上，疑則得疾，因信而吉，堅信「日中見斗」只是短暫現象。四爻之吉，則是落在「遇其夷主」上，在昏暗中，遇見明主而得吉。

---

19 例如《宋史・天文志》「德祐元年六月庚子朔，日食，既，星見，雞鶩皆歸。明年，宋亡。」
20 沫：沫星，爲微小不明之星，或北斗星之輔星。《經典釋文》「沫，……子夏傳云：昧星之小者，馬同。薛云：輔星也」；《康熙字典・沫》「薛氏曰：斗之輔星」。

56・旋卦（火山旅）

䷷旅小亨旅貞吉。初六旅瑣瑣斯其所取災。六二旅即次懷其資得童僕貞。九三旅焚其次喪其童僕貞厲。九四旅于處得其資斧我心不快。六五射雉一矢亡終以譽命。上九鳥焚其巢旅人先笑後號咷喪牛于易凶。

卦名卦畫卦旨

　　旅，旅人，旅居。旅原指軍隊，說文：「旅，軍之五百人爲旅」。可能因爲軍旅之事常需外出征戰，故而後引申以客居異地爲旅，如旅人、旅居、旅客等。旅居與遷徙不同，後者舉族舉家遷移，前者則終需回到自己的家園。旅居異鄉異地，當地人是主人，旅人只能是賓客。

　　旅卦下艮上離，離爲火，艮爲山。有火之處必有人家，山甚高遠，山上之燈火正象徵遠處之人家。旅途中，近夜暮時，若察覺到山上之火光，雖微弱，亦或爲可投宿之處。故以火山（䷷下艮上離）象徵旅人、旅居。

　　旅卦在說羈旅，旅行在外，客居異鄉。其卦爻辭多涉及旅者客居異地的遭遇。古人不似今人，以旅遊觀光作爲增長見聞的休閒活動。古代交通不便，地理訊息貧乏，山林野外又多盜賊野獸出沒，若遠赴外地，或旅居他鄉異國，會有相當的困難度及冒險性。所謂「在家千日好，出門萬事難」，除非必要，不會輕易離開家鄉。旅人與家鄉音訊斷絕，旅途一路艱險，危機四伏，客居異地，又孤立無援，故必須格外謹慎小心，勿惹禍端。

卦爻辭解讀

旅。小亨。旅貞吉。

語譯：旅卦。小亨通。貞問旅外之事吉祥。

解讀：

　　旅卦，處於旅外或異地爲客的情境中。旅，旅居在外。旅卦說旅外之事，若問旅而得旅，正向回應所問之事，所以說「旅貞吉」。外出有益與他人溝通，相對於天人之間的溝通，這只是人間小的亨通，所以說「小亨」。

初六・旅瑣[1]瑣。斯其所取災。

語譯：旅人行止瑣碎多疑，此所以招致災禍。

解讀：

　　「旅瑣瑣」可以指旅途中瑣碎多事，也可以指旅人瑣碎多疑。總之，旅人在外不比居家安逸，凡事需多加提防，謹言愼行。「斯其所取災」可以指旅途多有事端，也可以是因過度謹愼多疑反招人覬覦而成災。此可參看解卦六三「負且乘，致寇至。」

六二・旅即次[2]。懷其資[3]，得童僕貞[4]。

語譯：旅途寄宿館舍。懷帶資財，得到童僕甚忠貞。

解讀：

　　「次」爲停留，「即次」就是就宿於館舍。旅人在旅途中就宿休息，帶著財貨，並得到忠心的童僕。此可謂旅途順暢無憂之象。

1　瑣：瑣碎，瑣碎之事。《說文》「瑣，玉聲也。从玉貞聲」。瑣原指玉件相擊的細碎聲，引申爲細小、零碎。

2　「次」爲停留，字義可看師卦六四「師左次」。次在此亦可引申爲留宿的館舍，例如《左傳・襄二十六年》「師陳焚次」。

3　資：資財，財貨。《說文》「資，貨也。从貝次聲」。例如「不善人者，善人之資。」（老子）

4　貞：堅貞，堅定不移。《釋名・釋言語》「貞，定也，精定不動惑也」。例如：「言無常信，行無常貞，唯利所在」（荀子・不苟）。「貞」之字義可參考參考本書第五章之〈其他常用字〉。

九三‧旅焚其次，喪其童僕。貞厲。

語譯：旅居之館舍遭火焚，失去童僕。所問之事艱辛。

解讀：

此與六二爻辭對應，所寄宿之館舍遭焚，忠貞之童僕遁逃，所攜之資財極可能也化爲灰燼。旅途受驚受挫，人財兩失，處境艱難，所以說「貞厲」。

九四‧旅于處[5]，得其資斧[6]，我心不快。

語譯：旅居他處，得到資財器物相助，心裡仍不愉快。

解讀：

「處」指處所，停留之處。「資」爲資財，「斧」爲工具。「得其資斧」指在居異地，得到異鄉人相助以財貨工具等。雖有所得，欲求仍未能滿足，所以說「我心不快」。

六五‧射雉[7]，一矢亡。終以譽命。

語譯：射野雞，丟失一支箭矢。終得君長的讚譽。

解讀：

「雉」指山雞、野雞；「矢」爲箭矢。「一矢亡」指射出二箭，一箭中雉，矢在雉上，另一箭射出後遺失。[8]此失小而得大。「譽」爲稱譽，「命」爲上級所給予之命令、名位、差事等。「譽命」即指來自君主或官長的讚譽，「終」顯示此人起初未受上位者重視，而後終得到在上位者的賞識。

---

5 處：處所，停留的地方。「處」原作「処」，《說文》「処，止也。得几而止。从几从夂」。夂（讀作綏）指人之步履遲緩，處之本義爲緩行至几邊休息，引申爲停留之處所。

6 斧：伐木工具。《說文》「斧，斫也」；王弼《周易注》「斧，所以斫除荊棘，以安其舍者也。」斧用以砍物，可作兵器，也是製作木器的工具。資斧連用，可理解爲財貨及器物。

7 「雉」之字義可參看鼎卦九三「雉膏不食」。

8 亦有解釋爲一矢射中雉，雉又帶矢飛走者，例如王弼《周易注》「射雉以一矢，而復亡之，明雖有雉，終不可得矣」。雉中矢而又帶矢逃走，此難符經驗。且與後之「終以譽命」難以連結，故不採此說。

　　此爻雖未言旅，仍應是以旅人客居異鄉時的情境來理解。旅人客居異地為賓，遇有機會展現其善射的本領，而得到主人的贊嘆及賞識。

上九・鳥焚其巢。旅人先笑後號咷[9]。喪牛于易。凶。

語譯：鳥巢被火焚。旅人先得意而笑後號咷大哭。在有易國喪失了牛群。凶險。

解讀：

　　鳥巢是鳥所安居之處，若以鳥喻旅人，此「鳥焚其巢」正如九三之「旅焚其次」。「先笑後號咷」在形容先樂後苦，其語意恰為同人卦九五「先號咷而後笑」的相反，可相互參考。「喪牛于易」及大壯卦六五「喪羊于易」，關係到商先公王亥旅居有易國喪命的史事，是商國先祖的不幸遭遇，將另詳述於後。「鳥焚其巢」及「喪牛于易」皆是凶事，所以占斷為「凶」。

旅卦通解

　　旅卦在說旅人離家在外，客居異鄉，卦爻辭多有旅字。卦辭「旅貞吉」直言此卦宜問旅外之事。初爻「旅瑣瑣」，二爻「旅即次」，三爻「旅焚其次」，四爻「旅于處」，上爻「旅人先笑后號咷」皆明顯在敘述旅人之事。五爻雖無「旅」字，也宜在旅人、旅途、旅居的脈絡下解讀。

　　爻辭自初爻至上爻極具順序性及關聯性。從初爻「旅瑣瑣」開始，旅人出門離鄉，無依無靠，只能步步謹慎，凡事小心。二爻「旅即次」，「懷其資」，「得童僕」，說明在旅途中，雖日行夜宿，但吃穿不愁，有人服侍。三爻「旅焚其次」，「喪其童僕」顯示原先的順遂已不再，旅途陷入困境。四爻「旅于處」，「得其資斧」，說明旅人已經到達預定停留的處所，並且得到當地友人的

9　號咷之詞義可參看同人卦九五「先號咷而後笑」。

資助。五爻「終以譽命」說明旅人在客居地表現良好，終而得到當地上位者的欣賞。上爻「鳥焚其巢」象徵旅人又交了惡運，「旅人先笑後號咷」明白說出了旅人由笑轉哭，樂極生悲的處境。最終以「喪牛于易」的故事作收，有如六爻爻辭的總結。「喪牛于易」在說商先公王亥旅居有易國，在有易國牧放牛羊有成，最終卻因故遭有易國君殺害的故事，[10]爲古代旅人的精彩篇章，並關係到商族人的先祖。

　　讀旅卦須對先民的生活背景有所想像。在文明發展初露曙光的上古時代，生活方式與今日截然不同。沒有舟車，沒有商店，沒有貨幣，當然也少有旅舍。農牧還在原始階段，狩獵採集仍是人們維生的重要方式之一。在那個一切都要求自給自足，最多只是以物易物的時代，遠離家鄉旅居異地是何等艱難之事。如果能理解這些，對於爻辭就會有更深刻的體會。例如「旅于處，得其資斧」，到了異地，若無人資助弓、矢、刀、斧，乃至火石、陶器等，旅人恐怕無法維持起碼的生計。彼時旅人與旅居異地的艱難，以此可見一斑。

考證及討論

　　亥，爲商族始祖契的七世孫，冥之子，甲微之父，商族部落的首領，後世尊稱爲王亥，甲骨卜辭作王亥，或高祖亥，[11]山海經也稱王亥。亥，楚辭‧天問寫作「該」，史記寫作「振」[12]，呂氏春秋寫作「冰」[13]，其實都是同一人。[14]王亥大約活動在夏朝中葉帝芒、帝泄時期，商湯滅夏前二百年左右。在商朝享有豐厚的祭祀，

---

10 參考顧頡剛〈周易卦爻辭中的故事〉，收錄於《古史辨》第三冊（上）。
11 商甲骨中祭祀王亥或祈求王亥的卜辭極多，用牲也多。皆稱「王亥」或「高祖亥」，有時在亥字上，加上鳥圖騰的符號。參看胡厚宣，胡振宇《殷商史》，頁25-33。
12 《史記‧殷本紀》「冥卒，子振立。振卒，子微立。」
13 《呂氏春秋‧勿躬》「王冰作服牛，史皇作圖，巫彭作醫，巫咸作筮……」
14 參考王國維《殷卜辭中所見先公先王考》，收錄於《觀堂集林》卷第九，北京：中華書局，1959年。

是商朝先公中的重要人物。

　　山海經‧大荒東經記載：「有人曰王亥，兩手操鳥，方食其頭。王亥託于有易、河伯僕牛。有易殺王亥，取僕牛」；古本竹書紀年也有類似的記載：「殷王子亥賓于有易而淫焉，有易之君綿臣殺而放之。是故殷主甲微假師於河伯以伐有易，遂殺其君綿臣也」。大意是說，有殷商王子，名亥（王是後來的尊稱），旅行至有易國爲賓客，與有易國君綿臣，及鄰國君主河伯交好，並在當地牧放牛羊。不料王亥在有易國犯有淫穢之事，是故綿臣誅殺王亥，驅離其同伴，並沒收其牛羊。王亥在有易國遭害的事傳回商國，商國君主甲微（王亥的子姪）向河伯借兵討伐有易國，[15]終將有易國君綿臣殺死。

　　屈原作楚辭‧天問，將上段故事以問句的形式，作了一番生動的描述，並爲前述王亥旅居有易牧牛喪命的事跡，提供了一些額外的線索：

> 該秉季德，厥父是臧。胡終弊於有扈，牧夫牛羊？
> 干協時舞，何以懷之？平脅曼膚，何以肥之？
> 有扈牧豎，云何而逢？擊床先出，其命何從？
> 恆秉季德，焉得夫朴牛？何往營班祿，不但還來？
> 昏微遵跡，有狄不寧。
> 何繁鳥萃棘，負子肆情？眩弟並淫，危害厥兄。

　　「該」即是「亥」；「季」是王亥之父冥；[16]「有扈」即「有

---

15 有關上甲微假河伯討伐有易之事，亦見清華簡〈保訓〉「昔微假中于河，以復有易，有易服厥罪，微亡害，迺追（歸）中于河。」

16 參考王國維《殷卜辭中所見先公先王考》，引羅振玉《殷虛書契考釋》「卜辭之季即冥」。

易」；「恆」為亥之弟；[17]「昏微」即上甲微。「牧豎」即放牧牛羊的童僕；「朴牛」，山海經作「僕牛」，即服牛，[18]馴服牛群。

此段文字有特別值得注意之處：(一)「弊於有扈，牧夫牛羊」指出王亥在有易放牧牛羊，並敗事喪命。(二)「干協時舞」[19]、「平脅曼膚」顯示其中有俊男美女；「懷之」、「肥[20]之」則是形容男女之思念及匹配；「眩弟並淫，危害厥兄」顯示亥並其弟恆犯下淫行，此為亥受害喪命的直接原因。以上皆與竹書紀年之相關記載呼應。另，「有扈牧豎」似與爻辭「得童僕貞」有關；「繁鳥萃棘」似與「鳥焚其巢」有關；「擊床」似與剝卦有關，亦與巽卦上九「巽在床下，喪其資斧」有關；唯其中關聯仍有待考證，目前只能付諸聯想。

參考大壯六五之爻辭，「喪羊于易」得「无悔」；本卦則「喪牛于易」得「凶」。「喪羊于易」及「喪牛于易」皆與王亥在有易國遇害的故事有關。前者可能只是喪失財貨，但留得性命；後者則是遭謀財並喪命，所以為「凶」。

綜合山海經「有易殺王亥，取僕牛」的故事，配合竹書紀年及天問的相關記載，其中固然有神話，但也夾雜有史事，至今已難區分。可以肯定的是，王亥喪牛于易的傳說，在易經卦爻辭寫作的年代，應是家喻戶曉的故事，只是後來逐漸堙沒。到了易傳的年代已經無人知曉，所以小象傳只能說：「喪牛于易，終莫之聞也」了。旅卦與王亥旅居有易的故事對照合讀，可使爻辭內容更豐富鮮明。

---

17 參考王國維《殷卜辭中所見先公先王考》，甲骨卜辭中有王恆，王恆之祀與王亥同。
18 此採王國維說。王逸舊注以朴為大，朴牛為大牛。或以朴為特，特牛，種牛。《說文》「特，朴特，牛父也。」
19 「干」指盾牌。「干協時舞」即持盾斧作舞，以示勇武。
20 「肥」通妃，匹配。參考豐卦初九「遇其配主」。

57 · 巽卦（風爲巽）

☴巽小亨利有攸往利見大人。初六進退利武人之貞。九二巽在牀下用史巫紛若吉无咎。九三頻巽吝。六四悔亡田獲三品。九五貞吉悔亡无不利无初有終先庚三日後庚三日吉。上九巽在牀下喪其資斧貞凶。

卦名卦畫卦旨

　　巽，通遜，恭順退讓。說文：「巽，具也」。段玉裁注：「巽乃愻之假借字，愻，順也」。「具」爲具備獻禮，「愻」今作遜[1]，此說以恭順具獻爲巽。論語·子罕：「巽與之言，能無說乎？」，「巽與之言」即恭順抬舉的言論。

　　巽在易經中另有專屬的含意，八經卦以巽☴爲風，順從退讓原本就是風的性質，自風又引申有多種聯想。首先，風吹與樹木枝葉有關，因風而聯想到樹木，故以巽爲木。其次，風能散佈，能使物動，且無物不遇，有如君王的教化及命令，能打動人心，無人不與，無人不服，故以巽象徵教化。再者，風之爲物，無影無形，來去無蹤，且無孔不入，故以巽象徵潛伏，象徵進入。[2]

　　巽卦下巽上巽，巽爲風，陣陣風吹。風又象徵樹木，並有教化、潛伏、進入等多樣的意涵。巽卦以風爲喻，卦旨在說無形的影響與散佈，包括潛移默化以及潛伏侵入。巽卦卦爻辭多涉及風，以及風之多樣的象徵意義。

1　《說文》「遜，遁也」；《正韻》「順也，謙恭也」。遜古寫作孫，《論語·憲問》「幼而不孫弟」。
2　《序卦傳》「巽者，入也」，以入釋巽；《雜卦傳》「兌見而巽伏也」，以伏釋巽。綜合二者，潛伏而入更合風之特性。

卦爻辭解讀

巽：小亨。利有攸往，利見大人。

語譯：巽卦。小亨通。利於有所前往，利於拜見長官大人。

解讀：

　　巽卦，處於如風一般的態勢或情境中。巽為風，風遍及萬物，無孔不入，來去無蹤，卻又無所不在。風柔弱而通達，所以說「小亨」。風無所不往，所以說「利有攸往」。身段柔軟如風，能曲折委婉奉迎長官之意，所以說「利見大人」。

初六・進退。利武人[3]之貞。

語譯：前進後退。利於問軍旅之事。

解讀：

　　「進退」在形容動作迅速敏捷有紀律的樣子。武人即勇武之人，在此指軍旅等需勇武精神的人及事。巽為風，風常用以喻軍事行動之安靜迅速，兵法所謂「其疾如風」[4]，所以說「利武人之貞」。

九二・巽在牀[5]下。用史[6]巫[7]紛[8]若[9]。吉，无咎。

語譯：床下有風。用巫師進行紛雜的祈福。吉祥，沒有咎難。

解讀：

　　「牀下」為陰暗且藏納汙垢之處。人坐臥於床，床下之風近身

3　「武人」可參看履卦六三「武人為于大君」之解讀。

4　《孫子兵法・軍爭》「故其疾如風，其徐如林，侵掠如火，不動如山。」

5　牀為床，有關於「牀」在古代的構造及用途，可參考剝卦之〈考證及討論〉。

6　史：記言、記事之官。《說文》「史，記事者也」；《禮記・玉藻》「動則左史書之，言則右史書之。」

7　巫：主卜筮事神之事者。《說文》「巫，祝也。女能事無形，以舞降神者也」。段玉裁注：「按祝乃覡之誤。巫覡皆巫也。故覡篆下總言其義。示部曰：祝、祭主贊辭者。周禮祝與巫分職。二者雖相須為用。不得以祝釋巫也。」

8　紛：繁多，雜亂的樣子。本義指以織物綁束紛亂的馬尾。《說文》「紛，馬尾韜也」，即綰束馬尾的織物。

9　「若」之字義可參看乾卦九三「夕惕若」。

而潛伏，幽暗難測，使人疑神疑鬼，覺得床下陰暗處有不明之物伺機而動。

「史」爲記言、記事之官；「巫」爲事神降神者。古代祭祀祈福，除主祭者外，另有書寫記錄禱文的「史」，代主祭者祝禱的「祝」，並有「巫」以請神與助祭。這些祭祀體系下的工作者，如史、祝、巫等，在職能上往往互通，[10]並不是分得那麼清楚，可通稱爲「史巫」或「祝巫」[11]。

「紛」爲紛雜，「紛若」可以指複雜的降神驅魔祈福儀式，也可以指史巫人數眾多，祈福的規模盛大。人有覺於「巽在牀下」而不安，故「用史巫紛若」以安其心。斷占辭「吉，无咎」乃針對「用史巫紛若」而說，因心不安而祭祀，因祭祀而得「吉」，即祈福而消災之意。分而言之，「吉」指整體結果，「无咎」關係到過程。

九三・頻[12]巽。吝。

語譯：憂慮教化。困窘。

解讀：

「頻」爲顰，憂慮皺眉的樣子。「巽」爲風，爲風俗教化，也就是政令教化，移風易俗。古代教育並不普及，官府以禮樂政令等教化百姓。「頻巽」指教化的效果不彰，所以顰眉蹙額，也就是在教化上有所困窘。故占斷爲「吝」。

六四・悔亡。田[13]獲三品。

語譯：懊惱消亡。田獵所獲有三類。

解讀：

「田」爲田獵；「三」形容多；「品」指品類，「田獲三

---

10 參考陳來《古代宗教與倫理——儒家思想的根源》，北京：三聯書店，1996年，頁46-55。

11 例如《帛書易傳・要篇》「吾與史巫同塗而殊歸者也」；「祝巫卜筮其後乎」。

12 「頻」之字義可參考復卦六三「頻復」。

13 「田」之字義可參看師卦六五「田有禽」。

品」即形容田獵所獲品類之豐碩。[14]巽爲風，風可潛藏而入，潛藏身形以獵鳥獸，所以收穫豐碩。

田獵爲武事，講究來去無聲，疾而潛。田獵縱情馳騁，成果豐碩，可使心情舒暢，消憂解悶。所以占斷爲「悔亡」。

九五‧貞吉，悔亡，无不利。无初有終。先庚三日，後庚三日。吉。

語譯：所問之事吉。懊惱消亡。沒有不利之處。起初不好，但終有好結果。庚日之前三天後三天。吉祥。

解讀：

「无初有終」指開始時不順利，但要堅持下去，終會有好的結果。[15]「庚」爲天干第七，[16]「先庚三日後庚三日」指一段時日，[17]即庚日前後三日。庚日後三日爲癸，正好是天干的結束。此所以爲「吉」正是與「有終」呼應，「有終」故所以爲「吉」。「後庚三日」之「吉」有耐心等待的意思。

「貞吉，悔亡，无不利」皆可視爲勸慰之詞，開始時雖不順利，但持之以恆，終有好的結果。何事持之以恆？就巽卦言之，必當是指政令教化，移風易俗之事。

---

14 「三品」亦有解讀爲三等，即引《禮記‧王制》「天子、諸侯無事則歲三田，一爲乾豆，二爲賓客，三爲充君之庖」。三品即將田獲依射中的部位分三等，頭等用爲進獻、祭祀，二等宴客，三等自用。此視爲發揮則可，用以附會爻辭略有牽強武斷。

15 「無初有終」亦出現在睽卦六三，文義相似，可參照解讀。

16 學者對「庚」有不同的解讀，例如王弼以庚爲申命令，程頤以庚爲更，但皆缺文字學上的依據，且解釋甚是勉強。王弼注：「申命令謂之庚」應是呼應《大象傳》「巽，君子以申命行事」。程頤注：「出命更改之道，當如是也」，或許是參考《玉篇》「庚，更也，易曰先庚三日是也。」

17 蠱卦卦辭「先甲三日，後甲三日」可與此相參考。三日可理解爲數日，未必拘泥於「三」。

上九・巽在牀下。喪其資斧[18]。貞凶。

語譯：床下有風。喪失資財器物。所問之事凶，

解讀：

「巽在牀下」也出現在九二，在此應做相同的解讀。唯此將床下有不明物的疑神疑鬼，進一步實現為「喪其資斧」。「喪其資斧」不只是單純的損失財貨，也可能是遭大災禍如火災、兵災、凶殺等連帶的結果，所以說「貞凶」。

巽卦通解

巽為風，風無形且遍佈，無形則可潛藏，遍佈有利教化，巽卦六爻爻辭皆涉及潛藏及教化。初爻「進退」，二爻及上爻「巽在牀下」，皆明顯在用風為喻，以說行動之潛藏隱密，不露痕跡。三爻「頻巽」，五爻「無初有終」具是以風為政令教化。教化民眾於開始時雖有窒礙處，但假以時日，終能有成。四爻「田獲三品」雖未明顯與潛藏或教化有關，但以風來形容馳騁田獵，的確相當傳神。

二爻及上爻之「巽在牀下」，一繼之以「用史巫紛若」，另一繼之以「喪其資斧」。此明顯以「巽在牀下」為喻，在說近身且潛藏於暗處的災異。前者視之為鬼神作祟，後者則直指人間之危害。其中「牀」字在剝卦中多有著墨，「喪其資斧」又似與旅卦「得資斧」，「喪牛與易」有些關聯，可參照解讀，當更可體會其中蘊義。

---

18 「資斧」可參看旅卦九四「得其資斧」。

58 · 兌卦（澤爲兌）

☱兌亨利貞。初九和兌吉。九二孚兌吉悔亡。六三來兌凶。九四商兌未寧介疾有喜。九五孚于剝有厲。上六引兌。

卦名卦畫卦旨

　　兌，通說、悅。說文：「兌，說也」，段玉裁注：「說者，今之悅字」。也就是說，今之「悅」，古寫作「說」[1]，更早則寫作「兌」。說，今作爲說話、言說之說。但古代「言」與「說」有區別，直接表達爲「言」，加以解釋爲「說」。說文：「說，釋也」，釋爲解釋、說明，例如墨子即分經及經說，經說用以解釋經，是以「說」爲說明之說，而非說話之說。「說，釋也」，段玉裁注：「說釋即悅懌。說、悅，釋、懌[2]皆古今字。許書無悅懌二字也。說釋者，開解之意。故爲喜悅」。對事理的說明能使聽者因理解而喜悅，所以「悅」爲「說」的引申。此外，段玉裁認爲，上古時無「悅」字及「懌」字，說通悅，懌通釋，說、悅、釋、懌都是相通的，都關係到說明、解釋及喜悅。

　　兌在易經中另有專屬的含意，八經卦以兌爲澤，此又引出了澤字。澤，就地形而言指湖澤，水聚之處爲澤。但古代澤原作光澤、澤潤之澤，說文：「澤，光潤也。从水睪聲」。水澤能澤潤萬物，故名爲澤。澤古寫作睪，澤、懌、釋應皆是自睪字分化而出，有相同的字源。以此，上古時，澤與懌同聲而相通，兌與說、悅同聲而相通。易經以兌爲澤，應是與當時文字的音與義有高度的關

---

1 例如《論語·學而》「學而時習之，不亦說乎？」
2 懌：讀作易，喜悅。《說文新附》「懌，悅也。从心睪聲」。懌、釋、澤皆以睪爲聲符，上古時期皆寫作睪，故相通。

聯。

　　兌卦，下兌上兌，兌爲澤，水澤相連。兌卦在說愉悅，澤水能滋潤大地萬物，使萬物生長，生命因得以發展而歡喜愉悅，故以水澤相連象徵愉悅。

　　兌卦爻辭多用兌字，是以兌爲說，[3]此「說」又有解說及愉悅雙重意思，一字雙關，因解說而理解，因理解而喜悅。此「悅」或出自內心的歡愉，或是取悅他人，或是和諧同樂，兌卦展現愉悅的多種情境。

卦爻辭解讀

兌：亨，利貞。

語譯：兌卦。亨通，利於貞問。

解讀：

　　兌卦，處於因理解而和悅的情境中。兌爲說，爲悅。兌卦結合解說及愉悅，因解說而愉悅。解說討論有助於溝通，所以說「亨」。溝通說服有助於事成，所以說「利貞」。

初九・和兌。吉。

語譯：和諧而愉悅。吉祥。

解讀：

　　解說討論的過程和諧而愉悅，故占斷爲「吉」。

九二・孚兌。吉，悔亡。

語譯：相信而喜悅。吉祥，懊惱消亡。

解讀：

　　「孚」爲信。因對他人的言論信服而喜悅。聽信正論，所以占斷爲「吉」；疑惑得解，所以占斷爲「悔亡」。

3　《象傳・兌》「兌，說也。」

六三・來兌。凶。

語譯：來使人愉悅。凶險。

解讀：

「來」指由外至內，「來兌」即來我處以言辭取悅我，此必有求於我。此爲巧言令色曲辭謅媚之類，其中多偏離正道且有不良動機，有害無益。所以占斷爲「凶」。

九四・商⁴兌未寧⁵，介⁶疾有喜。

語譯：商量解說的結果未盡如願，但頑疾有好轉。

解讀：

「商」指商量，忖度；「兌」爲解說；「寧」爲寧願、合願，「商兌」即指商議說明，「未寧」則指「商兌」的結果未能如願。「介」爲堅定頑強，「介疾」即頑疾，難治之病，「介疾有喜」在說所得之頑疾有好轉的傾向。

上下句合看，商量頑疾病情，雖未能如願痊癒，但已有好轉。以此喻事態之發展，雖未能盡如人願，但已在進步當中。

九五・孚于剝⁷。有厲。

語譯：相信有遭剝蝕之事。有危厲。

解讀：

「孚」爲信，「剝」爲剝蝕消退。「孚于剝」係以「剝」爲「孚」的對象，指有所信之事，此事處於剝蝕消退狀態，或說相信

4　商：商度、商量。《說文》「商，從外知內也」，即商量忖度而得知，從外部討論而形成自己的見地。例如《尚書・費誓》「我商賚汝」，注曰：「我則商度汝功，賜與汝。」

5　寧：寧願。例如「禮，與其奢也，寧儉；喪，與其易也，寧戚」（八佾）；《說文》「寧，願詞也。从丂寍聲」今又以寧爲安寧，安寧原作安寍。《說文》「寍，安也」，段玉裁注：「此安寧正字。今則寧行而寍廢矣。」

6　介：堅定，堅頑。介爲甲冑，例如：「不介馬而馳之」（左傳・成公二年）；「介者不拜」（曲禮）。引申有堅定、耿介之義，例如：「柳下惠不以三公易其介」。介之字義另可參考豫卦六二「介于石」。

7　「剝」之字義可參考剝卦。

有事物在剝蝕消退中。類似的語法也出現在隨卦九五「孚于嘉」，可相互參考。

相對於九二「孚兌」，此處消退之事應與說服力有關。「孚于剝」關係到信念的消退，產生信心危機，也形成說者與聽者間的隔閡，後果堪虞。所以占斷爲「有厲」。

上六・引[8]兌。

語譯：引導使愉悅。

解讀：

「兌」爲說，爲悅。「引兌」指以誘導的方式解說，使聽者喜悅。或說，引導使之愉悅

兌卦通解

兌爲說，爲悅，一字雙關。兌卦六爻中有五爻皆有「兌」字，此兌可作解說之說，也可作愉悅之悅。或結合二者：以言辭解說，使之愉悅。

初爻「和兌」、二爻「孚兌」、三爻「來兌」及上爻「引兌」，都比較是以「兌」爲愉悅，但也可以理解爲說服或解說，二者並無衝突。四爻「商兌」則以「兌」爲解說較宜。五爻「孚于剝」比較特別。雖然不見「兌」字，但仍應在兌卦的脈絡中理解，尤其宜與二爻「孚兌」並讀，使爻辭文義更爲完整。

8　引：牽引、導引。引之原義爲拉弓，《說文》「引，開弓也」。引申爲牽導、延長。

59・渙卦（風水渙）

䷺渙亨王假有廟利涉大川利貞。初六用拯馬壯吉。九二渙奔其机悔亡。六三渙其躬无悔。六四渙其群元吉渙有丘匪夷所思。九五渙汗其大號渙王居无咎。上九渙其血去逖出无咎。

卦名卦畫卦旨

　　渙，渙散，水勢盛大的樣子。說文：「渙，流散也」。詩經・鄭風：「溱與洧，方渙渙兮」，即以「渙渙」形容溱川及洧川在春天冰雪融化時水勢之盛大。[1]先民多濱水而居，雨水豐沛時，河川易泛濫成災，常為洪水所苦。洪水來時沖散一切，所有人、畜，乃至家具、房舍等，都有可能因大水而流散。

　　渙卦下坎上巽，坎為水，巽為風，為木，水上有木，是為水上行舟之象。水勢盛大時，人於舟中，方能感受到水上之風。故以風水（䷺下坎上巽）象徵渙卦。

　　渙卦卦旨在說渙散，尤其是外來力量所導致的離散，例如水勢泛濫所致之流散。其卦爻辭多涉及水患，及災患之後的祭祀。渙卦與大過卦皆涉及水患，二者略有不同。大過卦是水澤太過而淹沒之患，渙卦是水勢盛大而沖散之患。

卦爻辭解讀

渙：亨。王假有[2]廟。利涉大川。利貞。
語譯：渙散。亨通。君王來到大廟。利於渡涉大河川。利於貞問。

1　《毛詩正義》「（毛傳）渙渙，春水盛也。（鄭）箋云：仲春之時，冰以釋，水則渙渙然。」
2　「假」及「有」之字義可參看家人卦九五「王假有家」。

解讀：

　　渙卦，處於渙漫離散的情境中。渙，渙散，大水沖流而離散。「假」為至；「廟」為宗廟；「王假有廟」[3]即君王來至大廟祭祀，為大水渙漫之災祈福。「亨」為享祀，也是亨通，祭祀以通鬼神。通鬼神以利問事，所以說「利貞」。水勢盛大有利於行舟遠渡，所以說「利涉大川」。[4]

初六・用拯[5]馬壯。吉。

語譯：用以拯救的馬甚健壯。吉祥。

解讀：

　　「拯」為拯救，大水泛漫奔流迅速，得壯馬可駕車逃離險境。所以占斷為「吉」。

九二・渙奔[6]其机[7]。悔亡。

語譯：大水沖向几案。懊惱消亡。

解讀：

　　「渙」為大水流散；「奔」用以形容行進之速。机為几案，古人席地憑几坐臥，几案為室內家具無疑，「渙奔其机」可以說是大水沖入房舍的具體描述。大水沖向几案，何以占斷為「悔亡」？此或以「机」為低矮之物，水雖沖入室內至几案處，但尚不嚴重。且藉水沖刷室內，去除汙穢，故占斷為「悔亡」。[8]

3　萃卦卦辭亦有「王假有廟」，可對照參考。

4　《繫辭傳》「舟楫之利，以濟不通，致遠以利天下，蓋取諸渙。」

5　「拯」之字義可參看明夷卦六二「用拯馬壯」。

6　奔：快步走，大路上奔走。《說文》「奔，走也」，古代以疾行為走。《釋名》「徐行曰步……疾行曰趨……疾趨曰走」。《爾雅・釋宮》「堂上謂之行，堂下謂之步，門外謂之趨，中庭謂之走，大路謂之奔。」

7　机：通几，指几案，矮桌，古人踞坐憑靠之所。《說文》「几，踞几也」，段玉裁注：「古人坐而凭几。蹲則未有倚几者也。几俗作机」。古人隱几而坐臥，例如《莊子・秋水》「公子牟隱机大息，仰天而笑」；《孟子・公孫丑下》「隱几而臥」。「隱机」即「隱几」，憑靠著几案。

8　高亨《周易古經通說》以机為廄，「机疑當作杋，……此杋字疑借作廄，古字通用」。《說文》「廄，馬舍也」。此以，「渙其杋」即水流沖倒其馬廄，使糞穢盡滌盪而去。亦可以此解釋「悔亡」。此備一說。

六三‧渙其躬[9]。无悔。

語譯：大水淹至自身。沒有懊悔。

解讀：

「躬」爲自己的身體。「渙其躬」可以理解爲水勢盛大，淹到自身。也可以理解爲在水流中沐浴淨身。「渙其躬」洗淨汙垢，所以占斷爲「无悔」。

六四‧渙其群。元吉。渙有丘。匪夷所思。

語譯：大水淹到群眾。最吉祥。水淹處有高丘。非平常所能想到。

解讀：

「群」指眾人，「渙其群」在形容大水成災，水漫及群居之處。「渙有丘」在說明「渙其群」時仍有高地可避水患，「匪夷所思」則爲眾人上高丘俯觀水勢盛大的感嘆。水勢盛大將沖散群眾時，能登高以避禍，此爲大幸，故占斷爲「元吉」，因「有丘」故「元吉」。

九五‧渙汗[10]其大號。渙王居。无咎。

語譯：水勢浩瀚使之大聲呼號。大水漫及君王居住之處。沒有咎難。

解讀：

「汗」形容水之浩瀚無際，「號」爲呼號。「王居」爲君王的宮室。王庭必有階，階上爲廳堂宮室。故王居之所地勢較高，「渙王居」顯示水勢之盛。水雖淹漫王居，君王自有避難之所，故占斷爲「无咎」。此「无咎」也顯示「渙汗」、「渙王居」皆是自然現象，只能面對，無從咎責。

9　「躬」之字義可參看蒙卦六三「見金夫，不有躬。」

10　汗：在此通瀚，廣大無際貌。例如《淮南子‧俶眞訓》「甘暝于溷澗之域，而徙倚于汗漫之宇」；《康熙字典‧汗》「汗汗，水廣大無際貌」；《玉篇》「瀚：音汗，海名」。

上九・渙其血，[血]去逖[11]出。无咎。

語譯：鮮血流散，鮮血流去，惕懼亦隨之而出。沒有咎難。

解讀：

　　「渙其血去逖出」應作「渙其血血去逖出」，疑爲傳抄過程中漏缺一血字，今補齊。[12]

　　「渙其血」形容殺牲之血流散滿地。古代祭祀必宰殺牛、羊、豬等活牲。[13]「血去逖出」如同小畜六四「血去惕出」，「逖」本爲遠，在此假借爲「惕」。殺牲祭祀，祈求神明保佑，讓警惕懼怕的心情遠去。所以占斷爲「无咎」。

渙卦通解

　　渙爲渙散，大水沖流而散。渙卦六爻爻辭中，渙字總共出現五爻七次，皆可理解爲水勢盛大。初爻雖無渙字，仍可理解爲因渙成災而避難，所以說「用拯馬壯」。

　　二爻至五爻有順序的將「渙」的情狀逐漸加強。二爻「渙奔其机」水流進屋，快速沖及矮几；三爻「渙其身」已沖及人身；四爻「渙其群」已須集體登高避難；五爻「渙王居」連君王都不免受害，更不用說一般群眾的家園。至上爻「渙其血」，則已是大水退去，回歸正常之後的謝神祈福。

　　從初爻警覺避難，二至五爻水勢一路上漲，至上爻水退祭神，六爻依序緊扣大水渙發成災的歷程，此應無疑義。比較特別的是，大水爲患原屬災難，但六爻占斷辭多爲「吉」、「悔亡」、「无悔」、「无咎」等，且無一「凶」或「厲」。這一方面顯示易經樂觀奮發的精神，只要能保住性命，其他日用器物等損失無關緊

---

11 逖：此假借作惕，戒懼。逖本義爲遠，《說文》「逖，遠也」。在此一字雙關，指遠離惕懼。逖古寫作逷，通剔。朱熹《周易本義》「逖，當作惕，與小畜六四同。」

12 原因如同履卦卦辭缺一履字，參考履卦卦辭解讀。

13 可參看小畜卦之〈考證及討論〉。

要。另一方面也反映出那是個河川氾濫頻繁的時代，人們對水患習以爲常，視之爲大自然的一部分。而且生活日用極爲簡單，水患也不會帶來太多的財貨損失。

60 · 節卦（水澤節）

䷻節亨苦節不可貞。初九不出戶庭无咎。九二不出門庭凶。六三不節若則嗟若无咎。六四安節亨。九五甘節吉往有尚。上六苦節貞凶悔亡。

▨▨▨ 卦名卦畫卦旨 ▨▨▨

　　節，節制，調節。說文：「節，竹約也」。節之本義爲竹節之節，竹以竹節爲約束，並以竹節分段，引申爲節約、節制之節。再進一步可引申有合宜、正確、和諧的意思，利如調節、禮節、節拍之節，因合節而能使之和諧。[1]

　　節卦下兌上坎，坎爲水，兌爲澤。水在澤中不能漫過澤岸，若水漫澤岸則外溢，水量必須有節制方能留在澤中。另一方面，澤能蓄水備用，有調節水量的功能。故以水澤（䷻下兌上坎）象徵節卦。

　　節卦在說節制，人的言語及行爲需要節制，日常用度需要節約。不論節制或節約，皆宜由內而發，自我約束，自我調節，這才是值得讚賞的美德。若是非自願的，被迫性質的節制，那就是受外力所束縛，只是喪失自由罷了。這二者是有區別的。節卦卦爻辭皆在說節制，兩種節制都有涉及。

　　節制不應只是束縛，更可以是自我調節、自我克制，使之適當。節約未必是一味的減省剋扣，也可以是綢繆規畫，量入爲出，當省則省。此端看人在面臨節制、節約時的心態。

1　《中庸》「發而皆中節謂之和」。

卦爻辭解讀

節：亨。苦節。不可貞。

語譯：節卦。亨通。苦於節制。不宜貞問。

解讀：

　　節卦，處於節約克制的態勢或格局。節爲節制，可以是自我節制，也可以是處於必須節制的環境。「苦節」指以「節」爲苦，不甘受此節制，故以爲苦。或說節制過度，不堪忍受，故而爲苦。「不可貞」指必然如此，問亦無益，所以不必問。苦節之不可問，也顯示宜忍此苦，勿存僥倖。處苦節之境，除堅忍其苦之外，唯有向上求通達，或求上天，或求上級，所以說「亨」。

初九·不出戶[2]庭。无咎。

語譯：不走出房間到庭院。沒有咎難。

解讀：

　　家有門，室有戶，家中有室，室外有庭，人則居於室內。「不出戶庭」即足不出室，將自己關在室內，不願走出房間到家中庭院。中國自古重視家庭，家門之內是自家人的小王國，家門之外則須受官府管轄。家人在家中原可以自由出入所居之室，「不出戶庭」正暗示可以，但不想，走出房間，是自我節制活動的範圍。這樣的節制自於自願，並非外力強加禁錮，所以占斷「无咎」。

九二·不出門[3]庭。凶。

語譯：不走出家門庭院。凶險。

解讀：

　　「門庭」指大門及庭院，也就是家園之內，「不出門庭」即

2　戶：單扇之門，房室的出入口。《說文》「戶，護也。半門曰戶。象形」。《康熙字典》引《六書精蘊》「室之口也。凡室之口曰戶，堂之口曰門。內曰戶，外曰門。」
3　「門」之字義可參看同人初九「同人于門」。

節制不走出家門之外。相對於「不出戶庭」，不出家門原因有可能是外在局勢不允許或不適合走出家門，也就是爲時局所迫，走不出去。這樣的節制是外力所強加，也顯示出外在環境的惡劣，所以占斷爲「凶」。

六三・不節若[4]，則嗟若。无咎。

語譯：不能節制啊，則有怨嘆啊。沒有咎難。

解讀：

「若」爲語尾助詞。「不節若，則嗟若」即「不節則嗟」。此對節有正面看法，節則無咎，故占斷爲「无咎」。

六四・安節。亨。

語譯：安於節制。亨通。

解讀：

「安節」即對節制坦然接受，安之若素。「亨」顯示，只要能安度此「節」，可人事通達而「亨」。

九五・甘節。吉。往有尚。

語譯：甘於節制。吉祥。前往有獎賞。

解讀：

「甘節」相對「苦節」即以節爲甘，甘願受節制。「尙」爲賞，勇於行動任事則有賞，所以說「往有尙」。因處節卦中，此「往」可以是「往節」，往節制的方向行動則必將得獎賞。故占斷爲「吉」，「甘節」以致「吉」。

上六・苦節。貞凶。悔亡。

語譯：苦於節制。所問之事凶。懊惱消亡。

解讀：

「苦節」繼卦辭之後再次出現，文義應是相同，即以節制爲

4　「若」字用法可參看乾卦九三「君子終日乾乾，夕惕若。」

苦，或過度節制而不堪其苦。「貞凶」與「悔亡」爲二事。因所處之境艱苦難忍而必須忍，問求亦無益，所以說「貞凶」，此指所問之事凶，並非結果爲凶。艱苦的處境只要耐心持續隱忍，終有結束的一日，所以占斷爲「悔亡」。

節卦通解

節卦在說節制，自我節制或因環境而被迫節制。卦爻辭多有「節」字，也都可解釋爲節制，或與節制相關的節儉、約束等。初爻「不出戶庭」及二爻「不出門庭」，雖無「節」字，但「不出」已明顯有節制的意思。「戶」與「門」一字之差，卻是截然不同的兩種處境，「不出戶」是自我節制，「不出門」則有可能是環境所迫。所以二者斷占辭有很大的差別，此中不可不辨。

三爻「不節若，則嗟若」明顯對「節」採肯定立場，而且這個立場是貫穿整個節卦的。從這個立場來看四爻的「安節」，五爻的「甘節」，及上爻的「苦節」就很清楚了。對於「節」，若能甘之如飴，樂在其中，如孔子之讚顏回「人不堪其憂，回也不改其樂」，此自是第一流人物。若能從容不迫，安祥守之，也必有通達之日。但若以節制爲苦，而問求解脫之道，則恐怕難以如願。所以卦辭說「不可貞」，上爻說「貞凶」。

卦辭及上爻都說「苦節」，苦節可以有三義：(一)節制過度，爲生活所不堪忍受，故爲苦。(二)爲環境所迫，不得已而節制，心有所不甘，故爲苦。(三)生活驕縱侈泰，稍有需節制處，便以爲苦。不論是那一種「苦節」，卦辭及爻辭的論斷都是必須忍受此苦，多問有凶無益。

61 · 中孚卦（風澤中孚）

䷻中孚豚魚吉利涉大川利貞。初九虞吉有它不燕。九二鳴鶴在陰其子和之我有好爵吾與爾靡之。六三得敵或鼓或罷或泣或歌。六四月幾望馬匹亡无咎。九五有孚攣如无咎。上九翰音登于天貞凶。

卦名卦畫卦旨

　　孚，誠信。說文：「孚，卵孚也。從爪從子。一日信也」；「信，誠也」；「誠，信也」。以此，孚、誠、信是有些相通的。誠指眞實，信爲相信，孚就是實實在在的相信。中指中央、中心，說文：「中，內也」，中在四方之內，心在身體之內。內心爲衷，衷通中，中孚就是心中有信，或是由衷的相信、信任。

　　「信」關係到朋友，「朋友有信」是爲五倫之一，[1]孔子三大志向之一就是「朋友信之」，[2]曾子以「與朋友交而不信乎？」作爲自省重點。[3]誠信，重然諾，彼此信任，是朋友關係能否長久維持的關鍵因素。

　　中孚卦下兌上巽，巽爲風，兌爲澤。湖海大澤有潮汐，依預定之時間漲退，沒有差錯。同樣的，古人也觀察到風有季節性，什麼時候起什麼風是有規則的，是可預期的。禮記·月令便記載：「孟春之月……東風解凍，……季夏之月……溫風始至，……孟秋之月……涼風至，……」。湖海的潮汐以及四季的風向有如自然界

1　《孟子·滕文公上》「使契爲司徒，教以人倫，父子有親，君臣有義，夫婦有別，長幼有序，朋友有信。」
2　《論語·公冶長》「子路曰：願聞子之志。子曰：老者安之，朋友信之，少者懷之。」
3　《論語·學而》「曾子曰：吾日三省吾身，爲人謀而不忠乎？與朋友交而不信乎？傳不習乎？」

對人所做的約定，並信守承諾，所以有潮信[4]、風信[5]之說。以風澤（☱下兌上巽）代表中孚卦，應是古人對大自然觀察的結果，以潮水、季風作爲信守的象徵。

中孚卦在說誠信，誠信是朋友相處的重要條件。中孚卦的卦爻辭多涉及朋友相處，甚至是與對手相處。其實，同一個人，在這個場合是朋友，在另一個場合可能是對手。不論是朋友或是對手，重點是，君子往來的對象也都應是講誠信、重然諾的君子。

卦爻辭解讀

中孚：豚[6]魚。吉。利涉大川，利貞。

語譯：中孚卦。豚魚顯現。吉祥。利於渡涉大河川，利於貞問。

解讀：

中孚卦，處於朋友往來相處的格局。「中孚」即心懷誠信，誠信爲朋友相處之道。「豚魚」指海豚或江豚等鯨豚類動物，[7]鯨豚類性喜群聚，不論捕食、巡弋或嬉戲等都是成群結隊，群體之間存在有密切的互動關係，有類似人類的社交活動。故此以豚魚象徵同伴及友誼，並以此爲「吉」。有朋友結伴相助，群策群力，足可冒險犯難，所以說「利涉大川」，也有益於解決問題，所以說「利貞」。

4　李益〈江南曲〉「嫁得瞿塘賈，朝朝誤妾期。早知潮有信，嫁與弄潮兒。」

5　張繼〈江上送客遊廬山〉「楚客自相送，霑裳春水邊。晚來風信好，併發上江船。……」

6　豚原義爲小豬。在此則指似小豬般的水中生物，即今所稱之海豚、江豚之類。《山海經・北山經》「其中多鮨魚，魚身而犬首」，郭璞注：「今海中有虎鹿魚及海狶，體皆如魚而頭似虎鹿豬，此其類也」。狶爲豬之古稱，此處謂海狶之體如魚而頭似豬，即指今之海豚。

7　此「豚魚」非今日所稱之河豚，今之河豚古稱作鮀，或河鮀，《古今圖書集成・博物彙編禽蟲典・河豚魚部雜錄》引《博雅》曰：「鯸鮧，鮀也。背青腹白，觸物即怒，其肝殺人。正今人名爲河豚者也。然則豚當爲鮀。」

初九‧虞[8]吉。有它不燕[9]。

語譯：預料可吉祥。若有其它意外則不安寧。

解讀：

「虞」爲料度，「虞吉」即料想爲吉。何以料想爲吉？當是與朋友可信有關，可信賴則吉。「燕」通宴，爲安閒，「不燕」即不安閒。「有它」指有他人或他事，即非意料中之人或事。可信之人或可信之事若生變則令人不安，所以說「有它不燕」。可信則吉，不再可信則不安。

九二‧鳴鶴在陰。其子和之。我有好爵[10]，吾與爾靡[11]之。

語譯：大鶴在樹蔭下鳴叫，小鶴在一旁應和。我有美酒在杯中，願與你一起靡茫醉倒。

解讀：

此爻辭宛若詩歌，以比興的手法，描繪志同道合的朋友，相互分享，彼此呼應。「爵」爲盛酒之器，「好爵」在此指好酒。「靡」爲靡倒，靡又通磨，指磨蹭、研磨。此一字雙關，「吾與爾靡之」可以是與朋友共飲美酒，相互醉倒，也可以是與朋友心靈相契，相互依靠，相互切磋。

8　虞：料度，預測。《爾雅‧釋言》「虞，度也」。例如：《左傳‧桓十七年》「疆埸之事，慎守其一，而備其不虞」；《孟子‧離婁上》「有不虞之譽，有求全之毀。」

9　燕：燕通宴，安逸，安閒。《說文》「宴，安也」。例如《論語‧述而》「子之燕居，申申如也，夭夭如也。」

10　爵：雀形盛酒器。《說文》「爵，禮器也。象爵之形，中有鬯酒，又持之也。所以飲。器象爵者，取其鳴節節足足也」。按，爵形即雀形，節節足足爲雀鳴聲。爵有流，兩柱，三足，盛行於殷代和西周初期。《禮記‧明堂位》「殷以斝，周以爵」。斝大而爵小。

11　靡：倒下。《說文》「靡，披靡也」，例如《左傳‧莊十年》「望其旗靡」。靡又通磨或摩，接觸、磨蹭，引申爲切磋、研究。例如：「喜則交頸相靡」（莊子‧馬蹄）；「身日進於仁義而不自知也者，靡使然也」（荀子‧性惡）。

六三・得敵[12]，或鼓或罷，或泣或歌。

語譯：遇到可匹敵的對手，或是擊鼓爭戰，或是作罷休兵。或是哭泣，或是歡唱。

解讀：

「敵」爲對手，競爭者。「得敵」之後一連用四個「或」字，來描述我與對手相處的四種情境。「鼓」代表彼此競爭，「罷」代表競爭結束，「泣」及「歌」分別代表敗者的沮喪，及勝者的歡欣。

對手未必是敵人，更有可能是夥伴一起遊戲。不論是競爭或是合作，是悲傷或是歡笑，都要有人參與，彼此分享，參與的人是敵，也會是友。從競爭面來看是敵，從合作面來看是友。不論是敵是友，都必需與旗鼓相當的人一起，是爲在智能、體魄，乃至品德、身分上可以相匹敵者，如此「或鼓或罷，或泣或歌」才更有意義。此正可謂「得敵」之眞義。

六四・月幾望，馬匹[13]亡。无咎。

語譯：月近圓。馬不成對。沒有咎難。

解讀：

「月幾望」亦見於小畜卦上九及歸妹卦六五[14]，指月幾近於圓。「匹」爲匹配，「馬匹」不是指一匹馬，而是指與之匹配的

---

12 敵：匹敵，對等者。《爾雅・釋詁》「敵，匹也；當也。」《說文》「敵，仇也」，段玉裁注：「仇，讎也。左傳曰：怨耦曰仇。仇者兼好惡之詞。相等爲敵」。「仇」之字義可參看鼎卦九二「我仇有疾」。

13 匹：匹配成對，或足以匹配者。《爾雅・釋詁》「匹，合也」，合即可匹配。例如：「率由群匹」（詩・大雅・假樂）；「秦晉匹也，何以卑我」（左傳・僖公二十三年）。匹又寫作疋，布四丈爲匹，《小爾雅・廣度》「倍兩謂之疋」，倍兩即爲四，是以解釋匹爲兩對，故爲四丈。《說文》「匹，四丈也」，段玉裁注：「凡言匹敵，匹耦者，皆於二端成兩取意。凡言匹夫，匹婦者，於一兩成匹取意。兩而成匹。判合之理也。雖其牛亦得云匹也。馬稱匹者，亦以一牝一牡離之而云匹。人言匹夫也」。此說明匹夫、匹馬之匹皆是由匹配、匹之匹引申而出的。

14 小畜上九「月幾望。君子征凶。」；歸妹六五「月幾望。吉。」

馬。古代二馬為駢，四馬為駟，[15]不論二馬或四馬，必須在體能及速度上堪匹配，才能成對或成雙對。「馬匹亡」指馬之不能成對，找不到足以匹配者，此象徵人之無友。

「月幾望，馬匹亡」以詩的手法描繪無友之感傷。月圓象徵團圓相聚，今月將圓而馬無良伴，人無摯友，此使人傷懷。占斷為「无咎」，其意在自我鼓舞。

九五・有孚攣如。无咎。

語譯：有信兆接連顯現。沒有咎難。

解讀：

「有孚攣如」也出現在小畜九五，放在中孚卦的脈絡，指可信之事接連出現，也就是朋友之間能彼此信任，友誼能維繫。所以占斷為「无咎」。

上九・翰音登于天。貞凶。

語譯：公雞鳴啼之聲高揚上天。所問之事凶。

解讀：

「翰音」為雄雞之鳴啼，古代祭祀之雄雞亦稱作翰音。[16]「翰音登于天」用雄雞獨立高聲鳴啼為喻，以形容人之高談闊論，聲高入天，大鳴大放，有如雄雞鳴啼。與九二之「鳴鶴在陰」相較，鶴之鳴在呼朋引伴，相互扶持；雄雞則無伴獨鳴，盼顧自雄而難以為繼，所以說「貞凶」。

中孚卦通解

中孚卦旨在說誠信，其卦爻辭多涉及朋友相處之事。卦辭以豚魚群居而有信釋中孚，六爻爻辭也都與朋友或同儕有關。孔子說：

---

15 《說文》「駢，駕二馬也」；「駟，一乘也」。《詩經・鄘風・干旄》「素絲組之，良馬五之」，孔穎達正義引《五經異義》曰：「毛詩說天子至大夫同駕四，士駕二。」
16 《禮記・曲禮下》「凡祭宗廟之禮：牛曰一元大武，……雞曰翰音，……」

「朋友信之」，初爻「虞吉」及五爻「有孚攣如」比較是對友、信
關係的一般敘述。其他四爻則分別描繪友伴相處的不同情境。二爻
「吾與爾靡之」以詩歌的方式詠嘆招朋引伴，分享同樂，彼此扶持
的愉悅。三爻「或鼓或罷，或泣或歌。」敘述同儕相爭相處的互動
感應。四爻「月幾望，馬匹亡」藉良馬之不成對，說人無友而獨處
之感傷。上爻「翰音登于天」形容盼顧自雄，目無餘子的孤傲自
大，自大將失去朋友。

　　孚爲信，易經用字「孚」與「信」似仍有差別。困卦卦辭
「有言不信」；夬卦九四「聞言不信」，都是指言語上的可信度。
中孚之信，則指人與人之間的誠信與信賴。此信賴關係是朋友之
間不可或缺的。六爻雖都是在說友伴關係，但只有初爻及二爻對朋
友之間的信賴有較多的連繫，五爻雖有「孚」字，但比較是泛泛言
之，並無具體描述。

62・小過卦（雷山小過）

䷽小過亨利貞可小事不可大事飛鳥遺之音不宜上宜下大吉。初六飛鳥以凶。六二過其祖遇其妣不及其君遇其臣无咎。九三弗過防之從或戕之凶。九四无咎弗過遇之往厲必戒勿用永貞。六五密雲不雨自我西郊公弋取彼在穴。上六弗遇過之飛鳥離之凶是謂災眚。

卦名卦畫卦旨

　　過爲超過、越過、錯過，此於大過卦中已有闡述。大過指大爲超過，有違常理。小過則是稍有超越，雖有超過但尚不至於被視爲反常。

　　過，最基本的意思，就是從這兒到那兒。就時間而言是度過，例如過年；就空間而言是經過，例如過其門而不入。但是過還有一個隱含的意思，就是要有一個標的在。所以，過年就是有一個年要度過，過其門而不入就是有一個門要經過。這個標的，或說是標準，有時候是具體顯示的，例如過年、過其門；有時候是暗藏著的，例如過分；有時只是無形的言行準則，例如過失、過錯。此無形的標的，使得過字有更廣泛的用法。

　　就此觀點，「過」又關係到「遇」，若存在一個期望目標，與此目標相合就是遇。反之，若錯失了那個目標，就是不遇（過）。如果那個目標是一個行爲準則，那麼我們的行爲就應該符合那個標準，若逾越了那個標準，就是超過，若達不到那個標準，就是不及，所謂「過猶不及」[1]。更廣義的來看，超過與不及都可以是「過」失，或「過」錯。就這個意義來看，小過就是小有差錯。

1　《論語・先進》「子曰：過猶不及。」

　　小過卦下艮上震，震爲雷，艮爲山。雷震於山上，其威勢雖盛，但乃不如頭頂之雷。是以雷天爲大壯，雷山（☷下艮上震）則爲小過，雷略過與山，尙不及天。

　　小過卦卦旨在說小有超過，小有差錯。就空間而論，超過即可能錯過，就言行而論，超過就是逾越分寸而成爲過錯。小過卦之卦爻辭多帶有過字，其含意包括了超過、錯過及逾越等多樣性。

卦爻辭解讀

小過：亨。利貞。可小事，不可大事。飛鳥遺之音，不宜上，宜下。大吉。

語譯：小過卦。亨通。利於貞問。可以進行小事，不可進行大事。鳥高飛而過，留下鳴叫之聲。不宜往上，宜往下。大爲吉祥。

解讀：

　　小過卦，處於偏離標準且略爲超過的態勢。小過，小有超過。超過顯示積極進取，所以說「亨」，「利貞」。超過也顯示已偏離標準，小事或可以略有過越，大事則絕不可踰矩。所以說「可小事，不可大事。」

　　飛鳥在空中鳴叫，低飛時，地面上所聽的鳴聲就響亮，高飛時，鳴聲則轉弱，終而消亡，所以說「飛鳥遺之音，不宜上，宜下」。並以此喻小過。小有過越以向下則宜，例如過於謙下；小有過越而向上則不宜，例如過於高傲。占斷辭「大吉」是有條件的，「下」則大吉，「上」則未必。

初六・飛鳥以[2]凶。
語譯：飛鳥帶來凶兆。

2　以：在此作爲連詞，以連結因果。「以」可表示原因，例如《詩經・邶風・旄丘》「何其久也？必有以也」。「以」之其他字義亦可參考小畜卦九五「富以其鄰」。

解讀：

「飛鳥以凶」就是飛鳥有凶或飛鳥致凶，此或許與古代的信仰或禁忌有關，古有鳥占之術，以鳥飛、鳥鳴或鳥的出現來預測未來。例如「烏鴉頭上過，無災必有禍」或「靈鵲兆喜」之類。春秋時有六隻水鳥在宋國都城倒退飛行，宋襄公即請教周內史此現象主何吉凶。[3]此可當時鳥占文化之一般。

「凶」在此應是敘事而非占斷，指飛鳥帶來凶兆，並非占斷此爻爲「凶」。今若脫離鳥占不論，「飛鳥以凶」可解讀爲：注意有凶兆出現，小心提防。

六二‧過其祖[4]，遇其妣[5]。不及其君，遇其臣。无咎。
語譯：錯過了祖父，遇見了祖母。沒有趕上國君，遇到了臣子。沒有咎難。

解讀：

祖、妣並稱指祖父母，或過世的男女祖先。[6]「過」與「遇」相對，錯過則不遇。古代父權社會，父、祖爲尊。母、妣爲次。「過其祖，遇其妣」象徵錯過尊，遇到次尊。祖、妣之對比，除了最尊與次尊之外，也可以有許多其他的含意，例如嚴厲與慈祥，對外與對內，主與從。

「不及」與「遇」也是相對的，不及則未遇。唯君臣之間有嚴格的上下尊卑關係，此「不及」就又有下不可超越上的意思。「不及其君，遇其臣」，此臣應指君旁之大臣，君尊臣卑，此也是在說

---

3 《春秋經‧僖公十六》「六鶂退飛，過宋都」。《左傳》解釋：「周內史叔興聘于宋，宋襄公問焉，曰：『是何祥也，吉凶焉在？』對曰：『今茲魯多大喪，明年齊有亂，君將得諸侯而不終。』」
4 祖：父的上一輩，始祖。《說文》「祖，始廟也」；《爾雅‧訓詁》「祖，始也」；《玉篇》「祖，子古切，父之父，道祭也，始也」。
5 妣：母的通稱，包括母親，祖母，及各代先母。《說文》「妣，歿母也」；《爾雅‧釋親》「父爲考，母爲妣」。
6 例如《詩經‧周頌‧豐年》「爲酒爲醴，烝畀祖妣。」

未遇至尊，遇到次尊。唯前句之「過」爲錯過，可遇而未遇；後句「不及」則爲不能遇，力有未逮。占斷辭「无咎」安慰之意甚濃，雖未能遇至尊，但遇次尊，是亦足堪慰藉。

九三・弗過防之，從[7]或戕[8]之。凶。

語譯：不要超過，要防止超過，或是縱容，或是傷害。凶險。

解讀：

「弗過」是警告，也是要求，不可過越或不要過越。「防之」則是因爲這個要求所採取的措施。「弗過防之」因爲缺乏主詞，所以可有廣泛釋空間。今以君、臣爲喻，「弗過」可以指君防臣不得僭越超過，也可以指臣自我警惕，不得僭越其君。「防之」可以指君防臣，也可以指臣之自我設防。

「從」通縱；「戕」爲戕害；「或」爲疑詞。「從或戕之」套入君臣關係的模式，可理解爲臣若僭越過君，其後果不是君縱容臣，就是君傷害臣，或是臣傷害君。

「弗過防之，從或戕之」放在小過及尊卑的脈絡，就是尊卑之間應謹守分際，勿使過越。若小有僭越而不防，縱容的結果往往導致戕害。所以占斷爲「凶」。

九四・无咎。弗過遇之。往屬必戒[9]。勿用永貞。

語譯：沒有咎難。沒有錯過，遇到了。往前有危難，必須小心戒備。不要貞問長久之事。

解讀：

「弗過遇之」將「過」與「遇」並論。今仍以君臣二人爲喻，臣趨前見君，先近君，然後遇君，再往前則過君。「弗過遇之」就是在遇到之時，也就是最接近之時，尚未超過之時，再來就

---

7 從：通縱，其字義可參看隨卦上六「拘係之，乃從維之。」
8 戕：傷害，殘害。《說文》「戕，槍也。他國臣來弒君曰戕。」
9 「戒」之字義可參考泰卦六四「不戒以孚」。

超過了。如果將「遇」視爲目標，那「遇之」就是最接近目標的時候，再往前就超過了，過猶不及。

　　有些事，我們可以說「過猶不及」，但也有一些事，最好能「遇」，否則只能「不及」，但絕不能「過」。例如臣只能「不及」君，但絕不能「過」君。這時候「遇」就是最佳狀況了，再往前就有危險，必須有提高警戒，有所防備。所以說「往厲必戒」。

　　「遇」不能長久，「必戒」也不長久，所以說「勿用永貞」。「勿用」與「永貞」都是易經中常用的語詞，前者如「勿用有攸往」（屯卦卦辭、遯卦初六），「勿用取女」（蒙卦六三、姤卦卦辭），「勿用師」（泰卦上六）等。[10]後者如「利永貞」（乾卦用九、艮卦初六），「元永貞」（比卦六五、萃卦六五），永貞吉（賁卦九三、益卦六二）等。「勿用」作爲動詞片語，置於句前時，都用以表示不宜進行某事，「永貞」則都可理解爲貞問長久之事。

六五・密雲不雨，自我西郊。公弋[11]取彼在穴。

語譯：烏雲密佈不雨，從西郊飄聚過來。國公用繫線之箭射獵物並取於地穴中。

解讀：

　　「密雲不雨，自我西郊」也出現小畜卦卦辭，應作相似之解讀，指東邊的人盼望西邊的雲帶來雨水。唯放在小過的脈絡，此「不雨」除了期盼，也象徵未定。烏雲漸近，若雲化爲雨而落則爲「遇」，若就此不雨而去則爲「過」，此時則過遇不定，事態未明。

　　「弋」爲射鳥專用的箭，一端繫有絲線，射空中飛鳥，不論射

---

10 此僅列出以「勿用」用於祈使句開頭之處，另有乾卦初九「潛龍勿用」、師卦上六「小人勿用」等，係以「勿用」作爲述詞使用，在此不列入。

11 弋：繫有絲線的箭，用來射鳥。《論語・述而》「子釣而不綱，弋不射宿」；弋又寫作隿，《說文》「隿，繳射飛鳥也。从隹弋聲」。段玉裁注：「經傳多假弋爲之」。繳爲繫在箭上的絲線，《孟子・告子上》「思援弓繳而射之。」

中或射不中，絲線都方便將箭矢收回。[12]「公弋」指公卿大人以弋向上射空中飛鳥，「取彼在穴」指飛鳥被射落，掉入地穴中，爲公所取。

「公弋取彼在穴」文義雖不難解，但喻意卻甚晦澀。此句與前句是否有關聯？在小過的脈絡中如何展現？這些都不很清楚，此或爲古代廣爲人知的某故事，在此不妄加推測或強行解釋。比較可以確定的是：飛鳥爲公所射殺而落入地穴，飛鳥在小過卦中似爲凶兆。「取彼在穴」或有爲民除害的意思。[13]

上六・弗遇過之，飛鳥離[14]之。凶。是謂災眚[15]。

語譯：沒有遇到，錯過了。飛鳥遠離。凶險。此是謂災禍。

解讀：

「弗遇過之」明顯指錯過，若以「遇」爲目標，此「弗遇」即錯過達標的機會，除非重頭來過，否則機會不再。

「離」在此有多種解釋，一是以「離」爲遠離，飛鳥向上高飛遠離；一是以「離」爲羅，飛鳥在空中遭網羅。[16]然而前面既然說「弗遇過之」，此「離」應是以遠離爲宜。欲射空中飛鳥，錯過時機而飛鳥已遠離。

然則此又何以占斷爲「凶」？此或與古代鳥占之術有關，即

---

12 古代金屬箭簇是貴重之物，故應盡可能回收，重複使用。《易經》中，拾得金屬箭鏃是一件好事，例如：噬嗑九四「得金矢……吉」；解卦九二「得黃矢。貞吉。」

13 參考困卦上六「公用射隼于高墉之上。」

14 離：分離，遠離。例如：「有女仳離，慨其嘆矣」（詩經・王風・中谷有蓷）；「邦分崩離析而不能守也」（論語・季氏）；「眾叛親離，難以濟矣」（左傳・隱公七年）。離又可通罹或羅，指陷入羅網，例如：「有兔爰爰，雉離于羅」（詩經・王風・兔爰）；「魚網之設、鴻則離之」（詩經・邶風・新臺）。

15 「眚」之字義可參看訟卦九二「其邑人三百戶无眚」。災眚在此可泛指災禍。也可以將「眚」釋爲因人爲之禍，因過失而致禍。《尚書》亦有災眚合用之例，如：「眚災肆赦，怙終賊刑」（舜典）；「乃有大罪，非終，乃惟眚災」（康誥）。

16 例如《周易正義》，孔穎達疏：「過而弗遇，必遭羅網」；另如高亨《周易古經今釋》「離借爲羅，古音同通用」。

以「飛鳥離之」為災眚，所以說「是謂災眚」。[17]因為有災眚故為「凶」。「災眚」泛指災禍，或說，「災」為天災，「眚」指人禍，因過失而致禍。[18]

小過卦通解

「過」有二義：錯過與超過。錯過只是不遇，以不遇為「過」，也指機會之錯過。超過則指程度上的過分，有所逾越。小過卦卦爻辭多有「過」與「遇」，並以飛鳥象徵小有過越。

二爻「過其祖，遇其妣」；四爻「弗過遇之」；上爻「弗遇過之」，很明顯的在過與遇之間做對比，或錯過或相遇，或錯失機會或得遇機會。五爻「密雲不雨」也在暗示過與遇的關係，過遇未定，一切仍在發展中，期盼中。以上諸爻當然也可以從逾越的角度來看過與遇，過為逾越，遇為恰當。三爻「弗過防之」就比較是從逾越的角度來解讀「過」與「防」。

五爻「取彼在穴」與上爻「飛鳥離之」也形成對比效果。以弋射鳥，射中為遇，遇則「取彼在穴」，不中為過，過則「飛鳥離之」。此或以鳥喻惡人，射中則惡除，不中則留後患。

小過卦多涉飛鳥，卦辭「飛鳥遺之音」；初爻「飛鳥以凶」；上爻「飛鳥離之」都明確提到飛鳥，應非湊巧，而是有意如此。此一方面可理解飛鳥象為小物飛過，故以此象徵小過。另一方面或許與古代鳥占之術有關，從「飛鳥以凶」來看，似以「飛鳥」為凶惡，故需「取彼在穴」，且以「飛鳥離之」為「凶」。可惜此類知識失傳已久，無法探討。小過卦爻辭語多晦澀，此或許是原因之一。

---

17 按，「是謂災眚」不能是在解釋斷占辭「凶」，應是敘事之一部分。若在卦爻辭中又去解釋斷占辭，實不合《易經》體例。

18 程頤《易程傳》「災者天殃，眚者人為」。有關此類眚與災之區分，應屬後學者自忖，並無所本。「眚」本義為目疾。其字義可參考訟卦九二「其邑人三百戶無眚」。

63・既濟卦（水火既濟）

☲☵既濟亨小利貞初吉終亂。初九曳其輪濡其尾无咎。
六二婦喪其茀勿逐七日得。九三高宗伐鬼方三年克之小人
勿用。六四繻有衣袽終日戒。九五東鄰殺牛不如西鄰之禴
祭實受其福。上六濡其首厲。

═ 卦名卦畫卦旨 ═

　　既濟，已渡河川。既，已經，例如：「既來之，則安之」
（論語・季氏）。濟，渡涉河川。說文：「濟，水。出常山房子
贊皇山，東入泜」，是以「濟」為河川名。詩經・邶風：「匏有苦
葉，濟有深涉。深則厲，淺則揭」，此詩形容濟河在渡涉之處的水
很深。「匏有苦葉」、「深則厲」、「淺則揭」，都與涉水過河有
關。匏瓜又稱腰舟，可繫於腰間以渡涉，水若淺則揭衣小心渡涉，
水若深則不顧危厲強行渡涉。或因此詩之故，渡涉河川遂稱之為
濟。方言・第七便說：「過度謂之涉濟」。此又可再引申出救濟之
濟，使事情成功，救助他人，亦稱為濟。既濟，已經渡過河川了，
或說渡河的大事已經完成了，困難已經解決了，恢復正常了。

　　既濟卦下離上坎，坎為水，離為火，火性上炎，水在火之
上，是為以火燒水之象。以火煮水是人類文明生活的常態，禽獸或
茹毛飲血的野蠻人喝水都是直接生飲，文明人在動亂不安或物資匱
乏時，也只能生食生飲，但是一旦文明秩序恢復了，又會回到以火
沸水的生活方式。故以水火（☵下離上坎）象徵既濟。

　　既濟卦在說事已成，文明有序。其爻辭多渡涉河川之事，包括
渡涉之艱難，渡涉之危險，及事成之後的謝天等。

卦爻辭解讀

既濟：亨，小利貞。初吉終亂。

語譯：既濟卦。亨通，小有利於貞問。起初吉祥，最終混亂。

解讀：

　　既濟卦，處於大功告成的態勢或心境。「既濟」指事已成。通常，成功必是經過一番努力，事成之後難免稍作休息，休息就渴求安逸，安逸就容易鬆懈，鬆懈導致混亂失序，終而產生危機。事成後剛開始為吉，所以說「初吉」，安逸久了又陷入混亂，所以說「終亂」。混亂時必須有所作為，作為有成就之後又回到「既濟」狀態，「初吉終亂」就是在說這個循環。這個開始為吉，久則有亂的概念，在易經中多處可見，例如泰卦六五「元吉」，上六便以「城復于隍」告終。

　　事已成而通達，故為「亨」。事成雖有助於後續，但程度有限，故說「小利貞」。

初九・曳其輪，濡[1]其尾。无咎。

語譯：拖曳車輪，弄濕尾巴。沒有咎難。

解讀：

　　「曳」指牽引、拖曳。「輪」、「濡」及「尾」顯示這與馬拉車涉水有關。馬車渡涉溪河時，河床坎坷不平，車輪滾動不易，需要人力推拉，所以要「曳其輪」。馬在前拉車，水深過馬膝，弄濕馬尾，所以說「濡其尾」。整句在形容隊伍趁溪河水淺時，駕馭馬車渡河，人與馬奮力克服艱險的情狀。雖艱險而仍奮力向前，所以占斷為「无咎」。此「无咎」意味著對向外發展的鼓勵。

---

1 「濡」之字義可參考賁卦九三「賁如濡如」。

六二‧婦喪其茀[2]。勿逐，七日得。

語譯：婦人弄丟了頭飾。不要追尋，七日後失而復得。

解讀：

「茀」通髴，爲假髮之類的頭飾。「婦喪其茀」放在「既濟」的脈絡，即婦人乘車渡涉河川時，因顛簸震動而失落頭飾。「勿逐，七日得」也出現在震卦六二，皆指丟失財物時不用著急追找，自會復得。

九三‧高宗伐鬼方，三年克之。小人勿用。

語譯：商王高宗征伐鬼方，費時三年攻克戰勝。平民小人不受重用。

解讀：

「高宗」即商王武丁，廟號高宗；「鬼方」[3]爲商國西北一支異族方國。「高宗伐鬼方」爲歷史事件，[4]「三年克之」表示事已成。爻辭以此歷史事件爲喻，說功業已成。

「小人勿用」也出現在師卦上六，[5]可參考解讀。易經中的「君子」、「小人」多爲身分上的區分，君子指貴族，小人指平民。「勿用」指勿有作爲，不得其用。古代戰爭以貴族爲將帥，徵召小人爲士卒，今鬼方既克，士卒當回歸故里，遣散不用，所以說「小人勿用」。

---

2 茀：通髴，頭飾、髮飾、假髮之類。王弼《周易注》「茀，首飾也」。高亨《周易古經今注》進一步考證，髴爲髢，爲假髮之類的頭飾。《詩經‧鄘風‧君子偕老》「鬒髮如雲，不屑髢也」即在形容眞髮濃密，不屑戴假髮頭飾。按，今以「相似」爲「髣髴」，《說文》「髴，若似也。從髟弗聲」，髴爲假髮，假髮似眞，故以髴爲若似。

3 李學勤《周易溯源》，成都：巴蜀書社，2006年，頁7-13，對「鬼方」諸說有詳細考證。

4 《後漢書‧西羌傳》「殷室中衰，諸夷皆叛。至于武丁，征西戎、鬼方，三年乃克」；今本《竹書紀年》「武丁：三十二年，伐鬼方。次于荊。三十四年，王師克鬼方」。

5 師卦上六「大君有命，開國承家，小人勿用。」

六四・繻[6]有衣袽[7]，終日戒。

語譯：絲綢上衣有破絮，整日要小心防備。

解讀：

　　「繻」爲彩色的絲綢；「袽」爲破衣棉麻絮。「繻有衣袽」指絲綢所製的高貴衣裳有破損，因而絲絮外漏。放在「既濟」的脈絡，乘車渡涉河川，因道途顛簸車身震動，將衣裳勾破。此需小心防備，所以說「終日戒」。並以此描述渡涉河川之顛簸與艱辛。

九五・東鄰殺牛，不如西鄰之禴[8]祭，實受其福。

語譯：東鄰殺牛厚祭，不如西鄰簡樸薄祭，可眞實受到福佑。

解讀：

　　「殺牛」是爲了祭祀，牛體龐大，以示祭品之厚；「禴祭」則指祭品鮮薄的祭祀。二者對比，「不如」二字顯示易經之偏愛。放在「既濟」的脈絡，此祭祀當與事成有關。渡涉河川自有艱難凶險之處，能僥倖平安完成，自應感謝神明護佑。

　　強調薄祭[9]以及偏愛西邊[10]，是易經一貫的態度，此自是有其時代背景。放在當今社會，則可理解爲當有所祈求或感謝時，心誠勝過物質豐厚。

上六・濡其首。厲。

語譯：水浸濕頭臉。危厲。

6　繻：讀作需，彩色的絹帛，薄絲綢。《說文》「繻，繒采色」；《玉篇》「繻，女居切，細密之羅也，綵也」。

7　袽：讀作如，敗絮，破衣舊布。《說文》「絮，敝緜也。一曰敝絮。从糸奴聲」。絜緼即一束亂麻絮。古代有麻無棉。《玉篇》「袽，女居切，所以塞舟漏也。袾袽，敝衣也。」

8　禴：同礿，禴祭指祭品鮮薄。《禮記・王制》「春曰礿」，孔穎達《禮記正義》引皇侃語：「皇氏云：礿，薄也。春物未成，其祭品鮮薄也」。另可參考觀卦之〈考證及討論〉。

9　例如：大過初六「藉用白茅」；損卦卦辭「二簋可用享」；萃卦及升卦六二「孚乃利用禴」。

10　例如坤卦、蹇卦、解卦之卦辭都說：「利西南」。

解讀：

「首」可理解為人首或馬首。不論如何，「首」代表身體的最高處。「濡其首」以形容渡涉時水深幾可沒頂，其危險艱難可知。所以占斷為「厲」。

既濟卦通解

既濟藉渡涉河川以說大事已成，其卦爻辭多與渡涉河川之艱難有關。上古無橋梁。個人若要橫渡河川，或是浮舟，或是涉水，都比較單純。但若是舉家遷徙，則婦女、兒童、家私、輜重等，非有車輛不能運載，此相對就比較困難。初爻「曳其輪，濡其尾」、二爻「婦喪其茀」、四爻「繻有衣袽」、上爻「濡其首」都在形容家族遷徙人車渡河時的困難及凶險。我們可以想像，在無舟、無路、無碼頭的河床上，趁著天旱水淺時，強行渡涉，人曳其輪，馬濡其尾，婦孺在車廂內，一路顛簸浮沉的情狀。「濡其首」更是對渡河驚險的生動描述。三爻「克之」，以高宗伐鬼方的故事，暗喻渡涉之事已成，所以才有五爻的祭祀謝神，「實受其福」。

卦辭「初吉終亂」可以說是易經哲學的核心思想之一，這個思想也融入中華文化之中，成為中國傳統思想的一部分。所以既濟導至未濟，事成導至事敗，有序導至失序，物極必反，盛極則衰，衰極則盛；分久必合，合久必分。此思想概要來說是一個「變」及一個「返」，事物總是在循序變化之中，並在興衰之中反覆循環。這個變化及循環，可以概括為下列四短句：窮則變，變則通，通則久，久則窮。[11]

考證及討論

既濟卦及未濟卦都關係到渡涉河川。今日不論大小河川溪

---

11 前三句取自《繫辭傳》，後一句參考傅佩榮《解讀易經・既濟・上六》。

流，都架設有橋梁跨越，以便利人車通行。建造橋梁的技術含量較高，所以上古時代，並無橋梁。若要橫渡河川，除非涉水，否則必須依賴舟船，若有輜重車輛或婦孺隊伍時，渡越河川更是一件大事。

詩經・大雅・大明：「大邦有子，倪天之妹。文定厥祥，親迎于渭。造舟爲梁，不顯其光。」此段文字描述文王大婚，送親的隊伍橫渡渭水，文王至河畔親迎。「梁」即橋梁，「造舟爲梁」顯示，此橋爲浮橋，即將木舟併排串連，上鋪木板爲橋，以供人車渡河。左傳・昭公元年記載：「鍼適晉，其車千乘，書曰，秦伯之弟鍼出奔晉……造舟于河……」，秦公子鍼爲避秦景公之禍，率千乘馬車渡河奔晉，也是用浮橋，所以說「造舟于河」。此可證遲至春秋時，車輛渡河仍少有固定的橋梁，只能以舟爲橋。

到戰國時期已有於河川上造橋的技術。孟子・離婁下記載：「子產聽鄭國之政，以其乘輿濟人於溱洧」，趙岐注：「溱洧，水名。見人有多涉者，仁心不忍，以其乘車度之也」。子產不忍心見鄭人徒手涉渡溱洧，就派出自己的馬車協助民眾渡河。時人以此說子產之仁德愛民。孟子對此提出評論：「惠而不知爲政。歲十一月徒杠[12]成，十二月輿梁[13]成，民未病涉也」。蓋夏季多雨，秋後河水減乾涸而淺窄，且秋收農忙之後，人力較充足，適合公共建設，尤其適合修橋。所以孟子在此對子產未把握時機造橋提出批評。蓋孟子時代已有造橋的概念，子產時代尚不普遍。另國語・周語記載：周定王時，單襄公引先王之教，有「雨畢而除道，水涸而成梁」，「九月除道，十月成梁」的時令。此或可證春秋時已有趁著枯水期，河水結冰時，快速建造簡單橋梁的技術，但應不普遍，所以子產才會「以其乘輿濟人於溱洧」。即使有這類貼近水面的簡便

---

12 杠爲橫木，徒杠爲可供人徒步行走的小橋。
13 梁爲橋梁，輿梁爲可供車輛行走，能荷重的橋。

橋梁，人馬車輛渡河時還是要走下河谷，穿越河床，才能到橋邊，其中車輛上下顛簸可知。更何況在無橋時，乘駕馬車涉水過河之艱難。

　　讀既濟卦必須體會古代人車渡河的艱難。有權勢者，可在河川水量豐沛時，以舟船或浮橋橫渡川。力有未逮者，只能在河水枯淺時，馭車走下河谷，在河床上顛簸前進，並冒險將馬及車驅入水中，涉水過河。只有在這樣的體會下，「曳其輪，濡其尾」、「婦喪其茀」、「繻有衣袽」、「濡其首」才能更鮮活而有意境。

64・未濟卦（火水未濟）

未濟亨小狐汔濟濡其尾无攸利。初六濡其尾吝。九二曳其輪貞吉。六三未濟征凶利涉大川。九四貞吉悔亡震用伐鬼方三年有賞于大國。六五貞吉无悔君子之光有孚吉。上九有孚于飲酒无咎濡其首有孚失是。

卦名卦畫卦旨

　　未濟，未渡河川。玉篇：「未猶不也，未有不，既有也」。未與既是相對的，未是不，沒有；既是已有。未濟就是沒有渡河，想渡而未渡。可能是望河興嘆，也可能是渡到中途失敗，就結果論之，就是渡河之事未成。

　　未濟卦下坎上離，離爲火，坎爲水。水性向下，火性向上，今水在下而火在上，水火分離，兩不相交，沒有功用，也未能成事濟物，故以火水（下坎上離）象徵未濟。

　　未濟卦在說事未成，文明失序。未濟就是既濟的反面，其卦爻辭亦多涉渡河之事，有必要與既濟卦之卦爻辭互相參看。

　　既濟卦與未濟卦在卦象上、爻象上，乃至卦名、卦旨上，都互成反對之勢，既濟卦說事已成，既濟卦說事未成。若從常人眼光來看，努力做件事，都喜成而恨不成，所以既濟是好的，未濟則象徵不如意。但是易經有更成熟的思維，它總是從變化中看事情，而且看得遠，看得透澈。事情都是一件接一件來的，一件完成了還有一件。人在事情有大成功的時候，往往就會懈怠，結果導至下一件事的失敗；反之，事情做不成的時侯，反而會被激勵出鬥志，因而更加努力，終而獲得成功。所以成功導至失敗，失敗導至成功，人間事物總是在變化之中，人所能眞正掌握的關鍵因素，還是在自己是否可以做到成不驕敗不餒。但誰又能保證人能長久的，世世代

的，堅持不驕不餒呢？

　　既濟卦與未濟卦相互影響，藉著渡河之事，說出了人間世事成敗循環不已的規律。既濟與未濟作為易經最後的兩個卦，有相當程度的總結意義，對人間的成敗吉凶變化做一個極概括性的隱喻。

卦爻辭解讀

未濟・亨。小狐汔[1]濟，濡其尾。无攸利。

語譯：未濟卦：亨通。小狐狸於溪水近乾涸時渡涉，弄濕了尾巴。無有所利。

解讀：

　　未濟卦，處於大事未成的態勢或心境。「未濟」指事未成，事情尚未就緒或尚待努力。「汔」指水幾近乾涸，小狐想趁溪水枯乾之時涉渡，[2]溪水雖淺但仍會弄濕尾巴。狐狸性不喜水，水淹過尾，自是不利渡涉，所以說「无攸利」。至於濟渡是否成功？這裡並沒有明說。不過依「未濟」的脈絡，此不利因素顯示，對小狐而言，等些時日，等溪水更枯乾時再涉渡，或許更為恰當。現在濟渡的時機尚未成熟。

初六・濡其尾。吝。

語譯：弄濕尾巴。困窘。

解讀：

　　「濡其尾」正如既濟卦初九之「濡其尾」，不過後者指拉車之馬尾，此處固可理解為馬尾，也可以是小狐之尾。無論如何，「濡其尾」與涉渡有關，象徵涉渡時的困窘，所以占斷為「吝」。

1　「汔」之字義可參考井卦卦辭「汔至亦未繘井」。
2　王弼《周易注》「小狐不能涉大川，須汔然後乃能濟」。按，小狐生於山林之中，難有欲涉大川的念頭，且大川乾涸也難以想像，自是以涉小溪為宜。

九二・曳其輪。貞吉。

語譯：拖曳車輪。所問之事吉。

解讀：

「曳其輪」也在既濟卦初九出現，描述車輛橫渡河川時，河床坎坷不平，需要人力推拉車輪。此在形容涉渡時的艱難，需要人的意志及力量來克服。人的毅力足以排除困難，逢凶化吉，所以說「貞吉」。

既濟卦初九「曳其輪」並「濡其尾」，是在濟渡之時；此處僅「曳其輪」，尚未「濡其尾」，可以是指尚未涉水之前，在河床上行走的拖曳。

六三・未濟。征凶。利涉大川。

語譯：渡河尚未成。出征遠行有凶險。利於渡涉大河川。

解讀：

「未濟」明指事之未成。「征凶」與「利涉大川」看似矛盾，實是一事之兩面。渡涉河川之事所以未成，必因是困難重重且多凶險，所以說「征凶」，但是在不斷的嘗試、失敗及努力之後，終會有成功渡涉大川的可能。所以說「利涉大川」，「利涉大川」不是說涉大川則有利，而是說「未濟」有助益於涉大川。何止是涉大川？今日的失敗必大有助益於日後的成功，此理通用於任何冒險犯難之事業。

九四・貞吉。悔亡。震用伐鬼方，三年有賞于大國。

語譯：所問之事吉。懊惱消亡。以雷霆之勢征伐鬼方，費時三年，得到大國賞賜。

解讀：

「震」為雷震，用以形容軍威之盛，「鬼方」如同既濟卦九三「高宗伐鬼方」之鬼方，為西北方之異族。「有賞于大國」指伐鬼方有戰功，得到大國的賞賜。就歷史事件而論，「大國」指殷商。

殷周之際，商為大國，周為小邦。[3]周國代商國征伐鬼方三年，因有功於商國，所以得到商國的賞賜。史料記載，商王武乙時，周公季歷曾伐鬼方，並俘擄狄王。[4]若自「未濟」的脈絡，此應只是局部性的勝利，而未竟全功，所以只是「三年有賞于大國」，而非「三年克之」。史料記載，在季歷伐鬼方前後，武乙曾賞賜季歷土地、美玉及良馬。[5]

　　事雖難竟全功，但進展順利，所以說「貞吉」，努力的結果終於受到上級肯定並賞賜，所以說「悔亡」。

六五‧貞吉。无悔。君子之光，有孚。吉。

語譯：所問之事吉。沒有懊悔。君子彰顯光彩，有信兆。吉祥。

解讀：

　　「君子之光」指君子建立功業，彰顯其光彩。在未濟卦，此當為對君子在功業未成之時的嘉勉，以鼓勵其繼續努力。「貞吉」在預祝此事發展順利，「有孚」在強調對此之信心。

　　為日後的榮光持續努力不會懊悔，所以占斷為「无悔」。此事終將有好結果，所以占斷為「吉」。

上九‧有孚于飲酒。无咎。濡其首，有孚失是。

語譯：有信約於飲酒。沒有咎難。弄濕頭臉，雖守信也不應如此。

解讀：

　　「孚」為信，朋友有信，相約定於飲酒而有信。「濡其首」在此不是因為渡涉河川，而是因為「飲酒」而「濡其首」。即在形容飲酒過量，以致酒醉失態，衣冠不整，頭容散亂，鬚髮臉面為酒水

3　參看比卦之〈通解〉及歸妹卦之〈考證及討論〉。
4　《後漢書‧西羌傳》「武乙暴虐，犬戎寇邊，周古公踰梁山而避于岐下。及子季歷，遂伐西落鬼戎」；《竹書紀年》「武乙三十五年，周公季歷伐西落鬼戎，俘二十翟王」。按，鬼戎即鬼方。
5　《竹書紀年》「武乙三十四年，周公季歷來朝。王賜地三十里，玉十瑴，馬十匹。」

所沾濕，故說「濡其首」。「失是」即失其正，失其宜。雖因有孚
而飲酒，但以酒醉失態爲不宜，所以說「有孚失是」。

▨▧▤ 未濟卦通解 ▤▧▨

　　未濟卦藉未渡河川以喻事之未成，其卦爻辭多與既濟卦或明或
暗的呼應，顯示既濟與未濟關係之密切，兩卦之卦爻辭宜合讀。

　　卦辭以「小狐汔濟，濡其尾」點出未濟卦之要旨：河川可
渡，但要選擇時機，而且要能忍受考驗，克服困難，否則只能望水
興嘆。初爻「濡其尾」及二爻「曳其輪」合在一起，正好就是既
濟卦初爻的爻辭。「濡其尾」是身體所需忍受的不適，「曳其輪」
則是意志與力量的展現，二者需相合，事方可成。三爻雖在說「未
濟」，但前事不忘，可爲後事之師，此次之未濟可累積經驗，以有
利於下次。四爻「震用伐鬼方，三年有賞于大國。」與既濟卦三爻
「高宗伐鬼方，三年克之」對應，兩次伐鬼方，後者「克之」，前
者雖未能「克」但亦能「有賞于大國」，此顯示雖是未濟，也有
其功勞。五爻「君子之光」可視爲對將濟而未濟者的預祝。上爻藉
「濡其首」與既濟卦上爻取得連繫。但這有點像是文字遊戲，只是
字面上的相同，含義則完全無關。既濟卦的「濡其首」在形容渡涉
的凶險；本卦的「濡其首」則是「有孚于飲酒」的後果。

　　除了「濡其首」三字在文字上的連繫，上爻「有孚于飲酒。无
咎。濡其首，有孚失是」可以說與未濟的卦旨並無明顯關聯。此爻
與其說是未濟卦的上爻，不如說是易經六十四卦三百八十四爻[6]的
終結。以飲酒作爲全體卦爻辭的結語，此頗堪玩味。

　　萬物與人事的發展既有規律又充滿變化，世事總是在既濟與
未濟之間，已成與未成之間，有序與失序之間循環不已。飲酒或可
代表對世事發展變化透徹了解後的豁達。飲酒可无咎，但濡其首

6　若合乾卦用九及坤卦用六，共計三百八十六則爻辭。

則失是。飲酒縱情仍須有所節制，適可而止。所謂「惟酒無量，不及亂」（論語‧鄉黨），大概就是這樣豁達中有節制的生活態度吧。

附錄：參考文獻

一、易學古籍

1. 〔周〕唐開成石經版：《周易》，收錄於《景刊唐開成石經》，北京：中華書局，1997年。
2. 〔魏〕王弼撰，樓宇烈校釋：《周易注校釋》，北京：中華書局，2012年。
3. 〔唐〕孔穎達疏，李學勤主編：《周易正義》，臺北：臺灣古籍出版社，2001年。
4. 〔唐〕李鼎祚：《周易集解》，收入《四庫全書》，經部，易類。
5. 〔宋〕程頤撰：《易程傳》，收入楊家駱主編：《易程傳，易本義》，臺北：世界書局，1962年。
6. 〔宋〕朱震撰：《漢上易集傳》，收入《四庫全書》，經部，易類。臺北：商務印書館，1983年。
7. 〔宋〕朱熹撰：《周易本義》，收入楊家駱主編：《易程傳，易本義》，臺北：世界書局，1962年。
8. 〔宋〕俞琰：《俞氏易集說》（上下冊），臺北：廣文書局，1974年。
9. 〔清〕王之夫：《船山易學》，臺北：廣文書局，1976年。

二、現代易學專書（依姓名筆畫排序）

1. 朱伯崑：《易學哲學史》，北京：華夏出版社，1995年。
2. 呂紹綱：《周易闡微》，臺北：韜略，2003年。
3. 李鼎祚集解，李道平纂疏《周易集解纂疏》，臺北：廣文書局，1971年。
4. 李學勤：《周易溯源》，成都：巴蜀書社，2006年。
5. 李鏡池：《周易探源》，北京：中華書局，1987年。

6. 屈萬里：《漢石經周易殘字集證》，臺北：中央研究院歷史語言研究所，1961年。

7. 杭辛齋：《學易筆談》，臺北：廣文書局，1971年。

8. 高亨：《周易古經今注》，臺北：華正書局，2008年。

9. 高亨：《周易古經通說》，北京：中華書局，1958年。

10. 高亨：《高亨《周易》九講》，北京：中華書局，2011年。

11. 曹行：《周易〈彖〉〈象〉體例及思想研究》，新北：花木蘭文化事業，2020年。

12. 傅佩榮：《解讀易經》，新北：立緒出版，2005年。

13. 黃沛榮：《易學乾坤》，臺北：大安出版社，1998年。

14. 楊慶中：《周易經傳研究》，北京：商務印書館，2005年。

15. 劉大鈞：《今、帛、竹書《周易》綜考》，上海；上海古籍出版社，2004年。

16. 鄭吉雄：《易圖象與易詮釋》，臺北：臺大出版中心，2004年。

17. 戴璉璋：《易傳之形成及其思想》，臺北：文津出版社，1989年。

18. 韓自強：《阜陽漢簡《周易》研究》，上海：上海古籍出版社，2004年。

三、其他著作及校注（依姓名筆畫排序）

1. 于俊德，于祖培：《先周歷史文化新探》，蘭州：甘肅人民出版社，2005年。

2. 王國維：《觀堂集林》，北京：中華書局，1959年。

3. 王進鋒：《殷商史》上海：上海人民出版社，2015年。

4. 朱右曾輯錄，王國維校補：《古本竹書紀年輯校》（含王國維撰《今本竹書紀年疏證》），臺北：世界書局，1957年。

5. 〔清〕朱駿聲：《說文通訓定聲》，臺北：世界書局，1956年。

6. 朱鴻恩注譯：《新譯逸周書》，臺北：三民書局，2015年。

7. 李賢中：《中國哲學研究方法的可能之路》，臺北：臺大出版中心，2022年。

8. 李學勤：《古文字學初階》，北京：中華書局，1985年。

9. 帕瑪著，嚴平譯：《詮釋學》，臺北：桂冠圖書，1992年。頁211-213。

10. 易中天：《藝術人類學》，臺北：泰電電業，2010年。

11. 胡厚宣，胡振宇：《殷商史》，上海：上海人民出版社，2003年。（中國斷代史系列）

12. 胡厚宣主編：《甲骨文合集釋文》，北京：中國社會科學出版社，1999年。

13. 容庚撰集：《金文正續編合訂本》，臺北：聯經出版社，1971年臺初版。

14. 徐旭生：《中國古史的傳說時代》，增訂本，北京：科學出版社，1960年。

15. 馬如森：《甲骨金文拓本精選釋譯》，上海：上海大學出版社，2010年。

16. 曹錦炎編：《商周金文選》，杭州：西冷印社，1990年。

17. 許倬雲：《西周史》（增訂版），臺北：聯經出版社，1990年。

18. 郭沫若主編：《甲骨文合集》，北京：中華書局，1982年。

19. 郭沫若：《中國古代社會研究》，北京：人民出版社，1977年。（1929年初版）

20. 陳來：《古代宗教與倫理——儒家思想的根源》，北京：三聯書店，1996年。

21. 楊寬：《西周史》，上海：上海人民出版社，2016年。

22. 楊懷源：《西周金文詞彙研究》，成都：巴蜀書社，2007年。

23. 董同龢：《上古音韻表稿》，南京：中央研究院歷史語言研究

所，1944年。

24. 裘錫圭：《文字學概要》（修訂本），北京：商務印書館，2013年。

25. 聞一多：《古典新義》，上海：上海古籍出版社，2013年。

26. 臺靜農：《楚辭天問新箋》，臺北：藝文印書館，1972年。

27. 趙世超：《周代國野關係研究》，臺北：文津，1993年。（1988年四川大學博士論文）

28. 劉起釪，安金槐，胡厚宣，李學勤，吳榮曾：《先秦史》，北京：中國大百科全書出版社，2012年。

29. 劉敘杰編著：《中國古代建築史》第一卷，北京：中國工業建築出版社，2009年。

30. 錢穆：《古史地理論叢》，臺北：東大圖書，2013年。

31. 羅琨：《商代戰爭與軍制》，北京：中國社會科學出版社，2010年。

32. 譚其驤主編：《中國歷史地圖集第一冊》，北京：中國地圖出版社，1982年。

33. 〔清〕顧炎武：《音學五書》，北京：中華書局，1982年。

34. 顧頡剛等編：《古史辨》，上海：上海古籍出版社，1982年（重印本）。

國家圖書館出版品預行編目資料

理性讀周易——古經篇／曹行著. —— 初版.
—— 臺北市：五南圖書出版股份有限公司,
2023.08
面；　公分
ISBN 978-626-366-331-2（平裝）

1.CST：易經　2.CST：研究考訂

121.17　　　　　　　112011344

4X32

理性讀周易——古經篇

作　者一 曹　行

發 行 人— 楊榮川

總 經 理— 楊士清

總 編 輯— 楊秀麗

副總編輯— 黃文瓊

責任編輯— 吳雨潔

封面設計— 姚孝慈

美術設計— 姚孝慈

出 版 者— 五南圖書出版股份有限公司

地　　址：106臺北市大安區和平東路二段339號4樓

電　　話：(02)2705-5066　傳　　真：(02)2706-6100

網　　址：https://www.wunan.com.tw

電子郵件：wunan@wunan.com.tw

劃撥帳號：01068953

戶　　名：五南圖書出版股份有限公司

法律顧問　林勝安律師

出版日期　2023年8月初版一刷

定　　價　新臺幣690元

經典永恆・名著常在

五十週年的獻禮——經典名著文庫

五南，五十年了，半個世紀，人生旅程的一大半，走過來了。

思索著，邁向百年的未來歷程，能為知識界、文化學術界作些什麼？

在速食文化的生態下，有什麼值得讓人雋永品味的？

歷代經典・當今名著，經過時間的洗禮，千錘百鍊，流傳至今，光芒耀人；

不僅使我們能領悟前人的智慧，同時也增深加廣我們思考的深度與視野。

我們決心投入巨資，有計畫的系統梳選，成立「經典名著文庫」，

希望收入古今中外思想性的、充滿睿智與獨見的經典、名著。

這是一項理想性的、永續性的巨大出版工程。

不在意讀者的眾寡，只考慮它的學術價值，力求完整展現先哲思想的軌跡；

為知識界開啟一片智慧之窗，營造一座百花綻放的世界文明公園，

任君遨遊、取菁吸蜜、嘉惠學子！